「刷够好题」
阶段——觉晓必刷题系列

民事诉讼法

法考必刷题

——民事诉讼法核心真题＋模拟题集

2024版
觉晓法考组　编著

中国政法大学出版社
2024·北京

图书在版编目（ＣＩＰ）数据

法考必刷题.民事诉讼法核心真题+模拟/觉晓法考组编著. —北京：中国政法大学出版社，2024.1
ISBN 978-7-5764-1159-1

Ⅰ.①法… Ⅱ.①觉… Ⅲ.①民事诉讼法－中国－资格考试－习题集 Ⅳ.①D920.4

中国国家版本馆 CIP 数据核字(2023)第 211571 号

出 版 者　　中国政法大学出版社

地　　址　　北京市海淀区西土城路 25 号

邮寄地址　　北京 100088 信箱 8034 分箱　邮编 100088

网　　址　　http://www.cuplpress.com (网络实名：中国政法大学出版社)

电　　话　　010-58908285(总编室) 58908433 （编辑部） 58908334(邮购部)

承　　印　　重庆天旭印务有限责任公司

开　　本　　787mm×1092mm　1/16

印　　张　　15.75

字　　数　　402 千字

版　　次　　2024 年 1 月第 1 版

印　　次　　2024 年 1 月第 1 次印刷

定　　价　　55.00 元（全两册）

CSER 高效学习模型

觉晓坚持每年组建"名师 + 高分学霸"教学团队，按照 Comprehend（讲考点→理解）→ System（搭体系→不散）→ Exercise（刷够题→会用）→ Review（多轮背→记住）学习模型设计教学产品，让你不断提高学习效果。

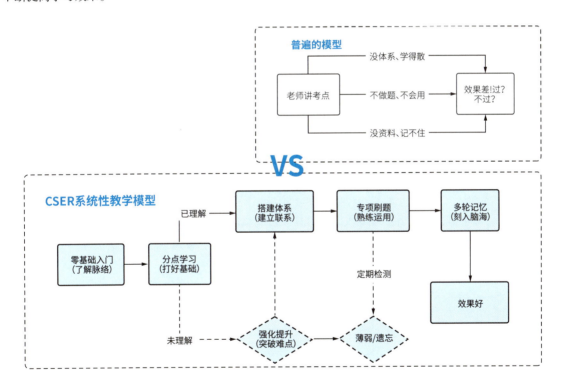

前面理解阶段跟名师，但后面记忆应试阶段，"高分学霸"更擅长，这样搭配既能保证理解，又能应试；时间少的在职考生可以直接跟"学霸"学习高效应试。

同时，知识要成体系性，后期才能记住，否则学完就忘！因此，觉晓有推理背诵图（推背图）、诉讼流程图等产品，辅助你建立知识框架体系，后期可以高效复习！

坚持数据化学习

　　觉晓已经实现听课、刷题、模考、记忆全程线上化学习。在学习期间，觉晓会进行数据记录，自2018年APP上线，觉晓已经积累了上百万条数据，并有十多万过线考生的精准学习数据。

　　觉晓有来自百度、腾讯、京东等大厂的AI算法团队，建模分析过线考生与没过线考生的数据差异，建立"过考模型"，其应用层包括：

　　1. 精准的数据指标，让你知道过线每日需要消耗的"热量、卡路里"，有标准，过线才稳！

　　2. 按照数据优化教学产品，一些对过线影响不大的科目就减少知识点，重要的就加强；课时控制，留够做题时间，因为中后期做题比听课更重要！

　　3. 精准预测分数，实时检测你的数据，对比往年相似考生数据模型，让你知道，你这样学下去，最后会考多少分！

　　4. AI智能推送，根据过线数据模型推送二轮课程和题目，精准且有效地查漏补缺，让你的时间花得更有价值！

　　注：觉晓每年都会分析当年考生数据，出具一份完整的通过率数据分析报告，包括"客观题版""主客一体版""主观题二战版"，可以在微信订阅号"sikao411"，或通过"蒋四金法考""觉晓法考"微博获取。

目 录
Contents

第一章
民诉法概述

一、历年真题及仿真题[*]

民诉法概述

【单选】

1 `1103035`

关于民事诉讼法的性质，下列哪一说法是正确的？

A. 根据其调整的社会关系，民事诉讼法是程序法

B. 根据其在法律体系中的地位，民事诉讼法是程序法

C. 根据其规定的内容，民事诉讼法是程序法

D. 根据公法与私法的划分标准，民事诉讼法是程序法

二、模拟题

【单选】

2 `51904019`

下列关于民事纠纷解决的说法，正确的是？

A. 民事诉讼在适用上优先于和解、调解和仲裁

B. 纠纷主体一旦达成和解协议就不可以再进行诉讼

C. 和解与调解没有严格的法定程序，仲裁和诉讼则有严格的法定程序

D. 和解、调解、仲裁和诉讼等民事纠纷解决方式的适用均须得到纠纷双方主体的一致同意

参考答案

[1] C   [2] C

第二章
民诉的基本制度和原则

一、历年真题及仿真题

（一）民诉基本原则

【单选】

1 `2202116`

朴某和田某互联网购物纠纷诉至杭州互联网法院，法院受理起诉并决定线上审理，田某同意，朴某以不具备网上开庭条件为由拒绝线上开庭，下列选项正确的是？

A. 因朴某拒绝线上开庭，因此可以田某线上，朴某线下

B. 因朴某拒绝线上开庭，本案只能线下

C. 本案由互联网法院管辖，应当线上审理

D. 因为朴某拒绝线上开庭，法院应当裁定驳回起诉，告知当事人向普通法院起诉

2 `2202001`

甲乙的纠纷中，针对质证环节，甲同意在线诉讼，乙表示不同意在线诉讼，法院以不同意的理由不正当为由视为乙放弃质证权利，最终判决乙公司败诉。法院的做法违反了哪一原则？

A. 同等原则

B. 对等原则

C. 诚信原则

D. 在线诉讼与线下诉讼具有同等效力原则

3 `1403037`

根据《民事诉讼法》规定的诚信原则的基本精神，下列哪一选项符合诚信原则？

A. 当事人以欺骗的方法形成不正当诉讼状态

B. 证人故意提供虚假证言

C. 法院根据案件审理情况对当事人提供的证据不予采信

D. 法院对当事人提出的证据任意进行取舍或否定

---

* 注：下列题号对应觉晓 APP 的题号规则。本书中以 18~23 开头的题号均为 2018 年~2023 年的仿真题。

解析页码
001—002

001

④ 1403035

社会主义法治的价值追求是公平正义，因此必须坚持法律面前人人平等原则。下列哪一民事诉讼基本原则最能体现法律面前人人平等原则的内涵？

A. 检察监督原则

B. 诚实信用原则

C. 当事人诉讼权利平等原则

D. 同等原则和对等原则

⑤ 1303045

关于民事诉讼基本原则的表述，下列哪一选项是正确的？

A. 外国人在我国进行民事诉讼时，与中国人享有同等的诉讼权利义务，体现了当事人诉讼权利平等原则

B. 法院未根据当事人的自认进行事实认定，违背了处分原则

C. 当事人主张的法律关系与法院根据案件事实作出的认定不一致时，根据处分原则，当事人可以变更诉讼请求

D. 环保组织向法院提起公益诉讼，体现了支持起诉原则

⑥ 1103038

关于民事诉讼法基本原则在民事诉讼中的具体体现，下列哪一说法是正确的？

A. 当事人有权决定是否委托代理人代为进行诉讼，是诉讼权利平等原则的体现

B. 当事人均有权委托代理人代为进行诉讼，是处分原则的体现

C. 原告与被告在诉讼中有一些不同但相对等的权利，是同等原则的体现

D. 当事人达成调解协议不仅要自愿，内容也不得违法，是法院调解自愿和合法原则的体现

【不定项】

⑦ 1003097

丙承租了甲、乙共有的房屋，因未付租金被甲、乙起诉。一审法院判决丙支付甲、乙租金及利息共计10,000元，分五个月履行，每月给付2,000元。甲、乙和丙均不服该判决，提出上诉：乙请

求改判丙一次性支付所欠的租金10,000元。甲请求法院判决解除与丙之间租赁关系。丙认为租赁合同中没有约定利息，甲、乙也没有要求给付利息，一审法院不应当判决自己给付利息，请求判决变更一审判决的相关内容。丙还提出，为修缮甲、乙的出租房自己花费了3,000元，请求抵销部分租金。

关于一审法院判决丙给付甲、乙利息的做法，下列说法正确的是？

A. 违背了民事诉讼的处分原则

B. 违背了民事诉讼的辩论原则

C. 违背了民事诉讼的当事人诉讼权利平等原则

D. 违背了民事诉讼的同等原则

（二）民诉基本制度

【单选】

⑧ 2302004

现甲乙有一侵权案件，一审法院采用简易程序审理，由赵法官独任审判，后甲不服一审判决提起上诉，二审法院裁定发回重审。关于发回重审，下列说法中正确的是？

A. 适用普通程序，由审判员一人独任审判

B. 适用普通程序，由除赵法官之外的其他法官独任审判

C. 适用普通程序，重新组成合议庭，赵法官不得担任合议庭组成人员

D. 适用简易程序，由审判员一人独任审判

⑨ 2002106

关于我国的民事诉讼制度，下列说法错误的是？

A. 当事人对人民法院回避决定不服可以申请复议一次，复议期间被申请回避的人员不停止本案的工作

B. 除了非讼案件外，我国对诉讼争议案件一律实行两审终审制

C. 简易程序案件可以实行独任审理，但是独任审理的并不一定都是简易程序案件

D. 关于民事诉讼中离婚案件是否公开审理，当事人享有处分权

解析页码 003—004

⑩ 1802042

刘某因买卖合同纠纷向法院起诉，要求被告冯某履行合同并承担违约责任。法院按照普通程序审理该案件，决定由法官张某和人民陪审员乔某、吉某组成合议庭，张某任审判长。刘某得知陪审员乔某是被告的表弟，便要求其回避，但回避申请被张法官当场拒绝。法庭审理后作出判决，原告不服判决，提起上诉。关于本案，下列说法正确的是？

A. 刘某申请回避理由成立

B. 乔某作为人民陪审员，其是否应当回避审判长有权决定

C. 对法院作出的决定不服的，刘某可以提出上诉

D. 发回重审后，应当组成新的合议庭进行审理，且合议庭组成人员中不得有人民陪审员

⑪ 1503036

某区法院审理原告许某与被告某饭店食物中毒纠纷一案。审前，法院书面告知许某合议庭由审判员甲、乙和人民陪审员丙组成时，许某未提出回避申请。开庭后，许某始知人民陪审员丙与被告法定代表人是亲兄弟，遂提出回避申请。关于本案的回避，下列哪一说法是正确的？

A. 许某可在知道丙与被告法定代表人是亲兄弟时提出回避申请

B. 法院对回避申请作出决定前，丙不停止参与本案审理

C. 应由审判长决定丙是否应回避

D. 法院作出回避决定后，许某可对此提出上诉

⑫ 1203036

唐某作为技术人员参与了甲公司一项新产品研发，并与该公司签订了为期2年的服务与保密合同。合同履行1年后，唐某被甲公司的竞争对手乙公司高薪挖走，负责开发类似的产品。甲公司起诉至法院，要求唐某承担违约责任并保守其原知晓的产品。关于该案的审判，下列哪一说法是正确的？

A. 只有在唐某与甲公司共同提出申请不公开审理此案的情况下，法院才可以不公开审理

B. 根据法律的规定，该案不应当公开审理，但应

当公开宣判

C. 法院可以根据当事人的申请不公开审理此案，但应当公开宣判

D. 法院应当公开审理此案并公开宣判

⑬ 1003037

关于回避，下列哪一说法是正确的？

A. 当事人申请担任审判长的审判人员回避的，应由审委会决定

B. 当事人申请陪审员回避的，应由审判长决定

C. 法院驳回当事人的回避申请，当事人不服而申请复议，复议期间被申请回避人不停止参与本案的审理工作

D. 如当事人申请法院翻译人员回避，可由合议庭决定

【多选】

⑭ 1802114

孙某诉朱某借款合同案中，朱某得知陪审员唐某私下会见孙某代理律师李某，故申请唐某回避。下列哪些选项是正确的？

A. 唐某的回避应由院长决定

B. 唐某有权就回避申请复议

C. 朱某应向院长提出对唐某的回避申请

D. 朱某申请回避，须说明理由

（三）综合知识点

【单选】

⑮ 1603035

不同的审判程序，审判组织的组成往往是不同的。关于审判组织的适用，下列哪一选项是正确的？

A. 适用简易程序审理的案件，当事人不服一审判决上诉后发回重审的，可由审判员独任审判

B. 适用简易程序审理的案件，判决生效后启动再审程序进行再审的，可由审判员独任审判

C. 适用普通程序审理的案件，当事人双方同意，经上级法院批准，可由审判员独任审判

D. 适用选民资格案件审理程序的案件，应组成合议庭审理，而且只能由审判员组成合议庭审理

16 `1802039`

甲公司与乙公司于 2016 年 10 月签订《房屋租赁合同》一份，甲公司将房屋出租给乙公司使用。该合同约定：租赁期限自 2016 年 10 月 30 日起至 2026 年 10 月 29 日止，每月租金为人民币 11.8 万元，装修免租期为五个月，逾期支付租金需按日租金千分之五支付违约金，逾期支付租金累计超过一个月，出租方可提前解除合同，承租方应支付违约金 11.8 万元。合同签订后，乙公司自 2017 年 7 月起拒不履行支付租金的义务。甲公司经多次催讨无果，2018 年 2 月诉至法院，要求支付自 2017 年 7 月 30 日起至 2018 年 2 月 28 日止的房屋租金 82.6 万元。一审法院审理后作出判决，支付拖欠的房屋租金 82.6 万元，并支付逾期付款的利息 3600 元，解除双方之间的租赁合同。关于法院对该案判决的评论，下列哪一选项是正确的？

A. 该判决符合法律规定，实事求是，全面保护了权利人的合法权益

B. 该判决不符合法律规定，违反了民事诉讼的处分原则

C. 该判决不符合法律规定，违反了民事诉讼的公开审判制度

D. 该判决不符合法律规定，违反了民事诉讼的两审终审制度

【多选】

17 `1003088`

王某与钱某系夫妻，因感情不和王某提起离婚诉讼，一审法院经审理判决不准予离婚。王某不服提出上诉，二审法院经审理认为应当判决离婚，并对财产分割与子女抚养一并作出判决。关于二审法院的判决，违反了下列哪些《民事诉讼法》的原则或制度？

A. 处分原则

B. 辩论原则

C. 两审终审制度

D. 回避制度

二、模拟题

【单选】

18 `62304010`

民事诉讼的基本原则对于民事诉讼的整个过程都具有指导意义。下列关于民事诉讼的基本原则，哪一选项是错误的？

A. 某借款合同纠纷中，曲某起诉马某归还借款 8 万元，法院判决被告马某归还借款 5 万元以及利息 2000 元。法院的这一做法违反了处分原则

B. 红叶区检察院认为红叶区法院作出的生效判决有误，遂对该法院提起检察建议。这体现了检察监督原则

C. 某借款合同纠纷中，证人王小小出庭发表意见，称自己曾亲眼见到原告向被告给付借款 3 万元现金。王小小出庭作证体现了辩论原则

D. 某诉讼中，原告李某同意在线进行证据交换，被告安某不同意在线交换，法院仍组织双方在线进行证据交换。法院这一做法违反了在线诉讼与线下诉讼具有同等效力原则

19 `62304011`

下列有关我国民事诉讼审判组织的说法中，哪一选项是正确的？

A. 只有简易程序审理的案件才能适用独任制

B. 只有基层法院才能适用独任制

C. 二审程序可以由审判员和人民陪审员共同组成合议庭审理

D. 选民资格案件应组成合议庭审理，而且只能由审判员组成合议庭

参考答案

[1] A	[2] D	[3] C	[4] C	[5] C
[6] D	[7] A	[8] C	[9] B	[10] A
[11] A	[12] C	[13] C	[14] AD	[15] D
[16] B	[17] ABC	[18] C	[19] D	

解析页码　007—008

第三章
诉

一、历年真题及仿真题

（一）诉的要素

【单选】

1 `2102118`

赵某乘坐甲公司的出租车发生交通事故，赵某起诉甲公司要求赔偿医疗费 5 万元。甲公司和出租车司机均主张没有过错。赵某提出，即使被告甲公司不构成侵权，也构成违约，遂要求法院以违约为由判决甲公司赔偿 5 万元。关于本案说法正确的是？

A. 本案属于诉的变更，应当征得法院准许

B. 根据一事不再理原则，对变更后的诉讼请求不予受理

C. 本案属于诉的合并，法院应当一并审理

D. 本案属于诉的分离，法院应当告知甲另行起诉

2 `2102099`

乙向甲借款 100 万元，约定利息为 2 万元。乙逾期拒不归还借款及利息，甲起诉乙要求清偿欠款 100 万元，支付利息 2 万元，并要求判令乙支付逾期还款期间的罚息 10 万。请问本案有几个诉讼标的？

A. 本案有返还本息和支付罚息两个诉讼标的

B. 本案有本金返还和支付利息、罚息两个诉讼标的

C. 本案只有一个诉讼标的

D. 本案有三个诉讼标的

3 `2002107`

张三起诉李四要求解除合同，在案件审理的过程中，张三变更诉讼请求，要求李四承担违约责任并继续履行合同。下列说法中正确的是？

A. 张三作出的是对诉讼请求的变更

B. 张三应当先申请撤回起诉，之后再另行起诉

C. 对张三要求李四继续履行合同和承担违约责任

的请求，法院应作出诉的合并审理

D. 张三作出的是对诉讼标的的变更

4 `1103037`

甲因乙久拖房租不付，向法院起诉，要求乙支付半年房租 6000 元。在案件开庭审理前，甲提出书面材料，表示时间已过去 1 个月，乙应将房租增至 7000 元。关于法院对甲增加房租的要求的处理，下列哪一选项是正确的？

A. 作为新的诉讼受理，合并审理

B. 作为诉讼标的的变更，另案审理

C. 作为诉讼请求增加，继续审理

D. 不予受理，告知甲可以另行起诉

（二）诉的分类

【单选】

5 `1303037`

关于诉的分类的表述，下列哪一选项是正确的？

A. 孙某向法院申请确认其妻无民事行为能力，属于确认之诉

B. 周某向法院申请宣告自己与吴某的婚姻无效，属于变更之诉

C. 张某在与王某协议离婚后，又向法院起诉，主张离婚损害赔偿，属于给付之诉

D. 赵某代理女儿向法院诉请前妻将抚养费从每月 1000 元增加为 2000 元，属于给付之诉

【多选】

6 `2102127`

甲、乙订立买卖合同，后因乙的商品不达标要求解约，甲书面通知乙。乙收到通知后一直置之不理。甲向法院起诉请求确认合同解除，一审法院判决合同解除，并向双方送达判决书。下列哪些选项是正确的？

A. 甲的诉讼请求虽是确认合同解除，但解除权是形成权，本案属于形成之诉

B. 甲的诉讼请求是确认合同解除，属于确认之诉

C. 买卖合同自一审判决生效时解除

D. 买卖合同自乙收到解除书面通知时解除

解析页码
008—010

（三）反诉

【多选】

7 `1303080`

关于反诉，下列哪些表述是正确的?

A. 反诉的原告只能是本诉的被告

B. 反诉与本诉必须适用同一种诉讼程序

C. 反诉必须在答辩期届满前提出

D. 反诉与本诉之间须存在牵连关系，因此必须源于同一法律关系

8 `1203080`

关于反诉，下列哪些表述是正确的?

A. 反诉应当向受理本诉的法院提出，且该法院对反诉所涉及的案件也享有管辖权

B. 反诉中的诉讼请求是独立的，它不会因为本诉的撤销而撤销

C. 反诉如果成立，将产生本诉的诉讼请求被依法驳回的法律后果

D. 本诉与反诉的当事人具有同一性，因此，当事人在本诉与反诉中诉讼地位是相同的

【不定项】

9 `1203100`

2009 年 2 月，家住甲市 A 区的赵刚向家住甲市 B 区的李强借了 5000 元，言明 2010 年 2 月之前偿还。到期后赵刚一直没有还钱。

2010 年 3 月，李强找到赵刚家追讨该债务，发生争吵。赵刚因所牵宠物狗易受惊，遂对李强说："你不要大声喊，狗会咬你。"李强不理，仍然叫骂，并指着狗叫喊。该狗受惊，扑向李强并将其咬伤。李强治伤花费 6000 元。

李强起诉要求赵刚返还欠款 5000 元、支付医药费 6000 元，并向法院提交了赵刚书写的借条、其向赵刚转账 5000 元的银行转账凭证、本人病历、医院的诊断书（复印件）、医院处方（复印件）、发票等。

赵刚称，其向李强借款是事实，但在 2010 年 1 月卖给李强一块玉石，价值 5000 元，说好用玉石货款清偿借款。当时李强表示同意，并称之后会把借条还给赵刚，但其一直未还该借条。

赵刚还称，李强故意激怒狗，被狗咬伤的责任应由李强自己承担。对此，赵刚提交了邻居孙某出具的书面证词，该证词描述了李强当时骂人和骂狗的情形。

赵刚认为，李强提交的诊断书、医院处方均为复印件，没有证明力。

关于赵刚"用玉石货款清偿借款"的辩称，下列选项正确的是?

A. 将该辩称作为赵刚偿还借款的反驳意见来审查，审查的结果可以作为判决的根据

B. 赵刚应当以反诉的形式提出请求，法院可以与本诉合并进行审理

C. 赵刚必须另行起诉，否则法院不予处理

D. 赵刚既可以反诉的形式提出，也可另行起诉

（四）综合知识点

【单选】

10 `1503037`

李某驾车不慎追尾撞坏刘某轿车，刘某向法院起诉要求李某将车修好。在诉讼过程中，刘某变更诉讼请求，要求李某赔偿损失并赔礼道歉。针对本案的诉讼请求变更，下列哪一说法是正确的?

A. 该诉的诉讼标的同时发生变更

B. 法院应依法不允许刘某变更诉讼请求

C. 该诉成为变更之诉

D. 该诉仍属给付之诉

二、模拟题

【单选】

11 `62304012`

李某起诉王某离婚，并要求分割二人共同共有的房屋一套，同时请求法院判决二人的婚生子周周抚养权归属于自己。诉讼过程中，王某表示自己不同意离婚。关于本案，以下哪一项说法是正确的?

A. 李某提出的数个请求构成诉的主体合并

B. 李某提出的数个请求构成诉的客体合并

C. 本案不涉及诉的合并

D. 王某不同意离婚的主张构成反诉

【多选】

⑫ `62304027`

关于诉的分类，下列哪些说法是错误的？

A. 颜某因程某违约，起诉解除双方之间的服务合同，属于确认之诉

B. 钱某起诉孙某，要求撤销孙某与赵某之间的赠与合同，属于形成之诉

C. 朱某诉请法院确认其妻为限制民事行为能力人，属于确认之诉

D. 邻居小孩在罗某的宝马车上乱涂乱画，罗某诉请恢复原状，属于变更之诉

参考答案

[1] A	[2] C	[3] A	[4] C	[5] C
[6] BD	[7] AB	[8] AB	[9] BD	[10] D
[11] B	[12] CD			

第四章
主管和管辖

一、历年真题及仿真题

（一）协议管辖

【单选】

① `2102101`

A 区甲和 B 区乙签订买卖合同，后来双方当事人达成补充协议，约定因为履行本合同发生纠纷应当由合同履行地 C 区法院管辖。后经过乙同意，甲将合同权利义务转让给丙，但丙对补充协议毫不知情。乙、丙约定因为履行本合同产生纠纷应当由合同签订地 D 区法院管辖。后乙和丙因为履行本合同发生纠纷，可以向下列哪个法院起诉？

A. A 区法院

B. D 区法院

C. B 区法院

D. C 区法院

【不定项】

② `1603096`

住所地在 H 省 K 市 L 区的甲公司与住所地在 F 省 E 市 D 区的乙公司签订了一份钢材买卖合同，价款数额为 90 万元。合同在 B 市 C 区签订，双方约定合同履行地为 W 省 Z 市 Y 区，同时约定如因合同履行发生争议，由 B 市仲裁委员会仲裁。合同履行过程中，因钢材质量问题，甲公司与乙公司发生争议，甲公司欲申请仲裁解决。因 B 市有两个仲裁机构，分别为丙仲裁委员会和丁仲裁委员会（两个仲裁委员会所在地都在 B 市 C 区），乙公司认为合同中的仲裁条款无效，欲向有关机构申请确认仲裁条款无效。如相关机构确认仲裁条款无效，甲公司欲与乙公司达成协议，确定案件的管辖法院。关于双方可以协议选择的管辖法院，下列选项正确的是？

A. H 省 K 市 L 区法院

B. F 省 E 市 D 区法院

C. B 市 C 区法院

D. W 省 Z 市 Y 区法院

③ `1503095`

主要办事机构在 A 县的五环公司与主要办事机构在 B 县的四海公司于 C 县签订购货合同，约定：货物交付地在 D 县；若合同的履行发生争议，由原告所在地或者合同签订地的基层法院管辖。现五环公司起诉要求四海公司支付货款。四海公司辩称已将货款交给五环公司业务员付某。五环公司承认付某是本公司业务员，但认为其无权代理本公司收取货款，且付某也没有将四海公司声称的货款交给本公司。四海公司向法庭出示了盖有五环公司印章的授权委托书，证明付某有权代理五环公司收取货款，但五环公司对该授权书的真实性不予认可。根据案情，法院依当事人的申请通知付某参加（参与）了诉讼。对本案享有管辖权的法院包括？

A. A 县法院

B. B 县法院

C. C 县法院

D．D 县法院

（二）特殊地域管辖

【单选】

④ `2202003`

A 市 B 县的甲公司和 C 市 D 县的乙公司在 E 市 F 区签订了 1000 万的借款合同。后甲公司未依约转款给乙公司，乙公司起诉要求依约转款，对本案有管辖权的法院是？

A．只有 A 市 B 县法院有管辖权

B．只有 C 市 D 县法院有管辖权

C．A 市和 C 市中院都有管辖权

D．B 县和 D 县法院都有管辖权

【不定项】

⑤ `1603097`

住所地在 H 省 K 市 L 区的甲公司与住所地在 F 省 E 市 D 区的乙公司签订了一份钢材买卖合同，价款数额为 90 万元。合同在 B 市 C 区签订，双方约定合同履行地为 W 省 Z 市 Y 区，同时约定如因合同履行发生争议，由 B 市仲裁委员会仲裁。合同履行过程中，因钢材质量问题，甲公司与乙公司发生争议，甲公司欲申请仲裁解决。因 B 市有两个仲裁机构，分别为丙仲裁委员会和丁仲裁委员会（两个仲裁委员会所在地都在 B 市 C 区），乙公司认为合同中的仲裁条款无效，欲向有关机构申请确认仲裁条款无效。如仲裁条款被确认无效，甲公司与乙公司又无法达成新的协议，甲公司欲向法院起诉乙公司。关于对本案享有管辖权的法院，下列选项正确的是？

A．H 省 K 市 L 区法院

B．F 省 E 市 D 区法院

C．W 省 Z 市 Y 区法院

D．B 市 C 区法院

⑥ `1403096`

甲县的葛某和乙县的许某分别拥有位于丙县的云峰公司 50% 的股份。后由于二人经营理念不合，已连续四年未召开股东会，无法形成股东会决议。许某遂向法院请求解散公司，并在法院受理后申请保全公司的主要资产（位于丁县的一块土地的

使用权）。

依据法律，对本案享有管辖权的法院是？

A．甲县法院

B．乙县法院

C．丙县法院

D．丁县法院

⑦ `1203096`

2009 年 2 月，家住甲市 A 区的赵刚向家住甲市 B 区的李强借了 5000 元，言明 2010 年 2 月之前偿还。到期后赵刚一直没有还钱。

2010 年 3 月，李强找到赵刚家追讨该债务，发生争吵。赵刚因所牵宠物狗易受惊，遂对李强说："你不要大声喊，狗会咬你。"李强不理，仍然叫骂，并指着狗叫喊。该狗受惊，扑向李强并将其咬伤。李强治伤花费 6000 元。

李强起诉要求赵刚返还欠款 5000 元、支付医药费 6000 元，并向法院提交了赵刚书写的借条、其向赵刚转账 5000 元的银行转账凭证、本人病历、医院的诊断书（复印件）、医院处方（复印件）、发票等。

赵刚称，其向李强借款是事实，但在 2010 年 1 月卖给李强一块玉石，价值 5000 元，说好用玉石货款清偿借款。当时李强表示同意，并称之后会把借条还给赵刚，但其一直未还该借条。

赵刚还称，李强故意激怒狗，被狗咬伤的责任应由李强自己承担。对此，赵刚提交了邻居孙某出具的书面证词，该证词描述了李强当时骂人和骂狗的情形。

赵刚认为，李强提交的诊断书、医院处方均为复印件，没有证明力。

关于李强要求赵刚支付医药费的诉讼管辖，下列选项正确的是？

A．甲市 A 区法院

B．甲市 B 区法院

C．甲市中级法院

D．应当专属甲市 A 区法院

⑧ `1203095`

2009 年 2 月，家住甲市 A 区的赵刚向家住甲市 B

解析页码

区的李强借了 5000 元,言明 2010 年 2 月之前偿还。到期后赵刚一直没有还钱。

2010 年 3 月,李强找到赵刚家追讨该债务,发生争吵。赵刚因所牵宠物狗易受惊,遂对李强说:"你不要大声喊,狗会咬你。"李强不理,仍然叫骂,并指着狗叫喊。该狗受惊,扑向李强并将其咬伤。李强治伤花费 6000 元。

李强起诉要求赵刚返还欠款 5000 元、支付医药费 6000 元,并向法院提交了赵刚书写的借条、其向赵刚转账 5000 元的银行转账凭证、本人病历、医院的诊断书(复印件)、医院处方(复印件)、发票等。

赵刚称,其向李强借款是事实,但在 2010 年 1 月卖给李强一块玉石,价值 5000 元,说好用玉石货款清偿借款。当时李强表示同意,并称之后会把借条还给赵刚,但其一直未还该借条。

赵刚还称,李强故意激怒狗,被狗咬伤的责任应由李强自己承担。对此,赵刚提交了邻居孙某出具的书面证词,该证词描述了李强当时骂人和骂狗的情形。

赵刚认为,李强提交的诊断书、医院处方均为复印件,没有证明力。

关于李强与赵刚之间欠款的诉讼管辖,下列选项正确的是?

A. 甲市 A 区法院

B. 甲市 B 区法院

C. 甲市中级法院

D. 应当专属甲市 A 区法院

(三)一般地域管辖

【单选】

9 `2202155`

甲、乙签订建设施工合同,工程建设到一半,乙一直不按约支付建设施工款项。乙、丙签订钢材买卖合同,合同约定发生纠纷由原告所在地法院管辖,后乙按约交付钢材,丙却迟迟不向乙支付货款。因乙怠于向丙行使权利,甲欲对丙提起代位权诉讼,请问以下哪一个法院有管辖权?

A. 甲所在地法院

B. 在建工程所在地的法院

C. 乙所在地法院

D. 丙所在地的法院

10 `2002026`

甲地的徐某将一块玉石(价值 10 万元)借给乙地的黄某,黄某将该玉石拿到丙地展览期间被张某看中,黄某告知玉石乃徐某之物,张某仍出价 20 万元购买,黄某遂将玉石卖予张某,后向徐某谎称将玉石以 15 万元价格卖给张某,并立即向徐某转账 15 万元。事后徐某得知黄某以 20 万元价格将玉石出售,遂起诉黄某,要求其返还多卖的 5 万元玉石款。关于本案的管辖法院,下列哪一表述是正确的?

A. 甲法院和丙法院

B. 乙法院和丙法院

C. 乙法院

D. 丙法院

(四)专门管辖与集中管辖

【多选】

11 `1503077`

根据《民事诉讼法》相关司法解释,下列哪些法院对专利纠纷案件享有管辖权?

A. 知识产权法院

B. 所有的中级法院

C. 最高法院确定的中级法院

D. 最高法院确定的基层法院

(五)管辖权恒定

【单选】

12 `2002025`

最高法院确定甲法院管辖案件的标的限额为 3000 万元。A 公司向甲法院起诉 B 公司,要求其偿还 2900 万元货款,开庭审理时,A 公司又要求 B 公司赔偿 290 万元违约金。对此,甲法院的下列哪一做法是正确的?

A. 案件已开庭,应不予受理赔偿违约金的诉讼请求

B. 若 B 公司提出异议,甲法院认为受理时有管辖权,增加诉讼请求后应继续审理

C. 甲法院应告知 A 公司增加诉讼请求会超出管辖范围

D. 受理赔偿违约金的诉讼请求后移送有管辖权的法院审理

（六）管辖权异议

【单选】

⑬ 2102119

赵某向 A 县法院起诉钱某要求赔偿违约金 20 万元。法院向钱某送达应诉通知书后，钱某提出反诉，要求法院判令赵某履行合同。法院在开庭前组织当事人召开庭前会议，钱某向法院提出管辖权异议，主张双方当事人签订的补充协议，约定因为履行本合同发生纠纷应当由 B 县法院管辖。法院应当如何处理？

A. 继续审理本诉和反诉

B. 对管辖权异议不予审查，但应当依职权将案件移送 B 县法院

C. 经审查认为管辖权异议成立，裁定将案件移送 B 县法院

D. 继续审理本诉，告知钱某就其主张另行向 B 县法院起诉

⑭ 1902003

A 想在乙区买一个店铺，和甲县的 B 签中介合同，和乙区的 C 签店铺买卖合同。C 不肯交房并办理过户。A 将 B、C 起诉到甲县法院要求交付店铺办理过户，甲县法院判决 C 交付店铺并办理过户，以 B 不是适格被告为由判决驳回 A 对 B 的诉讼请求。C 不服上诉，认为既然 B 不是适格被告，那么 B 的住所地甲县法院就没有管辖权，故而在二审中提管辖权异议。二审法院应当如何处理？

A. 二审法院应移送管辖

B. 二审法院应指定管辖

C. 二审法院对管辖权异议不予审查

D. 二审法院应当撤销原判，发回重审

【多选】

⑮ 1603078

法院受理案件后，被告提出管辖异议，依据法律和司法解释规定，其可以采取下列哪些救济措施？

A. 向受诉法院提出管辖权异议，要求受诉法院对管辖权的归属进行审查

B. 向受诉法院的上级法院提出异议，要求上级法院对案件的管辖权进行审查

C. 在法院对管辖异议驳回的情况下，可以对该裁定提起上诉

D. 在法院对案件审理终结后，可以以管辖错误作为法定理由申请再审

（七）民诉裁定管辖

【单选】

⑯ 1003039

某省甲市 A 区法院受理一起保管合同纠纷案件，根据被告管辖权异议，A 区法院将案件移送该省乙市 B 区法院审理。乙市 B 区法院经审查认为，A 区法院移送错误，本案应归甲市 A 区法院管辖，发生争议。关于乙市 B 区法院的做法，下列哪一选项是正确的？

A. 将案件退回甲市 A 区法院

B. 将案件移送同级第三方法院管辖

C. 报请乙市中级法院指定管辖

D. 与甲市 A 区法院协商不成，报请该省高级法院指定管辖

（八）综合知识点

【单选】

⑰ 1103039

根据《民事诉讼法》和相关司法解释，关于中级法院，下列哪一表述是正确的？

A. 既可受理一审涉外案件，也可受理一审非涉外案件

B. 审理案件组成合议庭时，均不可邀请陪审员参加

C. 审理案件均须以开庭审理的方式进行

D. 对案件所作出的判决均为生效判决

⑱ 1403039

关于管辖，下列哪一表述是正确的？

解析页码

015—016

A. 军人与非军人之间的民事诉讼，都应由军事法院管辖，体现了专门管辖的原则

B. 中外合资企业与外国公司之间的合同纠纷，应由中国法院管辖，体现了维护司法主权的原则

C. 最高法院通过司法解释授予部分基层法院专利纠纷案件初审管辖权，体现了平衡法院案件负担的原则

D. 不动产纠纷由不动产所在地法院管辖，体现了管辖恒定的原则

19 `1703036`

住所在 A 市 B 区的甲公司与住所在 A 市 C 区的乙公司签订了一份买卖合同，约定履行地为 D 县。合同签订后尚未履行，因货款支付方式发生争议，乙公司诉至 D 县法院。甲公司就争议的付款方式提交了答辩状。经审理，法院判决甲公司败诉。甲公司不服，以一审法院无管辖权为由提起上诉，要求二审法院撤销一审判决，驳回起诉。关于本案，下列哪一表述是正确的？

A. D 县法院有管辖权，因 D 县是双方约定的合同履行地

B. 二审法院对上诉人提出的管辖权异议不予审查，裁定驳回异议

C. 二审法院应裁定撤销一审判决，发回一审法院重审

D. 二审法院应裁定撤销一审判决，裁定将案件移送有管辖权的法院审理

20 `1902002`

甲省 M 市 A 区的李某在位于乙省 N 市 B 区的张某电商平台上购买了货物，购物条款约定发生争议由乙省 N 市 B 区法院管辖。发生纠纷后，李某向甲省 M 市 A 区法院起诉，张某以有管辖协议为由提出管辖异议，李某认为，因乙省 N 市已成立互联网法院，管辖协议无效。M 市 A 区法院认为管辖异议成立，将案件移送至 N 市 B 区法院，N 市 B 区法院应如何处理？

A. 报 N 市中院指定管辖

B. 逐级报最高院指定管辖

C. 退回 M 市 A 区法院

D. 将案件移送 N 市互联网法院

【多选】

21 `2202010`

A 县的甲与 B 县的乙签订货物买卖合同，双方约定合同履行地在 C 县，同时约定因合同产生纠纷由守约方法院管辖。乙发货后双方产生纠纷，甲向法院起诉，但是甲乙二人都认定自己是守约方。本案中，有管辖权的法院有哪些？

A. 由于甲乙都可能是守约方，所以 AB 两县法院都有权管辖

B. B 县法院有权管辖

C. A 县法院有权管辖

D. C 县法院有权管辖

22 `1603077`

A 市东区居民朱某（男）与 A 市西县刘某结婚，婚后双方住 A 市东区。一年后，公司安排刘某赴 A 市南县分公司工作。三年之后，因感情不和朱某向 A 市东区法院起诉离婚。东区法院受理后，发现刘某经常居住地在南县，其对该案无管辖权，遂裁定将案件移送南县法院。南县法院收到案件后，认为无管辖权，将案件移送刘某户籍所在地西县法院。西县法院收到案件后也认为无管辖权。关于本案的管辖问题，下列哪些说法是正确的？

A. 东区法院有管辖权

B. 南县法院有管辖权

C. 西县法院有管辖权

D. 西县法院认为自己没有管辖权，应当裁定移送有管辖权的法院

23 `1403078`

根据《民事诉讼法》和相关司法解释的规定，法院的下列哪些做法是违法的？

A. 在一起借款纠纷中，原告张海起诉被告李河时，李河居住在甲市 A 区。A 区法院受理案件后，李河搬到甲市 D 区居住，该法院知悉后将案件移送 D 区法院

B. 王丹在乙市 B 区被黄玫打伤，以为黄玫居住乙市 B 区，而向该区法院提起侵权诉讼。乙市 B 区法院受理后，查明黄玫的居住地是乙市 C 区，遂将案件移送乙市 C 区法院

C. 丙省高院规定，本省中院受理诉讼标的额1000万元至5000万元的财产案件。丙省 E 市中院受理一起标的额为 5005 万元的案件后，向丙省高院报请审理该案

D. 居住地为丁市 H 区的孙溪要求居住地为丁市 G 区的赵山依约在丁市 K 区履行合同。后因赵山下落不明，孙溪以赵山为被告向丁市 H 区法院提起违约诉讼，该法院以本院无管辖权为由裁定不予受理

㉔ 1303079

关于管辖制度的表述，下列哪些选项是不正确的？

A. 对下落不明或者宣告失踪的人提起的民事诉讼，均应由原告住所地法院管辖

B. 因共同海损或者其他海事故请求损害赔偿提起的诉讼，被告住所地法院享有管辖权

C. 甲区法院受理某技术转让合同纠纷案后，发现自己没有级别管辖权，将案件移送至甲市中院审理，这属于管辖权的转移

D. 当事人可以书面约定纠纷的管辖法院，这属于选择管辖

㉕ 1203078

根据《民事诉讼法》和司法解释的相关规定，关于级别管辖，下列哪些表述是正确的？

A. 级别管辖不适用管辖权异议制度

B. 案件被移送管辖有可能是因为受诉法院违反了级别管辖的规定而发生的

C. 管辖权转移制度是对级别管辖制度的变通和个别的调整

D. 当事人可以通过协议变更案件的级别管辖

【不定项】

㉖ 1802099

居住在 A 市甲区的蒋某在 A 市乙区某住宅楼拥有住房一套。为了能够顺利出租，蒋某雇佣住在 A 市丙区的杨某进行保洁处理。在工作过程中，杨某不慎将窗户上的玻璃撞破，其中的一块碎玻璃掉下来，将从住宅楼下经过的张某（女）的脸严重划伤。张某被送到医院紧急治疗后，与蒋某以及杨某进行交涉，但是因双方分歧较大，未取得

任何结果。张某于是向人民法院提起诉讼。张某向 A 市乙区人民法院提起诉讼，乙区人民法院认为由甲区人民法院审理该案更为便利，于是把案件移送至甲区人民法院。甲区人民法院却认为由乙区人民法院审理更适宜，不同意接受移送。则以下说法正确的有？

A. 甲区人民法院、乙区人民法院对本案都有管辖权

B. 张某可以任意选择向甲区或乙区人民法院提起诉讼

C. 乙区人民法院的移送管辖是错误的

D. 甲区人民法院可以自己对本案无管辖权为由，再行移送

㉗ 1103095

2011 年 7 月 11 日，A 市升湖区法院受理了黎明丽（女）诉张成功（男）离婚案。7 月 13 日，升湖区法院向张成功送达了起诉状副本。7 月 18 日，张成功向升湖区法院提交了答辩状，未对案件的管辖权提出异议。8 月 2 日，张成功向升湖区法院提出管辖权异议申请，称其与黎明丽已分居 2 年，分别居住在 A 市安平区各自父母家中。A 市升湖区法院以申请管辖权异议超过申请期限为由，裁定驳回张成功管辖权异议申请。后，升湖区法院查明情况，遂裁定将案件移送安平区法院。安平区法院接受移送，确定适用简易程序审理此案。安平区法院在案件开庭审理时组织调解。

黎明丽声称：2005 年 12 月，其与张成功结婚，后因张成功有第三者陈佳，感情已破裂，现要求离婚。黎明丽提出，离婚后儿子张好帅由其行使监护权，张成功每月支付抚养费 1500 元。现双方存款 36 万元（存折在张成功手中），由 2 人平分，生活用品归各自所有，不存在其它共有财产分割争议。

张成功承认：2005 年 12 月，其与黎明丽结婚，自己现在有了第三者，36 万元存款在自己手中，同意离婚，同意生活用品归各自所有，同意不存在其它共有财产分割争议。不同意支付张好帅抚养费，因其是黎明丽与前男友所生。

黎明丽承认：张好帅是其与前男友所生，但在户

解析页码

籍登记上，张成功与张好帅为父子关系，多年来父子相称，形成事实上的父子关系，故要求张成功支付抚养费。

调解未能达成协议。在随后的庭审中，黎明丽坚持提出的请求；张成功对调解中承认的多数事实和同意的请求予以认可，但否认了有第三者一事，仍不同意支付张好帅抚养费。黎明丽要求法院通知第三者陈佳以无独立请求权的第三人身份参加诉讼。

安平区法院作出判决：解除黎明丽、张成功婚姻关系；张好帅由黎明丽行使监护权，张成功每月支付抚养费700元；存款双方平分，生活用品归个人所有，不存在其它共有财产分割争议。法院根据调解中被告承认自己有第三者的事实，认定双方感情破裂，张成功存在过失。

关于本案管辖，下列选项正确的是？

A. 张成功行使管辖异议权符合法律的规定

B. 张成功主张管辖异议的理由符合法律规定

C. 升湖区法院驳回张成功的管辖异议符合法律规定

D. 升湖区法院对案件进行移送不符合法律规定

二、模拟题

【多选】

㉘ 62204120

住所在S市A区的青衫公司与住所在S市B区的红袖公司签订了一份买卖合同，约定合同履行地为C县。合同签订后尚未履行，双方因货款支付方式发生争议，红袖公司诉至C县法院。青衫公司就争议的付款方式提交了答辩状。经审理，法院判决青衫公司败诉。青衫公司不服提起上诉，二审法院经审理认为一审程序违法发回重审。重审时，青衫公司认为C县法院无管辖权，遂提出管辖权异议。关于本案，下列哪些表述是正确的？

A. 在起诉阶段，C县法院对案件享有管辖权

B. 在起诉阶段，C县法院对案件不享有管辖权

C. 重审法院对青衫公司提出的管辖权异议应不予审查

D. 重审法院应支持青衫公司的管辖权异议，裁定

将案件移送有管辖权的法院

㉙ 62304029

618购物狂欢节期间，Y市Z区的曲某在某果官方旗舰店（主要办事机构所在地：L市M区）购买了一台平板电脑，送给其正在A市B区上大学的侄女小曲，双方未约定合同履行地。平板电脑发货地为S市T区，收货地为A市B区。小曲收货后发现平板电脑表面有多处磨损，协商退货赔偿无果，曲某拟向法院提起诉讼。关于本案，下列哪些法院有管辖权？

A. Y市Z区

B. L市M区

C. A市B区

D. S市T区

【不定项】

㉚ 62204121

A市B区的秦某与A市C区的张某签订买卖合同并在合同中约定，若在合同履行中产生任何争议均由合同签订地A市B区法院管辖，后秦某经张某同意将合同权利义务转让给F市G区的权某，权某在转让时不知道有管辖协议。合同在D市E县履行过程中，张某与权某产生争议，张某欲向法院提起诉讼。关于本案的管辖法院，下列说法中正确的是？

A. A市B区法院具有管辖权

B. A市C区法院具有管辖权

C. D市E县法院具有管辖权

D. F市G区法院具有管辖权

【参考答案】

[1]B	[2]ABCD	[3]AC	[4]A	[5]BC
[6]C	[7]A	[8]AB	[9]D	[10]C
[11]ACD	[12]D	[13]A	[14]C	[15]AC
[16]D	[17]A	[18]C	[19]B	[20]A
[21]BD	[22]AB	[23]ABC	[24]ABCD	[25]BC
[26]ABC	[27]BCD	[28]BC	[29]BC	[30]CD

解析页码

019—020

第五章
当事人

一、历年真题及仿真题

（一）当事人适格

【单选】

1 `2002013`

梁某工商登记注册个体餐馆，命名为"梁小厨私房菜"，与黄某协议由黄某实际经营餐馆。黄某在经营中因供货质量问题与供应商王某发生争执，拟提起诉讼，谁为本案适格原告？

A. 梁某为原告

B. 黄某为原告

C. "梁小厨私房菜"为原告

D. 梁某和黄某为共同原告

2 `1503039`

徐某开设打印设计中心并以自己名义登记领取了个体工商户营业执照，该中心未起字号。不久，徐某应征入伍，将该中心转让给同学李某经营，未办理工商变更登记。后该中心承接广告公司业务，款项已收却未能按期交货，遭广告公司起诉。下列哪一选项是本案的适格被告？

A. 李某

B. 李某和徐某

C. 李某和该中心

D. 李某、徐某和该中心

3 `1203045`

2010年7月，甲公司不服A市B区法院对其与乙公司买卖合同纠纷的判决，上诉至A市中级法院，A市中级法院经审理维持原判决。2011年3月，甲公司与丙公司合并为丁公司。之后，丁公司法律顾问在复查原甲公司的相关材料时，发现上述案件具备申请再审的法定事由。关于该案件的再审，下列哪一说法是正确的？

A. 应由甲公司向法院申请再审

B. 应由甲公司与丙公司共同向法院申请再审

C. 应由丁公司向法院申请再审

D. 应由丁公司以案外人身份向法院申请再审

4 `1103045`

三合公司诉两江公司合同纠纷一案，经法院审理后判决两江公司败诉。此后，两江公司与海大公司合并成立了大江公司。在对两江公司财务进行审核时，发现了一份对前述案件事实认定极为重要的证据。关于该案的再审，下列哪一说法是正确的？

A. 应当由两江公司申请再审并参加诉讼

B. 应当由海大公司申请再审并参加诉讼

C. 应当由大江公司申请再审并参加诉讼

D. 应当由两江公司申请再审，但必须由大江公司参加诉讼

【多选】

5 `2002115`

张三诉李四合同纠纷一案，诉讼进行中张三将合同转让给王五，王五申请参加诉讼，下列对当事人表述正确的是？

A. 法院直接更换王五为原告

B. 法院应直接追加王五为本案的无独立请求权的第三人，生效的法律文书对王五生效

C. 王五申请参加诉讼，法院可以更换其为原告

D. 王五申请参加诉讼，法院不同意变更其为原告，则王五可被追加为无独立请求权的第三人

6 `1603079`

程某诉刘某借款诉讼过程中，程某将对刘某因该借款而形成的债权转让给了谢某。依据相关规定，下列哪些选项是正确的？

A. 如程某撤诉，法院可以准许其撤诉

B. 如谢某申请以无独立请求权第三人身份参加诉讼，法院可予以准许

C. 如谢某申请替代程某诉讼地位的，法院可以根据案件的具体情况决定是否准许

D. 如法院不予准许谢某申请替代程某诉讼地位的，可以追加谢某为无独立请求权的第三人

解析页码　020—021

【不定项】

7 1802098

居住在 A 市甲区的蒋某在 A 市乙区某住宅楼拥有住房一套。为了能够顺利出租，蒋某雇佣住在 A 市丙区的杨某进行保洁处理。在工作过程中，杨某不慎将窗户上的玻璃撞破，其中的一块碎玻璃掉下来，将从住宅楼下经过的张某（女）的脸严重划伤。张某被送到医院紧急治疗后，与蒋某以及杨某进行交涉，但是因双方分歧较大，未取得任何结果。张某于是向人民法院提起诉讼。在本案中，张某应当以谁作为被告提起诉讼才是正确的？

A. 应以蒋某作为被告

B. 应以杨某作为被告

C. 应以蒋某和杨某作为共同被告

D. 可以蒋某或杨某作为被告

8 1703096

2015 年 4 月，居住在 B 市（直辖市）东城区的林剑与居住在 B 市西城区的钟阳（二人系位于 B 市北城区正和钢铁厂的同事）签订了一份借款合同，约定钟阳向林剑借款 20 万元，月息 1%，2017 年 1 月 20 日前连本带息一并返还。合同还约定，如因合同履行发生争议，可向 B 市东城区仲裁委员会仲裁。至 2017 年 2 月，钟阳未能按时履约。2017 年 3 月，二人到正和钢铁厂人民调解委员会（下称调解委员会）请求调解。调解委员会委派了三位调解员主持该纠纷的调解。如调解成功，林剑与钟阳在调解委员会的主持下达成如下协议：2017 年 5 月 15 日之前，钟阳向林剑返还借款 20 万元，支付借款利息 2 万元。该协议有林剑、钟阳的签字，盖有调解委员会的印章和三位调解员的签名。钟阳未按时履行该调解协议，林剑拟提起诉讼。在此情况下，下列说法正确的是？

A. 应以调解委员会为被告

B. 应以钟阳为被告

C. 应以调解委员会和钟阳为共同被告

D. 应以钟阳为被告，调解委员会为无独立请求权的第三人

9 1603086

甲、乙、丙三人签订合伙协议并开始经营，但未取字号，未登记，也未推举负责人。其间，合伙人与顺利融资租赁公司签订融资租赁合同，租赁淀粉加工设备一台，约定租赁期限届满后设备归承租人所有。合同签订后，出租人按照承租人的选择和要求向设备生产商丁公司支付了价款。如果承租人不履行支付价款的义务，出租人起诉，适格被告是？

A. 合伙企业

B. 甲、乙、丙全体

C. 甲、乙、丙中的任何人

D. 丁公司

（二）共同诉讼

【单选】

10 2002108

甲、乙、丙是普通共同诉讼的原告，在诉讼进行的过程中，法院在双方当事人同意的情况下进行了调解，甲和乙均认可调解方案，但丙表示不同意调解方案，要求法院依法判决解决纠纷。法院应当如何处理本案？

A. 制作调解书结案，但调解书对丙没有拘束力，应告知丙另行起诉

B. 对本案依法作出判决

C. 制作调解书结案，调解书对本案的所有当事人均有拘束力

D. 对甲和乙制作调解书结案，对丙的请求继续审理，依法判决

11 2002022

周某的房子临街，把房子租给黄某，双方约定租赁期间产生的一切责任由黄某承担。黄某在阳台养花，小区物业多次提醒其花盆掉下容易砸伤楼下行人，不要在阳台放花盆。某日狂风暴雨致使阳台花盆掉落，正巧砸中楼下的李某。李某欲请求赔偿，本案被告如何确定？

A. 可以以周某和黄某为共同被告

B. 应以周某为被告

C. 应以小区物业为被告

D．应以黄某为被告

12 `1902005`

张老头有一套房屋，张老头死后，张甲和张乙因遗产继承纠纷，张甲将张乙诉至法院。诉讼中，邻县张老头的女儿张丙向法院主张继承遗产，下列表述正确的是？

A．张甲是原告，张乙是被告

B．张甲，张丙是原告，张乙是被告

C．张丙是原告，张甲、张乙是被告

D．张甲是原告，张乙是被告，张丙是有独三

13 `1703037`

马迪由阳光劳务公司派往五湖公司担任驾驶员。因五湖公司经常要求加班，且不发加班费，马迪与五湖公司发生争议，向劳动争议仲裁委员会申请仲裁。关于本案仲裁当事人的确定，下列哪一表述是正确的？

A．马迪是申请人，五湖公司为被申请人

B．马迪是申请人，五湖公司和阳光劳务公司为被申请人

C．马迪是申请人，五湖公司为被申请人，阳光劳务公司可作为第三人参加诉讼

D．马迪和阳光劳务公司为申请人，五湖公司为被申请人

14 `1603037`

小桐是由菲特公司派遣到苏拉公司工作的人员，在一次完成苏拉公司分配的工作任务时，失误造成路人周某受伤，因赔偿问题周某起诉至法院。关于本案被告的确定，下列哪一选项是正确的？

A．起诉苏拉公司时，应追加菲特公司为共同被告

B．起诉苏拉公司时，应追加菲特公司为无独立请求权第三人

C．起诉菲特公司时，应追加苏拉公司为共同被告

D．起诉菲特公司时，应追加苏拉公司为无独立请求权第三人

15 `1603036`

精神病人姜某冲入向阳幼儿园将入托的小明打伤，小明的父母与姜某的监护人朱某及向阳幼儿园协商赔偿事宜无果，拟向法院提起诉讼。关于本案

当事人的确定，下列哪一选项是正确的？

A．姜某是被告，朱某是无独立请求权第三人

B．姜某与朱某是共同被告，向阳幼儿园是无独立请求权第三人

C．向阳幼儿园与姜某是共同被告

D．姜某、朱某、向阳幼儿园是共同被告

【多选】

16 `2102116`

甲先向某银行贷款 100 万元，后甲再次向某银行贷款 80 万元。两笔贷款均已到期，甲无力偿还，该银行就两笔贷款分别向法院起诉，法院决定将两个案件合并审理。关于本案表述错误的是？

A．银行提起的关于两笔贷款的诉，构成必要共同诉讼，法院应当合并审理

B．银行提起的关于两笔贷款的诉，构成普通共同诉讼，法院可以合并审理

C．法院对银行提起的关于两笔贷款的诉合并审理，属于诉的客体的合并，可以不经过甲的同意

D．法院对银行提起的关于两笔贷款的诉合并审理，属于诉的客体的合并，必须要经过甲的同意

17 `2102114`

蒋某在甲 4S 店购买汽车，该店提供试驾体验，蒋某提出上高速公路测试汽车性能，甲 4S 店安排经理张某陪同蒋某试驾。在试驾过程中，突遇王某横穿高速公路，蒋某紧急刹车，但因为刹车距离太短，仍然将王某撞伤。王某欲就损害赔偿问题提起诉讼，下列哪些民事主体可以成为本案的适格被告？

A．甲 4S 店

B．高速公路管理人

C．蒋某

D．张某

18 `1303077`

甲向大恒银行借款 100 万元，乙承担连带保证责任，甲到期未能归还借款，大恒银行向法院起诉甲乙二人，要求其履行债务。关于诉的合并和共

解析页码

022—024

同诉讼的判断，下列哪些选项是正确的？

A．本案属于诉的主体的合并

B．本案属于诉的客体的合并

C．本案属于必要共同诉讼

D．本案属于普通共同诉讼

（三）诉讼代表人

【单选】

19 `1103048`

某企业使用霉变面粉加工馒头，潜在受害人不可确定。甲、乙、丙、丁等20多名受害者提起损害赔偿诉讼，但未能推选出诉讼代表人。法院建议由甲、乙作为诉讼代表人，但丙、丁等人反对。关于本案，下列哪一选项是正确的？

A．丙、丁等人作为诉讼代表人参加诉讼

B．丙、丁等人推选代表人参加诉讼

C．诉讼代表人由法院指定

D．在丙、丁等人不认可诉讼代表人情况下，本案裁判对丙、丁等人没有约束力

（四）第三人及第三人之诉

【单选】

20 `1603038`

丁一诉弟弟丁二继承纠纷一案，在一审中，妹妹丁爽向法院递交诉状，主张应由自己继承系争的遗产，并向法院提供了父亲生前所立的其过世后遗产全部由丁爽继承的遗嘱。法院予以合并审理，开庭审理前，丁一表示撤回起诉，丁二认为该遗嘱是伪造的，要求继续进行诉讼。法院裁定准予丁一撤诉后，在程序上，下列哪一选项是正确的？

A．丁爽为另案原告，丁二为另案被告，诉讼继续进行

B．丁爽为另案原告，丁一、丁二为另案被告，诉讼继续进行

C．丁一、丁爽为另案原告，丁二为另案被告，诉讼继续进行

D．丁爽、丁二为另案原告，丁一为另案被告，诉讼继续进行

21 `1503038`

赵某与刘某将共有商铺出租给陈某。刘某瞒着赵某，与陈某签订房屋买卖合同，将商铺转让给陈某，后因该合同履行发生纠纷，刘某将陈某诉至法院。赵某得知后，坚决不同意刘某将商铺让与陈某。关于本案相关人的诉讼地位，下列哪一说法是正确的？

A．法院应依职权追加赵某为共同原告

B．赵某应以刘某侵权起诉，陈某为无独立请求权第三人

C．赵某应作为无独立请求权第三人

D．赵某应作为有独立请求权第三人

22 `1003041`

甲为有独立请求权第三人，乙为无独立请求权第三人，关于甲、乙诉讼权利和义务，下列哪一说法是正确的？

A．甲只能以起诉的方式参加诉讼，乙以申请或经法院通知的方式参加诉讼

B．甲具有当事人的诉讼地位，乙不具有当事人的诉讼地位

C．甲的诉讼行为可对本诉的当事人发生效力，乙的诉讼行为对本诉的当事人不发生效力

D．任何情况下，甲有上诉权，而乙无上诉权

【多选】

23 `1703078`

李立与陈山就财产权属发生争议提起确权诉讼。案外人王强得知此事，提起诉讼主张该财产的部分产权，法院同意王强参加诉讼。诉讼中，李立经法院同意撤回起诉。关于该案，下列哪些选项是正确的？

A．王强是有独立请求权的第三人

B．王强是必要的共同诉讼人

C．李立撤回起诉后，法院应裁定终结诉讼

D．李立撤回起诉后，法院应以王强为原告、李立和陈山为被告另案处理，诉讼继续进行

【不定项】

24 `1103097`

2011年7月11日，A市升湖区法院受理了黎明丽（女）诉张成功（男）离婚案。7月13日，升湖区法院向张成功送达了起诉状副本。7月18日，张成功向升湖区法院提交了答辩状，未对案件的管辖权提出异议。8月2日，张成功向升湖区法院提出管辖权异议申请，称其与黎明丽已分居2年，分别居住于A市安平区各自父母家中。A市升湖区法院以申请管辖权异议超过申请期限为由，裁定驳回张成功管辖权异议申请。后，升湖区法院查明情况，遂裁定将案件移送安平区法院。安平区法院接受移送，确定适用简易程序审理此案。

安平区法院在案件开庭审理时组织调解。

黎明丽声称：2005年12月，其与张成功结婚，后因张成功有第三者陈佳，感情已破裂，现要求离婚。黎明丽提出，离婚后儿子张好帅由其行使监护权，张成功每月支付抚养费1500元。现双方存款36万元（存折在张成功手中），由2人平分，生活用品归各自所有，不存在其它共有财产分割争议。

张成功承认：2005年12月，其与黎明丽结婚，自己现在有了第三者，36万元存款在自己手中，同意离婚，同意生活用品归各自所有，同意不存在其它共有财产分割争议。不同意支付张好帅抚养费，因其是黎明丽与前男友所生。

黎明丽承认：张好帅是其与前男友所生，但在户籍登记上，张成功与张好帅为父子关系，多年来父子相称，形成事实上的父子关系，故要求张成功支付抚养费。

调解未能达成协议。在随后的庭审中，黎明丽坚持提出的请求；张成功对调解中承认的多数事实和同意的请求予以认可，但否认了有第三者一事，仍不同意支付张好帅抚养费。黎明丽要求法院通知第三者陈佳以无独立请求权的第三人身份参加诉讼。

安平区法院作出判决：解除黎明丽、张成功婚姻关系；张好帅由黎明丽行使监护权，张成功每月支付抚养费700元；存款双方平分，生活用品归个人所有，不存在其它共有财产分割争议。法院

根据调解中被告承认自己有第三者的事实，认定双方感情破裂，张成功存在过失。

对黎明丽要求陈佳以无独立请求权第三人参加诉讼的请求，下列选项正确的是？

A. 法院可以根据黎明丽的请求，裁定追加陈佳为无独立请求权第三人

B. 如张成功同意，法院可通知陈佳以无独立请求权第三人名义参加诉讼

C. 无论张成功是否同意，法院通知陈佳以无独立请求权第三人名义参加诉讼都是错误的

D. 如陈佳同意，法院可通知陈佳以无独立请求权第三人名义参加诉讼

（五）综合知识点

【单选】

25 `2002110`

关于当事人适格的表述，下列选项错误的是？

A. 当事人诉讼权利能力是作为抽象的诉讼当事人的资格，它与具体的诉讼没有直接的联系。当事人适格是作为具体的诉讼当事人的资格，是针对具体的诉讼而言的

B. 一般来讲，应当以当事人是否是所争议的民事法律关系的主体作为判断当事人适格的标准，但在某些例外情况下，非民事法律关系或民事权利主体也可以作为适格当事人

C. 清算组织、遗产管理人、遗嘱执行人是适格的当事人，原因在于其根据权利主体意思或法律规定对他人的民事法律关系享有管理权

D. 检察院就生效民事判决提起抗诉，抗诉的检察院并不是适格的当事人

26 `1003046`

甲在丽都酒店就餐，顾客乙因地板湿滑不慎滑倒，将热汤洒到甲身上，甲被烫伤。甲拟向法院提起诉讼。关于本案当事人的确定，下列哪一说法是正确的？

A. 甲起诉丽都酒店，乙是第三人

B. 甲起诉乙，丽都酒店是第三人

C. 甲起诉，只能以乙或丽都酒店为单一被告

解析页码

D. 甲起诉丽都酒店，乙是共同被告

27 `1003040`

甲乙丙三人合伙开办电脑修理店，店名为"一通电脑行"，依法登记。甲负责对外执行合伙事务。顾客丁进店送修电脑时，被该店修理人员戊的工具碰伤。丁拟向法院起诉。关于本案被告的确定，下列哪一选项是正确的？

A. "一通电脑行"为被告

B. 甲为被告

C. 甲乙丙三人为共同被告，并注明"一通电脑行"字号

D. 甲乙丙戊四人为共同被告

28 `2202008`

甲乙丙三人毁坏了秦某的汽车，秦某起诉了甲乙，因爱慕丙的女儿就没有起诉丙。关于本案，下列选项中正确的是？

A. 法院应该追加丙为共同被告，如果经传唤仍拒不到庭，法院可以强制拘传

B. 法院应该追加丙为共同被告，不到庭并不影响丙承担责任

C. 法院可以不追加丙，但可以告知秦某另诉丙

D. 法院可以不追加丙为共同被告，但判决书中要明确甲乙丙承担连带责任

【多选】

29 `1403081`

根据民事诉讼理论和相关法律法规，关于当事人的表述，下列哪些选项是正确的？

A. 依法解散、依法被注销的法人可以自己的名义作为当事人进行诉讼

B. 被宣告为无行为能力的成年人可以自己的名义作为当事人进行诉讼

C. 非法人组织依法可以自己的名义作为当事人进行诉讼

D. 中国消费者协会可以自己的名义作为当事人，对侵害众多消费者权益的企业提起公益诉讼

30 `1303038`

关于当事人能力和正当当事人的表述，下列哪些选项是正确的？

A. 一般而言，应以当事人是否对诉讼标的有确认利益，作为判断当事人适格与否的标准

B. 一般而言，诉讼标的的主体即是本案的正当当事人

C. 未成年人均不具有诉讼行为能力

D. 破产企业清算组对破产企业财产享有管理权，应当以该企业的名义起诉或应诉

31 `1203081`

关于当事人能力与当事人适格的概念，下列哪些表述是正确的？

A. 当事人能力又称当事人诉讼权利能力，当事人适格又称正当当事人

B. 有当事人能力的人一定是适格当事人

C. 适格当事人一定具有当事人能力

D. 当事人能力与当事人适格均由法律明确加以规定

32 `1802115`

A 市 B 区宝安商场为拓展业务，自行在 C 市 D 区设立分店，并私刻了宝安商场 C 市分公司的公章，苏某因在宝安商场 C 市分店购买的商品存在质量问题发生争议，向法院提起诉讼，关于本案主体和管辖的说法，下列哪些选项是正确的？

A. C 市 D 区法院因是被告住所地而享有管辖权

B. C 市 D 区法院因是合同履行地而享有管辖权

C. 宝安商场 C 市分公司是适格被告

D. 宝安商场是适格被告

33 `1103080`

关于无独立请求权第三人，下列哪些说法是错误的？

A. 无独立请求权第三人在诉讼中有自己独立的诉讼地位

B. 无独立请求权第三人有权提出管辖异议

C. 一审判决没有判决无独立请求权第三人承担民事责任的，无独立请求权的第三人不可以作为上诉人或被上诉人

D. 无独立请求权第三人有权申请参加诉讼和参加案件的调解活动，与案件原、被告达成调解协议

【不定项】

34 `2202112`

就读高一的小张（17岁）把同学小赵（16岁）的眼睛打伤，小赵的父亲老赵多次找小张的父亲老张协商均无果，遂诉至法院。开庭时，小张已满18周岁，就读高三，没有任何财产。下列选项正确的是？

A. 小赵是本案适格原告，老赵是法定代理人

B. 老赵是本案适格原告

C. 老张是本案适格被告

D. 小张是本案适格被告，老张是其法定代理人

二、模拟题

【单选】

35 `62304045`

阿飞在某品牌汽车专营店选购汽车，为测试汽车性能，该店安排工作人员欢欢陪同试驾。试驾过程中，行人老刘不看红绿灯横穿马路，阿飞刹车不及，将老刘撞伤。现老刘欲提起损害赔偿诉讼。关于本案适格被告的确定，下列哪一项说法是正确的？

A. 可以阿飞、欢欢、汽车专营店为共同被告

B. 可以阿飞、汽车专营店为共同被告

C. 只能以汽车专营店为被告

D. 只能以阿飞为被告

【多选】

36 `62204051`

"哪都通"快递公司的员工冯宝在开车派送快递的过程中，与对向行驶的一辆大巴车相撞。经查，该大巴车是张天挂靠在东运公司名下，专门用来进行旅客运输的。后由于无法对赔偿事宜协商达成一致，双方都欲将对方诉至法院。关于本案的适格当事人，下列说法中正确的是哪些？

A. 若"哪都通"快递公司提起诉讼，可以将张天和东运公司作为共同被告

B. 若张天提起诉讼，可以将冯宝和"哪都通"快递公司作为共同被告

C. 因冯宝是执行工作任务造成他人损害，故其不得作为当事人参加诉讼

D. 因张天是在提供劳务过程中造成他人损害，故应以接受劳务的东运公司为当事人

37 `62304030`

刘某辞职创业，需大笔启动资金，于是向彭某借款50万元。双方在合同中约定一年后偿还，如不按期归还，可以向彭某住所地S市J区法院起诉。郝某为刘某提供担保，担保合同约定若因合同履行发生纠纷，由合同签订地N市Q区法院管辖，双方未对保证方式进行约定。后一年期满，刘某未按约偿还借款，彭某欲提起诉讼。关于本案管辖法院和当事人的确定，以下哪项说法是正确的？

A. 彭某可以只起诉刘某

B. 若彭某只起诉郝某，法院应当追加刘某为共同被告

C. 若彭某同时起诉刘某和郝某，只有J区法院有管辖权

D. 若彭某同时起诉刘某和郝某，则J区法院和Q区法院都有管辖权

参考答案

[1] C	[2] B	[3] C	[4] C	[5] CD
[6] ABCD	[7] A	[8] B	[9] BC	[10] D
[11] A	[12] B	[13] B	[14] C	[15] D
[16] ABD	[17] AC	[18] AC	[19] C	[20] B
[21] D	[22] A	[23] AD	[24] C	[25] C
[26] D	[27] C	[28] D	[29] BCD	[30] BD
[31] AC	[32] BD	[33] BC	[34] AC	[35] B
[36] AC	[37] AC			

第六章
诉讼代理人

一、历年真题及仿真题

（一）法定代理人

【单选】

① 2102102

赵某因为合同纠纷起诉甲公司，在诉讼中赵某突发脑梗，经抢救后，赵某仍然丧失行为能力。赵某的父亲希望撤回起诉，以专心为赵某治疗；赵某的妻子表示希望继续诉讼。本案法院应当如何处理？

A. 法院应当追加赵某的妻子为共同原告

B. 法院应当变更赵某的妻子为原告，诉讼继续进行

C. 追加赵某的妻子为法定代理人，诉讼继续进行

D. 根据赵某父亲的请求，裁定准予撤回起诉

【多选】

② 1103082

关于法定诉讼代理人，下列哪些认识是正确的？

A. 代理权的取得不是根据其所代理的当事人的委托授权

B. 在诉讼中可以按照自己的意志代理被代理人实施所有诉讼行为

C. 在诉讼中死亡的，产生与当事人死亡同样的法律后果

D. 所代理的当事人在诉讼中取得行为能力的，法定诉讼代理人则自动转化为委托代理人

（二）委托代理人

【多选】

③ 1503078

律师作为委托诉讼代理人参加诉讼，应向法院提交下列哪些材料？

A. 律师所在的律师事务所与当事人签订的协议书

B. 当事人的授权委托书

C. 律师的执业证

D. 律师事务所的证明

二、模拟题

【多选】

④ 51904156

关于民事诉讼中的诉讼代理人，以下哪些说法是正确的？

A. 法定代理人和委托代理人的区别在于其取得代理权限的方式不同，但是其代理权限相同

B. 不论法定诉讼代理人还是委托诉讼代理人，都不具有当事人的地位

C. 如果被代理人死亡，那么法定诉讼代理人的身份自动消灭

D. 法定代理人不可以再委托诉讼代理人

【不定项】

⑤ 51904164

张凤因饮用了博瑞食品公司的罐装饮料而发生水银中毒，经救治恢复后决定向法院起诉博瑞食品公司。张凤为了赢得诉讼打算委托诉讼代理人，期间遇到以下问题：如果张凤在授权委托书中写明其委托的诉讼代理人李雨为全权代理，但并无具体授权，则李雨在诉讼过程中有权作出的行为有？

A. 与博瑞食品公司达成和解协议，获得高额的赔偿费用

B. 申请对博瑞食品公司进行财产保全

C. 申请法院依职权调取证据

D. 一审判决后提出上诉

参考答案

[1] C　　[2] AB　　[3] BCD　　[4] BC　　[5] BC

第七章
民事诉讼的证明

一、历年真题及仿真题

（一）民诉证明责任

【单选】

1 `2002027`

甲公司的飞机定期为某村喷洒农药驱虫，杨某认为飞机低空飞行产生的噪音影响了其饲养鸡的正常生长，造成损失 10 万元，遂起诉甲公司要求赔偿。关于本案证明责任的分配，下列哪一表述是正确的？

A. 甲公司有过错，应由甲公司承担证明责任

B. 杨某的损失和飞机喷药不存在因果关系，应由甲公司承担证明责任

C. 杨某的损失和飞机喷药有因果关系，应由杨某承担证明责任

D. 甲公司有过错，应由杨某承担证明责任

2 `1902006`

夏某在回宿舍的楼道里，因季某堆放在楼梯过道的衣柜倒塌而受伤，夏某向法院起诉季某，要求损害赔偿。在诉讼中对本案被告季某是否存在过错产生争议，关于该争议事实的证明责任分配，下列表述正确的是？

A. 法院承担证明责任

B. 过错不是本案的证明对象

C. 由季某证明自己没有过错

D. 由夏某证明季某有过错

3 `1703040`

薛某雇杨某料理家务。一天，杨某乘电梯去楼下扔掉厨房垃圾时，袋中的碎玻璃严重划伤电梯中的邻居乔某。乔某诉至法院，要求赔偿其各项损失 3 万元。关于本案，下列哪一说法是正确的？

A. 乔某应起诉杨某，并承担杨某主观有过错的证明责任

B. 乔某应起诉杨某，由杨某承担其主观无过错的

C. 乔某应起诉薛某，由薛某承担其主观无过错的证明责任

D. 乔某应起诉薛某，薛某主观是否有过错不是本案的证明对象

4 `1203037`

甲路过乙家门口，被乙叠放在门口的砖头砸伤，甲起诉要求乙赔偿。关于本案的证明责任分配，下列哪一说法是错误的？

A. 乙叠放砖头倒塌的事实，由甲承担证明责任

B. 甲受损害的事实，由甲承担证明责任

C. 甲所受损害是由于乙叠放砖头倒塌砸伤的事实，由甲承担证明责任

D. 乙有主观过错的事实，由甲承担证明责任

【多选】

5 `2202154`

甲向法院起诉乙返还借款，并向法院提供了一份转账凭证作为之前转款的证据。乙声称，甲转账不是为了给自己借款，而是为了偿还之前赊欠的货款。关于本案证明责任的分配问题，请问以下哪些选项是正确的？

A. 甲对借款事实负有证明责任

B. 甲对借款事实负有提供证据的责任

C. 乙对该笔款项系货款负有证明责任

D. 乙对该笔款项系货款负有提供证据的责任

6 `2102122`

陈某向法院起诉郝某返还借款 20 万元，并向法院提交了由郝某签名的借条。诉讼中郝某承认借条为其亲笔书写的，但不承认是向陈某借款，而是其参与陈某组织的赌球活动欠下的赌债。并向法院交了相关证据。后法院查明，郝某参与了陈某的赌球活动并输了钱。下列选项中正确的是？

A. 陈某提供的借条是借款事实的本证

B. 陈某应对其所主张 20 万是借款承担证明责任

C. 郝某应对其所主张 20 万实为赌债承担证明责任

D. 法院应认定陈某主张的借款为赌债的事实，并

解析页码
031—033

判决驳回陈某诉讼请求

7 `2102121`

陈北以任青欠款未还为由向法院提起诉讼。任青主张借款已经归还，向法院提供了有陈北签名的还款收条。陈北主张该收条上的签名系伪造。关于本案收条真实性的证明责任，下列哪些表述正确？

A. 任青应当对签名为真实负有提供证据的责任

B. 陈北应当对签名为虚假负有提供证据的责任

C. 任青应当对收条为真实承担证明责任

D. 陈北应当对收条为虚假承担证明责任

8 `2002031`

下列哪些选项中的当事人要承担结果意义上的证明责任？

A. 原告主张被告和法官是大学校友需要回避，提交了被告和法官是大学校友的证据

B. 环境污染案件，被告主张自己没有过错，提交了自己无过错的证据

C. 环境污染案件，被告主张自己的排污行为与损害后果之间不存在因果关系，向法庭提交了相关证据

D. 原告起诉被告要求归还借款，被告主张原告已经免除了自己的债务

9 `1802116`

邹某系甲公司员工，双方未签订书面劳动合同，后邹某因工受伤，再未到公司工作，公司也未出具解除劳动合同证明。后因解除劳动合同问题，邹某提起仲裁，要求公司支付未签订劳动合同的双倍工资差额，公司不服仲裁裁决提起诉讼。下列选项错误的是？

A. 邹某在仲裁时，未提供由甲公司掌握管理的人事资料的，应承担不利后果

B. 邹某在诉讼中，应对甲公司掌握管理的工资清单承担举证责任

C. 甲公司在仲裁时，未及时提供由其掌握管理的邹某工资清单的，应承担不利后果

D. 如甲公司是小微型企业，在诉讼时就不需要对解除劳动合同时间承担举证责任

10 `1103084`

关于证明责任，下列哪些说法是正确的？

A. 只有在待证事实处于真伪不明情况下，证明责任的后果才会出现

B. 对案件中的同一事实，只有一方当事人负有证明责任

C. 当事人对其主张的某一事实没有提供证据证明，必将承担败诉的后果

D. 证明责任的结果责任不会在原、被告间相互转移

【不定项】

11 `1802100`

居住在 A 市甲区的蒋某在 A 市乙区某住宅楼拥有住房一套。为了能够顺利出租，蒋某雇佣住在 A 市丙区的杨某进行保洁处理。在工作过程中，杨某不慎将窗户上的玻璃撞破，其中的一块碎玻璃掉下来，将从住宅楼下经过的张某（女）的脸严重划伤。张某被送到医院紧急治疗后，与蒋某以及杨某进行交涉，但是因双方分歧较大，未取得任何结果。张某于是向人民法院提起诉讼。若本案最终由甲区人民法院进行审理，则下列关于双方当事人证明责任的说法正确的是？

A. 证明责任的分配，原则上是谁主张，谁举证

B. 本案属于证明责任倒置的情形，应当由被告承担举证责任，张某无须承担证明责任

C. 蒋某否认侵权事实的，应当对该事实承担举证责任

D. 蒋某否认自己存在过错的，应当对该事实承担举证责任

12 `1503096`

主要办事机构在 A 县的五环公司与主要办事机构在 B 县的四海公司于 C 县签订购货合同，约定：货物交付地在 D 县；若合同的履行发生争议，由原告所在地或者合同签订地的基层法院管辖。现五环公司起诉要求四海公司支付货款。四海公司辩称已将货款交给五环公司业务员付某。五环公司承认付某是本公司业务员，但认为其无权代理

本公司收取货款，且付某也没有将四海公司声称的货款交给本公司。四海公司向法庭出示了盖有五环公司印章的授权委托书，证明付某有权代理五环公司收取货款，但五环公司对该授权书的真实性不予认可。根据案情，法院依当事人的申请通知付某参加（参与）了诉讼。本案需要由四海公司承担证明责任的事实包括？

A．四海公司已经将货款交付给了五环公司业务员付某

B．付某是五环公司业务员

C．五环公司授权付某代理收取货款

D．付某将收取的货款交到五环公司

（二）自认

【单选】

13 **1503040**

下列哪一情形可以产生自认的法律后果？

A．被告在答辩状中对原告主张的事实予以承认

B．被告在诉讼调解过程中对原告主张的事实予以承认，但该调解最终未能成功

C．被告认可其与原告存在收养关系

D．被告承认原告主张的事实，但该事实与法院查明的事实不符

【多选】

14 **2202021**

甲在丙的超市买了乙公司的食品有质量问题，故将丙诉至法院要求其承担违约责任。经丙申请，法院通知乙公司加入诉讼。乙公司在庭审前提交的答辩状里承认了产品存在问题，但是开庭时又对此予以否认，称律师写错字了。丙对此表示不知情，不发表意见。下列说法正确的是？

A．乙公司在答辩状里的承认构成自认

B．乙公司的自认对丙不发生效力

C．丙经审判人员询问后仍不发表意见成立拟制自认

D．乙公司撤销自认法庭不应准许

15 **2102117**

赵某向钱某借款 60 万元，赵某向钱某出具借条载明，今借到钱某人民币 60 万元整，借款期限为 2

年。孙某作为连带保证人在借条上签字。还款期限届满，赵某仅向钱某归还了 6 万元。钱某起诉赵某和孙某，要求归还本金 60 万，并按照双方口头约定的 10% 每年的利率支付利息 6 万元。开庭时，赵某承认已经支付的 6 万元是首年利息。但是在第二次开庭时，赵某主张归还的 6 万元为本金，双方并不存在关于利息的约定。孙某自始至终主张当事人之间不存在关于利息的约定。关于利息问题各方当事人均无法提供证据。关于本案表述正确的是？

A．赵某第一次开庭已经自认存在利息的约定，应当承担 66 万元的还款义务

B．孙某应当对 60 万本金承担连带保证责任

C．孙某应当对 54 万本金承担连带责任

D．赵某第一次开庭时的自认因为孙某反对而无效，应当承担 54 万的还款义务

16 **2002041**

王某向李某借款 5 万元未归还，李某起诉王某还款。关于借款事实，下列哪些情形构成王某的自认？

A．王某在庭审中说那天确实向许多同事借了钱，但是法官再问其是否向李某借过钱，王某回答，确实记不清了。法官解释说明后，其仍然坚持该说法

B．证据交换过程中王某承认借钱的事实，庭审中王某说自己已经还钱，李某不予承认。王某说"李某不承认我已还钱，我便不承认向其借过钱"

C．庭审结束回家路上李某遇到王某，王某说"你说我借了你 5 万元，这是不争的事实，但法官问我的时候，我就不承认，气死你！"

D．李某向法庭提供了一份起诉前王某亲笔书写其向李某借钱的书面材料，里面详细记载了借钱经过

【不定项】

17 **1103098**

2011 年 7 月 11 日，A 市升湖区法院受理了黎明丽（女）诉张成功（男）离婚案。7 月 13 日，升

解析页码
035—036

湖区法院向张成功送达了起诉状副本。7月18日，张成功向升湖区法院提交了答辩状，未对案件的管辖权提出异议。8月2日，张成功向升湖区法院提出管辖权异议申请，称其与黎明丽已分居2年，分别居住于A市安平区各自父母家中。A市升湖区法院以申请管辖权异议超过申请期限为由，裁定驳回张成功管辖权异议申请。后，升湖区法院查明情况，遂裁定将案件移送安平区法院。安平区法院接受移送，确定适用简易程序审理此案。

安平区法院在案件开庭审理时组织调解。

黎明丽声称：2005年12月，其与张成功结婚，后因张成功有第三者陈佳，感情已破裂，现要求离婚。黎明丽提出，离婚后儿子张好帅由其行使监护权，张成功每月支付抚养费1500元。现双方存款36万元（存折在张成功手中），由2人平分，生活用品归各自所有，不存在其它共有财产分割争议。

张成功承认：2005年12月，其与黎明丽结婚，自己现在有了第三者，36万元存款在自己手中，同意离婚，同意生活用品归各自所有，同意不存在其它共有财产分割争议。不同意支付张好帅抚养费，因其是黎明丽与前男友所生。

黎明丽承认：张好帅是其与前男友所生，但在户籍登记上，张成功与张好帅为父子关系，多年来父子相称，形成事实上的父子关系，故要求张成功支付抚养费。

调解未能达成协议。在随后的庭审中，黎明丽坚持提出的请求；张成功对调解中承认的多数事实和同意的请求予以认可，但否认了有第三者一事，仍不同意支付张好帅抚养费。黎明丽要求法院通知第三者陈佳以无独立请求权的第三人身份参加诉讼。

安平区法院作出判决：解除黎明丽、张成功婚姻关系；张好帅由黎明丽行使监护权，张成功每月支付抚养费700元；存款双方平分，生活用品归个人所有，不存在其它共有财产分割争议。法院根据调解中被告承认自己有第三者的事实，认定双方感情破裂，张成功存在过失。

下列双方当事人的承认，不构成证据制度中自认的是？

A. 张成功承认与黎明丽存在婚姻关系

B. 张成功承认家中存款36万在自己手中

C. 张成功同意生活用品归各自所有

D. 黎明丽承认张成功不是张好帅的亲生父亲

18 `1103099`

2011年7月11日，A市升湖区法院受理了黎明丽（女）诉张成功（男）离婚案。7月13日，升湖区法院向张成功送达了起诉状副本。7月18日，张成功向升湖区法院提交了答辩状，未对案件的管辖权提出异议。8月2日，张成功向升湖区法院提出管辖权异议申请，称其与黎明丽已分居2年，分别居住于A市安平区各自父母家中。A市升湖区法院以申请管辖权异议超过申请期限为由，裁定驳回张成功管辖权异议申请后，升湖区法院查明情况，遂裁定将案件移送安平区法院。安平区法院接受移送，确定适用简易程序审理此案。

安平区法院在案件开庭审理时组织调解。

黎明丽声称：2005年12月，其与张成功结婚，后因张成功有第三者陈佳，感情已破裂，现要求离婚。黎明丽提出，离婚后儿子张好帅由其行使监护权，张成功每月支付抚养费1500元。现双方存款36万元（存折在张成功手中），由2人平分，生活用品归各自所有，不存在其它共有财产分割争议。

张成功承认：2005年12月，其与黎明丽结婚，自己现在有了第三者，36万元存款在自己手中，同意离婚，同意生活用品归各自所有，同意不存在其它共有财产分割争议。不同意支付张好帅抚养费，因其是黎明丽与前男友所生。

黎明丽承认：张好帅是其与前男友所生，但在户籍登记上，张成功与张好帅为父子关系，多年来父子相称，形成事实上的父子关系，故要求张成功支付抚养费。

调解未能达成协议。在随后的庭审中，黎明丽坚持提出的请求；张成功对调解中承认的多数事实和同意的请求予以认可，但否认了有第三者一事，仍不同意支付张好帅抚养费。黎明丽要求法院通知第三者陈佳以无独立请求权的第三人身份参加诉讼。

解析页码

036

安平区法院作出判决：解除黎明丽、张成功婚姻关系；张好帅由黎明丽行使监护权，张成功每月支付抚养费 700 元；存款双方平分，生活用品归个人所有，不存在其它共有财产分割争议。法院根据调解中被告承认自己有第三者的事实，认定双方感情破裂，张成功存在过失。

下列可以作为法院判决根据的选项是?

A. 张成功承认与黎明丽没有其它财产分割争议

B. 张成功承认家中 36 万存款在自己手中

C. 黎明丽提出张成功每月应当支付张好帅抚养费 1500 元的主张

D. 张成功在调解中承认自己有第三者

（三）民诉证明程序

【单选】

19　1603041

李某起诉王某要求返还 10 万元借款并支付利息 5000 元，并向法院提交了王某亲笔书写的借条。王某辩称，已还 2 万元，李某还出具了收条，但王某并未在法院要求的时间内提交证据。法院一审判决王某返还李某 10 万元并支付 5000 元利息，王某不服提起上诉，并称一审期间未找到收条，现找到了并提交法院。关于王某迟延提交收条的法律后果，下列哪一选项是正确的?

A. 因不属于新证据，法院不予采纳

B. 法院应采纳该证据，并对王某进行训诫

C. 如果李某同意，法院可以采纳该证据

D. 法院应当责令王某说明理由，视情况决定是否采纳该证据

20　1403045

下列关于证明的哪一表述是正确的?

A. 经过公证的书证，其证明力一般大于传来证据和间接证据

B. 经验法则可验证的事实都不需要当事人证明

C. 在法国居住的雷诺委托赵律师代理在我国的民事诉讼，其授权委托书需要经法国公证机关证明，并经我国驻法国使领馆认证后，方发生效力

D. 证明责任是一种不利的后果，会随着诉讼的进行，在当事人之间来回移转

21　1303040

大皮公司因买卖纠纷起诉小华公司，双方商定了 25 天的举证时限，法院认可。时限届满后，小华公司提出还有一份发货单没有提供，申请延长举证时限，被法院驳回。庭审时小华公司向法庭提交该发货单。尽管大皮公司反对，但法院在对小华公司予以罚款后仍对该证据进行质证。下列哪一诉讼行为不符合举证时限的相关规定?

A. 双方当事人协议确定举证时限

B. 双方确定了 25 天的举证时限

C. 小华公司在举证时限届满后申请延长举证时限

D. 法院不顾大皮公司反对，依然组织质证

【多选】

22　1703080

叶某诉汪某借款纠纷案，叶某向法院提交了一份内容为汪某向叶某借款 3 万元并收到该 3 万元的借条复印件，上有"本借条原件由汪某保管，借条复印件与借条原件具有同等效力"字样，并有汪某的署名。法院据此要求汪某提供借条原件，汪某以证明责任在原告为由拒不提供，后又称找不到借条原件。证人刘某作证称，他是汪某向叶某借款的中间人，汪某向叶某借款的事实确实存在；另外，汪某还告诉刘某，他在叶某起诉之后把借条原件烧毁，汪某在法院质证中也予以承认。在此情况下，下列哪些选项是正确的?

A. 法院可根据叶某提交的借条复印件，结合刘某的证言对案涉借款事实进行审查判断

B. 叶某提交给法院的借条复印件是案涉借款事实的传来证据

C. 法院可认定汪某向叶某借款 3 万元的事实

D. 法院可对汪某进行罚款、拘留

23　1603080

哥哥王文诉弟弟王武遗产继承一案，王文向法院提交了一份其父生前关于遗产分配方案的遗嘱复印件，遗嘱中有"本遗嘱的原件由王武负责保管"字样，并有王武的签名。王文在举证责任期间书面申请法院责令王武提交遗嘱原件，法院通

解析页码

037—038

知王武提交，但王武无正当理由拒绝提交。在此情况下，依据相关规定，下列哪些行为是合法的？

A. 王文可只向法院提交遗嘱的复印件

B. 法院可依法对王武进行拘留

C. 法院可认定王文所主张的遗嘱内容为真实

D. 法院可根据王武的行为而判决支持王文的各项诉讼请求

24 `1303085`

高某诉张某合同纠纷案，终审高某败诉。高某向检察院反映，其在一审中提交了偷录双方谈判过程的录音带，其中有张某承认货物存在严重质量问题的陈述，足以推翻原判，但法院从未组织质证。对此，检察院提起抗诉。关于再审程序中证据的表述，下列哪些选项是正确的？

A. 再审质证应当由高某、张某和检察院共同进行

B. 该录音带属于电子数据，高某应当提交证据原件进行质证

C. 虽然该录音带系高某偷录，但仍可作为质证对象

D. 如再审法院认定该录音带涉及商业秘密，应当依职权决定不公开质证

25 `1203083`

关于法院依职权调查事项的范围，下列哪些选项是正确的？

A. 本院是否享有对起诉至本院案件的管辖权

B. 委托诉讼代理人的代理权限范围

C. 当事人是否具有诉讼权利能力

D. 合议庭成员是否存在回避的法定事由

（四）综合知识点

【单选】

26 `1703039`

王某诉钱某返还借款案审理中，王某向法院提交了一份有钱某签名、内容为钱某向王某借款5万元的借条，证明借款的事实；钱某向法院提交了一份有王某签名、内容为王某收到钱某返还借款5万元并说明借条因王某过失已丢失的收条。经法院质证，双方当事人确定借条和收条所说的5

万元是相对应的款项。关于本案，下列哪一选项是错误的？

A. 王某承担钱某向其借款事实的证明责任

B. 钱某自认了向王某借款的事实

C. 钱某提交的收条是案涉借款事实的反证

D. 钱某提交的收条是案涉还款事实的本证

27 `1603040`

刘月购买甲公司的化肥，使用后农作物生长异常。刘月向法院起诉，要求甲公司退款并赔偿损失。诉讼中甲公司否认刘月的损失是因其出售的化肥质量问题造成的，刘月向法院提供了本村吴某起诉甲公司损害赔偿案件的判决书，以证明甲公司出售的化肥有质量问题且与其所受损害有因果关系。关于本案刘月所受损害与使用甲公司化肥因果关系的证明责任分配，下列哪一选项是正确的？

A. 应由刘月负担有因果关系的证明责任

B. 应由甲公司负担无因果关系的证明责任

C. 应由法院依职权裁量分配证明责任

D. 应由双方当事人协商分担证明责任

28 `1003048`

郭某诉张某财产损害一案，法院进行了庭前调解，张某承认对郭某财产造成损害，但在赔偿数额上双方无法达成协议。关于本案，下列哪一选项是正确的？

A. 张某承认对郭某财产造成损害，已构成自认

B. 张某承认对郭某财产造成损害，可作为对张某不利的证据使用

C. 郭某仍需对张某造成财产损害的事实举证证明

D. 法院无需开庭审理，本案事实清楚可直接作出判决

29 `2002014`

日本人金某起诉日本A公司（该公司股东为中国人伊某），日本法院作出判决后，金某向中国某区人民法院起诉伊某，并向法院提供了日本法院的判决书作为证据（该判决书未经中国法院承认、执行）。关于该判决书的说法正确的是？

A. 该判决书是书证

B. 该判决书是鉴定意见

C. 该判决书所认定的事实属于免证事实

D. 该判决书不符合法定形式，不能作为证据使用

30 `1902007`

巨星公司开发的软件屡遭盗版，遂派公司人员假扮消费者与盗版商磋商，并请公证处人员手机秘密拍摄磋商全过程，公证处制作公证书，巨星公司据此向法院起诉索赔，关于公证书的说法正确的是？

A. 假扮消费者有违公平原则，有损经济秩序，该公证书应当排除

B. 公证处只应当公证合法的法律行为，该公证书有瑕疵，应当排除

C. 该公证书是原始证据

D. 该公证书是书证

31 `1303046`

甲县吴某与乙县宝丰公司在丙县签订了甜橙的买卖合同，货到后发现甜橙开始腐烂，未达到合同约定的质量标准。吴某退货无果，拟向法院起诉，为了证明甜橙的损坏状况，向法院申请诉前证据保全。关于诉前保全，下列哪一表述是正确的？

A. 吴某可以向甲、乙、丙县法院申请诉前证据保全

B. 法院应当在收到申请 15 日内裁定是否保全

C. 法院在保全证据时，可以主动采取行为保全措施，减少吴某的损失

D. 如果法院采取了证据保全措施，可以免除吴某对甜橙损坏状况提供证据的责任

【多选】

32 `2002034`

程飞起诉刘晨要求归还借款 325 万元，向法院提供了借条；刘晨称借条是伪造，向法院提供了程飞转账 200 万的转账凭证，拟证明只向程飞借款 200 万元，其余 125 万是高额利息，关于本案哪些表述正确？

A. 程飞提供的借条是本证

B. 刘晨提供的转账凭证是本证

C. 程飞应当向法院申请对借条真伪进行鉴定，否则将承担不利后果

D. 刘晨应当向法院申请对借条真伪进行鉴定，否则将承担不利后果

33 `2002033`

李老太在某银行购买理财产品后出现了大额亏损。李老太起诉银行，主张自己购买的产品是保本型，银行工作人员提供合同原件上有李老太亲笔书写"本人已经知悉该产品存在本金损失风险"，并有李老太亲笔签名，李老太主张银行工作人员明确告知其产品是保本产品，这句话是银行工作人员教她写的。关于本案下列哪些表述正确？

A. 银行提供的合同原件是间接证据

B. 银行提供合同原件后，行为意义上的举证责任转移给李老太

C. 李老太应当将其主张的事实证明到排除合理怀疑的证明标准

D. 李老太应当将其主张的事实证明到高度可能性标准

34 `1902072`

甲向法院起诉乙，提交了一张银行转账的凭证，证明自己借给乙 50 万元，在诉讼中，乙提出反诉称：乙此前对甲享有到期债权，主张抵销，法院裁定该反诉与本诉合并审理。下列说法正确的是？

A. 甲提交的银行转账凭证属于直接证据

B. 甲提交的银行转账凭证属于间接证据

C. 乙对甲曾经向自己借款的事实承担举证责任

D. 甲应对借款给乙的事实承担证明责任

35 `2002032`

叶某起诉王某返还借款 18 万，下列哪些情形下可以认定借条为真实？

A. 调解中叶某称借条原件被王某借走，只有复印件，王某认可该事实，若叶某能放弃利息请求则自己可以归还本金 18 万，最后双方未能达成调解协议

B. 叶某称王某为了与妻子离婚而将借条原件借走，自己只有复印件，王某认可该事实，但称

解析页码
040—042

自己写的借条金额为 8 万，现在借条遗失

C. 叶某当庭出示借条原件质证时，王某将该原件塞进嘴里吃了

D. 叶某称借条原件在王某处，王某认可，但主张借条原件丢失

36 `1802081`

贾某因家里突发急事、急需用钱，向好友艾某借了 30 万元，并承诺下月还钱，因是朋友关系，再加上很快就会归还，艾某也就没有让贾某打借条。过了半年之后，贾某仍未归还该笔欠款。正好赶上艾某家里有事用钱，就打电话给贾某要求尽快还钱。电话中，艾某要求贾某归还欠款 30 万，并要求贾某支付逾期利息 3000 元。贾某承认借款 30 万元，但请求艾某免除利息。后双方没有协商成功，艾某向法院起诉，要求贾某归还欠款及支付利息。艾某将其与贾某打电话时私下偷录的电话录音，剪辑之后提交给了法院。关于本案证据的认定，下列说法错误的是？

A. 电话录音没有经过对方同意，不能作为证据使用

B. 电话录音虽然没有经过对方同意，依然可以作为证据使用

C. 电话录音经过了剪辑，存有疑点，不能作为证据使用

D. 贾某对借款事实的承认构成了自认

37 `1403077`

甲县的佳华公司与乙县的亿龙公司订立的烟叶买卖合同中约定，如果因为合同履行发生争议，应提交 A 仲裁委员会仲裁。佳华公司交货后，亿龙公司认为烟叶质量与约定不符，且正在霉变，遂准备提起仲裁，并对烟叶进行证据保全。关于本案的证据保全，下列哪些表述是正确的？

A. 在仲裁程序启动前，亿龙公司可直接向甲县法院申请证据保全

B. 在仲裁程序启动后，亿龙公司既可直接向甲县法院申请证据保全，也可向 A 仲裁委员会申请证据保全

C. 法院根据亿龙公司申请采取证据保全措施时，可以要求其提供担保

D. A 仲裁委员会收到保全申请后，应提交给烟叶

所在地的中级法院

38 `2102124`

黄某起诉王某归还借款 5 万元，向法院提供转账凭证，王某称黄某向自己支付 5 万元是支付的演出费定金，请求法院驳回原告诉讼请求，并判令黄某根据演出合同约定向自己赔偿 10 万元。关于本案说法正确的是？

A. 黄某提供的转账凭证是本证

B. 法院应当对是否存在演出合同进行审查

C. 王某要求判令被告支付 10 万是一种反诉主张

D. 王某应当对存在演出合同承担证明责任

【不定项】

39 `1203098`

2009 年 2 月，家住甲市 A 区的赵刚向家住甲市 B 区的李强借了 5000 元，言明 2010 年 2 月之前偿还。到期后赵刚一直没有还钱。2010 年 3 月，李强找到赵刚家追讨该债务，发生争吵。赵刚因所牵宠物狗易受惊，遂对李强说："你不要大声喊，狗会咬你。"李强不理，仍然叫骂，并指着狗叫喊。该狗受惊，扑向李强并将其咬伤。李强治伤花费 6000 元。李强起诉要求赵刚返还欠款 5000 元、支付医药费 6000 元，并向法院提交了赵刚书写的借条、其向赵刚转账 5000 元的银行转账凭证、本人病历、医院的诊断书（复印件）、医院处方（复印件）、发票等。赵刚称，其向李强借款是事实，但在 2010 年 1 月卖给李强一块玉石，价值 5000 元，说好用玉石货款清偿借款。当时李强表示同意，并称之后会把借条还给赵刚，但其一直未还该借条。赵刚还称，李强故意激怒狗，被狗咬伤的责任应由李强自己承担。对此，赵刚提交了邻居孙某出具的书面证词，该证词描述了李强当时骂人和骂狗的情形。赵刚认为，李强提交的诊断书、医院处方均为复印件，没有证明力。关于赵刚向李强借款 5000 元的证据证明问题，下列选项正确的是？

A. 李强提出的借条是本证

B. 李强提出的其向赵刚转账 5000 元的银行转账凭证是直接证据

解析页码
042—043

C. 赵刚承认借款事实属于自认

D. 赵刚所言已用卖玉石的款项偿还借款属于反证

40 1802097

甲公司与乙公司签订长期代销产品合同，2015 年至 2017 年，甲公司支付给乙公司货款 660 万，乙公司供货后开具 590 万的增值税发票。2018 年 1 月，甲公司向法院起诉要求乙公司返还差款价额 70 万元，乙公司辩称发票少开是对方同意的，但是确实给甲公司提供了价值 660 万元货物，并提供了双方 2017 年 12 月合同期限结束时的对账单，对账单写明了双方以先送货后付款的方式发生了 660 万元的业务并全部结清。甲公司辩称该对账单是传真件，是对方伪造的。关于本案，下列说法正确的是？

A. 对账单只是对账簿记录审核、对照形成的会计凭证，并不能作为证据使用

B. 该对账单是传真件，没有单位盖章，不能作为证据使用

C. 该对账单可以作为证据使用，法官可以综合案件情况对该事实进行认定

D. 该对账单是伪造的，该事实甲公司应当提供证据证明

41 1203099

2009 年 2 月，家住甲市 A 区的赵刚向家住甲市 B 区的李强借了 5000 元，言明 2010 年 2 月之前偿还。到期后赵刚一直没有还钱。

2010 年 3 月，李强找到赵刚家追讨该债务，发生争吵。赵刚因所牵宠物狗易受惊，遂对李强说："你不要大声喊，狗会咬你。"李强不理，仍然叫骂，并指着狗叫喊。该狗受惊，扑向李强并将其咬伤。李强治伤花费 6000 元。

李强起诉要求赵刚返还欠款 5000 元、支付医药费 6000 元，并向法院提交了赵刚书写的借条、其向赵刚转账 5000 元的银行转账凭证、本人病历、医院的诊断书（复印件）、医院处方（复印件）、发票等。

赵刚称，其向李强借款是事实，但在 2010 年 1 月卖给李强一块玉石，价值 5000 元，说好用玉石货款清偿借款。当时李强表示同意，并称之后会把借条还给赵刚，但其一直未还该借条。

赵刚还称，李强故意激怒狗，被狗咬伤的责任应由李强自己承担。对此，赵刚提交了邻居孙某出具的书面证词，该证词描述了李强当时骂人和骂狗的情形。

赵刚认为，李强提交的诊断书、医院处方均为复印件，没有证明力。

关于本案李强被狗咬伤的证据证明问题，下列选项正确的是？

A. 赵刚的证人提出的书面证词属于书证

B. 李强提交的诊断书、医院处方为复印件，肯定无证明力

C. 李强是因为挑逗赵刚的狗而被狗咬伤的事实的证明责任由赵刚承担

D. 李强受损害与被赵刚的狗咬伤之间具有因果关系的证明责任由李强承担

二、模拟题

【单选】

42 62304016

康某诉胡某民间借贷纠纷一案中，康某向法院提供了银行转账凭证，证明其向胡某支付过 25 万元款项，并提供手机录音证明胡某借款的事实。胡某辩称，该款项系二人合伙的退伙款，并非借款，并提供了一份退伙协议。以下关于证明责任和证据的说法，哪一选项是正确的？

A. 康某提供的手机录音属于视听资料

B. 康某提供的用于证明借款事实的银行转账凭证是直接证据

C. 胡某应对款项系退伙款项的事实，承担提供证据的责任

D. 胡某应对款项系退伙款项的事实，承担证明责任

【多选】

43 62304042

下列各情形中，当事人要承担结果意义上的证明责任的有哪些？

A. 小明在幼儿园打伤了阳阳，阳阳将小明和小明的父亲大明诉至法院，大明主张自己没有过错

解析页码
044

B. 阿才起诉双双要求返还借款 2 万元，双双主张
自己已经归还了该笔借款

C. 老吴因在动物园被金丝猴划伤手臂，将动物园
诉至法院请求赔偿，动物园主张老吴私自翻越
栅栏挑逗金丝猴

D. 阿花因使用某电器公司生产的吹风机受伤，将
该电器公司诉至法院，请求侵权损害赔偿，法
庭上阿花主张该吹风机存在质量缺陷

【不定项】

44 62304036

7 岁的小朵在洋洋超市购买了一个电动娃娃，买
回不久后娃娃发生爆炸将小朵的右腿炸伤，小朵
的父亲大壮向法院起诉洋洋超市赔偿损失。洋洋
超市认为电动娃娃实际由太阳工厂生产，应由太
阳工厂承担损害赔偿责任。关于本案，下列说法
正确的是？

A. 大壮作为小朵的法定诉讼代理人，为本案的适
格原告

B. 洋洋超市对自己无过错承担证明责任

C. 法院应追加太阳工厂为共同被告

D. 若洋洋超市在答辩状中承认电动娃娃存在缺陷，
则小朵无需再就电动娃娃存在质量问题举证

参考答案

[1] B	[2] C	[3] D	[4] D	[5] ABD
[6] AB	[7] ABC	[8] CD	[9] ABD	[10] ABD
[11] A	[12] AC	[13] A	[14] ABD	[15] CD
[16] AB	[17] ACD	[18] AB	[19] B	[20] C
[21] C	[22] ABCD	[23] AC	[24] CD	[25] ABCD
[26] C	[27] B	[28] C	[29] D	[30] D
[31] D	[32] AC	[33] BC	[34] BCD	[35] CD
[36] ACD	[37] AC	[38] ABCD	[39] AC	[40] CD
[41] CD	[42] C	[43] BCD	[44] D	

第八章
民事证据

一、历年真题及仿真题

（一）证人证言、当事人陈述

【多选】

1 1503079

张志军与邻居王昌因琐事发生争吵并相互殴打，
之后，张志军诉至法院要求王昌赔偿医药费等损
失共计 3000 元。在举证期限届满前，张志军向法
院申请事发时在场的方强（26 岁）、路芳（30 岁）、
蒋勇（13 岁）出庭作证，法院准其请求。开庭时，
法院要求上列证人签署保证书，方强签署了保证
书，路芳拒签保证书，蒋勇未签署保证书。法院
因此允许方强、蒋勇出庭作证，未允许路芳出庭
作证。张志军在开庭时向法院提供了路芳的书面
证言，法院对该证言不同意组织质证。关于本案，
法院的下列哪些做法是合法的？

A. 批准张志军要求事发时在场人员出庭作证的申
请

B. 允许蒋勇出庭作证

C. 不允许路芳出庭作证

D. 对路芳的证言不同意组织质证

2 1103083

根据证据理论和《民事诉讼法》以及相关司法解
释，关于证人证言，下列哪些选项是正确的？

A. 限制民事行为能力的未成年人可以附条件地作
为证人

B. 证人因出庭作证而支出的合理费用，由提供证
人的一方当事人承担

C. 证人在法院组织双方当事人交换证据时出席陈
述证言的，可视为出庭作证

D. "无民事行为能力人或者限制民事行为能力人
所作的与其年龄和智力状况不相当的证言不能
单独作为认定案件事实的依据"，是关于证人
证言证明力的规定

解析页码
045

【不定项】

③ 1503097

主要办事机构在 A 县的五环公司与主要办事机构在 B 县的四海公司于 C 县签订购货合同，约定：货物交付地在 D 县；若合同的履行发生争议，由原告所在地或者合同签订地的基层法院管辖。现五环公司起诉要求四海公司支付货款。四海公司辩称已将货款交给五环公司业务员付某。五环公司承认付某是本公司业务员，但认为其无权代理本公司收取货款，且付某也没有将四海公司声称的货款交给本公司。四海公司向法庭出示了盖有五环公司印章的授权委托书，证明付某有权代理五环公司收取货款，但五环公司对该授权书的真实性不予认可。根据案情，法院依当事人的申请通知付某参加（参与）了诉讼。

根据案情和法律规定，付某参加（参与）诉讼，在诉讼中所居地位是？

A．共同原告

B．共同被告

C．无独立请求权第三人

D．证人

（二）鉴定意见勘验笔录具有专门知识的人

【单选】

④ 1303050

甲公司诉乙公司专利侵权，乙公司是否侵权成为焦点。经法院委托，丙鉴定中心出具了鉴定意见书，认定侵权。乙公司提出异议，并申请某大学燕教授出庭说明专业意见。关于鉴定的说法，下列哪一选项是正确的？

A．丙鉴定中心在鉴定过程中可以询问当事人

B．丙鉴定中心应当派员出庭，但有正当理由不能出庭的除外

C．如果燕教授出庭，其诉讼地位是鉴定人

D．燕教授出庭费用由乙公司垫付，最终由败诉方承担

【多选】

⑤ 2102123

赵某与甲开发商签订房屋买卖合同，开发商交房

后，房屋出现质量问题。赵某要求开发商赔偿，开发商要求赵某出具房屋有质量问题的鉴定报告。赵某申请某鉴定中心出具鉴定意见书，该鉴定意见书认定房屋存在质量问题。赵某起诉甲开发商，向法庭提交该鉴定意见书，甲开发商认为该鉴定意见书是赵某私自委托的鉴定，对其不予认可，申请重新鉴定。关于本案表述正确的是？

A．该鉴定意见书应当视为当事人的陈述意见，法院可以组织当事人质证

B．法院对该鉴定意见书进行审查后确定其是否可以作为定案根据

C．申请鉴定是当事人的权利，开发商有权向法院申请鉴定

D．该鉴定属于赵某个人委托，法院可以组织当事人质证

⑥ 1403038

在一起侵权诉讼中，原告申请由其弟袁某（某大学计算机系教授）作为专家辅助人出庭对专业技术问题予以说明。下列哪些表述是正确的？

A．被告以袁某是原告的近亲属为由申请其回避，法院应批准

B．袁某在庭上的陈述是一种法定证据

C．被告可对袁某进行询问

D．袁某出庭的费用，由败诉方当事人承担

（三）视听资料、电子数据

【单选】

⑦ 1403048

张某驾车与李某发生碰撞，交警赶到现场后用数码相机拍摄了碰撞情况，后李某提起诉讼，要求张某赔偿损失，并向法院提交了一张光盘，内附交警拍摄的照片。该照片属于下列哪一种证据？

A．书证

B．鉴定意见

C．勘验笔录

D．电子数据

（四）综合知识点

【单选】

8 `2102120`

赵某起诉钱某要求归还借款 10 万元，钱某向法庭提交了具有赵某签名的收条复印件。其内容表述为"已收到钱某归还的借款 10 万元"。下列关于收条复印件的表述正确的是？

A. 该收条为直接证据

B. 该收条为反证

C. 该收条没有证据能力

D. 该收条没有证明力

【多选】

9 `1003083`

周某与某书店因十几本工具书损毁发生纠纷，书店向法院起诉，并向法院提交了被损毁图书以证明遭受的损失。关于本案被损毁图书，属于下列哪些类型的证据？

A. 直接证据

B. 间接证据

C. 书证

D. 物证

10 `1703079`

杨青（15 岁）与何翔（14 岁）两人经常嬉戏打闹，一次，杨青失手将何翔推倒，致何翔成了植物人。当时在场的还有何翔的弟弟何军（11 岁）。法院审理时，何军以证人身份出庭。关于何军作证，下列哪些说法不能成立？

A. 何军只有 11 岁，无诉讼行为能力，不具有证人资格，故不可作为证人

B. 何军是何翔的弟弟，应回避

C. 何军作为未成年人，其所有证言依法都不具有证明力

D. 何军作为何翔的弟弟，证言具有明显的倾向性，其证言不能单独作为认定案件事实的根据

二、模拟题

【单选】

11 `62204058`

张三因执行甲公司工作任务造成李四损害，李四向法院提起诉讼，并提交了医院的诊断书、甲公司员工王五的证人证言。对此，下列说法正确的是？

A. 李四应当以甲公司和张三为共同被告

B. 医院的诊断书是本证

C. 王五的证人证言是传来证据

D. 王五是甲公司的员工，应适用回避制度

【多选】

12 `62204056`

张三在微信上向李四借款 10 万元，通过银行转账方式完成交付后，张三向李四出具借条一张。后张三不能如期偿还借款，李四将张三诉至法院，并提交了微信聊天记录、借条、银行转账凭证等证据。对此，下列哪些说法正确？

A. 借条是原始证据

B. 对于借款事实而言，微信聊天记录是直接证据

C. 对于借款事实而言，借条是直接证据

D. 对于借款事实而言，银行转账凭证是直接证据

【不定项】

13 `62204057`

关于本证与反证，下列说法正确的有？

A. 原告提供的证据是本证，被告提供的证据是反证

B. 出借人为证明借款事实存在所提供的借条属于本证

C. 借款人为证明借款已经归还的事实所提供的收据属于反证

D. 环境侵权中，侵权人提供的自己没有过错的证据属于本证

参考答案

[1] ABCD　[2] ACD　[3] D　　[4] A　　[5] BCD

[6] BC　　[7] D　　[8] A　　[9] AD　　[10] ABC

[11] B　　[12] AC　　[13] B

解析页码
047—049

第九章
人民法院调解

一、历年真题及仿真题

（一）调解程序及效力

【单选】

1 1902023

甲、乙因纠纷诉至法院，诉讼中甲、乙达成调解协议并签收，后甲发现调解书中内容与调解协议不一致，下列说法正确的有？

A. 甲可以向法院申请再审

B. 甲可以申请法院裁定补正调解书的内容

C. 调解书因违反调解协议而无效

D. 甲应当重新提起诉讼

2 1802045

周某（男）与张某（女）婚后因感情纠纷，诉至法院请求离婚。诉讼中双方达成调解协议：约定两个孩子由女方抚养，两套房屋均归女方所有，男方每月支付抚养费 1 万元，法院依据调解协议制作调解书送达给双方当事人。张某发现法院调解书上关于房屋部分的内容错误，将调解协议中约定都归她所有的两套房屋写成了周某和张某一人一套，遂提出异议。关于本案，下列说法正确的有？

A. 调解书已经生效，不能提出异议，可以违反自愿原则为由申请再审

B. 调解书不生效，法院收回调解书，重新制作后再送达给双方

C. 法院审查后认为异议成立的，及时作出判决

D. 法院审查后认为异议成立的，作出裁定予以补正

3 1203035

村民甲、乙因相邻关系发生纠纷，甲诉至法院，要求判决乙准许其从乙承包的土地上通过。审理中，法院主动了解和分析甲通过乙土地的合理性，听取其他村民的意见，并请村委会主任做双方工作，最终促成双方同意调解。调解时邀请了村中

有声望的老人及当事人的共同朋友参加，双方互相让步达成协议，恢复和睦关系。关于法院的做法，下列哪一说法是正确的？

A. 法院突破审判程序，违反了依法裁判原则

B. 他人参与调解，影响当事人意思表达，违反了辩论原则

C. 双方让步放弃诉求和权益，违反了处分原则

D. 体现了司法运用法律手段，发挥调解功能，能动履职的要求

4 1203039

甲诉乙损害赔偿一案，双方在诉讼中达成和解协议。关于本案，下列哪一说法是正确的？

A. 当事人无权向法院申请撤诉

B. 因当事人已达成和解协议，法院应当裁定终结诉讼程序

C. 当事人可以申请法院依和解协议内容制作调解书

D. 当事人可以申请法院依和解协议内容制作判决书

5 1103042

根据《民事诉讼法》及相关司法解释，关于法院调解，下列哪一选项是错误的？

A. 法院可以委托与当事人有特定关系的个人进行调解，达成协议的，法院应当依法予以确认

B. 当事人在诉讼中自行达成和解协议的，可以申请法院依法确认和解协议并制作调解书

C. 法院制作的调解书生效后都具有执行力

D. 法院调解书确定的担保条款的条件成就时，当事人申请执行的，法院应当依法执行

【多选】

6 1902075

朱某起诉刘某离婚，在诉讼中二人达成调解协议，法院据此制作调解书，法院通知朱某和刘某到法院领取调解书，朱某到法院领取并签收了调解书，刘某一直未领取调解书，后朱某反悔，不愿意离婚，下列说法正确的是？

A. 朱某可以反悔，法院依调解协议制作判决书

B. 朱某可以反悔，法院应当根据案件审理情况制

作判决书

C. 朱某不能反悔，因为其已经签收调解书

D. 朱某可以向法院申请撤回起诉

⑦ 1603085

达善公司因合同纠纷向甲市 A 区法院起诉美国芙泽公司，经法院调解双方达成调解协议。关于本案的处理，下列哪些选项是正确的？

A. 法院应当制作调解书

B. 法院调解书送达双方当事人后即发生法律效力

C. 当事人要求根据调解协议制作判决书的，法院可以予以准许

D. 法院可以将调解协议记入笔录，由双方签字即发生法律效力

【不定项】

⑧ 1103096

2011 年 7 月 11 日，A 市升湖区法院受理了黎明丽（女）诉张成功（男）离婚案。7 月 13 日，升湖区法院向张成功送达了起诉状副本。7 月 18 日，张成功向升湖区法院提交了答辩状，未对案件的管辖权提出异议。8 月 2 日，张成功向升湖区法院提出管辖权异议申请，称其与黎明丽已分居 2 年，分别居住于 A 市安平区各自父母家中。A 市升湖区法院以申请管辖权异议超过申请期限为由，裁定驳回张成功管辖权异议申请。后，升湖区法院查明情况，遂裁定将案件移送安平区法院。安平区法院接受移送，确定适用简易程序审理此案。

安平区法院在案件开庭审理时组织调解。

黎明丽声称：2005 年 12 月，其与张成功结婚，后因张成功有第三者陈佳，感情已破裂，现要求离婚。黎明丽提出，离婚后儿子张好帅由其行使监护权，张成功每月支付抚养费 1500 元。现双方存款 36 万元（存折在张成功手中），由 2 人平分，生活用品归各自所有，不存在其它共有财产分割争议。

张成功承认：2005 年 12 月，其与黎明丽结婚，自己现在有了第三者，36 万元存款在自己手中，同意离婚，同意生活用品归各自所有，同意不存在其它共有财产分割争议。不同意支付张好帅抚养费，因其是黎明丽与前男友所生。

黎明丽承认：张好帅是其与前男友所生，但在户籍登记上，张成功与张好帅为父子关系，多年来父子相称，形成事实上的父子关系，故要求张成功支付抚养费。

调解未能达成协议。在随后的庭审中，黎明丽坚持提出的请求；张成功对调解中承认的多数事实和同意的请求予以认可，但否认了有第三者一事，仍不同意支付张好帅抚养费。黎明丽要求法院通知第三者陈佳以无独立请求权的第三人身份参加诉讼。

安平区法院作出判决：解除黎明丽、张成功婚姻关系；张好帅由黎明丽行使监护权，张成功每月支付抚养费 700 元；存款双方平分，生活用品归个人所有，不存在其它共有财产分割争议。法院根据调解中被告承认自己有第三者的事实，认定双方感情破裂，张成功存在过失。

关于本案调解，下列选项正确的是？

A. 法院在开庭审理时先行调解的做法符合法律或司法解释规定

B. 法院在开庭审理时如不先行组织调解，将违反法律或司法解释规定

C. 当事人未达成调解协议，法院在当事人同意情况下可以再次组织调解

D. 当事人未达成调解协议，法院未再次组织调解违法

（二）综合知识点

【单选】

⑨ 1503042

关于法院制作的调解书，下列哪一说法是正确的？

A. 经法院调解，老李和小李维持收养关系，可不制作调解书

B. 某夫妻解除婚姻关系的调解书生效后，一方以违反自愿为由可申请再审

C. 检察院对调解书的监督方式只能是提出检察建议

D. 执行过程中，达成和解协议的，法院可根据当事人的要求制作成调解书

10 `1603042`

甲公司因合同纠纷向法院提起诉讼，要求乙公司支付货款280万元。在法院的主持下，双方达成调解协议。协议约定：乙公司在调解书生效后10日内支付280万元本金，另支付利息5万元。为保证协议履行，双方约定由丙公司为乙公司提供担保，丙公司同意。法院据此制作调解书送达各方，但丙公司反悔拒绝签收。关于本案，下列哪一选项是正确的？

A. 调解协议内容尽管超出了当事人诉讼请求，但仍具有合法性

B. 丙公司反悔拒绝签收调解书，法院可以采取留置送达

C. 因丙公司反悔，调解书对其没有效力，但对甲公司、乙公司仍具有约束力

D. 因丙公司反悔，法院应当及时作出判决

11 `2202159`

张小刚（10岁）在下课时与同学追逐玩闹，不慎将李晓乐（9岁）撞倒在地，致其受伤。李晓乐的父亲李某作为其法定代理人代为起诉，将张小刚和其父亲张某诉至法院。后经法院调解，双方达成调解协议，法院根据调解协议制作调解书，李某和张某签收了调解书，然而张小刚表示拒绝赔偿，不签收调解书。请问以下哪一项说法是正确的？

A. 法院应该重新组织调解

B. 张小刚不签收调解书不影响调解书的生效

C. 因张小刚拒绝签收调解书，调解书不生效

D. 法院应该查清事实后作出判决

二、模拟题

【多选】

12 `61904162`

永乐公司诉吉祥公司买卖合同纠纷一案，诉讼过程中，永乐公司与吉祥公司经法院组织达成调解，调解协议约定吉祥公司于10日内向永乐公司支付货款50万元，并由天天公司提供担保。关于本案的调解，下列哪些说法是正确的？

A. 双方可以在调解协议中约定超过诉讼请求的事项

B. 调解书中应当列明担保人天天公司，天天公司拒签调解书的，不影响调解书的生效

C. 法院可根据调解协议制作判决书

D. 一般情况下调解协议的内容和过程都不公开，当事人对调解过程中所知悉的商业秘密应当保密

13 `62204085`

关于法院调解，下列说法错误的是？

A. 一审调解结案的必须制作调解书

B. 一审调解结案的不能制作判决书

C. 二审调解结案的应在调解书中写明撤销原判

D. 再审程序中法院可以调解

14 `62204086`

甲诉乙借款合同纠纷案，一审法院判决乙需向甲偿还借款本金20万元。乙上诉，二审中甲、乙达成调解协议，约定乙向甲偿还借款本金20万元及利息2万元，丙提供一般保证，法院根据调解协议制作了调解书，并送达各方当事人。对此，下列说法正确的是？

A. 调解书送达后，一审判决视为撤销

B. 若丙拒签调解书，二审法院应及时判决

C. 若乙不履行调解书内容，甲可申请强制执行

D. 乙有权以调解书超出诉讼请求为由申请再审

参考答案

[1] B　　[2] D　　[3] D　　[4] C　　[5] C
[6] CD　　[7] ABC　　[8] ABC　　[9] A　　[10] A
[11] B　　[12] ABD　　[13] ABC　　[14] AC

解析页码

052—054

第十章
保全和先予执行

一、历年真题及仿真题

（一）民诉保全

【单选】

1 2302005

甲乙是夫妻，甲被乙家暴后向法院申请人身安全保护令，在法院裁定发布保护令后，乙提出异议称自己与甲之间的纠纷是正常的家庭矛盾。乙该如何救济自己的权利？

A. 申请再审

B. 向上一级法院上诉

C. 向上一级法院申请复议

D. 向作出裁定的法院申请复议

2 2102103

大学生甲毕业后一直住在舅舅乙家待业。舅舅乙认为甲整天待在家里，不思进取，经常对甲进行辱骂。甲不堪其辱，向法院申请禁止令，法院认为其申请成立，向乙发出禁止令，禁止乙辱骂甲。乙对该禁止令不服，认为其行为属于正常的家庭教育，并不违法，乙可以何种方式进行救济？

A. 向上级法院上诉

B. 向作出该禁止令的法院申请复议

C. 向作出该禁止令的法院申请再审

D. 向上级法院申请再审

3 1603043

李某与温某之间债权债务纠纷经甲市 M 区法院审理作出一审判决，要求温某在判决生效后 15 日内偿还对李某的欠款。双方均未提起上诉。判决履行期内，李某发现温某正在转移财产，温某位于甲市 N 区有可供执行的房屋一套，故欲申请法院对该房屋采取保全措施。关于本案，下列哪一选项是正确的？

A. 此时案件已经审理结束且未进入执行阶段，李某不能申请法院采取保全措施

B. 李某只能向作出判决的甲市 M 区法院申请保全

C. 李某可向甲市 M 区法院或甲市 N 区法院申请保全

D. 李某申请保全后，其在生效判决书指定的履行期间届满后 15 日内不申请执行的，法院应当解除保全措施

【多选】

4 1902073

位于 A 省 B 县的甲公司和 A 省 C 县的乙公司订立水果买卖合同，甲公司付款后，乙公司迟迟不发货，甲担心乙的发货能力，于是向水果仓库所在地 D 县法院申请保全，法院采取相应保全措施后，甲向 C 县法院提起诉讼，下列选项正确的是？

A. 甲公司应当提供担保

B. D 县法院应当冻结这批水果

C. C 县法院受理案件后，D 县法院应当将保全的财产一并移送 C 县法院

D. C 县法院受理案件后应当将案件移送 D 县法院

5 1802083

H 地的刘某创作了歌曲《沙漠骆驼》，B 地的罗某、展某未经过刘某同意演唱了该首歌曲，一炮而红，并计划在 C 地开演唱会。刘某拟申请诉前禁令，关于本案，下列说法错误的有？

A. 刘某可以向 H 地法院申请诉前禁令

B. 刘某应在申请诉前禁令后的 30 天内提起诉讼

C. 刘某申请诉前禁令时应当提供担保，且应当提供相当于请求保全数额的担保

D. 罗某、展某可在收到保全裁定之日起 5 日内提出异议，收到异议后，法院应当撤销原裁定，禁止令失效

6 1503081

甲公司生产的"晴天牌"空气清新器销量占据市场第一，乙公司见状，将自己生产的同类型产品注册成"清天牌"，并全面仿照甲公司产品，使消费者难以区分。为此，甲公司欲起诉乙公司侵权，同时拟申请诉前禁令，禁止乙公司销售该产品。关于诉前保全，下列哪些选项是正确的？

A. 甲公司可向有管辖权的法院申请采取保全措施，并应当提供担保

B. 甲公司可向被申请人住所地法院申请采取保全措施，法院受理后，须在 48 小时内作出裁定

C. 甲公司可向有管辖权的法院申请采取保全措施，并应当在 30 天内起诉

D. 甲公司如未在规定期限内起诉，保全措施自动解除

7 `1503080`

李根诉刘江借款纠纷一案在法院审理，李根申请财产保全，要求法院扣押刘江向某小额贷款公司贷款时质押给该公司的两块名表。法院批准了该申请，并在没有征得该公司同意的情况下采取保全措施。对此，下列哪些选项是错误的？

A. 一般情况下，某小额贷款公司保管的两块名表应交由法院保管

B. 某小额贷款公司因法院采取保全措施而丧失了对两块名表的质权

C. 某小额贷款公司因法院采取保全措施而丧失了对两块名表的优先受偿权

D. 法院可以不经某小额贷款公司同意对其保管的两块名表采取保全措施

（二）先予执行

【单选】

8 `2202007`

加号公司与王某签订了劳动合同，后王某于 2017 年离职，2018 年向劳动仲裁委申请仲裁，因其生活费不能支撑正常生活，王某申请仲裁庭裁决先行予以支付。对此仲裁庭应当如何处理？

A. 移送加号公司住所地法院审查

B. 裁决先予执行，由劳动仲裁委执行

C. 裁决先予执行，移送公司住所地法院执行

D. 不予准许先予执行

9 `2002021`

金某与青山公司订立了商品房购房合同，购买位于 A 市的房屋，后青山公司拒绝交付房屋，金某根据仲裁条款向设立在 B 市的仲裁委申请仲裁要求交付房屋，仲裁过程中，金某提出案件法律关

系清楚，且自己结婚在即，申请先予执行，关于本案先予执行正确的一项是？

A. 金某无权申请先予执行

B. 金某应向 B 市仲裁委申请先予执行，由仲裁委提交法院

C. 金某应向 A 市基层法院申请先予执行

D. 金某应向 B 市基层法院申请先予执行

（三）综合知识点

【多选】

10 `1203082`

关于财产保全和先予执行，下列哪些选项是正确的？

A. 二者的裁定都可以根据当事人的申请或法院依职权作出

B. 二者适用的案件范围相同

C. 当事人提出财产保全或先予执行的申请时，法院可以责令其提供担保，当事人拒绝提供担保的，驳回申请

D. 对财产保全和先予执行的裁定，当事人不可以上诉，但可以申请复议一次

【不定项】

11 `1403097`

甲县的葛某和乙县的许某分别拥有位于丙县的云峰公司 50% 的股份。后由于二人经营理念不合，已连续四年未召开股东会，无法形成股东会决议。许某遂向法院请求解散公司，并在法院受理后申请保全公司的主要资产（位于丁县的一块土地的使用权）。

关于许某的财产保全申请，下列说法正确的是？

A. 本案是给付之诉，法院可作出保全裁定

B. 本案是变更之诉，法院不可作出保全裁定

C. 许某在申请保全时应提供担保

D. 如果法院认为采取保全措施将影响云峰公司的正常经营，应驳回保全申请

解析页码

二、模拟题

【单选】

12 `62204066`

张甲在蓝天工厂从事垃圾处理工作，由于其总是将工厂垃圾直接倒入李乙的水库，致使水库中的大量鱼虾死亡。李乙多次劝告张甲无果，遂向县法院提起诉讼，要求张甲和蓝天工厂赔偿损失，停止侵害。在诉讼前，因蓝天工厂的效益日渐下滑，面临破产风险，李乙向县法院申请财产保全措施，县法院受理申请，并将蓝天工厂在银行的资金进行冻结。后县法院作出一审判决，蓝天工厂对判决不服提出上诉。关于本案，下列说法正确的一项是？

A. 李乙申请财产保全应由法院结合具体情况确定是否提供担保

B. 若在诉讼过程中，张甲继续往水库中倾倒垃圾，县法院可决定采取行为保全

C. 本案中，应由蓝天工厂对自己无过错承担证明责任

D. 若李乙在申请保全后的 30 天内未向法院提起诉讼或者申请仲裁，则保全措施自动解除

13 `62304018`

谢某因为资金周转向吕某借款 20 万元，债务到期后谢某一直未归还。某日，吕某从朋友那里得知，谢某最近在大量转移存款和低价转让财产，吕某拟向法院提起诉讼，诉前向法院申请财产保全。关于本案，下列哪一说法正确？

A. 法院可以要求吕某提供担保

B. 法院应当在收到申请 5 日内裁定是否执行

C. 若采取保全措施后谢某对裁定不服，可以向上级法院复议

D. 若采取保全措施后吕某 30 日内不起诉或申请仲裁，法院应解除保全措施

参考答案

[1] D	[2] B	[3] C	[4] AC	[5] ACD
[6] ABC	[7] ABC	[8] C	[9] A	[10] CD
[11] CD	[12] B	[13] D		

第十一章
民诉期间和送达

一、历年真题及仿真题

（一）民诉期间

【单选】

1 `1503041`

张兄与张弟因遗产纠纷诉至法院，一审判决张兄胜诉。张弟不服，却在赴法院提交上诉状的路上被撞昏迷，待其经抢救苏醒时已超过上诉期限一天。对此，下列哪一说法是正确的？

A. 法律上没有途径可对张弟上诉权予以补救

B. 因意外事故耽误上诉期限，法院应依职权决定顺延期限

C. 张弟可在清醒后 10 日内，申请顺延期限，是否准许，由法院决定

D. 上诉期限为法定期间，张弟提出顺延期限，法院不应准许

2 `1103041`

根据《民事诉讼法》和民事诉讼理论，关于期间，下列哪一选项是正确的？

A. 法定期间都是不可变期间，指定期间都是可变期间

B. 法定期间的开始日及期间中遇有节假日的，应当在计算期间时予以扣除

C. 当事人参加诉讼的在途期间不包括在期间内

D. 遇有特殊情况，法院可依职权变更原确定的指定期间

（二）民诉送达

【单选】

3 `2002112`

李某和赵某的离婚案件，适用普通程序审理，法院作出判决后，向双方送达文书时，下列哪一说法是正确的？

解析页码
057—059

A. 向李某送达时，李某不在家，由赵某代为签收

B. 向赵某送达时赵某拒不开门，法院将文书贴在赵某家门口即产生送达效力

C. 通知双方到法院领取文书，到达法院后李某拒不签字，视为送达

D. 多次送达未果，法院工作人员到李某常去的朋友王某家找到李某，李某仍然拒绝签署，法院拍照录像后视为留置送达

④ 1802048

王某与吴某是同学关系。2010 年 2 月王某因结婚需购买住房向吴某借款 20000 元，口头约定年底归还。后王某无力偿还借款。吴某在多次催讨无果的情况下，于 2012 年 2 月 7 日诉至法院。2 月 28 日开庭时，王某辩称此前已还了 10000 元借款，但未向法庭提供证据。在调解未果的情况下，法庭电子邮件通知双方决定于 2012 年 3 月 8 日就该案进行宣判。王某因事无法走开，委托其妻子到庭代为签收判决书。宣判之日，王某妻子发现判决王某败诉，并没对 10000 元还款事实予以认定，当即表示不认可判决结果，并拒绝在送达回证上签字。审判人员、书记员在送达回证上注明了送达情况并签名。关于本案的送达方式，下列说法正确的是？

A. 构成留置送达

B. 构成直接送达

C. 构成委托送达

D. 构成电子送达

【多选】

⑤ 1403042

张某诉美国人海斯买卖合同一案，由于海斯在我国无住所，法院无法与其联系，遂要求张某提供双方的电子邮件地址，电子送达了诉讼文书，并在电子邮件中告知双方当事人在收到诉讼文书后予以回复，但开庭之前法院只收到张某的回复，一直未收到海斯的回复。后法院在海斯缺席的情况下，对案件作出判决，驳回张某的诉讼请求，并同样以电子送达的方式送达判决书。关于本案诉讼文书的电子送达，下列哪些做法是合法的？

A. 向张某送达举证通知书

B. 向张某送达缺席判决书

C. 向海斯送达举证通知书

D. 向海斯送达缺席判决书

⑥ 1303039

关于法院的送达行为，下列哪些选项是正确的？

A. 陈某以马某不具有选民资格向法院提起诉讼，由于马某拒不签收判决书，法院向其留置送达

B. 法院通过邮寄方式向葛某送达开庭传票，葛某未寄回送达回证，送达无效，应当重新送达

C. 法院在审理张某和赵某借款纠纷时，委托赵某所在学校代为送达起诉状副本和应诉通知

D. 经许某同意，法院用电子邮件方式向其送达证据保全裁定书

（三）综合知识点

【单选】

⑦ 1203038

关于《民事诉讼法》规定的期间制度，下列哪一选项是正确的？

A. 法定期间都属于绝对不可变期间

B. 涉外案件的审理不受案件审结期限的限制

C. 当事人从外地到法院参加诉讼的在途期间不包括在期间内

D. 当事人有正当理由耽误了期间，法院应当依职权为其延展期间

二、模拟题

【单选】

⑧ 62204064

张北起诉李南买卖合同纠纷一案，在法院的主持下，双方达成调解协议。关于本案调解书的送达，下列说法中正确的一项是？

A. 若经李南同意，法院可委托李南所在单位送达调解书

B. 若经张北同意，法院可采取电子邮件方式向张北送达调解书

C. 只有张北下落不明时，法院才能采取公告送达的方式

D. 若调解书直接送达确有困难，法院可留置送达

【多选】

9 `62204063`

关于法院送达，下列说法错误的是？

A. 简易程序可以适用公告送达

B. 判决书、裁定书和调解书可以适用留置送达

C. 离婚诉讼中，不能将诉讼文书交由与受送达人同住的成年家属签收

D. 电子送达需经当事人同意，且调解书不适用电子送达

参考答案

[1]C	[2]D	[3]C	[4]B	[5]AB
[6]AD	[7]B	[8]B	[9]ABCD	

第十二章
对妨碍诉讼的强制措施

一、历年真题及仿真题

（一）民诉拘传、罚款和拘留

【单选】

1 `2102104`

赵法官到阳光小区对被执行人钱某的一辆汽车采取执行措施。该小区物业公司的一名保安以赵法官没有提供协助执行通知书，且根据小区物业规定必须要经过业主同意方能将汽车拖走为由，阻止赵法官对汽车采取执行措施。后该区法院以妨碍执行为由决定对物业公司罚款 120 万元。物业公司可以何种理由救济自己的权利？

A. 赵法官没有提供协助执行通知书，物业公司没有配合义务

B. 物业公司存在内部规定，保安没有主观恶性且不具有违法性

C. 罚款 120 万元没有组织听证，程序违法

D. 罚款金额超过法律规定的限额

（二）综合知识点

【多选】

2 `1902074`

施某从事个体运输业务，在行车过程中，因闯红灯将正常过马路的肖某撞伤住院治疗，在肖某住院期间，因施某拒不垫付医疗费，肖某起诉施某。关于肖某可向法院申请采取的措施，下列哪些说法正确？

A. 申请对施某采取强制措施

B. 申请公开审理

C. 申请先予执行

D. 申请财产保全

二、模拟题

【多选】

3 `51904267`

人民法院在审理朱红和牛强的离婚案件时，双方家属在法庭上大打出手还打砸法庭设施，人民法院决定对朱红和牛强双方参与斗殴的家属朱丽、牛旦两人予以拘留和罚款。下列说法中错误的有？

A. 朱丽、牛旦不服法院的处罚，当即向本院申请复议，法院经过复议如果认为处置不当的，应当撤销或者变更审理法院已经作出的处罚决定

B. 朱丽、牛旦可以自收到决定书之日起 5 日内向作出决定的法院申请复议一次

C. 朱丽、牛旦情节特别恶劣，法院从重处罚，裁定对朱丽、牛旦二人处以 15 日拘留，各 10 万元罚款

D. 法院对朱丽、牛旦采取拘留措施后，应当在 24 小时内通知其家属

【不定项】

4 `61904058`

关于妨碍民事诉讼的强制措施，下列说法正确的是？

A. 对罚款、拘留不服的，可以向作出决定的人民法院申请复议一次

B. 对必须到庭的原告，经传票传唤，无正当理由拒不到庭的，可以拘传

C. 被告未经法庭准许进行录音、录像、摄影的，人民法院可以暂扣其摄影器材，责令其删除，拒不删除的，人民法院可以没收其摄影器材

D. 罚款、拘留均应当经院长批准

参考答案

[1]D　　[2]CD　　[3]ABC　　[4]D

第十三章 一审普通程序

一、历年真题及仿真题

（一）起诉与受理

【单选】

1 `2202111`

孙某（男，28岁）向法院起诉与钱某（女，22岁）离婚，经法院查明感情确已破裂，但二人结婚时钱某未满20周岁。下列选项正确的是？

A. 法院应判决准予离婚

B. 法院应裁定驳回起诉

C. 法院应判决确认婚姻无效

D. 法院应判决驳回孙某的诉讼请求

2 `2002016`

A公司和B销售公司签订买卖合同，B公司一直没有发货，A向甲市乙区法院起诉B公司要求履行合同。法院经过审理后查明是B公司的供货商——C公司由于疫情原因停工，故B公司无法发货。遂判决驳回了A公司的诉讼请求。双方当事人均未上诉。三个月后，A公司发现C公司已经全面复工，但B公司仍未履行合同，A公司可以如何处理？

A. 可以向甲市中院提起上诉

B. 可以再次起诉，要求B公司履行合同

C. 可以向甲市中院申请再审

D. 可以向乙区法院申请再审

3 `1703043`

夏某因借款纠纷起诉陈某，法院决定适用简易程序审理。法院依夏某提供的被告地址送达时，发现有误，经多方了解和查证也无法确定准确地址。对此，法院下列哪一处理是正确的？

A. 将案件转为普通程序审理

B. 采取公告方式送达

C. 裁定中止诉讼

D. 裁定驳回起诉

4 `1703042`

甲、乙两公司签订了一份家具买卖合同，因家具质量问题，甲公司起诉乙公司要求更换家具并支付违约金3万元。法院经审理判决乙公司败诉，乙公司未上诉。之后，乙公司向法院起诉，要求确认该家具买卖合同无效。对乙公司的起诉，法院应采取下列哪一处理方式？

A. 予以受理

B. 裁定不予受理

C. 裁定驳回起诉

D. 按再审处理

5 `1503048`

张丽因与王旭感情不和，长期分居，向法院起诉要求离婚。法院向王旭送达应诉通知书，发现王旭已于张丽起诉前因意外事故死亡。关于本案，法院应作出下列哪一裁判？

A. 诉讼终结的裁定

B. 驳回起诉的裁定

C. 不予受理的裁定

D. 驳回诉讼请求的判决

6 `1303044`

何某因被田某打伤，向甲县法院提起人身损害赔偿之诉，法院予以受理。关于何某起诉行为将产生的法律后果，下列哪一选项是正确的？

A. 何某的诉讼时效中断

解析页码

063—065

B. 田某的答辩期开始起算

C. 甲县法院取得排他的管辖权

D. 田某成为适格被告

7 `1902076`

甲公司欠乙公司货款，乙公司起诉，法院判决甲公司偿还乙公司货款300万。乙公司发现甲公司对丙公司有200万债权，且怠于行使，于是起诉丙公司。下列说法正确的是？

A. 乙公司的行为构成重复起诉

B. 乙公司不构成重复起诉

C. 乙公司可以提起代位权诉讼

D. 法院应不予受理，受理了的，应当裁定驳回起诉

8 `1203079`

关于起诉与受理的表述，下列哪些选项是正确的？

A. 法院裁定驳回起诉的，原告再次起诉符合条件的，法院应当受理

B. 法院按撤诉处理后，当事人以同一诉讼请求再次起诉的，法院应当受理

C. 判决不准离婚的案件，当事人没有新事实和新理由再次起诉的，法院一律不予受理

D. 当事人超过诉讼时效起诉的，法院应当受理

9 `1103079`

关于民事起诉状应当包括的内容，下列哪些选项是正确的？

A. 双方当事人的基本情况

B. 案由

C. 诉讼请求

D. 证据和证据来源

（二）开庭审理

【单选】

10 `2102100`

根据最高人民法院规定，在甲省标的额超过3000万的案件由中院管辖。A公司向甲省乙市丙区法院起诉B公司要求返还货款2000万。法庭辩论终结后，合议庭评议一致决定支持A公司的诉讼请

求。在主审法官撰写判决书时，A公司将诉讼请求变更为赔偿违约金3500万。丙区法院应当如何处理？

A. 组织当事人开庭对违约金的问题进行审理

B. 将案件移送乙市中院管辖

C. 做出支持返还货款2000万的判决送达双方当事人

D. 告知B公司，由B公司决定是否提出管辖权异议

11 `2002015`

北海公司起诉南山公司请求解除合同，同时追究南山公司的违约责任，在一审开庭时，北海公司主张请求确认合同无效，如果法院实在不能确认合同无效就解除合同同时追究南山公司的违约责任。法院应当如何处理？

A. 要求北海公司公司明确诉讼请求

B. 法院裁定不予受理，因为两个诉讼请求矛盾

C. 告知北海公司公司另行起诉，因为是两个独立的诉讼请求

D. 法院对两个诉讼请求应当按顺序审理

12 `1303043`

下列哪一选项中法院的审判行为，只能发生在开庭审理阶段？

A. 送达法律文书

B. 组织当事人进行质证

C. 调解纠纷，促进当事人达成和解

D. 追加必须参加诉讼的当事人

13 `1203040`

关于民事案件的开庭审理，下列哪一选项是正确的？

A. 开庭时由书记员核对当事人身份和宣布案由

B. 法院收集的证据是否需要进行质证，由法院决定

C. 合议庭评议实行少数服从多数，形成不了多数意见时，以审判长意见为准

D. 法院定期宣判的，法院应当在宣判后立即将判决书发给当事人

（三）诉讼障碍

【单选】

14 `2202006`

蒋某 13 周岁，父母双亡，平时由爷爷奶奶外公外婆轮流抚养。后良某将蒋某打伤，侵权诉讼过程中蒋某死亡，蒋某的爷爷奶奶坚持继续诉讼，但外公外婆却坚持私了，问法院该如何处理？

A. 法院裁定中止侵权诉讼

B. 法院裁定诉讼终结

C. 如果法院作出侵权诉讼的判决，该判决作出即生效

D. 法院裁定不予受理

15 `2102132`

甲诉请法院判决甲与乙的婚姻无效，法院受理之后乙死亡，且没有其他财产和亲属。此时法院应当如何处理？

A. 裁定诉讼终结

B. 继续审理

C. 驳回甲的诉讼请求

D. 通知当地的相关民政部门作为诉讼当事人

16 `2002017`

关某向童某借款 10 万，钱某为该笔借款承担连带保证。后关某拒不归还借款，童某以关某诈骗为由向公安机关报案，同时童某起诉钱某要求承担保证责任，法院受理后，发现关某已经因为集资诈骗被公安机关刑事拘留。法院应当如何处理？

A. 法院应当裁定诉讼中止，等待刑事案件处理结果

B. 法院应当裁定驳回起诉，等待刑事案件处理结果

C. 法院可以根据童某的申请追加关某为共同被告

D. 法院可以根据童某的申请追加关某为无独立请求权第三人

17 `1902008`

李某起诉吉通公司，履行合同义务，A 市 B 区法院判决驳回。李某上诉，在上诉状提交后第三天，李某车祸身亡。下列说法正确的有？

A. A 市中级法院应裁定诉讼终结

B. B 区法院应裁定诉讼终结

C. B 区法院应裁定诉讼中止，通知李某继承人参与诉讼

D. A 市中级法院应裁定诉讼中止，通知李某继承人参与诉讼

18 `1802043`

温某驾驶未登记的电动车回家，路上不慎撞倒黄某，致其重度颅内损伤构成五级伤残。事故发生后，双方达成赔偿协议，约定温某一次性赔偿黄某医疗费、护理费等各项损失共计 8.4 万元，此次事故一次性解决后了事。后黄某以欺诈为由诉请撤销该协议，并要求温某赔偿损失 120 万元。法院受理后，对该案进行了开庭审理，但是在庭审结束后第二天，黄某又被电动车撞倒，当场死亡。法院查明，黄某只有唯一一个继承人黄小明，现黄小明下落不明。法院应该如何处理？

A. 裁定撤诉

B. 裁定中止诉讼

C. 根据庭审情况直接作出判决

D. 裁定终止诉讼

19 `1503043`

甲县法院受理居住在乙县的成某诉居住在甲县的罗某借款纠纷案。诉讼过程中，成某出差归途所乘航班失踪，经全力寻找仍无成某生存的任何信息，主管方宣布机上乘客不可能生还，成妻遂向乙县法院申请宣告成某死亡。对此，下列哪一说法是正确的？

A. 乙县法院应当将宣告死亡案移送至甲县法院审理

B. 借款纠纷案与宣告死亡案应当合并审理

C. 甲县法院应当裁定中止诉讼

D. 甲县法院应当裁定终结诉讼

【多选】

20 `1703081`

对张男诉刘女离婚案（两人无子女，刘父已去世），因刘女为无行为能力人，法院准许其母李某以法定代理人身份代其诉讼。2017 年 7 月 3 日，法院

解析页码

067—069

判决二人离婚，并对双方共有财产进行了分割。该判决同日送达双方当事人，李某对解除其女儿与张男的婚姻关系无异议，但对共有财产分割有意见，拟提起上诉。2017年7月10日，刘女身亡。在此情况下，本案将产生哪些法律后果？

A. 本案诉讼中止，视李某是否就一审判决提起上诉而确定案件是否终结

B. 本案诉讼终结

C. 一审判决生效，二人的夫妻关系根据判决解除，李某继承判决分配给刘女的财产

D. 一审判决未生效，二人的共有财产应依法分割，张男与李某对刘女的遗产均有继承权

（四）撤诉与缺席判决

【单选】

21 `1403050`

万某起诉吴某人身损害赔偿一案，经过两级法院审理，均判决支持万某的诉讼请求，吴某不服，申请再审。再审中万某未出席开庭审理，也未向法院说明理由。对此，法院的下列哪一做法是正确的？

A. 裁定撤诉，视为撤回起诉

B. 裁定撤诉，视为撤回再审申请

C. 裁定诉讼中止

D. 缺席判决

（五）民事裁判

【单选】

22 `2102106`

甲因为咨询合同纠纷起诉要求乙支付咨询费2万元。法院经过审理后发现甲乙之间约定的咨询费是20万元。法院询问甲是否将诉讼请求追加为20万元，甲表示乙拖欠费用，丧失诚信，要分10次起诉而惩罚乙。据此，法院下列处理正确的是？

A. 就2万元咨询费进行审理，判决的既判力客观范围扩张至20万元

B. 征求乙的意见后，再决定是否将剩余18万咨询费纳入审理范围

C. 就2万元咨询费进行审理，判决的既判力客观

范围限于2万元

D. 就20万咨询费一并审理并不违反处分原则

23 `2102105`

赵某与钱某自愿结婚，赵某的母亲坚决反对，以赵某未达结婚年龄为由请求法院确认二人婚姻关系无效，但赵某坚决反对，赵某的母亲无奈之下向法院申请撤回起诉。法院应当如何处理？

A. 调解结案

B. 裁定驳回起诉

C. 裁定准许撤回起诉

D. 不准许撤回起诉，判决确认婚姻无效

24 `1603046`

某死亡赔偿案件，二审法院在将判决书送达当事人签收后，发现其中死亡赔偿金计算错误（数学上的错误），导致总金额少了7万余元。关于二审法院如何纠正，下列哪一选项是正确的？

A. 应当通过审判监督程序，重新制作判决书

B. 直接作出改正原判决的新判决书并送达双方当事人

C. 作出裁定书予以补正

D. 报请上级法院批准后作出裁定予以补正

25 `1203047`

关于民事诉讼的裁定，下列哪一选项是正确的？

A. 裁定可以适用于不予受理、管辖权异议和驳回诉讼请求

B. 当事人有正当理由没有到庭的，法院应当裁定延期审理

C. 裁定的拘束力通常只及于当事人、诉讼参与人和审判人员

D. 当事人不服一审法院作出的裁定，可以向上一级法院提出上诉

26 `1203041`

甲公司诉乙公司货款纠纷一案，A市B区法院在审理中查明甲公司的权利主张已超过诉讼时效（乙公司并未提出时效抗辩），遂判决驳回甲公司的诉讼请求。判决作出后上诉期间届满之前，B区法院发现其依职权适用诉讼时效规则是错误的。关

于本案的处理，下列哪一说法是正确的？

A．因判决尚未发生效力，B区法院可以将判决书予以收回，重新作出新的判决

B．B区法院可以将判决书予以收回，恢复庭审并向当事人释明时效问题，视具体情况重新作出判决

C．B区法院可以作出裁定，纠正原判决中的错误

D．如上诉期间届满当事人未上诉的，B区法院可以决定再审，纠正原判决中的错误

27 1003038

关于合议庭评议案件，下列哪一表述是正确的？

A．审判长意见与多数意见不同的，以其意见为准判决

B．陪审员意见得到支持、形成多数的，可按该意见判决

C．合议庭意见存在分歧的，也可提交院长审查决定

D．审判人员的不同意见均须写入笔录

【多选】

28 1403082

关于民事诉讼程序中的裁判，下列哪些表述是正确的？

A．判决解决民事实体问题，而裁定主要处理案件的程序问题，少数涉及实体问题

B．判决都必须以书面形式作出，某些裁定可以口头方式作出

C．一审判决都允许上诉，一审裁定有的允许上诉，有的不能上诉

D．财产案件的生效判决都有执行力，大多数裁定都没有执行力

【不定项】

29 1103100

2011年7月11日，A市升湖区法院受理了黎明丽（女）诉张成功（男）离婚案。7月13日，升湖区法院向张成功送达了起诉状副本。7月18日，张成功向升湖区法院提交了答辩状，未对案件的管辖权提出异议。8月2日，张成功向升湖区法院提出管辖权异议申请，称其与黎明丽已分居2年，分别居住于A市安平区各自父母家中。A市升湖

区法院以申请管辖权异议超过申请期限为由，裁定驳回张成功管辖权异议申请后，升湖区法院查明情况，遂裁定将案件移送安平区法院。安平区法院接受移送，确定适用简易程序审理此案。

安平区法院在案件开庭审理时组织调解。

黎明丽声称：2005年12月，其与张成功结婚，后因张成功有第三者陈佳，感情已破裂，现要求离婚。黎明丽提出，离婚后儿子张好帅由其行使监护权，张成功每月支付抚养费1500元。现双方存款36万元（存折在张成功手中），由2人平分，生活用品归各自所有，不存在其它共有财产分割争议。

张成功承认：2005年12月，其与黎明丽结婚，自己现在有了第三者，36万元存款在自己手中，同意离婚，同意生活用品归各自所有，同意不存在其它共有财产分割争议。不同意支付张好帅抚养费，因其是黎明丽与前男友所生。

黎明丽承认：张好帅是其与前男友所生，但在户籍登记上，张成功与张好帅为父子关系，多年来父子相称，形成事实上的父子关系，故要求张成功支付抚养费。

调解未能达成协议。在随后的庭审中，黎明丽坚持提出的请求；张成功对调解中承认的多数事实和同意的请求予以认可，但否认了有第三者一事，仍不同意支付张好帅抚养费。黎明丽要求法院通知第三者陈佳以无独立请求权的第三人身份参加诉讼。

安平区法院作出判决：解除黎明丽、张成功婚姻关系；张好帅由黎明丽行使监护权，张成功每月支付抚养费700元；存款双方平分，生活用品归个人所有，不存在其它共有财产分割争议。法院根据调解中被告承认自己有第三者的事实，认定双方感情破裂，张成功存在过失。

关于法院宣判时应当向双方当事人告知的内容，下列选项正确的是？

A．上诉权利

B．上诉期限

C．上诉法院

D．判决生效前不得另行结婚

解析页码

（六）综合知识点

【单选】

30 `2002113`

2013 年 5 月，高某租赁品尚公司商业铺面，约定租期 1 年，到期后支付租金。租期届满后，高某仅支付 6 个月租金。品尚公司法定代表人赵某是高某的好友，因此品尚公司一直未予主张。2017 年 10 月赵某离职后，品尚公司起诉高某要求支付剩余租金和逾期利息。案件审理过程中，品尚公司并入金光公司。关于本案，下列说法正确的是？

A. 法院不应受理品尚公司的起诉

B. 高某可反诉原告诉请超过诉讼时效

C. 公司合并后法院应当裁定诉讼终结

D. 原告应承担高某租赁其铺面事实的证明责任

31 `1303036`

执法为民是社会主义法治的本质要求，据此，法院和法官应在民事审判中遵守诉讼程序，履行释明义务。下列哪一审判行为符合执法为民的要求？

A. 在李某诉赵某的欠款纠纷中，法官向赵某释明诉讼时效，建议赵某提出诉讼时效抗辩

B. 在张某追索赡养费的案件中，法官依职权作出先予执行裁定

C. 在杜某诉阎某的离婚案件中，法官向当事人释明可以同时提出离婚损害赔偿

D. 在罗某诉华兴公司房屋买卖合同纠纷中，法官主动走访现场，进行勘察，并据此支持了罗某的请求

32 `2002111`

王某以借款纠纷为由起诉吴某。经审理，法院认为该借款关系不存在，王某交付吴某的款项为应支付的货款，王某与吴某之间存在买卖关系而非借贷关系。法院向王某作出说明，但王某坚持己见，不予变更诉讼请求和理由。法院遂作出裁定，驳回王某的诉讼请求。关于本案，下列选项正确的是？

A. 法院违反了不告不理原则

B. 法院适用裁判形式错误

C. 法院违反了辩论原则

D. 法院违反了处分原则

33 `1003050`

红光公司起诉蓝光公司合同纠纷一案，A 市 B 区法院受理后，蓝光公司提出管辖权异议，认为本案应当由 A 市中级法院管辖。B 区法院裁定驳回蓝光公司异议，蓝光公司提起上诉。此时，红光公司向 B 区法院申请撤诉，获准。关于本案，下列哪一选项是正确的？

A. B 区法院裁定准予撤诉是错误的，因为蓝光公司已经提起上诉

B. 红光公司应当向 A 市中级法院申请撤诉，并由其裁定是否准予撤诉

C. B 区法院应当待 A 市中级法院就蓝光公司的上诉作出裁定后，再裁定是否准予撤诉

D. B 区法院裁定准予撤诉后，二审法院不再对管辖权异议的上诉进行审查

【多选】

34 `2202015`

在我国实行立案登记制后，关于民事第一审普通程序案件的受理条件，下列说法正确的有？

A. 原告是正当当事人

B. 被告具有诉讼权利能力

C. 原告须提供支持自己诉讼请求的法律依据

D. 原告必须提交书面起诉状

35 `2102115`

甲公司与乙公司因为合同纠纷诉至法院，二审时甲、丙公司合并为丁公司。关于本案表述正确的是？

A. 法院对甲、乙公司的一审判决对丁公司具有既判力

B. 乙公司无权要求法院追加丁公司作为当事人参加诉讼

C. 法院可以依职权决定由丁公司作为当事人参加诉讼

D. 如果丁公司作为当事人参加诉讼，已经进行的

诉讼程序对丁公司具有拘束力

36 `2002036`

甲公司和乙公司签订租赁合同，后来因为国内爆发"新冠"疫情导致合同目的无法实现，甲公司向乙公司发出解除合同的通知，乙公司未对此提出异议。后乙公司起诉甲公司要求支付租金，甲公司主张合同已经解除。关于本案表述正确的是？

A．甲公司可以抗辩的方式主张合同已经解除

B．甲公司可以反诉形式主张合同已经解除

C．甲公司如果以抗辩的方式解除合同，法院的判决对解除合同有既判力

D．甲公司如果以反诉的方式解除合同，法院的判决对解除合同有既判力

37 `1103081`

法院开庭审理时一方当事人未到庭，关于可能出现的法律后果，下列哪些选项是正确的？

A．延期审理

B．按原告撤诉处理

C．缺席判决

D．采取强制措施拘传未到庭的当事人到庭

【不定项】

38 `2202114`

甲起诉乙离婚，诉讼中经法院调解双方达成协议：甲抚养孩子，乙有探望权，后法院制作调解书结案。一年后，乙发现孩子学习成绩明显下降，于是起诉要求自己来抚养孩子。下列选项中说法正确的是？

A．乙的起诉属于重复起诉，法院不予受理

B．乙的起诉属于确认之诉

C．乙的起诉属于变更之诉

D．乙提起的是一个新的起诉，不构成重复起诉

二、模拟题

【单选】

39 `62304005`

甲在乙商店购买手表，因质量问题，甲将乙商店起诉至法院，要求退货。法院对此案进行先行调解，甲和乙商店达成调解协议。关于本案，下列

哪一项说法是正确的？

A．法院可以在立案后对甲和乙的纠纷进行先行调解

B．法院可以根据案件情况依职权进行先行调解

C．甲可以向法院申请确认调解协议效力

D．法院根据先行调解协议制作的调解书经当事人签收后具有强制执行力

【不定项】

40 `62304035`

辛某是莱茵小区的业主，小区物业公司通过微信建立了"暖心物业服务群"，业主可以在微信群反馈各项需求。一日，辛某在群里发送"物业不作为、不干事"等消息，被物业公司的管理员移出群聊。之后辛某多方联系物业人员要求重新入群，均未得到回应。于是辛某将物业公司诉至法院，要求物业公司将其重新拉入"暖心物业服务群"。关于本案法院的处理，下列选项正确的是？

A．以不属于受案范围为由，裁定不予受理

B．以诉讼请求不具体为由，裁定不予受理

C．以被告不适格为由，判决驳回诉讼请求

D．以诉讼请求不合理为由，判决驳回诉讼请求

41 `62304038`

黄某起诉梁某要求返还欠款4万元，法院受理后向双方当事人送达了传票、开庭通知等诉讼文书。送达至被告梁某住处时，因梁某不在家，其妻子代其签收了传票。开庭时，梁某未到庭。经查，梁某已离家出走，下落不明。关于本案，下列说法正确的是？

A．法院对本案可以进行缺席判决

B．法院应当通知梁某的妻子以诉讼代理人的身份参加诉讼

C．梁某的妻子代其签收传票，该传票即视为送达受送达人梁某

D．法院应当裁定中止诉讼

解析页码

073—074

参考答案

[1]A	[2]B	[3]D	[4]B	[5]B
[6]A	[7]BC	[8]ABD	[9]ACD	[10]C
[11]D	[12]B	[13]D	[14]A	[15]B
[16]C	[17]D	[18]B	[19]C	[20]BD
[21]D	[22]A	[23]D	[24]C	[25]C
[26]D	[27]D	[28]AB	[29]ABCD	[30]D
[31]C	[32]B	[33]D	[34]AB	[35]CD
[36]ABD	[37]ABCD	[38]CD	[39]D	[40]A
[41]AC				

第十四章
简易程序

一、历年真题及仿真题

（一）小额诉讼程序

【单选】

1 `1403040`

赵洪诉陈海返还借款 100 元，法院决定适用小额诉讼程序审理。关于该案的审理，下列哪一选项是错误的？

A．应在开庭审理时先行调解

B．应开庭审理，但经过赵洪和陈海的书面同意后，可书面审理

C．可以一次开庭并当庭宣判

D．应一审终审

【多选】

2 `1802082`

2022 年 1 月 30 日，吴某租赁王某建筑搭架设备，使用结束后，经双方结算，尚欠王某 1000 元。2022 年 2 月 5 日，吴某为王某出具了一张 1000 元欠条，后经王某多次催要，吴某一直未还，王某诉至法院。法院决定适用小额诉讼程序审理，告知了双方小额诉讼程序的特点。被告要求书面答辩，法院确定了 7 天的答辩期，并指定了 5 天的

举证期限。在答辩期内，被告提出了管辖权异议，法院告知其小额诉讼程序不能提管辖权异议。关于本案诉讼程序中，法院做法正确的有？

A．法院决定适用小额诉讼程序审理该案

B．法院确定了 7 天的答辩期

C．法院确定了 5 天举证期限

D．法院告知其小额诉讼程序不能提管辖权异议

3 `1503084`

根据《民事诉讼法》相关司法解释，下列哪些案件不适用小额诉讼程序？

A．人身关系案件

B．涉外民事案件

C．海事案件

D．发回重审的案件

（二）民诉简易程序

【单选】

4 `1303041`

关于简易程序的简便性，下列哪一表述是不正确的？

A．受理程序简便，可以当即受理，当即审理

B．审判程序简便，可以不按法庭调查、法庭辩论的顺序进行

C．庭审笔录简便，可以不记录诉讼权利义务的告知、原被告的诉辩意见等通常性程序内容

D．裁判文书简便，可以简化裁判文书的事实认定或判决理由部分

5 `1103043`

下列哪一选项属于《民事诉讼法》直接规定、具有简易程序特点的内容？

A．原告起诉或被告答辩时要向法院提供明确的送达地址

B．适用简易程序审理的劳动合同纠纷在开庭审理时应先行调解

C．在简易程序中，法院指定举证期限可以少于 30 天

D．适用简易程序审理民事案件时，审判组织一律采用独任制

【多选】

⑥ 2202156

以下关于简易程序特点的表述，哪些选项是正确的？

A. 诉讼文书不可以公告送达

B. 法院指定举证期限为 10 日

C. 审理期限不能延长，超期后转普通程序继续审理

D. 委托诉讼代理人可以口头，并在笔录中注明

⑦ 1003087

关于适用简易程序的表述，下列哪些选项是正确的？

A. 基层法院适用普通程序审理的民事案件，当事人双方可协议并经法院同意适用简易程序审理

B. 经双方当事人一致同意，法院制作判决书时可对认定事实或者判决理由部分适当简化

C. 法院可以口头方式传唤当事人出庭

D. 当事人对案件事实无争议的，法院可不开庭径行判决

（三）综合知识点

【多选】

⑧ 2102125

美国人汤姆通过网络平台以人民币 500 元购买了中国人杨某销售的衬衫，后双方因为衬衫质量问题发生纠纷，汤姆向互联网法院起诉杨某要求赔偿，互联网法院依法受理此案。关于本案的审理，下列表述正确的是？

A. 本案可以适用小额诉讼的程序审理

B. 本案法院可以决定线下审理

C. 本案经当事人同意后可以通过电子方式送达判决书

D. 本案可以适用独任制审理

⑨ 1503083

郑飞诉万雷侵权纠纷一案，虽不属于事实清楚、权利义务关系明确、争议不大的案件，但双方当事人约定适用简易程序进行审理，法院同意并以电子邮件的方式向双方当事人通知了开庭时间（双

方当事人均未回复）。开庭时被告万雷无正当理由不到庭，法院作出了缺席判决。送达判决书时法院通过各种方式均未联系上万雷，遂采取了公告送达方式送达了判决书。对此，法院下列的哪些行为是违法的？

A. 同意双方当事人的约定，适用简易程序对案件进行审理

B. 以电子邮件的方式向双方当事人通知开庭时间

C. 作出缺席判决

D. 采取公告方式送达判决书

⑩ 1403079

当事人可对某些诉讼事项进行约定，法院应尊重合法有效的约定。关于当事人的约定及其效力，下列哪些表述是错误的？

A. 当事人约定"合同是否履行无法证明时，应以甲方主张的事实为准"，法院应根据该约定分配证明责任

B. 当事人在诉讼和解中约定"原告撤诉后不得以相同的事由再次提起诉讼"，法院根据该约定不能再受理原告的起诉

C. 当事人约定"如果起诉，只能适用普通程序"，法院根据该约定不能适用简易程序审理

D. 当事人约定"双方必须亲自参加开庭审理，不得无故缺席"，如果被告委托了代理人参加开庭，自己不参加开庭，法院应根据该约定在对被告两次传唤后对其拘传

二、模拟题

【单选】

⑪ 62304021

飓风公司和暴雪公司因采购合同发生纠纷，暴雪公司向渝北区法院提起诉讼。法院受理案件后认为本案事实清楚、权利义务明确，属于争议不大的案件，决定适用简易程序审理。关于本案，下列说法正确的是？

A. 法院不能通过短信方式向当事人送达裁判文书

B. 法院应在三个月内审理完毕，不能审结的，应当转为普通程序

C. 法院确定当事人举证期限为 10 日

D. 因本案为一审案件，法院应当组成合议庭审理

12 [62304022]

朱某创作的某武侠题材小说，被罗某大肆剽窃、融梗抄袭，并发行为图书销售，朱某起诉罗某要求赔偿损失 10 万元，并公开赔礼道歉。虽不属于事实清楚、权利义务关系明确、争议不大的案件，但朱某和罗某约定适用简易程序进行审理，法院同意。关于本案，下列哪一表述是错误的？

A. 法院可以适用简易程序审理本案

B. 法官在下班途中的地铁上碰巧遇到朱某，当即向其送达开庭通知书

C. 经朱某和罗某同意，法院可以不开庭审理

D. 若朱某和罗某均表示不需要举证期限和答辩期间，法院可以立即开庭审理

参考答案

[1] B [2] ABC [3] ABD [4] C [5] D

[6] ABD [7] ABC [8] BCD [9] CD [10] ABCD

[11] C [12] C

第十五章
公益诉讼程序

一、历年真题及仿真题

公益诉讼程序

【单选】

1 [2102107]

甲化工厂排污造成河流严重污染，乙环保协会对此提起公益诉讼，要求甲化工厂赔偿河流污染治理费用 100 万元。法院经过审理后认为 100 万不足以修复环境污染造成的损害，遂建议乙环保协会将诉讼请求增加为 1000 万元。乙环保协会将诉讼请求变更为 1000 万，法院判决支持了乙环保协会的全部诉讼请求。关于本案表述正确的是？

A. 公益诉讼案件一审终审，当事人无权上诉

B. 乙环保协会应当先行通知行政机关处理后再提起公益诉讼

C. 法院建议乙环保组织将诉讼请求变更为 1000 万，违反了处分原则

D. 本案应当由中院一审管辖

2 [2002114]

甲公司生产一款治疗肾病的药品"妖妖灵"，因前期市场宣传和广告力度大，上市后众多消费者购买服用，不久众多患者服用后均有不同程度的肾脏损伤症状。经检测，该药品成分系掺杂各种动物皮质构成，属于假药。关于本案，下列说法正确的是？

A. 经依法公告，若有关组织不提起诉讼，检察院可提起公益诉讼

B. 检察院一旦提起公益诉讼，不允许撤回起诉

C. 甲公司可在诉讼中提反诉

D. 若检察院对甲公司已提起刑事诉讼，则不可再提公益诉讼

3 [1902009]

某市环保协会提起诉讼，起诉某厂因生产工作极大影响了周边居民的生活生产，对环境造成了严重的破坏。甲因该厂的污染行为受到损害，也想参与本案的诉讼。关于法院的做法，下列选项正确的一项是？

A. 将甲列为有独立请求权的第三人

B. 将甲列为无独立请求权的第三人

C. 通知甲另行起诉

D. 将甲列为共同原告

4 [1503035]

某品牌手机生产商在手机出厂前预装众多程序，大幅侵占标明内存，某省消费者保护协会以侵害消费者知情权为由提起公益诉讼，法院受理了该案。下列哪一说法是正确的？

A. 本案应当由侵权行为地或者被告住所地中级法院管辖

B. 本案原告没有撤诉权

C. 本案当事人不可以和解，法院也不可以调解

D. 因该案已受理，购买该品牌手机的消费者甲若以前述理由诉请赔偿，法院不予受理

解析页码
079—080

【多选】

5 `2202014`

依法注册登记的汉江石油分公司在 L 地造成环境污染，A 环保机构依法提出公益诉讼。关于本案，下列说法中正确的有？

A．本案 L 地中院有管辖权

B．汉江石油分公司是适格被告

C．本案审限一般为 6 个月

D．A 环保机构起诉前应先发出公告

6 `2002039`

天山化工厂违法排污，严重污染环境，涉嫌犯罪，由 A 县检察院向 A 县法院提起公诉，A 县法院依法审理。鉴于天山化工厂的行为严重侵害了当地民众的公共利益，检察机关决定提起附带民事公益诉讼，要求天山化工厂承担附带民事责任。下列选项正确的是？

A．第一审附带民事公益诉讼案件应当由污染环境、破坏生态行为发生地、损害结果地或者被告住所地的中级以上人民法院管辖

B．经过审理，法院作出附带民事公益诉讼判决后应当判令被告人向检察院交付赔偿款

C．法院作出一审判决后，检察院可对附带民事公益诉讼的判决提起上诉

D．法院可以判令被告人向社会公众公开赔礼道歉

7 `1902078`

甲省 A 市庆安公司超标排污导致河流下游 B 市严重污染，A 市环保组织（符合起诉条件）向 A 市中院提起公益诉讼，A 市中院受理案件之后，B 市环保组织（符合起诉条件）向 B 市中院也提起公益诉讼。关于本案，下列哪些表述正确？

A．A 市中院、B 市中院均有权审理各自的案件，分别判决

B．B 市中院应当把案件移送给 A 市中院

C．A 市环保组织和 B 市环保组织可做共同原告

D．如果对管辖权有争议，可报甲省高院指定管辖

8 `1902065`

孝义河流经河东省 A、B 两个城市，位于上游 A 市的甲化工厂非法排放污水，污染了整个孝义河，

A、B 两市的两岸土地和百姓深受其害。A 市环保联合会、B 市的环保公益组织先后向当地法院对甲化工厂提起环境侵权公益诉讼，两地法院先后立案，下列相关说法正确的是？

A．A、B 两市的法院可分别受理案件

B．由 A 市立案法院管辖本案

C．法院对公益诉讼作出裁决后，受害个人不能针对此污染行为提起侵权诉讼

D．提起公益诉讼的环保组织应在设区的市级以上民政部门登记

【不定项】

9 `1703100`

大洲公司超标排污导致河流污染，公益环保组织甲向 A 市中级法院提起公益诉讼，请求判令大洲公司停止侵害并赔偿损失。法院受理后，在公告期间，公益环保组织乙也向 A 市中级法院提起公益诉讼，请求判令大洲公司停止侵害、赔偿损失和赔礼道歉。公益案件审理终结后，渔民梁某以大洲公司排放的污水污染了其承包的鱼塘为由提起诉讼，请求判令赔偿其损失。对梁某的起诉，法院的正确处理方式是？

A．属重复诉讼，裁定不予受理

B．不予受理，告知其向公益环保组织请求给付

C．应予受理，但公益诉讼中已提出的诉讼请求不得再次提出

D．应予受理，其诉讼请求不受公益诉讼影响

10 `1703099`

大洲公司超标排污导致河流污染，公益环保组织甲向 A 市中级法院提起公益诉讼，请求判令大洲公司停止侵害并赔偿损失。法院受理后，在公告期间，公益环保组织乙也向 A 市中级法院提起公益诉讼，请求判令大洲公司停止侵害、赔偿损失和赔礼道歉。公益案件审理终结后，渔民梁某以大洲公司排放的污水污染了其承包的鱼塘为由提起诉讼，请求判令赔偿其损失。公益环保组织因与大洲公司在诉讼中达成和解协议申请撤诉，法院的正确处理方式是？

A．应将和解协议记入笔录，准许公益环保组织的

撤诉申请

B. 不准许公益环保组织的撤诉申请

C. 应将双方的和解协议内容予以公告

D. 应依职权根据和解协议内容制作调解书

⑪ 1703098

大洲公司超标排污导致河流污染，公益环保组织甲向 A 市中级法院提起公益诉讼，请求判令大洲公司停止侵害并赔偿损失。法院受理后，在公告期间，公益环保组织乙也向 A 市中级法院提起公益诉讼，请求判令大洲公司停止侵害、赔偿损失和赔礼道歉。公益案件审理终结后，渔民梁某以大洲公司排放的污水污染了其承包的鱼塘为由提起诉讼，请求判令赔偿其损失。对乙组织的起诉，法院的正确处理方式是？

A. 予以受理，与甲组织提起的公益诉讼合并审理

B. 予以受理，作为另案单独审理

C. 属重复诉讼，不予受理

D. 允许其参加诉讼，与甲组织列为共同原告

(二)综合知识点

【不定项】

⑫ 2202160

公益诉讼判决生效后，其他具有原告资格的机关和有关组织不得就同一纠纷再起诉，而侵权行为受害人仍然可以起诉。关于其背后原理，以下说法正确的是？

A. 不允许其他机关或有关组织起诉，是生效判决既判力主观范围的扩张

B. 不允许其他机关或有关组织起诉，是生效判决既判力客观范围的扩张

C. 允许受害人起诉，是生效判决既判力客观范围的扩张

D. 允许受害人起诉，是生效判决既判力主观范围的扩张

二、模拟题

【单选】

⑬ 62304020

2018-2022 年期间，王某使用机械在南京市浦口

区永宁镇某林场非法采矿。南京市人民检察院认为，王某非法采矿造成国家矿产资源和生态环境破坏，损害社会公共利益，遂提起民事公益诉讼，诉请判令王某赔偿生态环境损害修复费用。关于本案，下列哪一表述是正确的？

A. 为防止公共利益进一步受损，南京市人民检察院应该在发现损害社会公共利益行为时，立即直接向法院提起公益诉讼

B. 诉讼过程中检察院不得与王某和解

C. 诉讼过程中检察院不得撤诉

D. 法院应依职权委托鉴定机构对生态环境要素的受损情况进行鉴定

【多选】

⑭ 62204074

星星化工厂将未经处理的工业废水直接排放进青石河中，造成河流严重污染。青石河流经蓝天、白云两市，给沿岸居民的生活都造成了不利影响，位于蓝天市的甲环保组织向蓝天市东城区法院提起公益诉讼，位于白云市的乙环保组织向白云市中院提起公益诉讼。对此，下列说法错误的是？

A. 若东城区法院先立案，则本案应由东城区法院管辖

B. 若李某因河流污染导致其饲养的鱼虾死亡，其可单独向法院起诉赔偿

C. 若甲环保组织向白云市中院申请参加诉讼，白云市中院应将其列为第三人

D. 白云市中院受理案件后，应当在 7 日内告知相关行政主管部门

参考答案

[1] D	[2] A	[3] C	[4] A	[5] ABC
[6] CD	[7] BCD	[8] BD	[9] D	[10] BCD
[11] D	[12] A	[13] D	[14] ACD

第十六章
第三人撤销之诉

一、历年真题及仿真题

（一）第三人撤销之诉

【单选】

1 2002018

甲公司因合同纠纷起诉乙公司，A区法院判决合同无效，双方均未上诉。判决生效后，丙公司认为判决认定合同无效损害了其合法权益，遂向A区法院起诉请求撤销该判决。A区法院审理后发现甲公司伪造了证据，但是该判决与丙公司并无利害关系。关于本案，A区法院的下列哪一做法是正确的？

A. 裁定驳回丙公司的起诉

B. 裁定撤销原判决

C. 判决撤销原判决

D. 驳回丙公司的诉讼请求

2 1902010

甲对乙有20万债权到期，乙对丙有20万债权。甲对丙提起代位权诉讼，法院依法将乙列为第三人。诉讼中甲、丙达成调解协议，约定丙将一条价值20万的手链交付给甲，用于清偿该笔债务，法院依法制作调解书送达当事人。丁主张手链是自己的，欲提出第三人撤销之诉，下列关于本案当事人的表述正确的是？

A. 甲、乙、丙为被告

B. 甲、丙为被告，乙是第三人

C. 甲、乙是被告，丙为第三人

D. 甲为被告，乙和丙是第三人

3 1403041

关于第三人撤销之诉，下列哪一说法是正确的？

A. 法院受理第三人撤销之诉后，应中止原裁判的执行

B. 第三人撤销之诉是确认原审裁判错误的确认之诉

C. 第三人撤销之诉由原审法院的上一级法院管

辖，但当事人一方人数众多或者双方当事人为公民的案件，应由原审法院管辖

D. 第三人撤销之诉的客体包括生效的民事判决、裁定和调解书

【多选】

4 2202013

张某与谷某因自行车归属问题产生纠纷并提起诉讼，法院判决该自行车属于张某，方某得知后提起第三人撤销之诉，法院审理后判决驳回方某的诉讼请求。关于本案，下列说法中正确的有？

A. 第三人撤销之诉是确认之诉

B. 第三人撤销之诉是变更之诉

C. 第三人撤销之诉是给付之诉

D. 方某不服可以上诉

【不定项】

5 2202009

庄某在甲超市买了乙公司生产的面包，包装上没有成分标识，食用后食物中毒，庄某起诉甲超市获得胜诉生效判决，而乙公司认为自己产品没问题，主张法院对成分标识的事实认定错误，提起了第三人撤销之诉，甲超市赞同乙公司的请求。下列说法正确的是？

A. 甲超市是无独三

B. 法院应当判决驳回乙公司的诉讼请求

C. 法院应当裁定驳回乙公司的起诉

D. 甲超市是共同原告

（二）综合知识点

【多选】

6 2102126

唐某是甲公司的股东，持股比例为50%。蓝光公司起诉甲公司土地使用权纠纷一案，蓝光公司获得胜诉判决。判决生效后，蓝光公司申请强制执行。唐某提出第三人撤销之诉，主张拥有该块土地使用权。经查，甲公司在判决生效前已经以市场价格将该土地使用权转让给唐某，唐某已经支付价款，并完成了土地使用权转让登记。关于本

案表述正确的是？

A. 如果唐某因自身原因没有参加原审，则不能提起第三人撤销之诉

B. 蓝光公司可以另行起诉请求撤销甲公司与唐某之间的土地转让合同

C. 蓝光公司可以申请法院执行该判决

D. 本案判决未侵犯唐某合法权益，唐某不能提出第三人撤销之诉

二、模拟题

【单选】

7 62204075

关于第三人撤销之诉，下列说法正确的是？

A. 第三人撤销之诉是确认原裁判错误的确认之诉

B. 第三人撤销之诉由原审法院的上一级法院管辖

C. 未参加登记的权利人对代表人诉讼案件的生效裁判可以提第三人撤销之诉

D. 必要共同诉讼人无权提起第三人撤销之诉

8 62204133

沈丽是一名书法爱好者，一日，沈丽从古玩市场淘来一幅字画，正在赏玩时被其好友付楠看到，付楠向其借用字画观赏一段时间，沈丽同意。后王瑶见到该字画，直呼发现了颜真卿真迹，当即决定买下，付楠与王瑶约定，先交付定金 10 万元，三日后交付字画。后因付楠迟迟不交付字画，王瑶将其诉至 C 市 A 区法院，法院判决付楠 3 日内交付，二人均未上诉。判决生效后，沈丽欲向付楠要回字画，才发现这一事实，欲提起第三人撤销之诉。关于本案，下列说法中正确的是？

A. 法院受理第三人撤销之诉后，应中止原判决的执行

B. 沈丽提起第三人撤销之诉，应以王瑶和付楠为共同被告

C. 沈丽应向 C 市中院提起第三人撤销之诉

D. 第三人撤销之诉属于确认生效裁判错误的确认之诉

【不定项】

9 62004086

于某和海千公司因借贷纠纷诉至龙山区法院，法

院判决海千公司承担债务。海千公司向上一级法院提起上诉。经审理，二审法院判决维持原判。海千公司的全资股东香港大千公司认为案件的处理结果使海千公司无端承担巨额债务，损害了香港大千公司的利益，遂以无独立请求权第三人与案件处理结果具有利害关系为由，提起了第三人撤销之诉。关于本案，下列说法正确的是？

A. 香港大千公司应向龙山区法院提起第三人撤销之诉

B. 香港大千公司不是第三人撤销之诉的适格原告

C. 香港大千公司应当自原生效判决作出之日起六个月内提起第三人撤销之诉

D. 第三人撤销之诉应当适用二审程序审理，所作判决不可上诉

参考答案

| [1]D | [2]B | [3]D | [4]BD | [5]B |
| [6]AC | [7]D | [8]B | [9]B | |

第十七章
民诉二审程序

一、历年真题及仿真题

（一）上诉的提起与受理

【单选】

1 2102109

甲公司向区法院起诉乙公司，区法院判决驳回甲公司的诉讼请求，甲公司不服一审判决，通过区法院提交上诉状。区法院发现甲公司的上诉已经超过上诉期，应当如何处理？

A. 不予接收甲公司的上诉材料

B. 提请上级法院裁定驳回上诉

C. 裁定驳回上诉

D. 将上诉状和上诉材料一并移送上级法院

2 `1902173`

一审法院作出判决后，当事人不服提出上诉，在二审案件的审理过程中，一审法院发现原一审判决存在错误。关于本案的处理，下列说法中正确的是？

A. 一审法院应该裁定补正相关错误
B. 二审法院应当将案件发回一审法院重审
C. 二审法院应当向上级法院移送全部案卷
D. 一审法院可以提出一审判决有错误的意见，报送二审法院

3 `1703044`

甲、乙、丙三人共同致丁身体损害，丁起诉三人要求赔偿 3 万元。一审法院经审理判决甲、乙、丙分别赔偿 2 万元、8000 元和 2000 元，三人承担连带责任。甲认为丙赔偿 2000 元的数额过低，提起上诉。关于本案二审当事人诉讼地位的确定，下列哪一选项是正确的？

A. 甲为上诉人，丙为被上诉人，乙为原审被告，丁为原审原告
B. 甲为上诉人，丙、丁为被上诉人，乙为原审被告
C. 甲、乙为上诉人，丙为被上诉人，丁为原审原告
D. 甲、乙、丙为上诉人，丁为被上诉人

4 `1603044`

甲、乙、丙诉丁遗产继承纠纷一案，甲不服法院作出的一审判决，认为分配给丙和丁的遗产份额过多，提起上诉。关于本案二审当事人诉讼地位的确定，下列哪一选项是正确的？

A. 甲是上诉人，乙、丙、丁是被上诉人
B. 甲、乙是上诉人，丙、丁是被上诉人
C. 甲、乙、丙是上诉人，丁是被上诉人
D. 甲是上诉人，乙为原审原告，丙、丁是被上诉人

5 `1303048`

甲对乙享有 10 万元到期债权，乙无力清偿，且怠于行使对丙的 15 万元债权，甲遂对丙提起代位权诉讼，法院依法追加乙为第三人。一审判决甲胜诉，丙应向甲给付 10 万元。乙、丙均提起上诉，

乙请求法院判令丙向其支付剩余 5 万元债务，丙请求法院判令甲对乙的债权不成立。关于二审当事人地位的表述，下列哪一选项是正确的？

A. 丙是上诉人，甲是被上诉人
B. 乙、丙是上诉人，甲是被上诉人
C. 乙是上诉人，甲、丙是被上诉人
D. 丙是上诉人，甲、乙是被上诉人

6 `1103040`

吴某被王某打伤后诉至法院，王某败诉。一审判决书送达王某时，其当即向送达人郑某表示上诉，但因其不识字，未提交上诉状。关于王某行为的法律效力，下列哪一选项是正确的？

A. 王某已经表明上诉，产生上诉效力
B. 郑某将王某的上诉要求告知法院后，产生上诉效力
C. 王某未提交上诉状，不产生上诉效力
D. 王某口头上诉经二审法院同意后，产生上诉效力

【多选】

7 `1902077`

甲和乙因为人身损害赔偿纠纷起诉到法院，一审法院作出判决，甲对赔偿标准有异议，提起上诉。原审法院也发现赔偿金及利息的适用标准有错误，原审法院将案件移交上级法院，甲没有按期缴纳上诉费，法院应该如何处理？

A. 二审法院撤销原判，发回原审
B. 一审法院启动审判监督程序
C. 二审法院继续审理
D. 二审法院按撤回上诉处理

8 `1303078`

下列哪些情况下，法院不应受理当事人的上诉请求？

A. 宋某和卢某借款纠纷一案，卢某终审败诉，宋某向区法院申请执行，卢某提出执行管辖异议，区法院裁定驳回卢某异议。卢某提起上诉
B. 曹某向市中院诉刘某侵犯其专利权，要求赔偿损失 1 元钱，中院驳回其请求。曹某提起上诉

解析页码
087—088

C. 孙某将朱某打伤，经当地人民调解委员会调解达成协议，并申请法院进行了司法确认。后朱某反悔提起上诉

D. 尹某诉与林某离婚，法院审查中发现二人系禁婚的近亲属，遂判决二人婚姻无效。尹某提起上诉

【不定项】

⑨ 1003098

丙承租了甲、乙共有的房屋，因未付租金被甲、乙起诉。一审法院判决丙支付甲、乙租金及利息共计10,000元，分五个月履行，每月给付2,000元。甲、乙和丙均不服该判决，提出上诉：乙请求改判丙一次性支付所欠的租金10,000元。甲请求法院判决解除与丙之间租赁关系。丙认为租赁合同中没有约定利息，甲、乙也没有要求给付利息，一审法院不应当判决自己给付利息，请求判决变更一审判决的相关内容。丙还提出，为修缮甲、乙的出租房自己花费了3,000元，请求抵销部分租金。关于二审中当事人地位的确定，下列选项正确的是？

A. 丙是上诉人，甲、乙是被上诉人

B. 甲、乙是上诉人，丙是被上诉人

C. 乙、丙是上诉人，甲是被上诉人

D. 甲、乙、丙都是上诉人

（二）二审的审理

【单选】

⑩ 1703045

张某诉新立公司买卖合同纠纷案，新立公司不服一审判决提起上诉。二审中，新立公司与张某达成协议，双方同意撤回起诉和上诉。关于本案，下列哪一选项是正确的？

A. 起诉应在一审中撤回，二审中撤回起诉的，法院不应准许

B. 因双方达成合意撤回起诉和上诉的，法院可准许张某二审中撤回起诉

C. 二审法院应裁定撤销一审判决并发回重审，一审法院重审时准许张某撤回起诉

D. 二审法院可裁定新立公司撤回上诉，而不许张

某撤回起诉

⑪ 1603045

甲公司诉乙公司买卖合同纠纷一案，法院判决乙公司败诉并承担违约责任；乙公司不服提起上诉。在二审中，甲公司与乙公司达成和解协议，并约定双方均将提起之诉予以撤回。关于两个公司的撤诉申请，下列哪一说法是正确的？

A. 应当裁定准许双方当事人的撤诉申请，并裁定撤销一审判决

B. 应当裁定准许乙公司撤回上诉，不准许甲公司撤回起诉

C. 不应准许双方撤诉，应依双方和解协议制作调解书

D. 不应准许双方撤诉，应依双方和解协议制作判决书

【多选】

⑫ 1703082

朱某诉力胜公司商品房买卖合同纠纷案，朱某要求判令被告支付违约金5万元；因房屋质量问题，请求被告修缮，费用由被告支付。一审法院判决被告败诉，认可了原告全部诉讼请求。力胜公司不服令其支付5万元违约金的判决，提起上诉。二审法院发现一审法院关于房屋有质量问题的事实认定，证据不充分。关于二审法院对本案的处理，下列哪些说法是正确的？

A. 应针对上诉人不服违约金判决的请求进行审理

B. 可对房屋修缮问题在查明事实的情况下依法改判

C. 应针对上诉人上诉请求所涉及的事实认定和法律适用进行审理

D. 应全面审查一审法院对案件的事实认定和法律适用

（三）二审的裁判

【单选】

⑬ 1902011

甲乙故意伤害一案，甲向法院起诉，法院判决甲

胜诉，乙支付甲费用。乙不服上诉，二审期间，甲乙达成和解协议向二审法院申请撤回起诉，二审法院经审查发现和解协议内容与原判决认定的事实不一致，请问二审法院应当如何处理？

A. 准许撤回起诉，一审判决生效

B. 不准许撤回起诉，二审法院根据审理结果作出判决

C. 不准许撤回起诉，二审法院应当撤销原判，发回重审

D. 准予撤回起诉，并且一并裁定撤销原判

14 `1902001`

郑某起诉林某，审理过程中林某提起反诉，后郑某撤回起诉，法院以原告撤回起诉为由裁定驳回了林某的反诉。林某对该裁定不服，提起上诉，二审法院应当如何处理？

A. 组织当事人调解，调解不成，告知另行起诉

B. 裁定驳回上诉，维持原裁定

C. 二审法院撤销驳回反诉的裁定，同时发回重审

D. 二审法院撤销原裁定，同时指定原审法院审理

15 `1802124`

大山公司诉梧桐公司返还货款及迟延履行期间的利息，法院一审判决梧桐公司支付货款 230 万和利息 20 万，梧桐公司不服提起上诉，之后双方达成和解，约定梧桐公司一个月支付货款 200 万，大山公司放弃剩余货款及利息，梧桐公司撤回上诉，和解获得法院批准。但梧桐公司并未足额支付货款，大山公司的救济方式正确的是？

A. 申请对一审判决强制执行

B. 申请法院执行和解协议

C. 申请恢复二审审理程序

D. 申请依据和解协议做调解书

16 `1703046`

石山公司起诉建安公司请求返还 86 万元借款及支付 5 万元利息，一审判决石山公司胜诉，建安公司不服提起上诉。二审中，双方达成和解协议：石山公司放弃 5 万元利息主张，建安公司在撤回上诉后 15 日内一次性付清 86 万元本金。建安公司向二审法院申请撤回上诉后，并未履行还款义

务。关于石山公司的做法，下列哪些表述是正确的？

A. 可依和解协议申请强制执行

B. 可依一审判决申请强制执行

C. 可依和解协议另行起诉

D. 可依和解协议申请司法确认

17 `1603047`

王某诉赵某借款纠纷一案，法院一审判决赵某偿还王某债务，赵某不服，提出上诉。二审期间，案外人李某表示，愿以自己的轿车为赵某偿还债务提供担保。三人就此达成书面和解协议后，赵某撤回上诉，法院准许。一个月后，赵某反悔不履行和解协议。关于王某实现债权，下列哪一选项是正确的？

A. 依和解协议对赵某向法院申请强制执行

B. 依和解协议对赵某、李某向法院申请强制执行

C. 依一审判决对赵某向法院申请强制执行

D. 依一审判决与和解协议对赵某、李某向法院申请强制执行

18 `1503044`

齐远、张红是夫妻，因感情破裂诉至法院离婚，提出解除婚姻关系、子女抚养、住房分割等诉讼请求。一审判决准予离婚并对子女抚养问题作出判决。齐远不同意离婚提出上诉，张红因法院遗漏住房分割的诉讼请求也提起上诉。二审中，张红又增加诉讼请求，要求分割诉讼期间齐远继承其父的遗产。下列哪一说法是正确的？

A. 一审漏判的住房分割诉讼请求，二审可调解，调解不成，发回重审

B. 二审增加的遗产分割诉讼请求，二审可调解，调解不成，发回重审

C. 住房和遗产分割的两个诉讼请求，二审可合并调解，也可一并发回重审

D. 住房和遗产分割的两个诉讼请求，经当事人同意，二审法院可一并裁判

19 `1203042`

经审理，一审法院判决被告王某支付原告刘某欠款本息共计 22 万元，王某不服提起上诉。二审

解析页码
090—091

中，双方当事人达成和解协议，约定：王某在3个月内向刘某分期偿付20万元，刘某放弃利息请求。案件经王某申请撤回上诉而终结。约定的期限届满后，王某只支付了15万元。刘某欲寻求法律救济。下列哪一说法是正确的？

A. 只能向一审法院重新起诉

B. 只能向一审法院申请执行一审判决

C. 可向一审法院申请执行和解协议

D. 可向二审法院提出上诉

20 `1103044`

二审法院根据当事人上诉和案件审理情况，对上诉案件作出相应裁判。下列哪一选项是正确的？

A. 二审法院认为原判对上诉请求的有关事实认定清楚、适用法律正确，裁定驳回上诉，维持原判

B. 二审法院认为原判对上诉请求的有关事实认定清楚，但适用法律有错误，裁定发回重审

C. 二审法院认为一审判决是在案件未经开庭审理而作出的，裁定撤销原判，发回重审

D. 原审原告增加独立的诉讼请求，二审法院合并审理，一并作出判决

【多选】

21 `2002042`

冯某起诉陈某离婚并分割财产，甲市乙区法院判决不准离婚，冯某不服上诉。甲市中级法院认为离婚理由充分，针对财产分割进行调解，因双方无法达成一致，甲市中级法院遂裁定撤销原判，发回重审。乙区法院重审后，仍判决不准离婚，冯某再次提起上诉。关于对冯某再次上诉的处理，下列哪些说法是正确的？

A. 再次组织调解

B. 可对离婚的诉讼请求先行判决

C. 再次裁定发回重审

D. 判决离婚，双方当事人就财产分割问题同意由二审法院一并审理的，二审法院可以一并裁判

【不定项】

22 `1003100`

丙承租了甲、乙共有的房屋，因未付租金被甲、

乙起诉。一审法院判决丙支付甲、乙租金及利息共计10,000元，分五个月履行，每月给付2,000元。甲、乙和丙均不服该判决，提出上诉：乙请求改判丙一次性支付所欠的租金10,000元。甲请求法院判决解除与丙之间租赁关系。丙认为租赁合同中没有约定利息，甲、乙也没有要求给付利息，一审法院不应当判决自己给付利息，请求判决变更一审判决的相关内容。丙还提出，为修缮甲、乙的出租房自己花费了3,000元，请求抵销部分租金。关于丙提出用房屋修缮款抵销租金的请求，二审法院正确的处理办法是？

A. 查明事实后直接判决

B. 不予审理

C. 经当事人同意进行调解解决，调解不成的，发回重审

D. 经当事人同意进行调解解决，调解不成的，告知丙另行起诉

（四）综合知识点

【单选】

23 `2102108`

甲起诉乙要求离婚，法院适用简易程序审理本案。甲申请法院通知证人丙出庭作证。法官给丙发短信通知其出庭作证。经过审理，法院认为夫妻感情尚未破裂，遂判决维持婚姻关系。法院送达人员将甲和乙的判决书交由乙签收。一个月后，法院了解到甲尚未收到判决书，即向甲补发了判决书。下列关于本案表述正确的是？

A. 甲可以提起上诉

B. 甲可以送达方式不合法为由申请再审

C. 甲可以短信方式通知证人出庭违法为由申请再审

D. 甲可以送达方式不合法为由申请法院撤销原判决

24 `2202117`

素文公司和宇威公司发生纠纷，诉至甲市乙区法院，宇威公司提出管辖权异议，乙区法院裁定驳回。宇威公司对此不服，遂不到庭，法院作出缺

席判决，之后宇威公司上诉至甲市中级法院。经审查确实存在协议管辖，约定发生纠纷时应由丙市丁区法院管辖。关于本案，下列正确的是？

A．裁定撤销一审判决，移送至丙市丁区法院审理

B．裁定撤销一审判决，发回甲市乙区法院重审

C．二审法院继续审理，依法裁判

D．裁定撤销一审判决，移送丙市中级法院审理

25 2202002

甲公司与乙公司签订合同，双方约定若因合同产生纠纷交由某基层法院管辖且一审适用简易程序，后因合同纠纷诉至法院，一审法院判决后甲公司不服提出上诉，二审法院指定吴法官适用独任制审理，乙公司当庭表示异议。对此，下列说法中正确的是？

A．上诉案件应组成合议庭审理

B．简易程序一审终审不得上诉

C．二审法院有权直接指定法官适用独任制审理

D．二审法院应裁定转为合议庭审理

26 1403047

甲诉乙人身损害赔偿一案，一审法院根据甲的申请，冻结了乙的银行账户，并由李法官独任审理。后甲胜诉，乙提出上诉。二审法院认为一审事实不清，裁定撤销原判，发回重审。关于重审，下列哪一表述是正确的？

A．由于原判已被撤销，一审中的审判行为无效，保全措施也应解除

B．由于原判已被撤销，一审中的诉讼行为无效，法院必须重新指定举证时限

C．重审时不能再适用简易程序，应组成合议庭，李法官可作为合议庭成员参加重审

D．若重审法院判决甲胜诉，乙再次上诉，二审法院认为重审认定的事实依然错误，则只能在查清事实后改判

【多选】

27 1003080

二审法院审理继承纠纷上诉案时，发现一审判决遗漏另一继承人甲。关于本案，下列哪些说法是正确的？

A．为避免诉讼拖延，二审法院可依职权直接改判

B．二审法院可根据自愿原则进行调解，调解不成的裁定撤销原判决发回重审

C．甲应列为本案的有独立请求权第三人

D．甲应是本案的共同原告

28 1403083

关于民事诉讼二审程序的表述，下列哪些选项是正确的？

A．二审既可能因为当事人上诉而发生，也可能因为检察院的抗诉而发生

B．二审既是事实审，又是法律审

C．二审调解书应写明撤销原判

D．二审原则上应开庭审理，特殊情况下可不开庭审理

29 1203043

关于民事诉讼二审程序的表述，下列哪些选项是错误的？

A．二审案件的审理，遇有二审程序没有规定的情形，应当适用一审普通程序的相关规定

B．二审案件的审理，以开庭审理为原则

C．二审案件调解的结果变更了一审判决内容的，应当在调解书中写明"撤销原判"

D．二审案件的审理，应当由法官组成的合议庭进行审理

30 2202011

A市b区的段某租用A市c区的红铜公司位于D市e区的小型仓库，约定租期三年，租金500元一个月，并同时约定如合同履行产生纠纷由红铜公司住所地法院管辖。合同履行一段时间后段某六个月未支付房租，于是红铜公司向A市c区法院起诉要求段某支付房租，段某在答辩期内提出管辖权异议，被法院驳回。对此，下列说法正确的有？

A．本案A市c区作为管辖协议约定地，该地法院有管辖权

B．段某对驳回裁定不服可以提起上诉

C．段某对驳回裁定不服可以申请再审

D．若段某上诉，二审法院应撤销原裁定，移送D

市 e 区法院管辖

③① 1503082

章俊诉李泳借款纠纷案在某县法院适用简易程序审理。县法院判决后，章俊上诉，二审法院以事实不清为由发回重审。县法院征得当事人同意后，适用简易程序重审此案。在答辩期间，李泳提出管辖权异议，县法院不予审查。案件开庭前，章俊增加了诉讼请求，李泳提出反诉，县法院受理了章俊提出的增加诉讼请求，但以重审不可提出反诉为由拒绝受理李泳的反诉。关于本案，该县法院的下列哪些做法是正确的？

A. 征得当事人同意后，适用简易程序重审此案
B. 对李泳提出的管辖权异议不予审查
C. 受理章俊提出的增加诉讼请求
D. 拒绝受理李泳的反诉

【不定项】

③② 1003099

丙承租了甲、乙共有的房屋，因未付租金被甲、乙起诉。一审法院判决丙支付甲、乙租金及利息共计 10,000 元，分五个月履行，每月给付 2,000 元。甲、乙和丙均不服该判决，提出上诉：乙请求改判丙一次性支付所欠的租金 10,000 元。甲请求法院判决解除与丙之间租赁关系。丙认为租赁合同中没有约定利息，甲、乙也没有要求给付利息，一审法院不应当判决自己给付利息，请求判决变更一审判决的相关内容。丙还提出，为修缮甲、乙的出租房自己花费了 3,000 元，请求抵销部分租金。关于甲上诉请求解除与丙的租赁关系，下列选项正确的是？

A. 二审法院查明事实后直接判决
B. 二审法院直接裁定发回重审
C. 二审法院经当事人同意进行调解解决
D. 甲在上诉中要求解除租赁关系的请求，须经乙同意

二、模拟题

【单选】

③③ 62204088

张三诉李四返还借款 5 万元，甲市乙区法院适用

简易程序进行审理并判决张三胜诉，李四不服向甲市中级法院提起上诉。对此，下列说法正确的是？

A. 甲市中级法院可以径行适用独任庭审理
B. 甲市中级法院应当在立案之日起 3 个月内审结，且不能延长审限
C. 若甲市中级法院认为李四还需要支付利息 2000 元，可以直接改判
D. 若张三和李四在二审中达成和解，张三可以撤回起诉

③④ 62204090

甲诉乙侵权纠纷案，A 市 B 区法院适用普通程序判决乙赔偿甲医疗费 5 万元，乙不服提起上诉，A 市中院以案件基本事实不清为由发回重审，发回重审后 A 市 B 区法院判决乙赔偿医疗费 4 万元，乙仍不服提起上诉，A 市中院仍认为案件基本事实不清。对此，下列说法正确的是？

A. 发回重审后，A 市 B 区法院应另行组成合议庭审理
B. 发回重审后又上诉的，原 A 市中院合议庭组成人员应回避
C. A 市中院仍认为案件基本事实不清的，可以再次发回重审
D. 若甲向 A 市中院申请先予执行，A 市中院应当裁定先予执行

参考答案

[1] D	[2] D	[3] A	[4] D	[5] A
[6] C	[7] BD	[8] AC	[9] D	[10] B
[11] A	[12] AC	[13] D	[14] D	[15] A
[16] B	[17] C	[18] A	[19] B	[20] C
[21] ABD	[22] D	[23] A	[24] C	[25] D
[26] D	[27] BD	[28] BD	[29] CD	[30] BD
[31] BC	[32] CD	[33] D	[34] A	

解析页码
094—096

觉晓法考 KEEP AWAKE
民诉二审程序

第十八章
民诉审判监督程序

一、历年真题及仿真题

（一）再审的启动

【单选】

① 2202115

朱某和葛某的民间借贷纠纷，一审判决朱某向葛某支付本金及利息。朱某不服上诉，二审葛某表示一审判决正确应当维持。经审判，二审法院维持原判。葛某之后表示一审判决利息计算存在错误要求再审。下列说法正确的是？

A. 葛某有再审利益，应裁定再审

B. 经法院院长同意，可以裁定再审

C. 经朱某同意，可以裁定再审

D. 葛某缺乏再审利益，浪费司法资源，违反诉讼诚信原则

② 2002109

范某与张某的买卖合同纠纷，甲市 A 区法院经过审理作出一审判决，双方当事人均未上诉。判决生效后，范某以审判组织形式违法为由向甲市中级人民法院申请再审，张某以主要证据未经质证为由向甲市 A 区法院申请再审。法院应当如何处理范某和张某的申请？

A. 应当由甲市中级人民法院受理并审查再审申请

B. 应当由最先受理再审申请的法院进行审查

C. 应当由甲市中级人民法院裁定负责审查的法院

D. 应当由双方当事人进行协商，协商不成的，由甲市 A 区法院受理并审查再审申请

③ 1802047

谢某与周某交通事故侵权纠纷一案，2016 年 2 月 6 日，经 A 县 B 乡人民调解委员会主持调解，双方签订了人民调解协议，并书面申请司法确认。2016 年 3 月 3 日，A 县法院作出民事裁定，确认该调解协议有效。4 月 2 日，谢某按协议履行完了全部约定义务。2016 年 7 月 5 日，谢某以发现

新证据、原调解协议内容错误为由，向法院申请再审，法院当如何处理？

A. 驳回再审申请

B. 告知另行起诉

C. 进行再审审查，如调解协议错误，裁定执行回转

D. 告知可以申请撤销调解协议

④ 1303049

关于检察监督，下列哪一选项是正确的？

A. 甲县检察院认为乙县法院的生效判决适用法律错误，对其提出检察建议

B. 丙市检察院就合同纠纷向仲裁委员会提出检察建议，要求重新仲裁

C. 丁县检察院认为丁县法院某法官在制作除权判决时收受贿赂，向该法院提出检察建议

D. 戊县检察院认为戊县法院认定某公民为无民事行为能力人的判决存在程序错误，报请上级检察院提起抗诉

⑤ 1003047

张某诉季某人身损害赔偿一案判决生效后，张某以法院剥夺其辩论权为由申请再审，在法院审查张某再审申请期间，检察院对该案提出抗诉。关于法院的处理方式，下列哪一选项是正确的？

A. 法院继续对当事人的再审申请进行审查，并裁定是否再审

B. 法院应当审查检察院的抗诉是否成立，并裁定是否再审

C. 法院应当审查检察院的抗诉是否成立，如不成立，再继续审查当事人的再审申请

D. 法院直接裁定再审

⑥ 1003042

李某向 A 公司追索劳动报酬。诉讼中，李某向法院申请先予执行部分劳动报酬，法院经查驳回李某申请。李某不服，申请复议。法院审查后再次驳回李某申请。李某对复议结果仍不服，遂向上一级法院申请再审。关于上一级法院对该再审申请的处理，下列哪一选项是正确的？

A. 裁定再审

解析页码
096—098

B. 决定再审

C. 裁定不予受理

D. 裁定驳回申请

7 2202016

甲租赁乙位于 A 区的仓库，月租金 200 元，约定因租赁合同产生的纠纷由甲住所地法院管辖。甲后来累计欠付租金 3000 元，乙向甲住所地法院起诉，法院适用小额诉讼程序审理该案，甲认为应由仓库所在地法院管辖本案遂提出管辖权异议，但是被法院驳回，后法院判决甲败诉。甲在裁判生效后，认为管辖权错误，欲申请再审。关于本案，下列说法中正确的是？

A. 对管辖权异议裁定不服可以上诉

B. 甲应向甲住所地法院申请再审

C. 甲应向仓库所在地法院申请再审

D. 管辖权错误无法启动再审程序

8 2002116

张某与李某因相邻权纠纷诉至 A 市 B 区法院，B 区法院经过审理作出判决，张某和李某均未上诉。在本案执行的过程中，李某向 A 市中级人民法院申请再审。下列选项中说法错误的是？

A. A 市中级人民法院应当驳回李某的再审申请

B. A 市中级人民法院应当告知李某向 B 区法院申请再审

C. A 市中级人民法院应当裁定将再审案件移送 B 区法院审理

D. B 区法院应当裁定中止执行

9 1403080

就瑞成公司与建华公司的合同纠纷，某省甲市中院作出了终审裁判。建华公司不服，打算启动再审程序。后其向甲市检察院申请检察建议，甲市检察院经过审查，作出驳回申请的决定。关于检察监督，下列哪些表述是正确的？

A. 建华公司可在向该省高院申请再审的同时，申请检察建议

B. 在甲市检察院驳回检察建议申请后，建华公司可向该省检察院申请抗诉

C. 甲市检察院在审查检察建议申请过程中，可向建华公司调查核实案情

D. 甲市检察院在审查检察建议申请过程中，可向瑞成公司调查核实案情

10 1303081

周某因合同纠纷起诉，甲省乙市的两级法院均驳回其诉讼请求。周某申请再审，但被驳回。周某又向检察院申请抗诉，检察院以原审主要证据系伪造为由提出抗诉，法院裁定再审。关于启动再审的表述，下列哪些说法是不正确的？

A. 周某只应向甲省高院申请再审

B. 检察院抗诉后，应当由接受抗诉的法院审查后，作出是否再审的裁定

C. 法院应当在裁定再审的同时，裁定撤销原判

D. 法院应当在裁定再审的同时，裁定中止执行

11 2202151

张甲有三子乙、丙、丁，张甲去世后，乙、丙因遗产继承纠纷诉至法院，经过一审、二审，法院作出生效判决。之后丁知晓该事，请问他可以通过以下哪一种方式救济自己的权利？

A. 申请再审

B. 提第三人撤销之诉

C. 提案外人异议之诉

D. 另行起诉

（二）再审的审理

12 2202158

因胡某欠汪某 100 万元迟迟未归还，汪某将胡某诉至 A 市 B 区法院，经两级法院审理，均判胡某败诉。后胡某找到其曾向汪某归还 25 万元的新证据，遂向 A 市中院申请再审。再审中，汪某提出要求胡某给付其 8 万元利息的新请求。对于该新请求，A 市中院处理正确的是？

A. 与再审请求合并审理

B. 不予审理

C．进行调解，调解不成，发回重审

D．进行调解，调解不成，驳回诉讼请求

13 2202153

甲因建设工程合同纠纷起诉乙，经两级法院判决甲胜诉。乙不服判决，找到了新的证据并据此向法院申请再审，法院裁定驳回其再审申请。乙又向检察院申请抗诉，检察院提起抗诉，法院裁定再审。再审审理过程中，甲乙达成和解协议并履行完毕，乙申请撤回再审请求，法院审查认为撤回再审请求不损害国家利益和当事人利益，此时法院应当如何处理？

A．告知当事人向检察院申请撤回抗诉

B．与检察院协商解决

C．不准予撤回再审请求

D．准予撤回再审请求并裁定终结再审程序

14 1902013

张某诉李某，要求李某返还借款。一审法院判决李某败诉，当事人均未上诉。判决生效后李某向法院申请再审。法院决定再审，在再审过程中，发现张某和李某已经达成了和解协议，并且已经支付完毕。下列做法正确的是？

A．继续再审

B．驳回再审请求

C．判决执行一审判决

D．裁定终结再审程序

15 1902012

甲公司起诉乙公司要求支付货款 50 万并支付违约金 10 万元，某区人民法院一审判决支持了甲公司全部诉讼请求。判决生效后，甲公司申请法院强制执行该判决，乙公司向该市中级人民法院申请再审。中院认为理由成立，裁定本案再审。在再审审理过程中，甲、乙公司达成调解协议，约定乙公司在一个月内向甲公司支付货款 50 万，甲公司放弃违约金的请求。该市中级人民法院依当事人的调解协议制作了调解书。后乙公司拒不履行该调解书，甲公司应当通过何种途径救济权利？

A．申请恢复对原判决书的执行

B．申请执行调解书

C．法院裁定对原判决书的执行

D．就调解协议起诉

16 1802050

甲、乙因一幅字画所有权问题产生争议，甲主张该幅字画属于自己所有，起诉要求乙返还该幅字画。A 市 B 县法院判决乙交付字画给甲，双方均未提起上诉。后因乙拒不履行判决义务，甲申请强制执行。执行过程中，丙向法院提出异议，主张该字画的所有权，法院经审查驳回了其异议。此时，A 市中级法院认为原判有错，启动再审程序。在再审中，A 市中级法院发现该字画实为甲和丙共同所有。关于 A 市中级法院的做法，下列选项中正确的有？

A．应当进行调解，调解不成的，再审审理后直接作出判决

B．应当进行调解，调解不成的，驳回丙再审申请，告知其提起执行异议之诉

C．应当进行调解，调解不成的，驳回其诉讼请求，告知丙另行起诉

D．应当进行调解，调解不成的，裁定撤销原判决，发回重审

17 1802046

甲诉乙合同纠纷一案，法院判决甲胜诉。在执行过程中，甲和乙自愿达成和解协议：将判决中确定的乙向甲偿还 100 万元人民币减少为 80 万，并约定自协议生效之日起 1 个月内还清。乙按照和解协议的约定履行了相关义务。后甲以发现新证据为由向法院申请再审，法院对再审申请进行审查时，发现和解协议已履行完毕。法院的正确做法是？

A．应当裁定执行回转

B．应裁定驳回甲的再审申请

C．审查执行和解协议是否违反自愿与合法原则

D．裁定终结对再审的审查

【多选】

18 1902079

元丰公司依据供货合同要求神木公司履行货款，法院经审理，一审二审均判决神木公司败诉，神木公司向法院申请再审，上级法院认为事实不清，

指定下级法院再审，再审期间元丰公司要求增加违约金，神木公司以货物质量不合格为由主张解除合同，法院应当如何处理？

A. 对于增加违约金，法院应发回重审

B. 对于解除合同，法院应发回重审

C. 对于增加违约金的要求，法院告知另诉

D. 对于解除合同请求，法院告知另诉

19 `1603081`

李某诉谭某返还借款一案，M市N区法院按照小额诉讼案件进行审理，判决谭某返还借款。判决生效后，谭某认为借款数额远高于法律规定的小额案件的数额，不应按小额案件审理，遂向法院申请再审。法院经审查，裁定予以再审。关于该案再审程序适用，下列哪些选项是正确的？

A. 谭某应当向M市中级法院申请再审

B. 法院应当组成合议庭审理

C. 对作出的再审判决当事人可以上诉

D. 作出的再审判决仍实行一审终审

20 `1303082`

韩某起诉翔鹭公司要求其依约交付电脑，并支付迟延履行违约金5万元。经县市两级法院审理，韩某均胜诉。后翔鹭公司以原审适用法律错误为由申请再审，省高院裁定再审后，韩某变更诉讼请求为解除合同，支付迟延履行违约金10万元。再审法院最终维持原判。关于再审程序的表述，下列哪些选项是正确的？

A. 省高院可以亲自提审，提审应当适用二审程序

B. 省高院可以指令原审法院再审，原审法院再审时应当适用一审程序

C. 再审法院对韩某变更后的请求应当不予审查

D. 对于维持原判的再审裁判，韩某认为有错误的，可以向检察院申请抗诉

【不定项】

21 `2002044`

甲公司因买卖合同纠纷向A市B区法院起诉乙公司，B区法院判决乙公司败诉。该判决生效后，乙公司发现新证据，向A市中级法院申请再审。A市中级法院再审时发现遗漏必须参加诉讼的丙

公司，遂裁定发回重审。B区法院重审时，乙公司提出反诉，后甲公司申请撤诉。关于本案，下列表述正确的有？

A. 法院应受理乙的反诉

B. 发回重审后法院应适用普通程序审理

C. 若法院准许甲公司撤诉，应裁定驳回乙公司的再审申请

D. 若法院准许甲公司撤诉，应继续审理乙公司的反诉

（三）综合知识点

【单选】

22 `2102113`

赵某诉钱某买卖玉石合同纠纷一案，B省A市中院二审判决赵某胜诉。执行中孙某向法院提出第三人撤销之诉，主张玉石为自己所有。A市中院受理后，钱某又以原审事实不清为由向B省高院申请再审。B省高院裁定由A市中院再审。下列说法正确的一项是？

A. 受理第三人撤销之诉后应同时裁定中止执行

B. 中止再审程序，先行审理第三人撤销之诉

C. 可在再审中组织赵某、钱某、孙某进行调解

D. 应适用二审程序对案件进行审理后作出判决

23 `1703038`

丙公司因法院对甲公司诉乙公司工程施工合同案的一审判决（未提起上诉）损害其合法权益，向A市B县法院提起撤销诉讼。案件审理中，检察院提起抗诉，A市中级法院对该案进行再审，B县法院裁定将撤销诉讼并入再审程序。关于中级法院对丙公司提出的撤销诉讼请求的处理，下列哪一表述是正确的？

A. 将丙公司提出的诉讼请求一并审理，作出判决

B. 根据自愿原则进行调解，调解不成的，告知丙公司另行起诉

C. 根据自愿原则进行调解，调解不成的，裁定撤销原判发回重审

D. 根据自愿原则进行调解，调解不成的，恢复第三人撤销诉讼程序

解析页码 101—102

㉔ 1503046

周立诉孙华人身损害赔偿案，一审法院适用简易程序审理，电话通知双方当事人开庭，孙华无故未到庭，法院缺席判决孙华赔偿周立医疗费。判决生效后，周立申请强制执行，执行程序开始，孙华向一审法院提出再审申请。法院裁定再审，未裁定中止原判决的执行。关于本案，下列哪一说法是正确的？

A. 法院电话通知当事人开庭是错误的

B. 孙华以法院未传票通知其开庭即缺席判决为由，提出再审申请是符合法律规定的

C. 孙华应向二审法院提出再审申请，而不可向原一审法院申请再审

D. 法院裁定再审，未裁定中止原判决的执行是错误的

㉕ 1403036

依法治国要求树立法律权威，依法办事，因此在民事纠纷解决的过程中，各方主体都须遵守法律的规定。下列哪一行为违背了相关法律？

A. 法院主动对确有错误的生效调解书启动再审

B. 派出所民警对民事纠纷进行调解

C. 法院为下落不明的被告指定代理人参加调解

D. 人民调解委员会主动调解当事人之间的民间纠纷

【多选】

㉖ 2202017

张某被王某驾车撞伤，要求王某赔偿20万元，双方在法院主持下达成调解协议，以王某赔偿10万元化解该纠纷并即时履行完毕，法院制作调解书结案。但一年后，张某认为该调解协议是在本人受胁迫的情况下签订的，而且后续治疗又花了4万元手术费。关于本案，下列说法正确的有些？

A. 张某可以就调解书违反自愿为由申请再审

B. 法院应主动处理后续手术费用问题

C. 因调解协议未涉及治疗后遗症的费用，张某可以就4万元手术费再次起诉

D. 因调解协议已经履行完毕，法院应驳回张某再审申请

㉗ 2002117

李一和王二的借款合同纠纷一案，标的额为20万元，法院适用小额诉讼程序审理，生效法律文书作出后，李一欲申请再审，下列关于再审的哪些说法正确？

A. 李一可以发现新证据为由申请再审

B. 李一可以法院适用小额诉讼程序审理错误为由申请再审

C. 法院裁定再审的，应当适用合议庭审理

D. 法院裁定再审的，适用小额诉讼程序审理

㉘ 1003082

关于再审程序的说法，下列哪些选项是正确的？

A. 在再审中，当事人提出新的诉讼请求的，原则上法院应根据自愿原则进行调解，调解不成的告知另行起诉

B. 在再审中，当事人增加诉讼请求的，原则上法院应根据自愿原则进行调解，调解不成的裁定发回重审

C. 按照第一审程序再审案件时，经法院许可原审原告可撤回起诉

D. 在一定条件下，案外人可申请再审

㉙ 1103077

根据《民事诉讼法》以及相关司法解释，关于离婚诉讼，下列哪些选项是正确的？

A. 被告下落不明的，案件由原告住所地法院管辖

B. 一方当事人死亡的，诉讼终结

C. 判决生效后，不允许当事人申请再审

D. 原则上不公开审理，因其属于法定不公开审理案件范围

二、模拟题

【单选】

㉚ 62304023

鹏程公司诉万里公司抵押合同纠纷一案，杭州市B区法院经过审理，判决驳回鹏程公司的诉讼请求，双方均未上诉。一审判决生效后，鹏程公司调查到新的证据，向法院申请再审。关于再审的

解析页码
102—104

启动和审理，下列哪一说法是正确的？

A．鹏程公司应向杭州市 B 区法院申请再审

B．再审法院应当适用二审程序审理

C．法院应当在受理再审申请的同时，裁定中止执行

D．鹏程公司可在向该省高院申请再审的同时，申请检察建议

31 62304024

饶某以 8 万元的价格向时代二手车交易公司（以下简称"时代公司"）购买了一辆二手轿车，后发现该车为事故车，遂向湖南省 A 市 B 区法院起诉，请求解除合同并赔偿违约金。一审法院判决后，时代公司不服提起上诉，二审法院裁定维持一审判决。之后，时代公司以发现新的证据为由申请再审。再审审理中，再审法院发现遗漏了必须参加诉讼的当事人秦某，于是裁定撤销一、二审判决，发回 A 市 B 区法院重审。重审时，时代公司提出管辖权异议。关于法院的处理，以下哪一项说法是正确的？

A．时代公司应向 A 市中院申请再审

B．A 市 B 区法院应适用一审程序重审此案

C．法院应对管辖权异议进行审查，异议成立，移送有管辖权的法院

D．根据再审范围有限原则，重审时，时代公司不得提起反诉

【不定项】

32 62304044

杨某与辛某的玉石买卖合同纠纷一案经过 A 市 B 区法院、A 市中院两级法院审理，中院判决玉石归杨某所有。赵某认为自己才是玉石的所有权人，于是向 A 市中院提第三人撤销之诉。审理过程中，A 市检察院提出检察建议，A 市中院审查后裁定再审。关于第三人撤销之诉与再审程序的审理，下列表述正确的是？

A．法院应当先审理第三人撤销之诉，中止再审程序

B．对于赵某的请求，法院可以调解，调解不成，撤销原判发回重审

C．对于赵某的请求，法院可以调解，调解不成，

告知另诉

D．若法院审理后认为原判决有误但并未侵害到赵某的权益，应判决驳回赵某诉讼请求

第十九章
涉外民事诉讼程序

一、历年真题及仿真题

（一）涉外民事诉讼程序

【多选】

1 1902172

居住在贵阳市花溪区的李某和匈牙利甲公司在贵阳市花溪区签订了商品买卖合同，后来因为该合同的履行发生纠纷，甲公司根据匈牙利法律规定向匈牙利的法院提起诉讼，匈牙利法院受理了案件；李某认为本案由中国法院管辖更方便，遂向贵阳市花溪区人民法院起诉。花溪区法院受理了本案，并作出了判决。关于本案，表述正确的是？

A．甲公司和李某对花溪区法院的一审判决不服，上诉期为 30 天

B．甲公司申请我国法院承认并执行匈牙利法院的判决，人民法院不予准许

C．本案属于重复起诉，花溪区法院不应当受理

D．花溪区法院受理本案并作出判决的做法是正确的

2 `1403084`

2012年1月，中国甲市公民李虹（女）与美国留学生琼斯（男）在中国甲市登记结婚，婚后两人一直居住在甲市B区。2014年2月，李虹提起离婚诉讼，甲市B区法院受理了该案件，适用普通程序审理。关于本案，下列哪些表述是正确的？

A. 本案的一审审理期限为6个月

B. 法院送达诉讼文书时，对李虹与琼斯可采取同样的方式

C. 不服一审判决，李虹的上诉期为15天，琼斯的上诉期为30天

D. 美国驻华使馆法律参赞可以个人名义作为琼斯的诉讼代理人参加诉讼

3 `1003085`

住所位于我国A市B区的甲公司与美国乙公司在我国M市N区签订了一份买卖合同，美国乙公司在我国C市D区设有代表处。甲公司因乙公司提供的产品质量问题诉至法院。关于本案，下列哪些选项是正确的？

A. M市N区法院对本案有管辖权

B. C市D区法院对本案有管辖权

C. 法院向乙公司送达时，可向乙公司设在C市D区的代表处送达

D. 如甲公司不服一审判决，应当在一审判决书送达之日起十五日内提起上诉

（二）综合知识点

【单选】

4 `1303042`

某市法院受理了中国人郭某与外国人珍妮的离婚诉讼，郭某委托黄律师作为代理人，授权委托书中仅写明代理范围为"全权代理"。关于委托代理的表述，下列哪一选项是正确的？

A. 郭某已经委托了代理人，可以不出庭参加诉讼

B. 法院可以向黄律师送达诉讼文书，其签收行为有效

C. 黄律师可以代为放弃诉讼请求

D. 如果珍妮要委托代理人代为诉讼，必须委托中国公民

二、模拟题

【多选】

5 `51904492`

中国公民甲与某韩国公司于2015年4月在北京市海淀区签订货物买卖合同，韩国公司交付货物后，甲主张货物存在严重质量问题，拒绝付款并要求退货，韩国公司向韩国法院提起诉讼并被受理，则下列说法中正确的是？

A. 若甲收到韩国法院的应诉通知后，向北京市海淀区法院起诉，法院不予受理

B. 若甲收到韩国法院的应诉通知后，向北京市海淀区法院起诉，法院可予受理

C. 若北京市海淀区法院依法受理并作出判决，韩国公司请求我国法院承认和执行韩国法院对本案作出的判决的，法院不予准许

D. 若韩国法院对本案作出的判决已经被我国法院承认，甲就本案向北京市海淀区法院起诉的，北京市海淀区法院不予受理

参考答案

[1] BD　　[2] BD　　[3] ABCD　[4] B　　[5] BCD

 第二十章
民诉特别程序

一、历年真题及仿真题

（一）特别程序的特征

【单选】

1 `1203044`

关于《民事诉讼法》规定的特别程序的表述，下列哪一选项是正确的？

A. 适用特别程序审理的案件都是非讼案件

B. 起诉人或申请人与案件都有直接的利害关系

C. 适用特别程序审理的案件都是一审终审

D. 陪审员通常不参加适用特别程序案件的审理

解析页码
106—107

（二）宣告失踪、死亡案件

【单选】

② 1703047

李某因债务人刘某下落不明申请宣告刘某失踪。法院经审理宣告刘某为失踪人，并指定刘妻为其财产代管人。判决生效后，刘父认为由刘妻代管财产会损害儿子的利益，要求变更刘某的财产代管人。关于本案程序，下列哪一说法是正确的？

A. 李某无权申请刘某失踪

B. 刘父应提起诉讼变更财产代管人，法院适用普通程序审理

C. 刘父应向法院申请变更刘妻的财产代管权，法院适用特别程序审理

D. 刘父应向法院申请再审变更财产代管权，法院适用再审程序审理

【多选】

③ 2302003

赵某下落不明满2年，赵某妻子申请宣告赵某失踪，法院指定赵某妻子为财产代管人，后又认为妻子作为财产代管人有所不妥，结合具体情形分析，下列表述正确的是？

A. 若赵某妻子认为儿子小赵更适合担任财产代管人，赵某妻子应向法院申请，适用特别程序审理

B. 若赵某妻子认为儿子小赵更适合担任财产代管人，赵某妻子应以儿子小赵为被告，应向法院提起诉讼，适用诉讼程序审理

C. 若赵某母亲认为赵某妻子不适合担任财产代管人，赵某母亲应向法院申请，适用特别程序审理

D. 若赵某母亲认为赵某妻子不适合担任财产代管人，赵某母亲应以赵某妻子为被告，应向法院提起诉讼，适用诉讼程序审理

（三）确认调解协议案件

【单选】

④ 2202157

甲县齐某与乙县鲁某签订房屋买卖合同，约定鲁

某将位于丙县的某套房屋出售给齐某，因合同履行发生争议由甲县法院管辖。后双方因房屋质量问题发生纠纷，齐某向甲县法院起诉要求解除合同，甲县法院受理案件后，邀请丁县人民调解委员会开展先行调解，双方达成调解协议。现二人欲申请司法确认，应向哪个法院申请？

A. 乙县法院

B. 甲县法院

C. 丙县法院

D. 丁县法院

⑤ 1902014

林某与刘某因为交通损害赔偿纠纷，经某人民调解委员会调解达成协议后，申请法院确认调解协议效力，某区法院审查认为符合规定，裁定确认调解协议效力，林某与刘某当即履行完毕。后林某认为该调解协议中约定的残疾赔偿金数额远远小于自己遭受的损失，林某可以何种方式救济？

A. 向上一级法院申请复议

B. 向该区法院或者上一级法院申请再审

C. 向上一级法院提出上诉

D. 向该区法院提出异议

⑥ 1503045

李云将房屋出售给王亮，后因合同履行发生争议，经双方住所地人民调解委员会调解，双方达成调解协议，明确王亮付清房款后，房屋的所有权归属王亮。为确保调解协议的效力，双方约定向法院提出司法确认申请，李云随即长期出差在外。下列哪一说法是正确的？

A. 本案系不动产交易，应向房屋所在地法院提出司法确认申请

B. 李云长期出差在外，王亮向法院提出确认申请，法院可受理

C. 李云出差两个月后，双方向法院提出确认申请，法院可受理

D. 本案的调解协议内容涉及物权确权，法院不予受理

⑦ 1003035

张某与李某产生邻里纠纷，张某将李某打伤。为

解决赔偿问题，双方同意由人民调解委员会进行调解。经调解员黄某调解，双方达成赔偿协议。关于该纠纷的处理，下列哪一说法是正确的？

A. 张某如反悔不履行协议，李某可就协议向法院提起诉讼

B. 张某如反悔不履行协议，李某可向法院提起人身损害赔偿诉讼

C. 张某如反悔不履行协议，李某可向法院申请强制执行调解协议

D. 张某可以调解委员会未组成合议庭调解为由，向法院申请撤销调解协议

【多选】

⑧ 1303083

甲区 A 公司将位于丙市价值 5000 万元的写字楼转让给乙区的 B 公司。后双方发生争议，经丁区人民调解委员会调解达成协议：B 公司在 1 个月内支付购房款。双方又对该协议申请法院作出了司法确认裁定。关于本案及司法确认的表述，下列哪些选项是不正确的？

A. 应由丙市中级法院管辖

B. 可由乙区法院管辖

C. 应由一名审判员组成合议庭，开庭审理司法确认申请

D. 本案的调解协议和司法确认裁定，均具有既判力

【不定项】

⑨ 1703097

2015 年 4 月，居住在 B 市（直辖市）东城区的林剑与居住在 B 市西城区的钟阳（二人系位于 B 市北城区正和钢铁厂的同事）签订了一份借款合同，约定钟阳向林剑借款 20 万元，月息 1%，2017 年 1 月 20 日前连本带息一并返还。合同还约定，如因合同履行发生争议，可向 B 市东城区仲裁委员会仲裁。至 2017 年 2 月，钟阳未能按时履约。2017 年 3 月，二人到正和钢铁厂人民调解委员会（下称调解委员会）请求调解。调解委员会委派了三位调解员主持该纠纷的调解。如调解成功，林剑与钟阳在调解委员会的主持下达成了调解协议，相关人员希望该调解协议被司法确认，下列说法

正确的是？

A. 应由林剑或钟阳向有管辖权的法院申请

B. 应由林剑、钟阳共同向有管辖权的法院申请

C. 应在调解协议生效之日起 30 日内提出申请，申请可以是书面方式，也可以是口头方式

D. 对申请的案件有管辖权的法院包括：B 市西城区法院、B 市东城区法院和 B 市北城区法院

（四）实现担保物权案件

【单选】

⑩ 1403044

甲公司与银行订立了标的额为 8000 万元的贷款合同，甲公司董事长美国人汤姆用自己位于 W 市的三套别墅为甲公司提供抵押担保。贷款到期后甲公司无力归还，银行向法院申请适用特别程序实现对别墅的抵押权。关于本案的分析，下列哪一选项是正确的？

A. 由于本案标的金额巨大，且具有涉外因素，银行应向 W 市中院提交书面申请

B. 本案的被申请人只应是债务人甲公司

C. 如果法院经过审查，作出拍卖裁定，可直接移交执行庭进行拍卖

D. 如果法院经过审查，驳回银行申请，银行可就该抵押权益向法院起诉

【多选】

⑪ 2102128

赵某与银行签订贷款合同，并以赵某本人拥有的一套房屋和钱某拥有的一套房屋作为抵押。同时约定因为发生纠纷由某仲裁委仲裁。还款期限届满，赵某无力归还借款，银行向法院申请实现担保物权。赵某没有异议，钱某对此提出异议，称抵押合同系因欺诈而订立。关于本案表述正确的是？

A. 法院应当裁定驳回拍卖赵某房屋的申请，告知另行通过仲裁程序解决纠纷

B. 法院应当裁定准许拍卖赵某的房屋

C. 法院应当裁定驳回拍卖钱某房屋的申请，告知另行通过仲裁程序解决纠纷

解析页码

109—110

D. 法院应当裁定准许拍卖钱某房屋的申请

12 `2002123`

甲因拖欠乙汽车修理厂修理费，乙汽车修理厂遂对其汽车进行留置。对此，下列说法正确的是？

A. 乙有权向法院申请实现该担保物权

B. 本案可以由汽车所在地或者担保物权登记地基层法院管辖

C. 法院审查符合法律规定，裁定拍卖、变卖该汽车的，该裁定可以强制执行

D. 法院审查不符合法律规定的，裁定驳回申请后，当事人可以向法院起诉

二、模拟题

【多选】

13 `62204033`

某区的人大代表换届选举正在如火如荼地进行，放假回家的大学生小李（已满十八岁）却发现选举委员会公布的选民名单并没有自己的名字。小李认为自己的合法权利受到侵害，欲寻求救济。关于本案，下列说法正确的有？

A. 小李应先向选举委员会申诉，对处理不服的才能起诉

B. 若小李选择起诉，应在选举日5日前提出

C. 本案应由该区所在地的中级人民法院管辖

D. 法院受理本案后，应在选举日前审结

【不定项】

14 `62104043`

下列说法正确的是？

A. 甲乙就房产归属达成调解协议后向法院申请确认调解协议的效力，法院应不予受理

B. 张某因选民资格问题向法院提起诉讼，法院可以安排审判员周某一人独任审理

C. 案外人庞某对法院做出的准予实现担保物权的裁定有异议的，可以自知道或者应当知道其民事权益受到侵害之日起六个月内提起第三人撤销之诉

D. 武大因车祸受伤成为植物人，其妻金莲可以向武大住所地的中院申请，确认武大为无民事行为能力人

参考答案

[1] C　　[2] B　　[3] AD　　[4] B　　[5] D
[6] D　　[7] A　　[8] ACD　[9] BCD　[10] D
[11] BC　[12] ABCD [13] ABD　[14] A

第二十一章
督促程序

一、历年真题及仿真题

督促程序

【单选】

1 `2202119`

某甲欠某乙100万元货款，某乙申请法院对某甲进行了诉前财产保全，三天后，某乙申请法院对某甲发出支付令。法院应当如何处理？

A. 本案属于金钱给付，法院应当受理某乙的申请

B. 法院不应受理某乙的申请，因为本案属于合同纠纷

C. 法院不应受理某乙的申请，因为某乙已经申请了诉前保全

D. 法院应当受理某乙的申请，向某甲发出支付令

2 `2002029`

李某因王某拖欠其货款，向甲法院申请签发支付令。王某接到支付令后第二日提出书面异议，称其确实拖欠李某的货款，但要求三个月后还款；五日之后，王某又向法院提出书面异议称，李某交付的货物存在质量瑕疵，其欲提起诉讼要求李某承担违约责任。后王某向乙法院起诉李某。关于本案，下列哪一选项是正确的？

A. 因王某提出异议，该支付令失效

B. 因王某提起诉讼，该支付令失效

C. 甲法院应裁定终结督促程序，将案件移送乙法院

D. 该支付令继续有效

解析页码

111—112

③ 1802040

高某向杨某借款 235000 元，到期后一直没有归还。杨某于 2018 年 10 月 21 日向高某住所地 A 区法院申请支付令，并向法院提交了高某向杨某借款时出具的借条，要求高某偿还借款 235000 元。在支付令异议期间，杨某觉得支付令不如法院判决更稳妥，于是向自己住所地的 B 区法院起诉。关于本案，下列说法错误的是？

A. 杨某向 A 区法院申请支付令
B. 杨某向 B 区法院起诉
C. 杨某向 B 区法院起诉，会导致支付令失效
D. 杨某未向发出支付令的法院起诉，不影响支付令的效力

④ 1503047

甲向乙借款 20 万元，丙是甲的担保人，现已到偿还期限，经多次催讨未果，乙向法院申请支付令。法院受理并审查后，向甲送达支付令。甲在法定期间未提出异议，但以借款不成立为由向另一法院提起诉讼。关于本案，下列哪一说法是正确的？

A. 甲向另一法院提起诉讼，视为对支付令提出异议
B. 甲向另一法院提起诉讼，法院应裁定终结督促程序
C. 甲在法定期间未提出书面异议，不影响支付令效力
D. 法院发出的支付令，对丙具有拘束力

⑤ 1403046

黄某向法院申请支付令，督促陈某返还借款。送达支付令时，陈某拒绝签收，法官遂进行留置送达。12 天后，陈某以已经归还借款为由向法院提起书面异议。黄某表示希望法院彻底解决自己与陈某的借款问题。下列哪一说法是正确的？

A. 支付令不能留置送达，法官的送达无效
B. 提出支付令异议的期间是 10 天，陈某的异议不发生效力
C. 陈某的异议并未否认二人之间存在借贷法律关系，因而不影响支付令的效力
D. 法院应将本案转为诉讼程序审理

【多选】

⑥ 1902080

大山公司欠五岳公司 5000 万，海伦公司提供抵押担保，因到期未支付，五岳公司向法院申请对大山公司发出支付令。支付令发出后，五岳公司将海伦公司起诉至法院，要求其履行担保责任，问以下哪些选项正确？

A. 该支付令对大山公司有拘束力，对海伦公司没有拘束力
B. 该支付令对大山公司和海伦公司均有拘束力
C. 五岳公司对海伦公司提起诉讼，不影响支付令效力
D. 五岳公司对海伦公司提起诉讼，支付令失效

⑦ 1703083

甲公司购买乙公司的产品，丙公司以其房产为甲公司提供抵押担保。因甲公司未按约支付 120 万元货款，乙公司向 A 市 B 县法院申请支付令。法院经审查向甲公司发出支付令，甲公司拒绝签收。甲公司未在法定期间提出异议，而以乙公司提供的产品有质量问题为由向 A 市 C 区法院提起诉讼。关于本案，下列哪些表述是正确的？

A. 甲公司拒绝签收支付令，法院可采取留置送达
B. 甲公司提起诉讼，法院应裁定中止督促程序
C. 乙公司可依支付令向法院申请执行甲公司的财产
D. 乙公司可依支付令向法院申请执行丙公司的担保财产

⑧ 1603082

单某将八成新手机以 4000 元的价格卖给卢某，双方约定：手机交付卢某，卢某先付款 1000 元，待试用一周没有问题后再付 3000 元。但试用期满卢某并未按约定支付余款，多次催款无果后单某向 M 法院申请支付令。M 法院经审查后向卢某发出支付令，但卢某拒绝签收，法院采取了留置送达。20 天后，卢某向 N 法院起诉，以手机有质量问题要求解除与单某的买卖合同，并要求单某退还 1000 元付款。根据本案，下列哪些选项是正确的？

解析页码
112—113

A. 卢某拒绝签收支付令，M 法院采取留置送达是正确的

B. 单某可以依支付令向法院申请强制执行

C. 因卢某向 N 法院提起了诉讼，支付令当然失效

D. 因卢某向 N 法院提起了诉讼，M 法院应当裁定终结督促程序

⑨ 1303084

胡某向法院申请支付令，督促彗星公司缴纳房租。彗星公司收到后立即提出书面异议称，根据租赁合同，彗星公司的装修款可以抵销租金，因而自己并不拖欠租金。对于法院收到该异议后的做法，下列哪些选项是正确的？

A. 对双方进行调解，促进纠纷的解决

B. 终结督促程序

C. 将案件转为诉讼程序审理，但彗星公司不同意的除外

D. 将案件转为诉讼程序审理，但胡某不同意的除外

⑩ 1103085

甲公司因乙公司拖欠货款向 A 县法院申请支付令，经审查甲公司的申请符合法律规定，A 县法院向乙公司发出支付令。乙公司收到支付令后在法定期间没有履行给付货款的义务，而是向 A 县法院提起诉讼，要求甲公司承担因其提供的产品存在质量问题的违约责任。关于本案，下列哪些选项是正确的？

A. 支付令失效

B. 甲公司可以持支付令申请强制执行

C. A 县法院应当受理乙公司的起诉

D. A 县法院不应受理乙公司的起诉

⑪ 1003089

关于支付令，下列哪些说法是正确的？

A. 法院送达支付令债务人拒收的，可采取留置送达

B. 债务人提出支付令异议的，法院无需审查异议理由客观上是否属实

C. 债务人收到支付令后不在法定期间提出异议而向法院起诉的，不影响支付令的效力

D. 支付令送达后即具有强制执行力

二、模拟题

【多选】

⑫ 62304034

浩加公司欠安胜公司 3000 万元借款，迪伦公司提供质押担保。因浩加公司到期未支付欠款，安胜公司向法院申请对其发出支付令。支付令发出后，安胜公司将迪伦公司起诉至法院，要求其履行担保责任，下列哪些选项是正确的？

A. 该支付令对浩加公司有拘束力，对迪伦公司没有拘束力

B. 该支付令对浩佳公司和迪伦公司均有拘束力

C. 安胜公司就担保关系起诉迪伦公司，不影响支付令效力

D. 安胜公司就担保关系起诉迪伦公司，支付令失效

⑬ 62304033

下列关于督促程序的说法哪些是正确的？

A. 法院送达支付令债务人拒收的，不可采取留置送达

B. 债务人收到支付令后在法定期间向发出支付令以外的法院起诉的，不影响支付令的效力

C. 若债务人在法定期间提出书面异议，人民法院应对异议是否成立进行实质审查

D. 若债务人针对变更债务清偿方式提出异议，不影响支付令的效力

参考答案▶

[1] C	[2] A	[3] D	[4] C	[5] D
[6] AD	[7] AC	[8] AB	[9] BD	[10] AC
[11] AB	[12] AD	[13] BD		

第二十二章
公示催告程序

一、历年真题及仿真题

公示催告程序

【单选】

1 `1703048`

海昌公司因丢失票据申请公示催告，期间届满无人申报权利，海昌公司遂申请除权判决。在除权判决作出前，家佳公司看到权利申报公告，向法院申报权利。对此，法院下列哪一做法是正确的？

A. 因公示催告期满，裁定驳回家佳公司的权利申报

B. 裁定追加家佳公司参加案件的除权判决审理程序

C. 应裁定终结公示催告程序

D. 作出除权判决，告知家佳公司另行起诉

2 `1203046`

甲公司因票据遗失向法院申请公示催告。在公示催告期间届满的第 3 天，乙向法院申报权利。下列哪一说法是正确的？

A. 因公示催告期间已经届满，法院应当驳回乙的权利申报

B. 法院应当开庭，就失票的权属进行调查，组织当事人进行辩论

C. 法院应当对乙的申报进行形式审查，并通知甲到场查验票据

D. 法院应当审查乙迟延申报权利是否具有正当事由，并分别情况作出处理

【多选】

3 `2202022`

公示催告是票据丢失的一种救济程序，对于除权判决，下列说法正确的有哪些？

A. 除权判决因为消灭了票据上的既存法律关系，属于形成判决

B. 除权判决是非讼判决

C. 除权判决因为确认了最后持票人的追索权，属于确认判决

D. 除权判决生效后，申请人可以要求支付人支付票据上记载的金钱数额

4 `2002118`

王杰申请法院发公示催告的公告，称遗失的票据到期付款日为 2016 年 8 月 1 日。法院依申请发了公告，确定催告期间为 80 日，下列关于公告说法正确的是？

A. 公告是必经程序

B. 由审判员一人签发

C. 催告的期间应不少于 80 日，且必须在 2016 年 8 月 16 日后届满

D. 公告期间内所有的票据转让行为无效

5 `1603083`

大界公司就其遗失的一张汇票向法院申请公示催告，法院经审查受理案件并发布公告。在公告期间，盘堂公司持被公示催告的汇票向法院申报权利。对于盘堂公司的权利申报，法院实施的下列哪些行为是正确的？

A. 应当通知大界公司到法院查看盘堂公司提交的汇票

B. 若盘堂公司出具的汇票与大界公司申请公示的汇票一致，则应当开庭审理

C. 若盘堂公司出具的汇票与大界公司申请公示的汇票不一致，则应当驳回盘堂公司的申请

D. 应当责令盘堂公司提供证明其对出示的汇票享有所有权的证据

6 `1503085`

甲公司财务室被盗，遗失金额为 80 万元的汇票一张。甲公司向法院申请公示催告，法院受理后即通知支付人 A 银行停止支付，并发出公告，催促利害关系人申报权利。在公示催告期间，甲公司按原计划与材料供应商乙企业签订购货合同，将该汇票权利转让给乙企业作为付款。公告期满，无人申报，法院即组成合议庭作出判决，宣告该汇票无效。关于本案，下列哪些说法是正确的？

解析页码
115—116

A. A银行应当停止支付，直至公示催告程序终结

B. 甲公司将该汇票权利转让给乙企业的行为有效

C. 甲公司若未提出申请，法院可以作出宣告该汇票无效的判决

D. 法院若判决宣告汇票无效，应当组成合议庭

二、模拟题

【多选】

⑦ 51904422

甲、乙二人订立货物买卖合同，甲开具可转让提单一张交给乙。乙后将此提单背书转让给丙，丙不慎将其丢失。则下列说法错误的有？

A. 丙可以向其住所地法院申请公示催告

B. 若公示催告期间届满而无人申报权利，则法院可以直接作出除权判决

C. 若公示催告期间有人申报权利，则法院应当对其权利主张进行实质审查，并组织双方当事人进行法庭调查与辩论以确定申报是否成立

D. 在整个公示催告程序期间，法院应当组成合议庭进行审理

参考答案

[1] C　　[2] C　　[3] BD　　[4] ABCD [5] AC
[6] AD　　[7] ABCD

第二十三章
民诉执行程序

一、历年真题及仿真题

（一）执行根据、启动与管辖

【多选】

① 1003090

根据《民事诉讼法》和相关司法解释规定，关于执行程序中的当事人，对下列哪些事项可享有异议权？

A. 法院对某案件的执行管辖权

B. 执行法院的执行行为的合法性

C. 执行标的的所有权归属

D. 执行法院作出的执行中止的裁定

（二）执行担保

【不定项】

② 1303099

兴源公司与郭某签订钢材买卖合同，并书面约定本合同一切争议由中国国际经济贸易仲裁委员会仲裁。兴源公司支付100万元预付款后，因郭某未履约依法解除了合同。郭某一直未将预付款返还，兴源公司遂提出返还货款的仲裁请求，仲裁庭适用简易程序审理，并作出裁决，支持该请求。由于郭某拒不履行裁决，兴源公司申请执行。郭某无力归还100万元现金，但可以收藏的多幅字画提供执行担保。暂缓执行期满后郭某仍无力还款，法院在准备执行该批字画时，朱某向法院提出异议，主张自己才是这些字画的所有权人，郭某只是代为保管。如果法院批准了郭某的执行担保申请，驳回了朱某的异议，关于执行担保的效力和救济，下列选项正确的是？

A. 批准执行担保后，应当裁定终结执行

B. 暂缓执行期间届满后郭某仍无力偿债，法院根据兴源公司申请方可恢复执行

C. 恢复执行后，可以执行作为担保财产的字画

D. 恢复执行后，既可以执行字画，也可以执行郭某的其他财产

（三）执行和解

【单选】

③ 2202152

甲、乙借款合同纠纷一案，法院判决甲向乙归还10万元，二人均未上诉。后二人私下达成和解协议，协议约定甲三日内一次性归还8万元，事情就此了结，甲当即按照协议履行完毕。之后乙反悔，向法院提出执行申请，请求执行生效判决，此时法院应当如何处理？

A. 不予受理执行申请

B. 受理执行申请并裁定终结执行

C. 受理执行申请并裁定中止执行

D. 受理执行申请但只执行剩余的 2 万元

4 2202118

乙从甲处借了一个价值 5 万元的古董花瓶，约定 10 天后返还，但几个月后乙仍未返还，甲遂将乙诉至法院，法院判令乙向甲返还花瓶。甲申请执行，后经查该花瓶已经被乙打碎，双方达成执行和解协议，约定乙把自己的一个其他花瓶交给甲。之后乙觉得自己的花瓶更值钱，于是反悔不给。关于本案，下列正确的是？

A. 甲可申请法院恢复执行

B. 甲可起诉要求乙履行和解协议

C. 甲可以申请法院执行和解协议

D. 法院可以执行乙 5 万元的其他财产

5 2102110

甲乙签订一份字画的买卖合同，约定甲将自己所有的一幅字画卖给乙，乙支付价款 50 万元。乙支付价款后，甲拒不履行合同。乙起诉甲要求甲交付字画。法院判决支持了乙的诉讼请求。甲拒不履行生效判决，乙申请法院强制执行。在执行中，法院发现字画已损毁。后甲、乙达成和解协议，约定甲向乙赔偿 60 万元。后甲拒不履行和解协议。关于本案表述正确的是？

A. 乙可以就和解协议起诉甲，要求甲赔偿 60 万元

B. 乙可以申请恢复对原生效判决的执行

C. 法院可以执行甲 50 万的财产

D. 法院可以执行甲 60 万的财产

6 2002019

A 区甲起诉 B 区乙，C 区法院判决甲胜诉，甲申请 C 区法院强制执行，执行中甲与乙达成和解协议，法院中止执行，但和解协议部分履行后甲与乙产生争议，下列说法正确的是？

A. 甲可就和解协议向 C 区法院起诉

B. 甲可就和解协议向 B 区法院起诉

C. 甲可就和解协议向 C 区法院申请恢复强制执行

D. 因和解协议已部分履行，因此甲不能申请恢复强制执行

7 1003045

法院受理甲出版社、乙报社著作权纠纷案，判决乙赔偿甲 10 万元，并登报赔礼道歉。判决生效后，乙交付 10 万元，但未按期赔礼道歉，甲申请强制执行。执行中，甲、乙自行达成口头协议，约定乙免于赔礼道歉，但另付甲一万元。关于法院的做法，下列哪一选项是正确的？

A. 不允许，因协议内容超出判决范围，应当继续执行生效判决

B. 允许，法院视为申请人撤销执行申请

C. 允许，将当事人协议内容记入笔录，由甲、乙签字或盖章

D. 允许，根据当事人协议内容制作调解书

【多选】

8 1503049

甲乙双方合同纠纷，经仲裁裁决，乙须偿付甲货款 100 万元，利息 5 万元，分 5 期偿还。乙未履行该裁决。甲据此向法院申请执行，在执行过程中，双方达成和解协议，约定乙一次性支付货款 100 万元，甲放弃利息 5 万元并撤回执行申请。和解协议生效后，乙反悔，未履行和解协议。关于本案，下列哪些说法是正确的？

A. 对甲撤回执行的申请，法院裁定中止执行

B. 甲可向法院申请执行和解协议

C. 甲可以乙违反和解协议为由提起诉讼

D. 甲可向法院申请执行原仲裁裁决，法院恢复执行

9 1403085

甲诉乙返还 10 万元借款。胜诉后进入执行程序，乙表示自己没有现金，只有一枚祖传玉石可抵债。法院经过调解，说服甲接受玉石抵债，双方达成和解协议并当即交付了玉石。后甲发现此玉石为赝品，价值不足千元，遂申请法院恢复执行。关于执行和解，下列哪些说法是正确的？

A. 法院不应在执行中劝说甲接受玉石抵债

B. 由于和解协议已经即时履行，法院无须再将和解协议记入笔录

解析页码

118—120

C. 由于和解协议已经即时履行，法院可裁定执行中止

D. 甲可以另行起诉乙要求赔偿

【不定项】

⑩ 2202020

张某与王某就雕像所有权发生纠纷，一审生效判决认定雕像属于王某，张某在 3 天之内交付。张某未履行判决，王某申请强制执行。法院执行过程中，两人达成和解协议：张某用花瓶来替代雕像。法院中止执行后张某反悔，王某申请法院恢复执行。恢复执行后发现雕像已经被张某卖给不知情的刘某，而刘某付清全款后已经将雕像赠送给了博物馆，现在雕像在博物馆展览。对于本案说法正确的有？

A. 王某可以申请法院执行花瓶替代雕像

B. 王某可以申请法院追回雕像

C. 若王某未与张某就折价赔偿问题达成一致，法院应终结执行

D. 王某与张某需要就执行达成和解并履行后，执行方能终结

（四）执行承担

【单选】

⑪ 1703049

钱某在甲、乙、丙三人合伙开设的饭店就餐时被砸伤，遂以营业执照上登记的字号"好安逸"饭店为被告提起诉讼，要求赔偿医疗费等费用 25 万元。法院经审理，判决被告赔偿钱某 19 万元。执行过程中，"好安逸"饭店支付了 8 万元后便再无财产可赔。对此，法院应采取下列哪一处理措施？

A. 裁定终结执行

B. 裁定终结本次执行

C. 裁定中止执行，告知当事人另行起诉合伙人承担责任

D. 裁定追加甲、乙、丙为被执行人，执行其财产

⑫ 1603049

何某依法院生效判决向法院申请执行甲的财产，在执行过程中，甲突发疾病猝死。法院询问甲的继承人是否继承遗产，甲的继承人乙表示继承，

其他继承人均表示放弃继承。关于该案执行程序，下列哪一选项是正确的？

A. 应裁定延期执行

B. 应直接执行被执行人甲的遗产

C. 应裁定变更乙为被执行人

D. 应裁定变更甲的全部继承人为被执行人

【多选】

⑬ 2002037

齐某设立了星月一人有限公司，齐某和丁某因为债务纠纷起诉到法院，法院判决齐某向丁某归还 300 万，丁某向法院申请强制执行，执行过程中发现齐某的财产不足以偿还债务，但发现星月公司账户有 200 万，且齐某的财产与星月公司的财产混同，遂向法院申请追加星月公司为被执行人，下列法院做法正确的是？

A. 法院可以追加星月公司为被执行人

B. 法院不可以追加星月公司为被执行人

C. 如果对法院裁定不服，可以另行起诉

D. 如果对法院裁定不服，可以向上一级法院申请复议

（五）参与分配执行回转执行转破产

【单选】

⑭ 1603048

甲向法院申请执行郭某的财产，乙、丙和丁向法院申请参与分配，法院根据郭某财产以及各执行申请人债权状况制定了财产分配方案。甲和乙认为分配方案不合理，向法院提出了异议，法院根据甲和乙的意见，对分配方案进行修正后，丙和丁均反对。关于本案，下列哪一表述是正确的？

A. 丙、丁应向执行法院的上一级法院申请复议

B. 甲、乙应向执行法院的上一级法院申请复议

C. 丙、丁应以甲和乙为被告向执行法院提起诉讼

D. 甲、乙应以丙和丁为被告向执行法院提起诉讼

⑮ 1103046

执行程序的参与分配制度对适用条件作了规定。下列哪一选项不属于参与分配适用的条件？

A．被执行人的财产无法清偿所有的债权

B．被执行人为法人或其他组织而非自然人

C．有多个申请人对同一被申请人享有债权

D．参与分配的债权只限于金钱债权

（六）执行措施

【单选】

⑯ 2002020

赵某有一幅名画，钱某欲出价 100 万购买，赵某与钱某素有恩怨，拒绝出售。钱某找到孙某，让孙某向赵某购买。孙某和赵某签订买卖合同，约定孙某出价 100 万，赵某将画卖给孙某。后赵某得知真相，拒绝履行合同。孙某向法院起诉赵某，法院判决赵某向孙某交付这幅画。赵某拒不履行，孙某申请法院强制执行，赵某遂将这幅画撕毁，表示愿意退还孙某 100 万，孙某表示根据合同约定，赵某应当退还 100 万并赔偿违约金 50 万，双方无法达成协议。本案应当如何处理？

A．法院应当裁定执行中止

B．法院应当裁定执行终结

C．法院应当裁定赵某向孙某赔偿 100 万

D．法院应当裁定赵某向孙某赔偿 150 万

⑰ 1802044

付某诉甲公司借款纠纷一案，法院主持作出调解书，甲公司以其位于 A 地工业园区厂区内的所属地上附着物抵偿借款。因甲公司到期未履行民事调解书确定的义务，付某向法院申请强制执行。执行中，法院发现工业园区管委会已经拆除了甲公司在该园区建设的部分地上附着物，并允许其他企业入驻建厂。双方当事人就折价赔偿一事未能达成协议。法院此时应该如何处理？

A．中止执行，申请执行人另诉请求赔偿

B．终结执行，申请执行人另诉请求赔偿

C．法院按照原来的借款数额继续执行

D．应当裁定折价赔偿或按标的物的价值强制执行被执行人的其他财产

【多选】

⑱ 2102131

张三和李四婚后育有一子。后因性格不合，张三

向法院起诉离婚，法院判决两人离婚，儿子由张三抚养，李四每月可探望两次。李四因多次探望被拒，向法院申请强制执行。对此，法院可采取下列哪些强制措施？

A．可对张三拘留

B．可对张三罚款

C．可将孩子带到指定场所探望

D．可将李四带到张三住处探望

⑲ 1902082

林某和吴某签订协议约定将吴某所有的一辆汽车卖给林某，约定林某向吴某支付一半车款后吴某将汽车交付给林某，但在林某付清全部车款前车辆仍然归吴某所有。林某向吴某支付一半车款后吴某将汽车交付林某。邓某因为借款纠纷起诉吴某，诉讼中，邓某申请法院采取保全措施，申请法院扣押吴某的该辆汽车。关于本案表述正确的是？

A．法院可以扣押该辆汽车

B．法院不能扣押该辆汽车

C．林某向吴某交付余款后，法院应当裁定解除对汽车的扣押

D．林某向法院交付余款后，法院应当裁定解除对汽车的扣押

⑳ 1703084

龙前铭申请执行郝辉损害赔偿一案，法院查扣了郝辉名下的一辆汽车。查扣后，郝辉的两个哥哥向法院主张该车系三兄弟共有。法院经审查，确认该汽车为三兄弟共有。关于该共同财产的执行，下列哪些表述是正确的？

A．因涉及案外第三人的财产，法院应裁定中止对该财产的执行

B．法院可查扣该共有财产

C．共有人可对该共有财产协议分割，经债权人同意有效

D．龙前铭可对该共有财产提起析产诉讼

㉑ 1603084

田某拒不履行法院令其迁出钟某房屋的判决，因钟某已与他人签订租房合同，房屋无法交给承租人，使钟某遭受损失，钟某无奈之下向法院申请

解析页码

强制执行。法院受理后，责令田某 15 日内迁出房屋，但田某仍拒不履行。关于法院对田某可以采取的强制执行措施，下列哪些选项是正确的？

A．罚款

B．责令田某向钟某赔礼道歉

C．责令田某双倍补偿钟某所受到的损失

D．责令田某加倍支付以钟某所受损失为基数的同期银行利息

【不定项】

22 `1303098`

兴源公司与郭某签订钢材买卖合同，并书面约定本合同一切争议由中国国际经济贸易仲裁委员会仲裁。兴源公司支付 100 万元预付款后，因郭某未履约依法解除了合同。郭某一直未将预付款返还，兴源公司遂提出返还货款的仲裁请求，仲裁庭适用简易程序审理，并作出裁决，支持该请求。由于郭某拒不履行裁决，兴源公司申请执行。郭某无力归还 100 万元现金，但可以收藏的多幅字画提供执行担保。暂缓执行期满后郭某仍无力还款，法院在准备执行该批字画时，朱某向法院提出异议，主张自己才是这些字画的所有权人，郭某只是代为保管。针对本案中郭某拒不履行债务的行为，法院采取的正确的执行措施是？

A．依职权决定限制郭某乘坐飞机

B．要求郭某报告当前的财产情况

C．强制郭某加倍支付迟延履行期间的债务利息

D．根据郭某的申请，对拖欠郭某货款的金康公司发出履行通知

（七）执行异议

【单选】

23 `2202004`

张某欠王某 50 万，经法院生效判决后在履行期届满仍未偿还，王某申请法院执行张某名下腾达有限公司 15% 的股权。赵某作为隐名股东向法院提出执行异议，被法院驳回。若赵某不服，应采取何种手段进行权利救济？

A．向上级法院上诉

B．向上级法院申请复议

C．向执行法院申请再审

D．向执行法院提起案外人执行标的异议之诉

24 `1902015`

顾某被法院判决偿还曹某借款 320 万元，曹某发现顾某有一处房产，于是向法院申请强制执行，在法院的执行过程中顾某之父提出执行异议，主张房屋归自己所有。法院审查后认为异议成立，下列说法正确的有？

A．法院应该继续执行

B．法院应该裁定中止执行

C．曹某可以向法院申请再审

D．顾某的父亲可以直接向法院提起异议之诉

25 `1703041`

易某依法院对王某支付其 5 万元损害赔偿金之判决申请执行。执行中，法院扣押了王某的某项财产。案外人谢某提出异议，称该财产是其借与王某使用的，该财产为自己所有。法院经审查，认为谢某异议理由成立，遂裁定中止对该财产的执行。关于本案的表述，下列哪一选项是正确的？

A．易某不服该裁定提起异议之诉的，由易某承担对谢某不享有该财产所有权的证明责任

B．易某不服该裁定提起异议之诉的，由谢某承担对其享有该财产所有权的证明责任

C．王某不服该裁定提起异议之诉的，由王某承担对谢某不享有该财产所有权的证明责任

D．王某不服该裁定提起异议之诉的，由王某承担对其享有该财产所有权的证明责任

26 `1403049`

对于甲和乙的借款纠纷，法院判决乙应归还甲借款。进入执行程序后，由于乙无现金，法院扣押了乙住所处的一架钢琴准备拍卖。乙提出钢琴是其父亲的遗物，申请用一台价值与钢琴相当的相机替换钢琴。法院认为相机不足以抵偿乙的债务，未予同意。乙认为扣押行为错误，提出异议。法院经过审查，驳回该异议。关于乙的救济渠道，下列哪一表述是正确的？

A．向执行法院申请复议

B．向执行法院的上一级法院申请复议

C. 向执行法院提起异议之诉

D. 向原审法院申请再审

27 1003049

甲公司申请强制执行乙公司的财产，法院将乙公司的一处房产列为执行标的。执行中，丙银行向法院主张，乙公司已将该房产抵押贷款，并以自己享有抵押权为由提出异议。乙公司否认将房产抵押给丙银行。经审查，法院驳回丙银行的异议。丙银行拟向法院起诉，关于本案被告的确定，下列哪一选项是正确的？

A. 丙银行只能以乙公司为被告起诉

B. 丙银行只能以甲公司为被告起诉

C. 丙银行可选择甲公司为被告起诉，也可选择乙公司为被告起诉

D. 丙银行应当以甲公司和乙公司为共同被告起诉

【多选】

28 2002120

法院判决乙向甲还债（金钱），执行了乙的房屋，乙的父亲站出来说该房屋是他的。下列说法正确的是？

A. 乙的父亲可以直接提起异议诉讼

B. 乙的父亲可以对执行标的提出异议

C. 法院作出判决支持乙的父亲的请求后，执行法院应解除对该房屋的查封

D. 乙的父亲可以对执行行为提出异议

29 2002119

案外人对执行标的提出异议后，法院作出裁定，关于该裁定说法正确的是？

A. 该裁定不是终局裁定，对该裁定不服的，可以再审，也可以提起执行异议之诉

B. 该裁定是终局裁定，一经作出立即生效

C. 法院裁定的内容可以是中止执行，也可以是驳回异议

D. 如果法院裁定中止执行，且执行标的与原生效法律文书无关，则申请执行人必须在15日内起诉，不起诉的，法院裁定解除对该标的的执行措施

30 1703077

汤某设宴为母祝寿，向成某借了一尊清代玉瓶装饰房间。毛某来祝寿时，看上了玉瓶，提出购买。汤某以30万元将玉瓶卖给了毛某，并要其先付钱，寿典后15日内交付玉瓶。毛某依约履行，汤某以种种理由拒绝交付。毛某诉至甲县法院，要求汤某交付玉瓶，得到判决支持。汤某未上诉，判决生效。在该判决执行时，成某知晓了上述情况。对此，成某依法可采取哪些救济措施？

A. 以案外人身份向甲县法院直接申请再审

B. 向甲县法院提出执行异议

C. 向甲县法院提出第三人撤销之诉

D. 向甲县法院申诉，要求甲县法院依职权对案件启动再审

【不定项】

31 1503100

张山承租林海的商铺经营饭店，因拖欠房租被诉至饭店所在地甲法院，法院判决张山偿付林海房租及利息，张山未履行判决。经律师调查发现，张山除所居住房以外，其名下另有一套房屋，林海遂向该房屋所在地乙法院申请执行。乙法院对该套房屋进行查封拍卖。执行过程中，张山前妻宁虹向乙法院提出书面异议，称两人离婚后该房屋已由丙法院判决归其所有，目前尚未办理房屋变更登记手续。乙法院裁定支持宁虹的请求，林海提出执行异议之诉，下列说法可成立的是？

A. 林海可向甲法院提起执行异议之诉

B. 如乙法院审理该案，应适用普通程序

C. 宁虹应对自己享有涉案房屋所有权承担证明责任

D. 如林海未对执行异议裁定提出诉讼，张山可以提出执行异议之诉

32 1503099

张山承租林海的商铺经营饭店，因拖欠房租被诉至饭店所在地甲法院，法院判决张山偿付林海房租及利息，张山未履行判决。经律师调查发现，张山除所居住房以外，其名下另有一套房屋，林海遂向该房屋所在地乙法院申请执行。乙法院对该套房屋进行查封拍卖。执行过程中，张山前妻

宁虹向乙法院提出书面异议，称两人离婚后该房屋已由丙法院判决归其所有，目前尚未办理房屋变更登记手续。如乙法院裁定支持宁虹的请求，林海不服提出执行异议之诉，有关当事人的诉讼地位是？

A. 林海是原告，张山是被告，宁虹是第三人

B. 林海和张山是共同原告，宁虹是被告

C. 林海是原告，张山和宁虹是共同被告

D. 林海是原告，宁虹是被告，张山视其态度而定

33 `1503098`

张山承租林海的商铺经营饭店，因拖欠房租被诉至饭店所在地甲法院，法院判决张山偿付林海房租及利息，张山未履行判决。经律师调查发现，张山除所居住房以外，其名下另有一套房屋，林海遂向该房屋所在地乙法院申请执行。乙法院对该套房屋进行查封拍卖。执行过程中，张山前妻宁虹向乙法院提出书面异议，称两人离婚后该房屋已由丙法院判决归其所有，目前尚未办理房屋变更登记手续。对于宁虹的异议，乙法院的正确处理是？

A. 应当自收到异议之日起 15 日内审查

B. 若异议理由成立，裁定撤销对该房屋的执行

C. 若异议理由不成立，裁定驳回

D. 应当告知宁虹直接另案起诉

34 `1303100`

兴源公司与郭某签订钢材买卖合同，并书面约定本合同一切争议由中国国际经济贸易仲裁委员会仲裁。兴源公司支付 100 万元预付款后，因郭某未履约依法解除了合同。郭某一直未将预付款返还，兴源公司遂提出返还货款的仲裁请求，仲裁庭适用简易程序审理，并作出裁决，支持该请求。由于郭某拒不履行裁决，兴源公司申请执行。郭某无力归还 100 万元现金，但可以收藏的多幅字画提供执行担保。暂缓执行期满后郭某仍无力还款，法院在准备执行该批字画时，朱某向法院提出异议，主张自己才是这些字画的所有权人，郭某只是代为保管。关于朱某的异议和处理，下列选项正确的是？

A. 朱某应当以书面方式提出异议

B. 法院在审查异议期间，不停止执行活动，可以

对字画采取保全措施和处分措施

C. 如果朱某对驳回异议的裁定不服，可以提出执行标的异议之诉

D. 如果朱某对驳回异议的裁定不服，可以申请再审

（八）综合知识点

【单选】

35 `2102111`

甲将一幅字画卖给乙，约定乙先付十万后，甲即将字画交付给乙，在乙付清剩余款项前，由甲保留对字画的所有权。后丙因为借款纠纷起诉甲，获得胜诉判决后丙申请法院强制执行。在执行中，法院扣押了这幅字画。关于本案表述正确的是？

A. 乙要求继续履行合同的，法院应当支持

B. 乙可以提出对执行行为的异议，法院应当支持

C. 乙可以提出案外人对执行标的的异议，法院应当支持

D. 乙提供担保后请求法院解除扣押的，法院应当支持

【多选】

36 `2202161`

位于 G 区的甲公司和位于 J 区的乙公司签订了一份买卖合同，并在合同中约定，若因履行合同发生争议，由 G 区法院管辖和执行。后甲公司无法按约支付货款，乙公司在起诉前向 J 区法院申请保全甲公司位于 J 区的一个商铺，以下说法正确的是？

A. G 区具有审判管辖权

B. J 区具有审判管辖权

C. G 区具有执行管辖权

D. J 区具有执行管辖权

37 `1902081`

某生效判决判决乙公司向甲公司支付 30 万元货款。甲公司申请执行，在执行中，发现乙公司没有可供执行的财产，但是乙公司对案外人丙公司有 30 万债权，甲公司申请法院向丙公司发出了履

行到期债务的通知。丙公司收到通知后向法院提出异议，称该笔欠款已经归还。同时案外人丁公司向法院主张乙公司已经将该笔债权转让给自己了，自己是该笔债权的受让人，下列表述正确的是？

A．甲公司可以申请法院对丙公司强制执行

B．甲公司不能申请法院对丙公司强制执行

C．丁公司提出案外人异议被驳回后应该申请再审

D．丁公司提出案外人异议被驳回后应该提起执行异议之诉

38 2002122

张三和李四的自行车所有权纠纷一案，法院判决案涉自行车归张三所有，进入执行程序后，王五认为自己是案涉自行车的合法所有人。关于本案，下列说法正确的是？

A．王五提起第三人撤销之诉，并向法院提供担保的，法院可以裁定中止执行

B．王五提起第三人撤销之诉，法院继续执行的，王五可以案外人身份提出执行异议

C．王五提起第三人撤销之诉，在执行中又以案外人身份提出执行异议被驳回的，不能再申请再审

D．王五在执行中以案外人身份提出执行异议被驳回，之前未提出第三人撤销之诉的，只能申请再审，不能提第三人撤销之诉

39 2002035

K市M县森森公司与K市N县天通公司因为合同履行产生纠纷，森森公司欲起诉天通公司支付货款500万。在起诉前，森森公司向K市M县法院申请诉前保全，对天通公司在某银行的500万存款予以了冻结；后森森公司向被告天通公司住所地K市N县法院提起诉讼，法院判决支持了森森公司诉讼请求，天通公司不服一审判决，提起了上诉，K市中院二审驳回上诉，维持原判，下列表述正确的是？

A．K市M县法院有权受理保全申请并采取保全措施

B．判决生效后当事人可以向K市中院申请执行

C．判决生效后当事人可以向N县法院申请执行

D．N县法院受理案件后，M县法院应当将保全手续移交N县法院

二、模拟题

【不定项】

40 62304040

钟某和林某签订《离婚协议书》，约定钟某名下的花园路33号房屋归属于林某及林某所生子女所有，暂未办理变更登记。后钟某因拖欠银行贷款被起诉，法院判决钟某归还银行贷款本息180万元。判决生效后，银行申请强制执行，法院欲对花园路33号房屋采取拍卖措施。对此，林某可采取的救济措施为？

A．提起第三人撤销之诉

B．提起执行标的的异议

C．提起案外人异议之诉

D．向法院申请再审

41 62304041

唐某依据胜诉判决向A市B区法院申请对马某强制执行，B区法院查封了马某名下位于滨江路122号的房屋一套，并开始组织网络司法拍卖。拍卖过程中，王某认为自己是房屋的承租人，应享有优先购买权，而法院组织拍卖并未通知自己，向法院提出异议。法院审查后裁定驳回异议。若王某对驳回裁定不服，其可以（   ）

A．向A市B区法院申请再审

B．向A市B区法院提执行异议之诉

C．向A市B区法院申请复议

D．向A市中院申请复议

参考答案

[1]AB [2]BCD [3]B [4]B [5]A
[6]A [7]C [8]CD [9]AD [10]C
[11]D [12]C [13]AC [14]D [15]B
[16]B [17]B [18]AB [19]AD [20]BCD
[21]AC [22]ABCD [23]D [24]B [25]B
[26]B [27]B [28]BC [29]ACD [30]BCD
[31]BC [32]D [33]AC [34]AC [35]A
[36]ACD [37]BD [38]ABCD [39]ACD [40]BC
[41]D

解析页码
128—129

第二十四章
仲裁概述

模拟题

仲裁概述

【多选】

1 `62304007`

中国人小王与在我国自贸试验区设立的德资企业A公司发生合同纠纷，就该纠纷引发的仲裁问题，下列哪些说法是正确的？

A. 因该纠纷一方当事人为外资企业，故该仲裁属于涉外仲裁

B. A公司可以与小王约定就该纠纷进行临时仲裁

C. 若A公司和小王约定按照中国法律对该纠纷进行仲裁，则这种仲裁属于友好仲裁

D. 若小王和A公司约定由中国贸仲进行仲裁，则为机构仲裁

参考答案

[1] BD

第二十五章
仲裁协议

一、历年真题及仿真题

（一）仲裁协议

【单选】

1 `2102112`

甲公司因乙公司怠于行使其对丙公司的到期债权，遂对丙公司提起代位权诉讼。开庭前，丙公司提出异议，主张其与乙公司之间的合同中存在仲裁协议，故本案不属于法院主管。法院应当如何处理？

A. 裁定诉讼中止，征求乙公司意见

B. 裁定驳回丙公司异议，继续审理

C. 裁定驳回甲公司起诉

D. 裁定将案件移送当事人约定的仲裁机构仲裁

2 `1802049`

S市（直辖市）A区的甲公司与S市B区的乙公司签订一份包含仲裁条款的室内装修合同，双方约定如果产生争议，均提交S市C区仲裁委员会仲裁。合同签订后，甲公司被并入S市D区的丙公司。丙公司完成室内装修任务后，乙公司认为其装修风格不符合自己的要求，拒绝支付部分装修费。关于本案纠纷，下列解决办法说法正确的是？

A. 丙公司可以和乙公司双方自行协商达成和解协议

B. 双方应当依据合同的约定通过仲裁的方式解决

C. 因变更主体，该仲裁协议无效，双方应当通过诉讼解决

D. 因该案属于专属管辖，仲裁协议无效，双方应当向B区法院诉讼解决

3 `1503050`

大成公司与华泰公司签订投资合同，约定了仲裁条款：如因合同效力和合同履行发生争议，由A仲裁委员会仲裁。合作中双方发生争议，大成公司遂向A仲裁委员会提出仲裁申请，要求确认投资合同无效。A仲裁委员会受理。华泰公司提交答辩书称，如合同无效，仲裁条款当然无效，故A仲裁委员会无权受理本案。随即，华泰公司向法院申请确认仲裁协议无效，大成公司见状，向A仲裁委员会提出请求确认仲裁协议有效。关于本案，下列哪一说法是正确的？

A. A仲裁委员会无权确认投资合同是否有效

B. 投资合同无效，仲裁条款即无效

C. 仲裁条款是否有效，应由法院作出裁定

D. 仲裁条款是否有效，应由A仲裁委员会作出决定

4 `1203048`

武当公司与洪湖公司签订了一份钢材购销合同，同时约定，因合同效力或合同的履行发生纠纷提

解析页码
129—131

交 A 仲裁委员会或 B 仲裁委员会仲裁解决。合同签订后，洪湖公司以本公司具体承办人超越权限签订合同为由，主张合同无效，对于选择 A 仲裁委员会或 B 仲裁委员会双方无法达成一致。关于本案，下列哪一说法是正确的？

A. 因当事人约定了 2 个仲裁委员会，仲裁协议当然无效

B. 因洪湖公司承办人员超越权限签订合同导致合同无效，仲裁协议当然无效

C. 洪湖公司如向法院起诉，法院应当受理

D. 洪湖公司如向法院起诉，法院应当裁定不予受理

5 `1003043`

甲、乙因遗产继承发生纠纷，双方书面约定由某仲裁委员会仲裁。后甲反悔，向遗产所在地法院起诉。法院受理后，乙向法院声明双方签订了仲裁协议。关于法院的做法，下列哪一选项是正确的？

A. 裁定驳回起诉

B. 裁定驳回诉讼请求

C. 裁定将案件移送某仲裁委员会审理

D. 法院裁定仲裁协议无效，对案件继续审理

【多选】

6 `2102129`

赵某向钱某借款 30 万，当事人在借款合同中约定发生纠纷由重庆仲裁委仲裁，孙某对该笔债务承担连带保证责任，但在保证合同中并未约定仲裁条款。赵某拒不归还借款，钱某向孙某住所地法院起诉孙某要求其承担保证责任。孙某向法院提出异议，主张本案借款合同中存在仲裁协议。关于本案表述正确的是？

A. 孙某异议成立，法院应裁定驳回起诉

B. 法院应当继续审理

C. 本案借款合同中的仲裁协议对保证合同的当事人有约束力

D. 本案借款合同中的仲裁协议对保证合同的当事人没有约束力

7 `2002038`

C 市 J 区甲公司和 C 市 K 区乙公司签订服务合同，约定因为履行合同发生纠纷由 C 市仲裁委仲裁或者由被告住所地法院管辖。后来因为合同履行发生纠纷，甲公司向 C 市仲裁委申请仲裁，乙公司向 J 区法院起诉，并申请确认仲裁协议无效。关于本案，下列哪些选项是正确的？

A. J 区法院应当裁定仲裁协议无效

B. 乙公司可以向 C 市 K 区法院申请确认仲裁协议无效

C. J 区法院应当受理本案

D. 本案仲裁协议无效

8 `1902083`

甲公司和乙公司签订一份买卖合同，约定因为履行本合同发生纠纷可以向 A 市的仲裁机构申请仲裁。A 市有两个仲裁机构，分别为 A 仲裁委员会和中国国际经济贸易仲裁委员会 A 市分会。现在甲公司和乙公司因为履行该合同发生争议，甲向 A 仲裁委申请仲裁，乙在 A 仲裁庭首次开庭前向 A 市中院申请确认仲裁协议无效。下列表述正确的是？

A. 乙向 A 市中级法院申请仲裁协议无效，A 市中院应当受理

B. A 市中院应当裁定确认仲裁协议无效

C. 甲、乙公司如果协议选择其中一个仲裁机构，仲裁协议有效

D. A 仲裁委应当继续仲裁

9 `1703085`

住所在北京市 C 区的甲公司与住所在北京市 H 区的乙公司在天津市 J 区签订了一份买卖合同，约定合同履行发生争议，由北京仲裁委员会仲裁或者向 H 区法院提起诉讼。合同履行过程中，双方发生争议，甲公司到北京仲裁委员会申请仲裁，仲裁委员会受理并向乙公司送达了甲公司的申请书副本。在仲裁庭主持首次开庭的答辩阶段，乙公司对仲裁协议的效力提出异议。仲裁庭对此作出了相关的意思表示。此后，乙公司又向法院提出对仲裁协议的效力予以认定的申请。下列哪些

解析页码

131—132

选项是正确的?

A. 双方当事人约定的仲裁协议原则有效

B. 仲裁庭对案件管辖权作出决定应有仲裁委员会的授权

C. 仲裁庭对乙公司的申请应予以驳回,继续审理案件

D. 乙公司应向天津市中级法院申请认定仲裁协议的效力

⑩ 1703050

住所在 A 市 B 区的两江公司与住所在 M 市 N 区的百向公司,在两江公司的分公司所在地 H 市 J 县签订了一份产品购销合同,并约定如发生合同纠纷可向设在 W 市的仲裁委员会申请仲裁(W 市有两个仲裁委员会)。因履行合同发生争议,两江公司向 W 市的一个仲裁委员会申请仲裁。仲裁委员会受理后,百向公司拟向法院申请认定仲裁协议无效。百向公司应向下列哪些法院提出申请?

A. 可向 W 市中级法院申请

B. 只能向 M 市中级法院申请

C. 只能向 A 市中级法院申请

D. 可向 H 市中级法院申请

【不定项】

⑪ 1603098

甲市 L 区居民叶某购买了住所在乙市 M 区的大亿公司开发的位于丙市 N 区的商品房一套,合同中约定双方因履行合同发生争议可以向位于丙市的仲裁委员会(丙市仅有一家仲裁机构)申请仲裁。因大亿公司迟迟未按合同约定交付房屋,叶某向仲裁委员会申请仲裁。大亿公司以仲裁机构约定不明,向仲裁委员会申请确认仲裁协议无效。经审查,仲裁委员会作出了仲裁协议有效的决定。在第一次仲裁开庭时,大亿公司声称其又向丙市中级法院请求确认仲裁协议无效,申请仲裁庭中止案件审理。在仲裁过程中仲裁庭组织调解,双方达成了调解协议,仲裁庭根据协议内容制作了裁决书。后因大亿公司不按调解协议履行义务,叶某向法院申请强制执行,而大亿公司则以调解协议内容超出仲裁请求为由,向法院申请不予执行仲裁裁决。

大亿公司向丙市中级法院请求确认仲裁协议无效,对此,正确的做法是?

A. 丙市中级法院应予受理并进行审查

B. 丙市中级法院不予受理

C. 仲裁庭在法院就仲裁协议效力作出裁定之前,应当中止仲裁程序

D. 仲裁庭应继续开庭审理

⑫ 1603095

住所地在 H 省 K 市 L 区的甲公司与住所地在 F 省 E 市 D 区的乙公司签订了一份钢材买卖合同,价款数额为 90 万元。合同在 B 市 C 区签订,双方约定合同履行地为 W 省 Z 市 Y 区,同时约定如因合同履行发生争议,由 B 市仲裁委员会仲裁。合同履行过程中,因钢材质量问题,甲公司与乙公司发生争议,甲公司欲申请仲裁解决。因 B 市有两个仲裁机构,分别为丙仲裁委员会和丁仲裁委员会(两个仲裁委员会所在地都在 B 市 C 区),乙公司认为合同中的仲裁条款无效,欲向有关机构申请确认仲裁条款无效。

依据法律和司法解释的规定,乙公司可以向有关机构申请确认仲裁条款无效。关于确认的机构,下列选项正确的是?

A. 丙仲裁委员会

B. 丁仲裁委员会

C. B 市中级法院

D. B 市 C 区法院

⑬ 1303095

兴源公司与郭某签订钢材买卖合同,并书面约定本合同一切争议由中国国际经济贸易仲裁委员会仲裁。兴源公司支付 100 万元预付款后,因郭某未履约依法解除了合同。郭某一直未将预付款返还,兴源公司遂提出返还货款的仲裁请求,仲裁庭适用简易程序审理,并作出裁决,支持该请求。由于郭某拒不履行裁决,兴源公司申请执行。郭某无力归还 100 万元现金,但可以收藏的多幅字画提供执行担保。暂缓执行期满后郭某仍无力还款,法院在准备执行该批字画时,朱某向法院提出异议,主张自己才是这些字画的所有权人,郭

某只是代为保管。

关于仲裁协议的表述，下列选项正确的是？

A. 买卖合同虽已解除，但仲裁条款具有独立性，兴源公司可以据此申请仲裁

B. 兴源公司返还货款的请求是基于不当得利请求权，与买卖合同无关，不应据此申请仲裁

C. 仲裁协议未约定适用简易程序，仲裁庭不应适用简易程序审理

D. 双方选择的中国国际经济贸易仲裁委员会是涉外仲裁机构，本案不具有涉外因素，应当重新选择

（二）综合知识点

【单选】

⑭ 1703035

住所在 M 省甲县的旭日公司与住所在 N 省乙县的世新公司签订了一份建筑工程施工合同，工程地为 M 省丙县，并约定如合同履行发生争议，在北京适用《中国国际经济贸易仲裁委员会仲裁规则》进行仲裁。履行过程中，因工程款支付问题发生争议，世新公司拟通过仲裁或诉讼解决纠纷，但就在哪个仲裁机构进行仲裁，双方产生分歧。对此，下列哪一部门对该案享有管辖权？

A. 北京仲裁委员会

B. 中国国际经济贸易仲裁委员会

C. M 省甲县法院

D. M 省丙县法院

【多选】

⑮ 1003084

甲公司与乙公司签订了一份钢材购销合同，约定因该合同发生纠纷双方可向 A 仲裁委员会申请仲裁，也可向合同履行地 B 法院起诉。关于本案，下列哪些选项是正确的？

A. 双方达成的仲裁协议无效

B. 双方达成的管辖协议有效

C. 如甲公司向 A 仲裁委员会申请仲裁，乙公司在仲裁庭首次开庭前未提出异议，A 仲裁委员会可对该案进行仲裁

D. 如甲公司向 B 法院起诉，乙公司在法院首次

开庭时对法院管辖提出异议，法院应当驳回甲公司的起诉

⑯ 2002040

K 市 F 区的成达公司与新加坡籍专家李某订立劳动合同，聘请其担任技术总监，年薪 800 万元，约定发生争议应提交 K 市仲裁委员会仲裁解决。后因成达公司经营不善，共拖欠李某工资 1200 万元。K 市中级人民法院管辖标的额为 1000 万元以上的涉外民事案件。关于对李某的救济方式，下列哪些表述是正确的？

A. 向 K 市 F 区的人民调解委员会申请调解

B. 向 K 市仲裁委员会申请仲裁

C. 向劳动争议仲裁委员会申请劳动仲裁后，对仲裁结果不服可向 K 市中级人民法院起诉

D. 向 K 市中级人民法院申请支付令

【不定项】

⑰ 1703095

2015 年 4 月，居住在 B 市（直辖市）东城区的林剑与居住在 B 市西城区的钟阳（二人系位于 B 市北城区正和钢铁厂的同事）签订了一份借款合同，约定钟阳向林剑借款 20 万元，月息 1%，2017 年 1 月 20 日前连本带息一并返还。合同还约定，如因合同履行发生争议，可向 B 市东城区仲裁委员会仲裁。至 2017 年 2 月，钟阳未能按时履约。2017 年 3 月，二人到正和钢铁厂人民调解委员会（下称调解委员会）请求调解。调解委员会委派了三位调解员主持该纠纷的调解。如调解委员会调解失败，解决的办法有？

A. 双方自行协商达成和解协议

B. 在双方均同意的情况下，要求林剑居住地的街道居委会的人民调解委员会组织调解

C. 依据借款合同的约定通过仲裁的方式解决

D. 通过诉讼方式解决

二、模拟题

【单选】

⑱ 51904515

龙腾公司与虎跃公司签订了一份运输合同，后龙

解析页码

134—135

腾公司认为虎跃公司严重违约，行使法定解除权解除合同。虎跃公司认为龙腾公司签订合同时存在欺诈，损害其利益要求确认合同无效。双方曾在合同中就纠纷达成仲裁协议。下列说法正确的是？

A．虽然达成了仲裁协议，但若当事人向法院起诉，法院有权管辖

B．运输合同的解除、撤销或者无效，不影响仲裁条款的效力

C．仲裁协议对仲裁事项或者仲裁委员会没有约定或者约定不明确的，仲裁协议当然无效

D．若龙腾、虎跃对仲裁协议的效力有争议，龙腾向法院请求裁定，虎跃向仲裁委员会请求的情况下，由先受理的一方认定仲裁协议的效力

参考答案

[1] B	[2] A	[3] C	[4] C	[5] D
[6] BD	[7] CD	[8] ABC	[9] BC	[10] AD
[11] BD	[12] ABC	[13] A	[14] D	[15] ABC
[16] AC	[17] ABD	[18] B		

第二十六章
仲裁程序

一、历年真题及仿真题

仲裁程序

【单选】

1 1603050

甲公司与乙公司因合同纠纷向某仲裁委员会申请仲裁，第一次开庭后，甲公司的代理律师发现合议庭首席仲裁员苏某与乙公司的老总汪某在一起吃饭，遂向仲裁庭提出回避申请。关于本案仲裁程序，下列哪一选项是正确的？

A．苏某的回避应由仲裁委员会集体决定

B．苏某回避后，合议庭应重新组成

C．已经进行的仲裁程序应继续进行

D．当事人可请求已进行的仲裁程序重新进行

2 1203049

某仲裁委员会在开庭审理甲公司与乙公司合同纠纷一案时，乙公司对仲裁庭中的一名仲裁员提出了回避申请。经审查后，该仲裁员依法应予回避，仲裁委员会重新确定了仲裁员。关于仲裁程序如何进行，下列哪一选项是正确的？

A．已进行的仲裁程序应当重新进行

B．已进行的仲裁程序有效，仲裁程序应当继续进行

C．当事人请求已进行的仲裁程序重新进行的，仲裁程序应当重新进行

D．已进行的仲裁程序是否重新进行，仲裁庭有权决定

3 1103050

根据《仲裁法》，仲裁庭作出的裁决书生效后，在下列哪一情形下仲裁庭不可进行补正？

A．裁决书认定的事实错误

B．裁决书中的文字错误

C．裁决书中的计算错误

D．裁决书遗漏了仲裁评议中记录的仲裁庭已经裁决的事项

4 1103036

关于民事仲裁与民事诉讼的区别，下列哪一选项是正确的？

A．具有给付内容的生效判决书都具有执行力，具有给付内容的生效裁决书没有执行力

B．诉讼中当事人可以申请财产保全，在仲裁中不可以申请财产保全

C．仲裁不需对案件进行开庭审理，诉讼原则上要对案件进行开庭审理

D．仲裁机构是民间组织，法院是国家机关

【多选】

5 1203085

关于法院与仲裁庭在审理案件有关权限的比较，下列哪些选项是正确的？

A．在一定情况下，法院可以依职权收集证据，仲裁庭也可以自行收集证据

B. 对专门性问题需要鉴定的，法院可以指定鉴定部门鉴定，仲裁庭也可以指定鉴定部门鉴定

C. 当事人在诉讼中或仲裁中达成和解协议的，法院可以根据当事人的申请制作判决书，仲裁庭也可以根据当事人的申请制作裁决书

D. 当事人协议不愿写明争议事实和判（裁）决理由的，法院可以在判决书中不予写明，仲裁庭也可以在裁决书中不予写明

⑥ 1003081

关于仲裁调解，下列哪些表述是正确的？

A. 仲裁调解达成协议的，仲裁庭应当根据协议制作调解书或根据协议结果制作裁决书

B. 对于事实清楚的案件，仲裁庭可依职权进行调解

C. 仲裁调解达成协议的，经当事人、仲裁员在协议上签字后即发生效力

D. 仲裁庭在作出裁决前可先行调解

【不定项】

⑦ 1603099

甲市L区居民叶某购买了住所在乙市M区的大亿公司开发的位于丙市N区的商品房一套，合同中约定双方因履行合同发生争议可以向位于丙市的仲裁委员会（丙市仅有一家仲裁机构）申请仲裁。因大亿公司迟迟未按合同约定交付房屋，叶某向仲裁委员会申请仲裁。大亿公司以仲裁机构约定不明，向仲裁委员会申请确认仲裁协议无效。经审查，仲裁委员会作出了仲裁协议有效的决定。在第一次仲裁开庭时，大亿公司声称其又向丙市中级法院请求确认仲裁协议无效，申请仲裁庭中止案件审理。在仲裁过程中仲裁庭组织调解，双方达成了调解协议，仲裁庭根据协议内容制作了裁决书。后因大亿公司不按调解协议履行义务，叶某向法院申请强制执行，而大亿公司则以调解协议内容超出仲裁请求为由，向法院申请不予执行仲裁裁决。双方当事人在仲裁过程中达成调解协议，仲裁庭正确的结案方式是？

A. 根据调解协议制作调解书

B. 应当依据调解协议制作裁决书

C. 将调解协议内容记入笔录，由双方当事人签字

后即发生法律效力

D. 根据调解协议的结果制作裁决书

⑧ 1403098

B市的京发公司与T市的蓟门公司签订了一份海鲜买卖合同，约定交货地在T市，并同时约定"涉及本合同的争议，提交S仲裁委员会仲裁。"京发公司收货后，认为海鲜等级未达到合同约定，遂向S仲裁委员会提起解除合同的仲裁申请，仲裁委员会受理了该案。在仲裁规则确定的期限内，京发公司选定仲裁员李某作为本案仲裁庭的仲裁员，蓟门公司未选定仲裁员，双方当事人也未共同选定第三名仲裁员，S仲裁委主任指定张某为本案仲裁庭仲裁员、刘某为本案首席仲裁员，李某、张某、刘某共同组成本案的仲裁庭，仲裁委向双方当事人送达了开庭通知。开庭当日，蓟门公司未到庭，也未向仲裁庭说明未到庭的理由。仲裁庭对案件进行了审理并作出缺席裁决。在评议裁决结果时，李某和张某均认为蓟门公司存在严重违约行为，合同应解除，而刘某认为合同不应解除，拒绝在裁决书上签名。最终，裁决书上只有李某和张某的签名。S仲裁委员会将裁决书向双方当事人进行送达时，蓟门公司拒绝签收，后蓟门公司向法院提出撤销仲裁裁决的申请。关于本案中仲裁庭组成，下列说法正确的是？

A. 京发公司有权选定李某为本案仲裁员

B. 仲裁委主任有权指定张某为本案仲裁员

C. 仲裁委主任有权指定刘某为首席仲裁员

D. 本案仲裁庭的组成合法

⑨ 1403099

B市的京发公司与T市的蓟门公司签订了一份海鲜买卖合同，约定交货地在T市，并同时约定"涉及本合同的争议，提交S仲裁委员会仲裁。"京发公司收货后，认为海鲜等级未达到合同约定，遂向S仲裁委员会提起解除合同的仲裁申请，仲裁委员会受理了该案。在仲裁规则确定的期限内，京发公司选定仲裁员李某作为本案仲裁庭的仲裁员，蓟门公司未选定仲裁员，双方当事人也未共同选定第三名仲裁员，S仲裁委主任指定张某为本

解析页码
137—138

案仲裁庭仲裁员、刘某为本案首席仲裁员，李某、张某、刘某共同组成本案的仲裁庭，仲裁委向双方当事人送达了开庭通知。开庭当日，蓟门公司未到庭，也未向仲裁庭说明未到庭的理由。仲裁庭对案件进行了审理并作出缺席裁决。在评议裁决结果时，李某和张某均认为蓟门公司存在严重违约行为，合同应解除，而刘某认为合同不应解除，拒绝在裁决书上签名。最终，裁决书上只有李某和张某的签名。S仲裁委员会将裁决书向双方当事人进行送达时，蓟门公司拒绝签收，后蓟门公司向法院提出撤销仲裁裁决的申请。关于本案的裁决书，下列表述正确的是？

A. 裁决书应根据仲裁庭中的多数意见，支持京发公司的请求
B. 裁决书应根据首席仲裁员的意见，驳回京发公司的请求
C. 裁决书可支持京发公司的请求，但必须有首席仲裁员的签名
D. 无论蓟门公司是否签收，裁决书自作出之日起生效

10 `1303096`

兴源公司与郭某签订钢材买卖合同，并书面约定本合同一切争议由中国国际经济贸易仲裁委员会仲裁。兴源公司支付100万元预付款后，因郭某未履约依法解除了合同。郭某一直未将预付款返还，兴源公司遂提出返还货款的仲裁请求，仲裁庭适用简易程序审理，并作出裁决，支持该请求。由于郭某拒不履行裁决，兴源公司申请执行。郭某无力归还100万元现金，但可以收藏的多幅字画提供执行担保。暂缓执行期满后郭某仍无力还款，法院在准备执行该批字画时，朱某向法院提出异议，主张自己才是这些字画的所有权人，郭某只是代为保管。

本案适用简易程序审理后，关于仲裁委员会和仲裁庭可以自行决定的事项，下列选项正确的是？

A. 指定某法院的王法官担任本案仲裁员
B. 由一名仲裁员组成仲裁庭独任审理
C. 依据当事人的材料和证据书面审理
D. 简化裁决书，未写明争议事实

二、模拟题

【多选】

11 `62304009`

甲公司与乙公司签订了一批货物买卖合同，约定因该合同履行产生纠纷交由A仲裁委员会仲裁。后乙公司拒不履行合同，甲公司向A仲裁委员会申请仲裁。关于仲裁庭的审理程序，下列哪些说法是正确的？

A. 若乙公司拟申请确认仲裁协议无效，应在仲裁庭首次开庭前提出
B. 若乙公司拟申请确认仲裁协议无效，应在仲裁庭首次开庭时提出
C. 甲公司收到书面开庭通知后无正当理由没有到庭，A仲裁委员会可以缺席裁决
D. 乙公司收到书面开庭通知后无正当理由没有到庭，A仲裁委员会可以缺席裁决

【不定项】

12 `62304039`

鑫旺公司与瑞丰公司签订医疗器械买卖合同，并约定如因合同履行发生纠纷，向C仲裁委员会申请仲裁。后因医疗器械质量不合格，鑫旺公司向C仲裁委申请仲裁。关于仲裁程序，下列表述正确的是？

A. 如双方达成和解协议，可以申请仲裁庭制作裁决书
B. 如双方达成和解协议，可以申请仲裁庭制作调解书
C. 如瑞丰公司收到书面开庭通知后无正当理由没有到庭，C仲裁委员会可以缺席裁决
D. 如鑫旺公司生产经营急需资金，可以向仲裁委申请先予执行

参考答案

[1]D　[2]D　[3]A　[4]D　[5]AB
[6]AD　[7]AD　[8]ABCD [9]AD　[10]B
[11]AD　[12]AC

第二十七章
司法与仲裁

一、历年真题及仿真题

（一）仲裁裁决的撤销

【单选】

1 `2002030`

甲市 A 区的张某与乙市 B 区的王某签订了房屋租赁合同，约定将丙市 C 区的房屋租赁给张某，同时约定因为本合同发生纠纷由甲市的某仲裁委员会仲裁，现在张某拒不支付租金，王某向仲裁委申请仲裁，仲裁委裁决张某向王某支付租金 10 万元。后张某向甲市中院申请撤销仲裁裁决，法院认为理由成立，裁定撤销仲裁裁决。此时王某可以何种方式救济？

A．向 C 区法院起诉

B．重新向甲市仲裁委申请仲裁

C．向甲市中院申诉，中院院长提交审委会决定对撤销仲裁裁决的裁定再审

D．向省检察院申请对该撤销仲裁裁决的裁定提出抗诉

【多选】

2 `2202018`

甲公司与乙公司约定仲裁解决双方间的纠纷，在仲裁委员会作出裁决后，甲公司认为乙公司隐瞒了重要证据导致仲裁裁决结果错误，遂申请撤销仲裁裁决，法院裁定准予撤销。关于本案，下列说法中正确的是？

A．仲裁裁决作出生效，而非送达生效

B．甲公司应向仲裁委员会所在地中院申请撤销

C．甲公司可以在收到裁决书 6 个月内申请撤销

D．裁决撤销后，甲公司可以就原纠纷向法院诉讼

3 `2102130`

甲省乙市的某仲裁委员会就 A 公司与 B 公司的买卖合同纠纷作出裁决。A 公司认为仲裁程序违反法律规定，向乙市中院申请撤销仲裁裁决。乙市中院合议庭经过审查后认为符合撤销条件，经过报核后作出撤销仲裁裁决的裁定。关于撤销仲裁裁决的裁定，下列说法正确的是？

A．B 公司对撤销仲裁裁决的裁定不服，可以申请省检察院抗诉

B．撤销裁决应当根据高院的审核意见作出

C．撤销裁决应当根据乙市审委会的审核意见作出

D．B 公司对撤销裁决不服的，可以就买卖合同纠纷另行起诉

4 `1802080`

广东雅诗有限公司（住所地在广州）与浙江新地贸易有限公司（住所地在杭州）于 2017 年 9 月 26 日签订《代理经销协议》及《补充协议》，协议中双方约定如产生纠纷，提交广州仲裁委员会仲裁解决。后在合同履行过程中，浙江新地贸易公司认为广东雅诗发送的产品不符合协议的约定，于 2018 年 2 月 1 日向雅诗公司发出通知解除《协议》。雅诗公司认为新地公司未能按照协议计划完成销售任务，违反了协议的约定。不同意退还新地公司的 50 万元的保证金。新地公司向广州仲裁委员会提出仲裁申请，广州仲裁委员会作出仲裁裁决，支持新地公司请求。雅诗公司向法院申请撤销仲裁。关于本案，下列说法正确的是？

A．雅诗公司应当向广州市中院或者杭州市中院申请撤销仲裁裁决

B．如中院认定不应撤销仲裁裁决，可以直接作出裁定

C．如中院认定应当撤销仲裁裁决，应当向高院报核，以高院审核意见为准作出裁定

D．如中院认定应当撤销仲裁裁决，应当向高院报核，高院拟同意的，应当向最高院报核

【不定项】

5 `1403100`

B 市的京发公司与 T 市的蓟门公司签订了一份海鲜买卖合同，约定交货地在 T 市，并同时约定"涉及本合同的争议，提交 S 仲裁委员会仲裁。"京发公司收货后，认为海鲜等级未达到合同约定，遂向 S 仲裁委员会提起解除合同的仲裁申请，仲裁

解析页码

140—141

委员会受理了该案。在仲裁规则确定的期限内，京发公司选定仲裁员李某作为本案仲裁庭的仲裁员，蓟门公司未选定仲裁员，双方当事人也未共同选定第三名仲裁员，S仲裁委主任指定张某为本案仲裁庭仲裁员、刘某为本案首席仲裁员，李某、张某、刘某共同组成本案的仲裁庭，仲裁委向双方当事人送达了开庭通知。开庭当日，蓟门公司未到庭，也未向仲裁庭说明未到庭的理由。仲裁庭对案件进行了审理并作出缺席裁决。在评议裁决结果时，李某和张某均认为蓟门公司存在严重违约行为，合同应解除，而刘某认为合同不应解除，拒绝在裁决书上签名。最终，裁决书上只有李某和张某的签名。S仲裁委员会将裁决书向双方当事人进行送达时，蓟门公司拒绝签收，后蓟门公司向法院提出撤销仲裁裁决的申请。关于蓟门公司撤销仲裁裁决的申请，下列表述正确的是?

A. 蓟门公司应向S仲裁委所在地中院提出申请

B. 法院应适用普通程序审理该撤销申请

C. 法院可以适用法律错误为由撤销S仲裁委的裁决

D. 法院应以缺席裁决违反法定程序为由撤销S仲裁委的裁决

（二）仲裁裁决的执行与不予执行

【多选】

⑥ 1802085

2010年3月，甲方将某幕墙工程承包给了乙方，乙方指派丙方为项目经理。工程竣工验收合格交付后的两年，丁方以实际施工人的身份，依据甲方、丙方、丁方签订的《关于补充协议的付款情况说明》向某仲裁委员会申请仲裁，要求甲方支付工程尾款900万元。2017年9月，某仲裁委仲裁以丁方系实际施工人为由，裁决甲方支付给丁方工程尾款900万元。由于甲方没有按时履行义务，丁方申请执行仲裁裁决。乙方知道后，欲通过相关法律途径维护自己权益。关于本案说法正确的是?

A. 丁方申请执行仲裁裁决，该仲裁裁决只能由相应中院来执行

B. 如甲方提出不予执行仲裁裁决申请，法院应组成合议庭审查

C. 乙方作为案外人，只可以提出执行行为异议，不能提出不予执行仲裁裁决申请

D. 乙方作为案外人，既可以提出执行行为异议，也可以提出不予执行仲裁申请

【不定项】

⑦ 1603100

甲市L区居民叶某购买了住所在乙市M区的大亿公司开发的位于丙市N区的商品房一套，合同中约定双方因履行合同发生争议可以向位于丙市的仲裁委员会（丙市仅有一家仲裁机构）申请仲裁。因大亿公司迟迟未按合同约定交付房屋，叶某向仲裁委员会申请仲裁。大亿公司以仲裁机构约定不明，向仲裁委员会申请确认仲裁协议无效。经审查，仲裁委员会作出了仲裁协议有效的决定。在第一次仲裁开庭时，大亿公司声称其又向丙市中级法院请求确认仲裁协议无效，申请仲裁庭中止案件审理。在仲裁过程中仲裁庭组织调解，双方达成了调解协议，仲裁庭根据协议内容制作了裁决书。后因大亿公司不按调解协议履行义务，叶某向法院申请强制执行，而大亿公司则以调解协议内容超出仲裁请求为由，向法院申请不予执行仲裁裁决。大亿公司以调解协议超出仲裁请求范围请求法院不予执行仲裁裁决，法院正确的做法是?

A. 不支持，继续执行

B. 应支持，并裁定不予执行

C. 应告知当事人申请撤销仲裁裁决，并裁定中止执行

D. 应支持，必要时可通知仲裁庭重新仲裁

⑧ 1303097

兴源公司与郭某签订钢材买卖合同，并书面约定本合同一切争议由中国国际经济贸易仲裁委员会仲裁。兴源公司支付100万元预付款后，因郭某未履约依法解除了合同。郭某一直未将预付款返还，兴源公司遂提出返还货款的仲裁请求，仲裁庭适用简易程序审理，并作出裁决，支持该请求。

由于郭某拒不履行裁决，兴源公司申请执行。郭某无力归还 100 万元现金，但可以收藏的多幅字画提供执行担保。暂缓执行期满后郭某仍无力还款，法院在准备执行该批字画时，朱某向法院提出异议，主张自己才是这些字画的所有权人，郭某只是代为保管。

假设在执行过程中，郭某向法院提出异议，认为本案并非合同纠纷，不属于仲裁协议约定的纠纷范围。法院对该异议正确的处理方式是？

A. 裁定执行中止

B. 经过审理，裁定不予执行仲裁裁决的，同时裁定终结执行

C. 经过审理，可以通知仲裁委员会重新仲裁

D. 不予支持该异议

（三）综合知识点

【单选】

⑨ 1203050

甲公司因与乙公司的合同纠纷向某仲裁委员会申请仲裁，甲公司的仲裁请求得到仲裁庭的支持。裁决作出后，乙公司向法院申请撤销仲裁裁决。法院在审查过程中，甲公司向法院申请强制执行仲裁裁决。关于本案，下列哪一说法是正确的？

A. 法院对撤销仲裁裁决申请的审查，不影响法院对该裁决的强制执行

B. 法院不应当受理甲公司的执行申请

C. 法院应当受理甲公司的执行申请，同时应当告知乙公司向法院申请裁定不予执行仲裁裁决

D. 法院应当受理甲公司的执行申请，受理后应当裁定中止执行

⑩ 1103049

甲不履行仲裁裁决，乙向法院申请执行。甲拟提出不予执行的申请并提出下列证据证明仲裁裁决应不予执行。针对下列哪一选项：法院可裁定驳回甲的申请？

A. 甲、乙没有订立仲裁条款或达成仲裁协议

B. 仲裁庭组成违反法定程序

C. 裁决事项超出仲裁机构权限范围

D. 仲裁裁决没有根据经当事人质证的证据认定事实

【多选】

⑪ 1003086

甲公司因与乙公司合同纠纷申请仲裁，要求解除合同。某仲裁委员会经审理裁决解除双方合同，还裁决乙公司赔偿甲公司损失六万元。关于本案的仲裁裁决，下列哪些表述是正确的？

A. 因仲裁裁决超出了当事人请求范围，乙公司可申请撤销超出甲公司请求部分的裁决

B. 因仲裁裁决超出了当事人请求范围，乙公司可向法院提起诉讼

C. 因仲裁裁决超出了当事人请求范围，乙公司可向法院申请再审

D. 乙公司可申请不予执行超出甲公司请求部分的仲裁裁决

二、模拟题

【单选】

⑫ 62204110

大江市的秦大与小河市的罗二因货物运输发生纠纷，高山仲裁委作出仲裁裁决，要求罗二在收到裁决书之日起一个月内向秦大支付运输费 6 万元。罗二以收货单和欠条系秦大伪造的为由，向法院申请撤销仲裁裁决。关于本案，下列说法正确的是？

A. 罗二可以向大江市中院申请撤销仲裁裁决

B. 法院受理申请后，可通知仲裁庭重新仲裁

C. 罗二应当于裁决作出之日起 3 个月内提出撤销申请

D. 可由审判员一人对撤销仲裁裁决申请进行审查

⑬ 62304026

甲市 A 区的王某与乙市 B 区的李某签订家具买卖合同，约定若因履行合同发生纠纷，先由双方协商解决，协商不成的，可提交甲市仲裁委员会仲裁或 B 区法院诉讼。后因李某超期不给付尾款，王某向甲市仲裁委员会申请仲裁。双方参与仲裁庭审后，仲裁庭作出裁决。后李某以仲裁协议无效为由申请撤销仲裁裁决，同时向 B 区法院起诉，主张王某违约。关于本案，下列哪一表述是正确的？

解析页码
142—144

A. 甲市仲裁委员会有权对本案进行仲裁
B. 合同中达成的仲裁协议和管辖协议均属无效
C. 李某申请撤销仲裁裁决，法院应予准许
D. B区法院受理后应判决驳回李某诉讼请求

「刷够好题」阶段——觉晓必刷题系列

民事诉讼法

2024版
觉晓法考组　编著

法考必刷题

——民事诉讼法核心真题＋模拟解析

中国政法大学出版社

2024·北京

图书在版编目（CIP）数据

法考必刷题.民事诉讼法核心真题+模拟/觉晓法考组编著.—北京：中国政法大学出版社，2024.1
ISBN 978-7-5764-1159-1

Ⅰ.①法… Ⅱ.①觉… Ⅲ.①民事诉讼法－中国－资格考试－习题集 Ⅳ.①D920.4

中国国家版本馆 CIP 数据核字(2023)第 211571 号

出　版　者　　中国政法大学出版社

地　　　址　　北京市海淀区西土城路 25 号

邮寄地址　　北京 100088 信箱 8034 分箱　　邮编 100088

网　　　址　　http://www.cuplpress.com (网络实名：中国政法大学出版社)

电　　　话　　010-58908285(总编室) 58908433 （编辑部） 58908334(邮购部)

承　　　印　　重庆天旭印务有限责任公司

开　　　本　　787mm×1092mm　　1/16

印　　　张　　15.75

字　　　数　　402 千字

版　　　次　　2024 年 1 月第 1 版

印　　　次　　2024 年 1 月第 1 次印刷

定　　　价　　55.00 元（全两册）

CSER 高效学习模型

觉晓坚持每年组建"名师 + 高分学霸"教学团队，按照 Comprehend（讲考点→理解）→ System（搭体系→不散）→ Exercise（刷够题→会用）→ Review（多轮背→记住）学习模型设计教学产品，让你不断提高学习效果。

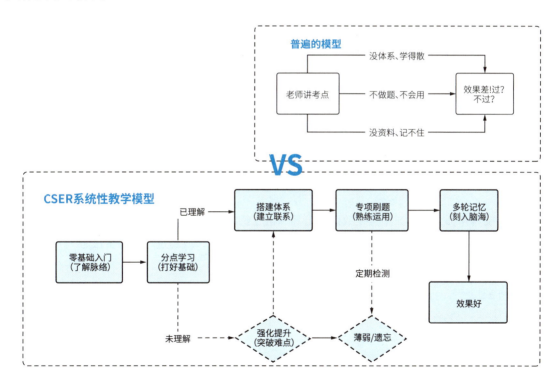

前面理解阶段跟名师，但后面记忆应试阶段，"高分学霸"更擅长，这样搭配既能保证理解，又能应试；时间少的在职考生可以直接跟"学霸"学习高效应试。

同时，知识要成体系性，后期才能记住，否则学完就忘！因此，觉晓有推理背诵图（推背图）、诉讼流程图等产品，辅助你建立知识框架体系，后期可以高效复习！

坚持数据化学习

觉晓已经实现听课、刷题、模考、记忆全程线上化学习。在学习期间，觉晓会进行数据记录，自2018年APP上线，觉晓已经积累了上百万条数据，并有十多万过线考生的精准学习数据。

觉晓有来自百度、腾讯、京东等大厂的AI算法团队，建模分析过线考生与没过线考生的数据差异，建立**"过考模型"**，其应用层包括：

1. **精准的数据指标，**让你知道过线每日需要消耗的"热量、卡路里"，有标准，过线才稳！

2. **按照数据优化教学产品，**一些对过线影响不大的科目就减少知识点，重要的就加强；**课时控制，留够做题时间，**因为中后期做题比听课更重要！

3. **精准预测分数，**实时检测你的数据，对比往年相似考生数据模型，让你知道，你这样学下去，最后会考多少分！

4. **AI智能推送，**根据过线数据模型推送二轮课程和题目，精准且有效地查漏补缺，让你的时间花得更有价值！

注：觉晓每年都会分析当年考生数据，出具一份完整的通过率数据分析报告，包括"客观题版""主客一体版""主观题二战版"，可以在微信订阅号"sikao411"，或通过"蒋四金法考""觉晓法考"微博获取。

第一章
民诉法概述

参考答案

[1]C [2]C

一、历年真题及仿真题*

民诉法概述

【单选】

① 1103035

【简单】答案：C。

解析：本题考查民事诉讼法的性质。民事诉讼法是基本法（地位）、部门法（关系）、程序法（内容）、公法（公私法划分）。

A项：根据调整的社会关系分类，民事诉讼法应该是部门法（部门法都有一个独立的调整对象，如民事诉讼法就是专门调整民事诉讼关系）。A项错在前半句和后半句不对应，一方面，根据其调整的社会关系分类，民事诉讼法是部门法而非程序法；另一方面，民事诉讼法属于程序法是根据规定的内容进行划分的，而非根据调整的社会关系划分的。因此，A项错误。

B项：根据民事诉讼法在法律体系中的地位，民事诉讼法应该是基本法（仅次于根本法《宪法》）。B项错在前半句和后半句不对应，一方面，根据其在法律体系中的地位，民事诉讼法是基本法而非程序法；另一方面，民事诉讼法是程序法是根据规定的内容进行划分的，而非根据其在法律体系中的地位进行划分的。因此，B项错误。

C项：根据规定的内容进行划分，由于民事诉讼法规定的是程序问题，故属于程序法（与之相对的是实体法，如《民法典》）。因此，C项正确。

D项：根据公法与私法的划分标准，民事诉讼法属于公法（与之相对的是私法，如《民法典》《公司法》）。由于民事诉讼法涉及国家审判权的行使，故属于公法调整的范围。（补充：三大诉讼法均为

公法）。D项同样属于前后不对应。因此，D项错误。

综上所述，本题答案为C项。

二、模拟题

【单选】

② 51904019

【较简单】答案：C。

解析：A项：民事主体可以在和解、调解、仲裁及诉讼等纠纷解决方式中自行选择，民事诉讼在适用上并不具有优先效力。因此，A项错误。

B项：和解协议并不具有强制执行效力，如果纠纷主体对和解协议不满，其仍可以提起民事诉讼。因此，B项错误。

C项：和解和调解不需要按照预先设定好的程序进行，当事人可以就民事纠纷自行协商或在第三方的组织下协商，没有严格的法定程序；仲裁和民事诉讼都需要按照预先设定的程序进行，具有严格的法定程序。因此，C项正确。

D项：和解、调解和仲裁的适用需要体现纠纷主体双方的自愿性，但是诉讼属于公力救济方式，只需原告依单方意思表示依法提起诉讼即可。因此，D项错误。

综上所述，本题答案为C项。

---

*　注：下列题号对应觉晓APP的题号规则。本书中以18~23开头的题号均为2018年~2023年的仿真题。

第二章
民诉的基本制度和原则

[1]A	[2]D	[3]C	[4]C	[5]C
[6]D	[7]A	[8]C	[9]B	[10]A
[11]A	[12]C	[13]C	[14]AD	[15]D
[16]B	[17]ABC	[18]C	[19]D	

一、历年真题及仿真题

（一）民诉基本原则

【单选】

1 `2202116`

【简单】答案：A。

解析：本题考查的是在线诉讼与线下诉讼具有同等效力原则的适用。

ABCD项：部分当事人同意适用在线诉讼，部分当事人不同意的，相应诉讼环节可以采取同意方当事人线上、不同意方当事人线下的方式进行。故A项表述是正确的。B项错在"本案只能线下"，因为本案可以采取同意方田某线上、不同意方朴某线下的方式进行。C项错在"应当线上审理"，因为在线诉讼需要当事人同意，不能强迫不同意方朴某线上开庭。D项错在"裁定驳回起诉"的做法，法院无需驳回起诉。因此，A项正确，BCD项错误。

综上所述，本题答案为A项。

2 `2202001`

【简单】答案：D。

解析：本题考查在线诉讼与线下诉讼具有同等效力原则。经当事人同意，民事诉讼活动可以通过信息网络平台在线进行。部分当事人同意适用在线诉讼，部分当事人不同意的，相应诉讼环节可以采取同意方当事人线上、不同意方当事人线下的方式进行。

ABCD项：本题中，部分当事人（甲）同意适用在线诉讼，部分当事人（乙）不同意，法院可以采取同意方当事人（甲）线上、不同意方当事人

（乙）线下的方式进行，而不是直接因为乙不同意在线诉讼而判决乙败诉。法院的这种做法违反了在线诉讼与线下诉讼具有同等效力原则。因此，D项正确，ABC项错误。

综上所述，本题答案为D项。

【注意】23年考试大纲将"在线诉讼原则"更名为"在线诉讼与线下诉讼具有同等效力原则"，仅涉及名称更改，实质内容没有变化。

3 `1403037`

【简单】答案：C。

解析：A项：根据《民事诉讼法》第115条的规定："当事人之间恶意串通，企图通过诉讼、调解等方式侵害国家利益、社会公共利益或者他人合法权益的，人民法院应当驳回其请求，并根据情节轻重予以罚款、拘留；构成犯罪的，依法追究刑事责任。当事人单方捏造民事案件基本事实，向人民法院提起诉讼，企图侵害国家利益、社会公共利益或者他人合法权益的，适用前款规定。"据此，当事人以欺骗的方法形成不正当诉讼状态是不符合诚信原则的。因此，A项错误。

B项：根据《民事诉讼法》第13条第1款的规定："民事诉讼应当遵循诚信原则。"民事诉讼中，诚信原则不仅约束当事人，还约束法院与其他诉讼参与人，要求法院在行使审判权过程中要公正、合理。要求证人应当如实作证，要求鉴定人应当如实出具鉴定意见。而证人故意提供虚假的证言显然不符合诚信原则的要求。因此，B项错误。

CD项：根据《民事诉讼法》第68条的规定："当事人对自己提出的主张应当及时提供证据。人民法院根据当事人的主张和案件审理情况，确定当事人应当提供的证据及其期限。当事人在该期限内提供证据确有困难的，可以向人民法院申请延长期限，人民法院根据当事人的申请适当延长。当事人逾期提供证据的，人民法院应当责令其说明理由；拒不说明理由或者理由不成立的，人民法院根据不同情形可以不予采纳该证据，或者采纳该证据但予以训诫、罚款。"法院对当事人提供的证据采信与否是根据案件的审理情况来确定的，并非进行任意取舍或否定，所以就是要求法院遵守诚信原则，根据法律和事实来对案件作出公正

的判决，而不是枉法裁判。因此，C项正确，D项错误。

综上所述，本题答案为C项。

④ 1403035

【简单】答案：C。

解析：A项：根据《民事诉讼法》第14条的规定："人民检察院有权对民事诉讼实行法律监督。"检查监督原则是指人民检察院在对生效裁判提出抗诉或对生效裁判、审判人员的违法行为、执法活动的法律监督提出检察建议的一种原则。监督的对象是人民法院及其工作人员行使审判权和执行权的行为。该项原则涉及对象较窄，并不体现法律面前人人平等原则。因此，A项错误。

B项：根据《民事诉讼法》第13条第1款的规定："民事诉讼应当遵循诚信原则。"诚信原则是指在民事诉讼过程中任何诉讼参与人都应当诚实信用，包括当事人应诚实、善意地进行诉讼，不得滥用权力或权利；法院在行使民事审判权的过程中应当公正、合理；证人应当如实作证；鉴定人应当如实出具鉴定意见等。该条规定并没有体现人人平等。因此，B项错误。

C项：根据《民事诉讼法》第8条的规定："民事诉讼当事人有平等的诉讼权利。人民法院审理民事案件，应当保障和便利当事人行使诉讼权利，对当事人在适用法律上一律平等。"当事人诉讼权利平等原则是指当事人在民事诉讼中平等地享有诉讼权利、平等地履行诉讼义务。人民法院审理民事案件，应当保障和便利当事人行使诉讼权利，对当事人在适用法律上一律平等。而法律面前人人平等原则是指人人平等地享有法律规定的权利和承担法律义务，不允许任何人享有超越法律的特权。该原则的侧重点在于强调平等地享有权利与履行义务，在民事诉讼规范中则体现为当事人诉讼权利平等。因此，C项正确。

D项：根据《民事诉讼法》第5条的规定："外国人、无国籍人、外国企业和组织在人民法院起诉、应诉，同中华人民共和国公民、法人和其他组织有同等的诉讼权利义务。外国法院对中华人民共和国公民、法人和其他组织的民事诉讼权利加以限制的，中华人民共和国人民法院对该国公民、

企业和组织的民事诉讼权利，实行对等原则。"同等原则是指外国人、无国籍当事人在中国参加民事诉讼享有和中国当事人相同的诉讼权利义务。对等原则是指如果外国法院对我国当事人的诉讼权利义务加以限制的，我国实行对等原则，对该国当事人进行同样限制。这两项原则体现了外国人和无国籍人与中国当事人之间的权利平等，但是同等原则和对等原则仅针对外国人和无国籍人，并不涉及无差别主体的权利平等，并没有最体现法律面前人人平等原则。因此，D项错误。

综上所述，本题答案为C项。

⑤ 1303045

【较简单】答案：C。

解析：本题考查的是民事诉讼基本原则中的同等原则、平等原则、处分原则和支持起诉原则。

A项：当事人诉讼权利平等原则，是指法院居中裁判，平等对待双方当事人。诉讼权利平等原则适用的主体对象应当是诉讼中的当事人。而同等原则是指中国和外国当事人享有相同的诉讼权利，即"一视同仁"。其针对的是中国与外国当事人之间的关系，只适用于涉外民事诉讼。本题选项提到的"外国人与本国人享有相同的权利义务"属于同等原则，而非平等原则。因此，A项错误。

B项：本选项涉及辩论原则与处分原则的区别。法院的判决超出当事人提出的诉讼请求属于违反处分原则，法院的判决超出当事人主张的事实属于违反辩论原则。本题选项提到的"法院未根据当事人的自认进行事实认定"，违反的是辩论原则而非处分原则。因此，B项错误。

C项：处分原则，是指当事人可以在法律规定的范围内行使自己的民事权利和诉讼权利。即对于是否行使权利、怎么行使权利，当事人可以"自己说了算"。而本题选项中"当事人变更诉讼请求"正是处分自己民事权利和诉讼权利的体现，所以体现的是处分原则。因此，C项正确。

D项：支持起诉原则，是指在法律规定的机关或者组织提起公益诉讼时，人民检察院可以支持起诉。该原则的适用主体是人民检察院，而非环保组织。环保组织提起公益诉讼是环保组织行使自身诉权的体现。故本题选项中"环保组织向法院

提起公益诉讼"并没有体现支持起诉原则。因此，D 项错误。

综上所述，本题答案为 C 项。

⑥ 1103038

【简单】答案：D。

解析：A 项：根据《民事诉讼法》第 13 条第 2 款的规定："当事人有权在法律规定的范围内处分自己的民事权利和诉讼权利。"本题中，当事人有权决定是否委托代理人代为进行诉讼，是指当事人有委托代理人的决定权，是当事人对自己程序权利的处分，这体现了处分原则。因此，A 项错误。

B 项：当事人均有权委托代理人代为进行诉讼，是指双方当事人都平等地享有委托代理人的权利，体现的是平等原则而不是处分原则。（注意 B 项里面有个"均"字，强调的是当事人都有该权利，地位相等，权利相同，所以体现的是平等原则。如果去掉"均"字，体现的就是处分原则。）因此，B 项错误。

C 项：同等原则指外国人、无国籍人在中国参加民事诉讼有和中国当事人相同的诉讼权利义务。而当事人在诉讼权利上的平等，表现为两种情况：一是当事人的某些诉讼权利都是相同的，如原告和被告都享有委托代理、申请回避等诉讼权利；二是当事人的某些诉讼权利是相对的，如原告享有提出诉讼请求的权利，被告则享有反驳原告诉讼请求的权利。本选项体现的是平等原则而不是同等原则。因此，C 项错误。

D 项：根据《民事诉讼法》第 9 条的规定："人民法院审理民事案件，应当根据自愿和合法的原则进行调解；调解不成的，应当及时判决。"据此，经法院调解达成的调解协议应当是当事人自愿的，并且协议内容合乎法律规定。因此，D 项正确。

综上所述，本题答案为 D 项。

【不定项】

⑦ 1003097

【较简单】答案：A。

解析：本题考查的是民事诉讼基本原则中的处分原则、辩论原则、当事人诉讼权利平等原则和同

等原则。

AB 项：根据丙的表述，甲、乙的诉讼请求不包括给付利息，但是一审法院的判决内容是"丙支付甲、乙租金及利息共计 10,000 元"，包括了给付租金和给付利息两个内容，即一审法院的判决内容超出了原告甲、乙的诉讼请求范围，故违反的是处分原则。因此，A 项正确。本案中，当事人各自陈述自己的主张和根据，并互相进行了反驳和答辩，同时法院判决被告支付利息也是建立在原告所主张的借款事实以及被告违约的事实之上的，并未依据原告未主张的事实作出判决，并没有违反辩论原则。因此，B 项错误。

CD 项：当事人诉讼权利平等原则是指民事诉讼当事人具有平等的诉讼权利，人民法院审理民事案件，应当平等地保障当事人行使诉讼权利。同等原则是指外国人、无国籍人、外国企业和组织在人民法院起诉、应诉，同中华人民共和国公民、法人和其他组织有同等的诉讼权利义务。本题没有体现当事人诉讼权利不平等的情况，也没有涉及涉外诉讼所涉及的同等原则。因此，CD 项错误。

综上所述，本题答案为 A 项。

（二）民诉基本制度

【单选】

⑧ 2302004

【简单】答案：C。

解析：本题考查发回重审案件的程序适用和审判组织形式。发回重审案件适用一审普通程序审理，须另行组成合议庭且人民陪审员可以担任合议庭组成人员。

ABCD 项：本案中，一审适用简易程序独任审理，二审法院裁定发回重审，应适用普通程序审理且需要另行组成合议庭，即赵法官不能担任合议庭组成人员，但人民陪审员可以担任合议庭组成人员。因此，C 项正确，ABD 项错误。

综上所述，本案答案为 C 项。

【注意】发回重审只能适用合议制。

⑨ 2002106

【简单】答案：B。

解析：本题考查民事诉讼基本制度中的回避制度、

两审终审制度、合议制度和公开审判制度。

A项：在当事人提出回避申请后，法院在三日内作出决定是否回避。若申请人对法院的决定不服，可以在接到决定时向同级法院申请复议一次。复议期间，被申请回避的人员，不停止参与本案的工作。（区别：回避决定作出前，被申请回避的人员需暂停本案工作。）因此，A项正确，不当选。

B项：两审终审的例外不只包括非讼案件，如最高人民法院审理案件作出的判决、裁定也是一审终审。因此，B项错误，当选。

C项：简易程序案件适用独任制审理，而独任制适用范围为：全部简易程序＋部分普通程序＋部分非讼程序。如适用公示催告程序审理案件，可由审判员一人独任审理；实现担保物权案件，可以由审判员一人独任审理。故独任审理的并不一定都是简易程序案件。因此，C项正确，不当选。

D项：民事诉讼中离婚案件属于依申请不公开的案件，故关于民事诉讼中离婚案件是否公开审理，当事人享有处分权。因此，D项正确，不当选。

综上所述，本题为选非题，答案为B项。

⑩ 1802042

【简单】答案：A。

解析：本题考查回避制度和合议制度。

A项：回避的原因包括内在原因、外在行为和参与过前序审理程序。其中，内在原因即被申请回避人与案件有利害关系，如当事人及其代理人的近亲属；担任过本案证人、鉴定人、辩护人、诉讼代理人、翻译人员等。本案中，陪审员乔某属于审判人员，且乔某是被告的表弟。关于表弟是否应当认定为近亲属：因为回避制度本身就是涉及廉洁公正性的问题，所以只要有可能损害公正审判的，都应该适用回避；再结合回避的证明标准问题，只要达到较大可能性的标准，即认定成立。可见，对于回避中的近亲属，也应做广义上的理解。据此乔某属于本案被告的近亲属，故刘某的回避理由成立。因此，A项正确。

B项：关于回避的决定，文书上署名的（审判人员＋书记员）由院长决定；院长担任审判长或者独任审判员时的回避，由审判委员会决定；其他人员的回避，由审判长或者独任审判员决定。本题中刘某申请陪审员乔某回避，陪审员属于审判人员，其回避应由院长决定，而非由审判长决定。因此，B项错误。

C项：对回避决定的救济方式应当是复议而非上诉，故刘某对法院作出的回避决定不服，只能申请复议而不能上诉。因此，C项错误。

D项：发回重审的案件，原审人民法院应当按照第一审程序另行组成合议庭。人民陪审员可以参加的案件范围为一审＋诉讼类案件，一审包括初次审理，也包括发回重审和适用一审程序的再审。由此，发回重审按照第一审程序另行组成合议庭，而一审普通程序合议庭组成人员中仍然可以有人民陪审员。因此，D项错误。

综上所述，本题答案为A项。

⑪ 1503036

【简单】答案：A。

解析：A项：根据《民事诉讼法》第48条第1款的规定："当事人提出回避申请，应当说明理由，在案件开始审理时提出；回避事由在案件开始审理后知道的，也可以在法庭辩论终结前提出。"许某开庭后才知道丙与被告法定代表人是亲兄弟，可以在法庭辩论终结前提出回避申请。因此，A项正确。

B项：根据《民事诉讼法》第48条第2款的规定："被申请回避的人员在人民法院作出是否回避的决定前，应当暂停参与本案的工作，但案件需要采取紧急措施的除外。"法院对回避申请作出决定前，丙应停止参与本案审理。因此，B项错误。

C项：根据《民事诉讼法》第49条的规定："院长担任审判长或者独任审判员时的回避，由审判委员会决定；审判人员的回避，由院长决定；其他人员的回避，由审判长或者独任审判员决定。"丙是人民陪审员，属于审判人员的范畴（审判人员包括审判员与人民陪审员），其回避应由院长决定。因此，C项错误。

D项：根据《民事诉讼法》第50条的规定："人民法院对当事人提出的回避申请，应当在申请提出的三日内，以口头或者书面形式作出决定。申请人对决定不服的，可以在接到决定时申请复议一次。复议期间，被申请回避的人员，不停止参与本案的工作。人民法院对复议申请，应当在三日内作出复议决定，并通知复议申请人。"法院作出回避决定后，许某不服可以复议，但不能对此提出上诉。因此，D项错误。

【注意】被申请回避的人员是否停止参与本案工作：回避决定作出前应当停，驳回回避申请后的复议期间不停止。

综上所述，本题答案为A项。

12 `1203036`

【简单】答案：C。

解析：本题考查公开审判制度。公开审判制度的例外包括法定不公开（涉及国家秘密、个人隐私的案件）及依申请不公开（涉及商业秘密的案件；离婚案件）。不公开审判≠不开庭审理，一审必须开庭审理。无论是否公开审理案件，合议庭评议一律不公开，宣判一律公开。

A项：本案属于商业秘密案件，属于依申请不公开审理的情形，但并非只有双方当事人共同申请不公开审理才能不公开审理。只要一方当事人申请即可满足不公开审理的条件。因此，A项错误。

BCD项：人民法院对公开审理或者不公开审理的案件，一律公开宣告判决。虽然本题属于商业秘密案件，属于依申请不公开审理的民事案件，但是宣判应当公开。因此，C项正确，BD项错误。

综上所述，本题答案为C项。

13 `1003037`

【简单】答案：C。

解析：ABD项：根据《民事诉讼法》第49条的规定："院长担任审判长或者独任审判员时的回避，由审判委员会决定；审判人员的回避，由院长决定；其他人员的回避，由审判长或者独任审判员决定。"A项中，在审判人员担任审判长时，由院长决定是否回避。只有在院长担任审判长时，才由审委会决定是否回避。B项中，陪审员也属于审判人员，故陪审员的回避应当由院长决定。D项中，翻译人员属于其他人员，不属于审判人员，故应该由审判长或独任审判员决定翻译人员的回避，而非合议庭。因此，ABD项错误。

C项：根据《民事诉讼法》第50条的规定："人民法院对当事人提出的回避申请，应当在申请提

出的三日内，以口头或者书面形式作出决定。申请人对决定不服的，可以在接到决定时申请复议一次。复议期间，被申请回避的人员，不停止参与本案的工作。人民法院对复议申请，应当在三日内作出复议决定，并通知复议申请人。"故复议期间，被申请回避的人员不停止参与本案的工作。因此，C项正确。

综上所述，本题答案为C项。

【多选】

14 `1802114`

【较简单】答案：A，D。

解析：本题考查回避制度。关于回避的决定，文书上署名的（审判人员＋书记员）由院长决定；院长担任审判长或者独任审判员时的回避，由审判委员会决定；其他人员的回避，由审判长或者独任审判员决定。

ACD项：本题中朱某申请陪审员唐某回避，陪审员属于审判人员，其回避应由院长决定。因此，A项正确。虽然唐某的回避应由院长决定，但是当事人并不一定就要向院长提出申请，可以直接向合议庭提出，由合议庭报请院长决定陪审员唐某是否回避。因此，C项错误。当事人申请回避需要说明理由。因此，D项正确。

B项：关于回避决定的救济，若当事人申请回避，法院驳回了其回避申请，申请人可以申请复议一次。但被决定回避的人唐某不能申请复议，因为这是法院内部的工作安排，被决定回避的人员应当服从。因此，B项错误。

综上所述，本题答案为AD项。

（三）综合知识点

【单选】

15 `1603035`

【较简单】答案：D。

解析：AB项：根据《民事诉讼法》第41条第3、4款的规定："发回重审的案件，原审人民法院应当按照第一审程序另行组成合议庭。审理再审案件，原来是第一审的，按照第一审程序另行组成合议庭；原来是第二审的或者是上级人民法院提

审的，按照第二审程序另行组成合议庭。"故发回重审和再审审理的案件都应当组成合议庭，而不能由审判员独任审理。因此，AB 项错误。

C 项：根据《民事诉讼法》第 40 条第 2 款的规定："适用简易程序审理的民事案件，由审判员一人独任审理。基层人民法院审理的基本事实清楚、权利义务关系明确的第一审民事案件，可以由审判员一人适用普通程序独任审理。"由此，适用普通程序审理的案件适用独任制的条件：基层法院＋基本事实清楚、权利义务关系明确＋第一审。因此，C 项错误。

D 项：根据《民事诉讼法》第 185 条的规定："依照本章程序审理的案件，实行一审终审。选民资格案件或者重大、疑难的案件，由审判员组成合议庭审理；其他案件由审判员一人独任审理。"故选民资格案件虽然属于特别程序，但其仍适用合议庭审理。因此，D 项正确。

综上所述，本题答案为 D 项。

16 `1802039`

【简单】答案：B。

解析：ABCD 项：

根据《民事诉讼法》第 13 条第 2 款的规定："当事人有权在法律规定的范围内处分自己的民事权利和诉讼权利。"依据相关规定，法院的判决超出当事人提出的诉讼请求属于违反处分原则，法院的判决超出当事人主张的事实属于违反辩论原则。本案中，当事人提出的诉讼请求是要求对方支付租金，并没有提出利息和解除合同的诉求。法院的判决超出了当事人的诉讼请求，违反了处分原则。关于法院判决被告乙公司支付逾期利息，由于此判决仍然是基于乙公司违约的事实，并不是根据甲公司未主张的事实作出的，因此并不违反辩论原则。本题题干中并未涉及公开审判与两审终审制度。因此，ACD 项错误，B 项正确。

综上所述，本题答案为 B 项。

【多选】

17 `1003088`

【中等】答案：A，B，C。

解析：A 项：根据《民事诉讼法》第 13 条第 2 款

的规定："当事人有权在法律规定的范围内处分自己的民事权利和诉讼权利。"本案中，一审只提到了王某提起离婚诉讼，而一审的判决也仅仅是对王某要求解决的婚姻关系问题作了判决，但是二审判决却处理了三个问题：判决离婚、判决财产分割以及子女抚养，超出了原告的诉讼请求，故二审判决违反了处分原则。因此，A 项正确。

B 项：根据《民事诉讼法》第 12 条的规定："人民法院审理民事案件时，当事人有权进行辩论。"辩论原则是指法院的审判权行使范围受当事人辩论的约束，根据约束性辩论原则的要求，法院就原被告没有主张的事实作为裁判依据，即超出了当事人主张的事实进行裁判的行为，违反辩论原则。本案中，王某并未对财产分割与子女抚养提出主张，若要处理财产分割和子女抚养费问题，需要对相关财产状况和子女生活状况等事实进行认定（如哪些是夫妻共同财产，哪些是夫妻一方的财产，有几个孩子，孩子是否成年等等），原告只主张解除婚姻关系，并没有主张财产分割和子女抚养，自然只是对婚姻关系事实进行了主张，法院的裁判显然超出了当事人主张的事实范围，擅自以当事人未加主张的事实（即财产状况和子女生活状况）作为裁判依据，违反了辩论原则。因此，B 项正确。

C 项：根据《民诉法解释》第 327 条的规定："一审判决不准离婚的案件，上诉后，第二审人民法院认为应当判决离婚的，可以根据当事人自愿的原则，与子女抚养、财产问题一并调解；调解不成的，发回重审。双方当事人同意由第二审人民法院一并审理的，第二审人民法院可以一并裁判。"财产分割和子女抚养问题是一审判决没有处理的问题，当事人对此具有审级利益，二审却直接进行了判决。两审终审制意味着二审判决是终审判决，当事人不得通过上诉进行救济，因此当事人对财产分割和子女抚养问题不能再寻求上诉救济，法院的行为违反了两审终审制度。因此，C 项正确。

D 项：题干中没有涉及回避制度的情节。因此，D 项错误。

综上所述，本题答案为 ABC 项。

二、模拟题

【单选】

18 62304010

【中等】答案：C。

解析：A项：原告的诉讼请求仅是归还借款本金，法院却对借款本金和利息都进行了判决，该法院的判决超出了原告的诉讼请求，违反处分原则。因此，A项正确，不当选。

B项：检察院对法院提检察建议或抗诉，推动再审程序，纠正判决错误，是检察监督原则的体现。因此，B项正确，不当选。

C项：辩论权为当事人的专属权利，证人没有辩论权。证人出庭作证并非辩论原则的体现。因此，C项错误，当选。

D项：法院在线进行民事诉讼活动必须经过当事人同意，本案安某不同意在线进行证据交换，法院仍组织在线进行证据交换，违反了在线诉讼与线下诉讼具有同等效力原则。法院的正确处理方式应当为：对李某通过线上方式进行证据交换，对安某通过线下方式进行证据交换。因此，D项正确，不当选。

综上所述，本题为选非题，答案为C项。

19 62304011

【较简单】答案：D。

解析：A项：根据《民事诉讼法》第40条第2款的规定："适用简易程序审理的民事案件，由审判员一人独任审理。基层人民法院审理的基本事实清楚、权利义务关系明确的第一审民事案件，可以由审判员一人适用普通程序独任审理。"可知满足特定条件的普通程序也可以适用独任制。因此，A项错误。

B项：根据《民事诉讼法》第41条第2款的规定："中级人民法院对第一审适用简易程序审结或者不服裁定提起上诉的第二审民事案件，事实清楚、权利义务关系明确的，经双方当事人同意，可以由审判员一人独任审理。"所以中院也可能适用独任制审理。因此，B项错误。

C项：人民陪审员只参加适用一审程序审理的诉讼程序（包括发回重审和适用一审程序的再审），不能参加二审程序。因此，C项错误。

D项：根据《民事诉讼法》第185条的规定："依照本章程序审理的案件，实行一审终审。选民资格案件或者重大、疑难的案件，由审判员组成合议庭审理；其他案件由审判员一人独任审理。"故选民资格案件只能由审判员组成合议庭审理。因此，D项正确。

综上所述，本题答案为D项。

第三章 诉

参考答案

[1]A	[2]C	[3]A	[4]C	[5]C
[6]BD	[7]AB	[8]AB	[9]BD	[10]D
[11]B	[12]CD

一、历年真题及仿真题

（一）诉的要素

【单选】

1 2102118

【较简单】答案：A。

解析：本题考查诉的变更、合并、分立等概念。

A项：赵某以侵权为由起诉甲公司，诉讼中，赵某放弃侵权的主张，要求甲公司承担违约责任。显然，前者的请求权基础为侵权法律关系；后者的请求权基础为违约法律关系。诉讼标的发生了变化，则意味着诉发生了变化，诉讼标的的变更实际上是要求法院对一个新的民事法律关系进行裁判，故应当征得法院的准许。因此，A项正确。

B项：一事不再理是指前诉正在实体审理中或者裁判已经生效，重复起诉的，法院不予受理。本题中，原告是将诉进行了变更，即放弃了前诉，因此不存在前诉正在审理中或者判决已经生效的问题，并不妨碍法院对变更以后的诉进行审理。因此，B项错误。

C项：诉的合并是指法院将两个以上的诉合并到一个诉讼程序中予以审理，如普通共同诉讼即典型的诉的合并，即本来有两个以上独立的诉，但是为了提高诉讼效率，在征得当事人同意后合并审理。本题中，自始至终都只有一个诉，不存在诉的合并的问题。因此，C项错误。

D项：诉的分离是指将原来合并的诉拆开进行审理。例如，普通共同诉讼，本来是若干个独立的诉，最初为提高效率，在征得当事人同意的情形下进行合并审理。但在审理过程中发现合并审理会增加审理难度，故又将其分离。而本题只有一个诉，故不存在诉的分离的情形。因此，D项错误。

综上所述，本题答案为A项。

2 `2102099`

【简单】答案：C。

解析：本题考查诉讼标的和诉讼请求的关系。

ABCD项：诉讼标的是指当事人之间发生争议并请求法院作出裁判的实体法律关系。而诉讼请求是指基于诉讼标的，原告向法院提出的具体的要求。甲起诉乙要求支付本金100万元、利息2万元以及逾期还款的罚息10万元是三个具体的诉讼请求，但这三个诉讼请求都是基于甲和乙之间的借款合同关系这一诉讼标的。故本案中存在三个诉讼请求，但仅仅只有一个诉讼标的，即甲和乙之间的借款合同关系。因此，ABD项错误，C项正确。

综上所述，本题答案为C项。

3 `2002107`

【简单】答案：A。

解析：本题考查诉的要素。

AD项：本案中的诉讼标的是合同法律关系，原告张三在诉讼中仅变更了诉讼请求，诉讼标的没有发生变化。因此，A项正确，D项错误。

B项：在一审中，当事人可以在诉讼中变更诉讼请求，而不用另行起诉。因此，B项错误。

C项：张三在变更诉讼请求之后，仍然只有一个诉讼标的（且是原先的诉讼标的），故不存在诉的合并的空间。因此，C项错误。

综上所述，本题答案为A项。

4 `1103037`

【简单】答案：C。

解析：本题考查诉的要素。诉讼标的是指当事人

之间发生争执并要求法院作出裁判的民事权利义务关系，是法院裁判的对象。而诉讼请求是基于法律关系要求法院作出的特定判决，是当事人向法院提出的要求保护其合法权益的具体的请求。在一个诉讼中，诉讼标的有且只有一个，是不可变更的；但诉讼请求可以有多个，是可以变更的。

AB项：原告甲增加的诉讼请求仍基于房屋租赁关系，诉讼标的没变，不属于新的诉讼。因此，AB项错误。

C项：诉讼标的是房屋租赁关系，原先的诉讼请求是半年房租6000元，而后甲请求增加一个月的房租，这一请求依据的事实不同于半年房租依据的事实，所以属于增加诉讼请求。注意这里并非同一诉讼请求数额的变更（单纯改变半年房租的数额至7000元），而是增加了一个新的诉讼请求（要求增加一个月的房租）。因此，C项正确。

D项：本案中，原告甲增加房租的要求属于增加诉讼请求，法院可以合并审理，而非不予受理。这里其实还涉及增加诉讼请求的时间的问题，但本题中并没有特别说明设定了举证期且举证期届满，所以一般认为可以受理，合并审理。因此，D项错误。

综上所述，本题答案为C项。

（二）诉的分类

【单选】

5 `1303037`

【较简单】答案：C。

解析：本题考查诉的分类。

A项：只有"诉"才可以进行诉的分类。非讼程序根本谈不上诉的分类问题。申请法院确认无民事行为能力属于非诉程序，根本谈不上诉的分类（注意这是一个非常常见的陷阱点，考生要知道这种设坑方式）。因此，A项错误。

B项：宣告婚姻无效实为确认原被告之间不存在婚姻关系，而不是改变，属于确认之诉中的消极的确认之诉。宣告婚姻无效不是变更之诉，因为并不是消灭既存法律关系，消灭既存法律关系的前提是有一个有效的法律关系存在。而婚姻无效是自始无效、当然无效、绝对无效，也就是说周某与吴某之间从一开始就没有一个既存的婚姻关系。所

以，宣告婚姻无效并不是消灭婚姻法律关系，而是确认该婚姻关系不存在。因此，B 项错误。

C 项：张某主张的离婚损害赔偿，属于请求被告向其履行给付赔偿的诉讼，是为给付之诉。因此，C 项正确。

D 项：本案中，当事人之间的给付权利义务已经存在，将抚养费增加，实际上原告女儿是希望通过诉讼变更与母亲之间抚养法律关系的内容，实为改变既存的法律关系，应为变更之诉，而非给付之诉。注意，如果只说明"请求支付抚养费"是给付之诉，但请求将抚养费增加到每月 2000 元是变更（形成）之诉，因为原告请求变更抚养费的数额，是对抚养法律关系内容的变更，属于变更之诉。因此，D 项错误。

综上所述，本题答案为 C 项。

【多选】

⑥ 2102127

【较简单】答案：B,D。

解析：本题考查诉的分类。

AB 项：本题中，甲向法院提起诉讼请求确认合同解除，其本质不是通过判决解除合同，而是要求法院对合同已经解除的状态予以确认，属于确认之诉。因此，A 项错误，B 项正确。

CD 项：甲书面通知乙要求解除合同，自该书面通知到达乙时（即自乙收到解除书面通知时）合同解除，而非自一审判决生效时合同解除。因此，C 项错误，D 项正确。

综上所述，本题答案为 BD 项。

【注意】一方当事人主张解除合同的，合同自通知到达对方时解除，没有通知对方的，自起诉状副本送达对方时解除。因此，当事人向法院起诉解除合同只是要求法院确认合同解除的状态，并不是要求法院通过生效判决来解除合同。故而向法院起诉请求解除合同属于确认之诉。

（三）反诉

【多选】

⑦ 1303080

【中等】答案：A,B。

解析：本题考查反诉。反诉要求主体同一（反诉的当事人应当限于本诉的当事人的范围）、管辖同一，且本反诉之间有牵连关系（反诉与本诉的诉讼请求基于相同法律关系或具有因果关系或基于相同事实）。

A 项：反诉要求主体具有同一性，即由本诉被告向本诉原告提起诉讼。因此，A 项正确。

B 项：本反诉应当适用同一种诉讼程序审理。因此，B 项正确。

C 项：提出反诉的时间为在案件受理之后，一审法庭辩论结束前。因此，C 项错误。

D 项：反诉的一大特征在于本诉与反诉具有牵连关系。从理论上讲，这种牵连关系可以是基于相同法律关系，也可以是有因果关系或基于相同事实。故表述"必须基于同一法律关系"是错误的，过于片面。因此，D 项错误。

综上所述，本题答案为 AB 项。

⑧ 1203080

【较简单】答案：A,B。

解析：本题考查反诉。反诉要求主体同一（反诉的当事人应当限于本诉的当事人的范围）、管辖同一，且本反诉之间有牵连关系（反诉与本诉的诉讼请求基于相同法律关系或具有因果关系或基于相同事实）。反诉是一个独立的诉，法院可以将本诉和反诉合并审理。

A 项：反诉必须向受理本诉的法院提出，否则在不同的两个法院分别审理两个诉，不仅会造成诉讼资源的浪费，增加当事人的诉讼负担，同时可能出现法院的裁判冲突的情形。此外，反诉要求管辖法院即本诉法院对反诉的案件也有管辖权，而本诉法院可以通过法律规定或牵连管辖获得反诉案件的管辖权。（牵连管辖也叫合并管辖，指对某一个案件有管辖权的法院，因本院无管辖权的另一案件与本案存在牵连关系，而对两起案件一并管辖。反诉与本诉之间存在牵连关系，可以使用牵连管辖。）因此，A 项正确。

B 项：反诉具有独立性，即使本诉撤销，反诉作为一个独立存在之诉也不受影响；反之反诉也可独立撤销，本诉同时不受影响。因此，B 项正确。

C 项：本、反诉相互独立，反诉成立并不一定产生本诉诉讼请求被驳回的法律后果。因此，C项错误。

D项：本诉和反诉的当事人具有同一性，反诉的当事人应当限于本诉的当事人的范围。但是双方的诉讼地位并不相同，本诉与反诉的当事人是诉讼地位互换，比如甲在本诉中是原告，在反诉中就是被告，诉讼地位是不同的。因此，D项错误。

综上所述，本题答案为AB项。

9 `1203100`

【中等】答案：B，D。

解析：本题考查反诉、反诉与反驳的区别。反诉与反驳的区别在于本诉撤诉后，被告的主张能否独立成诉，能独立成诉的是反诉，不能独立成诉的是反驳。

A项：作为本诉被告的赵刚所称"以玉石清偿李强借款"是向作为本诉原告的李强提出的，主张偿还了借款自然是承认了借款的存在，所以不构成反驳，这其实是为了证明二人之间存在买卖合同关系。要求确认两人存在买卖合同关系是一个独立的诉，且与本诉有牵连，所以构成反诉，不构成反驳。因此，A项错误。

BCD项：是否反诉和起诉由被告决定，反诉和起诉均是当事人的诉讼权利，当事人有权处分：如果被告就此提起反诉，法院可以就反诉和本诉合并审理；如果被告没有提出反诉，也可以就此另行起诉。故当事人可以选择两种方式维护自己的合法权益。因此，C项错误，BD项正确。（B项的表述有瑕疵，和D有点矛盾了，严格来说，B项中"应当"应改为"可以"，因为还可以另行起诉。但司法部公布的答案是BD，因此这里知道知识点即可。）

综上所述，本题答案为BD项。

（四）综合知识点

【单选】

10 `1503037`

【简单】答案：D。

解析：本题考查诉的要素和诉的分类。确认之诉，是指原告请求法院确认与被告之间是否存在某种

民事法律关系的诉。给付之诉，是指原告请求法院判令被告向其履行某种特定给付义务的诉讼。变更之诉，又称形成之诉，是指原告请求法院以判决改变或消灭既存的某种民事法律关系的诉。

A项：本案中，刘某变更诉讼请求，要求李某赔偿损失并赔礼道歉，属于诉讼请求的变更。本案的诉讼标的是侵权法律关系，并未因诉讼请求的变更而发生变化。因此，A项错误。

B项：诉讼请求是原告向人民法院提出的请求，原告在诉讼中有权变更自己的诉讼请求。故刘某有权变更诉讼请求，法院不应不允许刘某变更诉讼请求。因此，B项错误。

CD项：本案中，无论刘某向法院起诉要求李某将车修好，还是刘某变更诉讼请求，要求李某赔偿损失并赔礼道歉，均属于请求法院判令被告向原告履行某种特定给付义务，属于给付之诉。变更之诉要求变更或消灭既存的法律关系，本题中原被告之间的法律关系是没有变更的，仍然为财产侵权法律关系，只是原告将自己的请求改变了，仍然属于给付之诉。因此，C项错误，D项正确。

综上所述，本题答案为D项。

二、模拟题

【单选】

11 `62304012`

【中等】答案：B。

解析：ABC项：诉的主体合并是指将数个当事人合并到同一诉讼程序中审理和裁判。诉的客体合并是指同一原告对同一被告提起的两个以上的诉或者反诉与本诉合并审理。本案李某起诉王某离婚，实际上提出了三个诉：①解除婚姻关系；②分割房屋；③确定婚生子的抚养权归属。因而李某提出的数个请求构成诉的客体合并。因此，B项正确，AC项错误。

D项：王某表示不同意离婚的主张并非独立的反请求，不具有独立性，只能构成反驳，不能构成反诉。因此，D项错误。

综上所述，本题答案为B项。

【多选】

12 `62304027`

【较难】答案：C,D。

解析：A项：起诉请求解除合同属于确认之诉，因为合同已经在解除通知到达对方或起诉状副本送达对方时解除，解除合同诉讼的本质是对合同解除的状态予以确认，因而属于确认之诉。因此，A项正确，不当选。

B项：钱某起诉孙某，要求法院撤销孙某与赵某之间的赠与合同，是希望法院通过判决的方式消灭这一既存的赠与合同法律关系，属于形成之诉。因此，B项正确，不当选。

C项：非讼程序不存在诉的分类问题。认定无、限制民事行为能力属于特别程序，而非诉讼程序，不存在诉的分类问题。因此，C项错误，当选。

D项：罗某诉请将宝马车恢复原状，属于给付之诉，给付的内容为恢复原状这一行为。因此，D项错误，当选。

综上所述，本题为选非题，答案为CD项。

第四章
主管和管辖

参考答案

[1] B	[2] ABCD	[3] AC	[4] A	[5] BC
[6] C	[7] A	[8] AB	[9] D	[10] C
[11] ACD	[12] D	[13] A	[14] C	[15] AC
[16] D	[17] A	[18] C	[19] B	[20] A
[21] BD	[22] AB	[23] ABC	[24] ABCD	[25] BC
[26] ABC	[27] BCD	[28] BC	[29] BC	[30] CD

一、历年真题及仿真题

（一）协议管辖

【单选】

1 `2102101`

【简单】答案：B。

解析：本题考查协议管辖。

ABCD项：首先，合同转让的，合同的管辖协议对合同受让人有效，但转让时受让人不知道有管辖协议，或者转让协议另有约定且原合同相对人同意的除外。本案中，甲将合同的权利义务转让给丙，丙对补充协议毫不知情，故甲、乙所达成的补充协议中关于协议管辖的约定不能约束丙。其次，乙、丙约定若因履行本合同产生纠纷，应当由合同签订地D区人民法院管辖，该协议管辖的约定有效，乙、丙应当向D区人民法院起诉。因此，B项正确，ACD项错误。

综上所述，本题答案为B项。

【不定项】

2 `1603096`

【较简单】答案：A,B,C,D。

解析：本题考查协议管辖法院的选择。

ABCD项：协议管辖应当在原告／被告住所地、合同签订／履行地、标的物所在地人民法院和其他与争议有实际联系地点的人民法院中协议选择一个或多个。A项，H省K市L区法院是原告甲公司住所地法院，可以协议管辖。B项，F省E市D区法院是被告乙公司住所地法院，可以协议管辖。C项，B市C区法院是合同签订地法院，可以协议管辖。D项，W省Z市Y区法院是合同履行地法院，可以协议管辖。因此，ABCD项正确。

综上所述，本题答案为ABCD项。

3 `1503095`

【较简单】答案：A,C。

解析：本题考查协议管辖的适用。

ABCD项：管辖法院的确定顺序为：专属管辖——协议管辖——特殊地域管辖——一般地域管辖。本案中，五环公司和四海公司签订的是普通的购货合同，不适用不动产纠纷专属管辖。其次，五环公司与四海公司签订了管辖协议，且该管辖协议有效。管辖协议中约定了若合同的履行发生争议，由原告所在地或者合同签订地的基层法院管辖，即约定了两个以上与争议有实际联系的地点的人民法院管辖，故原告可以向其中一个人民法院起诉。根据管辖协议约定：A县（原告住所地）、C县（合同签订地）法院均有管辖权。因此，AC 项正确，BD 项错误。

综上所述，本题答案为 AC 项。

（二）特殊地域管辖

【单选】

④ 2202003

【较简单】答案：A。

解析：本题考查特殊地域管辖中的合同纠纷管辖。

ABCD 项：本案中，双方签订的是借款合同，属于因合同纠纷提起的诉讼，由被告住所地或合同履行地法院管辖。但本案合同并未实际履行，且无约定履行地，故只有被告住所地法院即 A 市 B 县法院有管辖权。因此，A 项正确，BCD 项错误。

综上所述，本题答案为 A 项。

【不定项】

⑤ 1603097

【较简单】答案：B,C。

解析：本题考查特殊地域管辖中的合同纠纷管辖。

ABCD 项：本案属于履行合同过程中发生的纠纷，由被告住所地或合同履行地法院管辖。首先确定被告住所地法院。被告住所地即乙公司住所地 F 省 E 市 D 区，故 F 省 E 市 D 区法院有管辖权。因此，B 项正确。原告甲公司住所地 H 省 K 市 L 区的法院没有管辖权。因此，A 项错误。其次确定合同履行地法院。本题中，合同已经履行且约定履行地是 W 省 Z 市 Y 区，所以以约定的合同履行地为准，W 省 Z 市 Y 区法院有管辖权，合同签订地所在的 B 市 C 区法院无管辖权。因此，C 项正确，D 项错误。

综上所述，本题答案为 BC 项。

⑥ 1403096

【较简单】答案：C。

解析：本题考查特殊地域管辖中的公司诉讼管辖。因公司设立、确认股东资格、分配利润、解散等纠纷提起的诉讼，由公司住所地人民法院管辖。

ABCD 项：本案属于因公司解散纠纷提起的诉讼，由公司住所地法院管辖。甲县是股东葛某的住所地，乙县是股东许某的住所地，丁县是云峰公司主要财产所在地，均不是云峰公司的住所地，故

甲县法院、乙县法院和丁县法院对解散云峰公司的诉讼均没有管辖权。而云峰公司住所地为丙县，故丙县法院对解散云峰公司的诉讼有管辖权。因此，ABD 项错误，C 项正确。

综上所述，本案答案为 C 项。

⑦ 1203096

【较简单】答案：A。

解析：本题中，李强要求赵刚支付医药费的诉讼，系因赵刚的宠物狗将李强咬伤所致，属于侵权行为的案件，适用侵权案件的特殊地域管辖。

AB 项：因侵权行为提起的诉讼，由侵权行为地或者被告住所地人民法院管辖。侵权行为地，包括侵权行为实施地、侵权结果发生地。原告李强被被告赵刚的狗咬伤的事实发生在赵刚家，所以侵权行为地和被告住所地都是甲市 A 区。因此，A 项正确，B 项错误。

C 项：根据《民事诉讼法》第 19 条的规定："中级人民法院管辖下列第一审民事案件：（一）重大涉外案件；（二）在本辖区有重大影响的案件；（三）最高人民法院确定由中级人民法院管辖的案件。"本题中，双方基于侵权纠纷提起的请求支付医药费的数额为 6000 元的诉讼，不属于中级人民法院管辖范围。因此，C 项错误。

D 项：专属管辖的诉讼有三类：因不动产纠纷提起的诉讼，因港口作业发生纠纷提起的诉讼，因继承遗产纠纷提起的诉讼。本题涉及侵权纠纷，不适用专属管辖，属于特殊地域管辖。因此，D 项错误。

综上所述，本题答案为 A 项。

⑧ 1203095

【中等】答案：A,B。

解析：A 项：因合同纠纷提起的诉讼，由被告住所地或者合同履行地人民法院管辖。甲市 A 区作为被告赵刚的住所地法院，依法享有管辖权。因此，A 项正确。

B 项：合同已经履行但未约定履行地的，按照以下规则确定合同履行地：争议标的为给付货币的，接收货币一方所在地为合同履行地；交付不动产的，不动产所在地为合同履行地；其他标的，履行义务一方所在地为合同履行地。本题中，借款

合同已经履行且未约定履行地，争议标的为给付货币，故接收货币一方（债权人李强）所在地（甲市 B 区）为合同履行地，因此甲市 B 区法院有管辖权。因此，B 项正确。

C 项：根据《民事诉讼法》第 18 条的规定："基层人民法院管辖第一审民事案件，但本法另有规定的除外。"同时根据《民事诉讼法》第 19 条的规定："中级人民法院管辖下列第一审民事案件：（一）重大涉外案件；（二）在本辖区有重大影响的案件；（三）最高人民法院确定由中级人民法院管辖的案件。"本案借款标的额只有 5000 元，不属于中级人民法院管辖的范围。因此，C 项错误。

D 项：专属管辖的案件有三类：（1）因不动产纠纷提起的诉讼，由不动产所在地人民法院管辖；（2）因港口作业中发生纠纷提起的诉讼，由港口所在地人民法院管辖；（3）因继承遗产纠纷提起的诉讼，由被继承人死亡时住所地或者主要遗产所在地人民法院管辖。本题涉及合同纠纷，属于特殊地域管辖，而非专属管辖。因此，D 项错误。

综上所述，本题答案为 AB 项。

（三）一般地域管辖

【单选】

9　2202155

【中等】答案：D。

解析：ABCD 项：债权人对债务人的相对人提起代位权诉讼的，由被告住所地人民法院管辖，但是依法应当适用专属管辖规定的除外。本案中，虽然乙、丙之间协议约定了管辖法院，但该管辖协议不能约束债权人甲，因为甲并不是钢材买卖合同的当事人，也不是债权转让的受让人。此外，乙、丙之间签订的是钢材买卖合同，也不适用专属管辖的规定。甲对丙提起代位权诉讼是基于代位权这一法定权利，而不是基于合同的约定，因此适用一般地域管辖，应由被告丙所在地法院管辖。因此，D 项正确，ABC 项错误。

综上所述，本题正确答案为 D 项。

10　2002026

【中等】答案：C。

解析：本题考查一般地域管辖中的原则情形，即

"原告就被告"情形的适用。

ABCD 项：本题解题的关键是确定所争议的法律关系。本案不涉及侵权的法律关系，因为本案中徐某对于黄某将玉石卖给张某的合同关系无异议，也没有纠纷，徐某的所有权未受到侵害（本案实际上属于无因管理纠纷）。故本案不属于侵权纠纷，不适用特殊地域管辖。同时本案不存在专属管辖、协议管辖的情况，故适用一般地域管辖的相关规定。本案不属于适用一般地域管辖的例外情形，适用原则情形即可，即本案应由被告住所地法院，即黄某住所地乙地法院管辖。因此，C 项正确，ABD 项错误。

综上所述，本题答案为 C 项。

（四）专门管辖与集中管辖

【多选】

11　1503077

【较简单】答案：A,C,D。

解析：本题考查专利纠纷案件的一审管辖法院。

ABCD 项：专利纠纷案件一审管辖法院包括：知识产权法院（相当于中院）+ 最高院确定的中级法院 + 最高院确定的基层法院。因此，ACD 项正确，B 项错误。

综上所述，本题答案为 ACD 项。

（五）管辖权恒定

【单选】

12　2002025

【较简单】答案：D。

解析：本题考查增加、变更诉讼请求的时间和管辖权恒定的例外。

AC 项：本案中，A 公司在开庭审理时增加"要求 B 公司赔偿 290 万元违约金"的诉讼请求，即原告增加诉讼请求的时间是在案件受理后，法庭辩论结束前，故法院应当受理。可以合并审理的，法院应当合并审理。因此，A 项错误。法律并未规定法院应当就增加诉讼请求会超出管辖范围的情况向当事人释明。因此，C 项错误。

B 项：管辖权恒定的例外：原告改变诉请标的金额或增加诉讼请求，违反级别管辖和专属管辖规

定的，受诉法院的管辖权会受影响。本案原告 A 公司增加赔偿违约金的诉讼请求后致使案件标的额变为 3190 万元，超出了甲法院管辖案件的标的限额 3000 万，属于违反级别管辖的情况。故即便甲法院已开庭，因违背级别管辖，不能继续审理。因此，B 项错误。

D 项：受理赔偿违约金的诉讼请求后，甲法院的管辖将违背级别管辖，即对本案不再享有管辖权，应当将案件移送至有管辖权的法院审理。注意，这里不构成应诉管辖，因为违背级别管辖是很严重的程序错误，审理案件的任何阶段发现级别管辖问题，都要移送管辖——除非已经作出判决。因此，D 项正确。

综上所述，本题答案为 D 项。

（六）管辖权异议

【单选】

13 2102119

【较简单】答案：A。

解析：本题考查管辖权异议、应诉管辖和牵连管辖的问题。

ABCD 项：本题中，钱某是在庭前会议中向法院提出管辖权异议的，此时答辩期间已经届满。钱某在提交答辩状期间没有提出管辖权异议，本案又不涉及级别管辖和专属管辖的问题，故 A 县法院基于应诉管辖取得本案的管辖权，对钱某所提出的管辖权异议不予审查，应当对本诉继续审理，不能移送。此外，钱某在提交答辩状期间提出了反诉，满足反诉提出时间需在"在案件受理后，法庭辩论结束前"的规定，基于牵连管辖，以及反诉不存在应当另行起诉的情形（应由其他人民法院专属管辖，或者与本诉的诉讼标的及诉讼请求所依据的事实、理由无关联的），A 县法院应当将本诉与反诉合并审理。因此，A 项正确，BCD 项错误。

综上所述，本题答案为 A 项。

14 1902003

【简单】答案：C。

解析：本题考查应诉管辖。

ABCD 项：当事人对管辖权的异议应当在一审提交

交答辩状期间提出。本案中，被告 B、C 在提交答辩状期间均没有提出管辖权异议，故甲县法院取得应诉管辖权，被告 C 在二审中不能再提出管辖权异议，故二审法院对被告 C 提出的管辖权异议应不予审查。此外，C 上诉理由不成立，二审法院应当判决驳回上诉，维持原判。因此，ABD 项错误，C 项正确。

综上所述，本题答案为 C 项。

【注意】本案不属于专属管辖，专属管辖中的不动产纠纷是指不动产的权利确认、分割、相邻关系等引起的物权纠纷。而本案不动产的权利人是确定的，只是一方要求办理过户，而另一方不同意，这个属于债权纠纷、合同纠纷，不属于物权纠纷，不是专属管辖。

【多选】

15 1603078

【较简单】答案：A,C。

解析：本题考查管辖权异议和应诉管辖。

AB 项：管辖权异议应当向受诉法院提出，而不是向受诉法院的上级法院提出。因此，A 项正确，B 项错误。

C 项：若法院对被告提出的管辖权异议裁定驳回，被告对法院的驳回裁定不服，可以对该裁定提起上诉。因此，C 项正确。

D 项：当事人在一审提交答辩状期间没有提出管辖权异议而应诉答辩的，受诉法院取得应诉管辖权，故管辖错误不得作为申请再审的理由。D 选项中已经说明"法院对案件审理终结"，即案件已经经过实体审理，说明当事人之前已经应诉答辩，法院已经取得管辖权，故不能再以管辖错误作为理由申请再审。因此，D 项错误。

综上所述，本题答案为 AC 项。

（七）民诉裁定管辖

【单选】

16 1003039

【较简单】答案：D。

解析：A 项：根据《民事诉讼法》第 37 条的规定："人民法院发现受理的案件不属于本院管辖的，应当移送有管辖权的人民法院，受移送的人民法院应当受理。受移送的人民法院认为受移送的案件依照规定不属于本院管辖的，应当报请上级人民法院指定管辖，不得再自行移送。"据此，移送管辖只有一次，受移送法院认为自己也没有管辖权的，不得将案件再行移送，也不得将案件退回移送法院。故 B 区法院经审查认为 A 区法院移送错误，不得将案件退回也不得将案件再行移送。因此，AB 项错误。

CD 项：根据《民事诉讼法》第 38 条第 2 款的规定："人民法院之间因管辖权发生争议，由争议双方协商解决；协商解决不了的，报请它们的共同上级人民法院指定管辖。"据此，甲市 A 区和乙市 B 区法院因管辖权发生争议，协商不成的，应当报请其共同的上级法院即该省高级法院指定管辖，乙市中院不是甲市 A 区和乙市 B 区的共同上级法院。因此，C 项错误，D 项正确。

综上所述，本题答案为 D 项。【备注：此题 D 选项的"协商"存在一定的表述瑕疵，请注意掌握知识点即可，不必过多纠结此处。】

（八）综合知识点

【单选】

17 1103039

【简单】答案：A。

解析：A 项：根据《民事诉讼法》第 19 条的规定："中级人民法院管辖下列第一审民事案件：（一）重大涉外案件；（二）在本辖区有重大影响的案件；（三）最高人民法院确定由中级人民法院管辖的案件。"故中院可以审理涉外和非涉外案件。此处涉外不能理解为中院可以受理所有涉外案件，而只是说中院可以受理涉外案件（重大涉外）。因此，A 项正确。

B 项：根据《民事诉讼法》第 40 条第 1 款的规定："人民法院审理第一审民事案件，由审判员、人民陪审员共同组成合议庭或者由审判员组成合议庭。合议庭的成员人数，必须是单数。"据此，中级人民法院可以作为一审法院，也可以作为二审法院。中院作为一审法院时，其合议庭可邀请陪审员参加。因此，B 项错误。

C 项：根据《民事诉讼法》第 176 条第 1 款的规定："第二审人民法院对上诉案件应当开庭审理。经过阅卷、调查和询问当事人，对没有提出新的事实、证据或者理由，人民法院认为不需要开庭审理的，可以不开庭审理。"据此，中级法院按二审程序审理案件的时候可以不开庭审理。因此，C 项错误。

D 项：中级人民法院依二审程序作出的判决为终审判决，但按照第一审程序作出的判决经过上诉期的才属于生效判决。因此，D 项错误。

综上所述，本题答案为 A 项。

18 1403039

【较简单】答案：C。

解析：本题考查专门管辖中的军事法院管辖和知产法院管辖、涉外专属管辖、不动产纠纷专属管辖。

A 项：军事法院专门管辖的是双方当事人均为军人或者军队单位的案件，军人与非军人之间的民事诉讼，不应由军事法院管辖。因此，A 项错误。

B 项：在中国履行的中外合资经营、中外合作经营企业、中外合作勘探开发自然资源合同发生的纠纷，由中国法院专属管辖。注意必须是在中国履行的三种合同产生的纠纷。B 项未提及"在中国履行"，无法确定是否属于涉外专属管辖。因此，B 项错误。

C 项：对于专利纠纷案件，最高法院通过司法解释授予部分基层法院初审管辖权，这是平衡法院案件负担原则的体现。因此，C 项正确。

D 项：不动产纠纷由不动产所在地法院管辖，这是专属管辖原则的体现，并不是管辖恒定原则的体现。此外，"不动产纠纷由不动产所在地法院管辖"这一规定的目的是为了方便当事人参加诉讼，也方便法院调查了解案情，即体现了"两便"原则，而非管辖恒定原则。无论是体现专属管辖原则还是体现"两便"原则，都没有体现管辖恒定原则。（管辖恒定原则是指确定案件管辖权以起诉时为标准，起诉时对案件享有管辖权的法院，不因确定管辖的事实在诉讼过程中发生变化而影响其管辖权。）因此，D 项错误。

综上所述，本题答案为 C 项。

19 `1703036`

【较简单】答案：B。

解析：本题考查特殊地域管辖和应诉管辖。

A项：被告在提交答辩状期间未提管辖异议，并应诉答辩，不违反级别管辖和专属管辖规定的，视为受诉法院取得管辖权。被告甲公司在提交答辩状期间没有提出管辖权异议，并应诉答辩，则D县法院取得应诉管辖权。A项前半句正确，后半句错误，D县法院取得管辖权是因为应诉管辖，不是因为双方约定。（若本案不存在应诉管辖，依据合同纠纷的法定管辖规则来确定管辖法院的话，由于合同尚未履行且约定的合同履行地D县不在双方当事人住所地，约定的履行地法院无管辖权，只能由被告住所地B区法院管辖）。因此，A项错误。

BCD项：甲公司在提交答辩状期间届满后才提出管辖权异议，法院对其异议不需要审查，裁定驳回即可。因此，B项正确，CD项错误。

综上所述，本题答案为B项。

【注意】管辖权异议的提起时间是高频考点。二审、再审中提管辖异议的，法院都不予审查。

20 `1902002`

【较简单】答案：A。

解析：本题涉及互联网法院集中管辖和移送管辖。互联网法院集中管辖该市辖区内应当由基层法院管辖的发生在互联网上的合同纠纷、侵权纠纷等。涉及互联网法院集中管辖，具体思路如下：第一步：根据正常的合同或者侵权纠纷的管辖权判断思路确定纠纷的管辖法院，第二步：判断如果该纠纷属于互联网纠纷，且该市有互联网法院，则纠纷属于互联网法院管辖，直接将有管辖权的法院替换为该市互联网法院即可（杭州、北京、广州有互联网法院）。

ABCD项：本案属于互联网购物合同纠纷。首先，根据管辖协议确定本案应当由N市B区法院管辖。同时，N市设有互联网法院，故本案应当由N市互联网法院管辖。M市A区法院将案件移送给N市B区法院，故M市A区法院移送错误。移送限一次，受移送法院认为自己对案件没有管辖权，应当报请上级人民法院指定管辖，不得再自

行移送，也不得退回。故本案受移送的N市B区法院应当裁定将案件报请其上级法院，即N市中院指定管辖。因此，A项正确，BCD项错误。

综上所述，本题答案为A项。

【多选】

21 `2202010`

【较简单】答案：B,D。

解析：A项：协议管辖不明确，无法确定具体管辖法院的，管辖协议无效。本案中约定"由守约方法院管辖"，起诉时无法确定谁是守约方（法院审理后才能确定），无法确定管辖法院，故管辖协议无效。因此，A项错误。

BCD项：本案不属于专属管辖且无有效的协议管辖，只能适用特殊地域管辖规定。合同纠纷由被告住所地或者合同履行地人民法院管辖。本案合同已实际履行，且有约定履行地点，以约定的履行地为合同履行地。故被告乙住所地法院B县法院、合同约定的履行地C县法院有管辖权。因此，BD项正确，C项错误。

综上所述，本题答案为BD项。

22 `1603077`

【较简单】答案：A,B。

解析：本题考查一般地域管辖的例外情形、裁定管辖。

ABC项：本案中，被告刘某离开住所地超过一年，属于夫妻一方离开住所地超过一年，另一方起诉离婚的案件，可以由原告住所地法院或被告住所地法院管辖。原告住所地法院，是朱某住所地A市东区法院，故东区法院有管辖权。因此，A项正确。关于被告住所地法院，由于被告刘某住所地与经常居住地不一致，故需展开分析。起诉时刘某住A市南县，超过三年，系经常居住地。据此，经常居住地南县法院有管辖权，西县法院没有管辖权。因此，B项正确，C项错误。

D项：西县作为受移送的法院，如果其认为自己没有管辖权的，应当报请上级人民法院指定管辖，不得再自行移送。因此，D项错误。

综上所述，本题答案为AB项。

23 1403078

【中等】答案：A,B,C。

解析：本题考查管辖的相关知识点。

A项：管辖权恒定，法院管辖以起诉时为准，被告李河的住所地变化不影响A区法院对本案的管辖。因此，A项错误，当选。

B项：侵权纠纷属于特殊地域管辖，侵权行为地和被告住所地法院均有管辖权，原告可选择任一法院起诉，B区法院作为侵权行为地法院享有管辖权。因此，B项错误，当选。

C项：该选项考查级别管辖和管辖权转移，根据丙省高院的规定，标的额为5005万元的案件应当由丙省高院管辖，故中院无案件管辖权，所以丙省E市中院不能主动报请高院将本该由高院管辖的案件交由自己管辖（注意"上转下"的管辖权转移情形只有一种，即确有必要＋经上级的上级批准向下转移，该上级法院管的案件下级法院不能主动向上请缨）。因此，C项错误，当选。

D项：合同纠纷应当由合同履行地或被告住所地法院管辖，H区法院在原告住所地，没有本案管辖权。同时案件受理前，经法院审查发现该案不属于本院管辖的，在告知当事人相关情况后原告依然起诉的，法院应裁定不予受理。因此，D项正确，不当选。

【注意】此处同学可能会被被告下落不明这一要件迷惑，认为原告住所地法院有管辖权，但是《民事诉讼法》针对的是有关身份关系的诉讼，若被告下落不明可由原告住所地法院管辖，要仔细辨题。

综上所述，本题为选非题，答案为ABC项。

24 1303079

【中等】答案：A,B,C,D。

解析：本题考查管辖的综合知识点。

A项：对下落不明或者宣告失踪的人提起的有关身份关系的诉讼，由原告住所地法院管辖，"下落不明"和"身份关系"两个条件缺一不可，记住口诀：强监黑户找不到，被告只能就原告。因此，A项错误，当选。

B项：我国民诉法规定了两类海事纠纷被告住所地法院无管辖权，一是共同海损的案件只能由船舶最先到达地、共同海损理算地、航程终止地法院管辖；二是海难救助的案件由救助地、被救助船舶最先到达地法院管辖。因此，B项错误，当选。

C项：管辖权转移和移送管辖这两个概念容易混淆，移送管辖是对错误立案的纠错程序，是从无管辖权法院移送到有管辖权法院；管辖权转移是对级别管辖的变通和调整。题干中明确指出"甲区法院发现自己没有级别管辖权"，可见是要纠错，属于移送管辖。因此，C项错误，当选。

D项：本题混淆了协议管辖和选择管辖的概念，当事人以书面约定的方式选择管辖法院是协议管辖，当事人面对两个以上有管辖权的法院，选择其中一个作为案件受理的法院属于选择管辖。因此，D项错误，当选。

综上所述，本题为选非题，答案为ABCD项。

【注意】管辖的知识点中有很多表述类似的概念，例如移送管辖和管辖权转移、协议管辖和选择管辖，对这些概念同学们应当多看多背，做好区分。

25 1203078

【较简单】答案：B,C。

解析：A项：管辖权异议制度同时适用于对地域管辖和级别管辖的异议。被告既可以对地域管辖提出管辖权异议，也可以对级别管辖提出异议。因此，A项错误。

B项：移送管辖的本质是对管辖错误的纠错程序，这种管辖错误不仅包括地域管辖错误，也包括级别管辖错误。移送管辖可以发生在同级法院之间，也可以发生在上下级法院之间。因此，B项正确。

C项：管辖权转移，是指经上级人民法院决定或者同意，将某个案件的管辖权由上级人民法院转交给下级人民法院，或者由下级人民法院转交上级人民法院。就管辖权转移的实质而言，是对级别管辖的一种变通和补充。因此，C项正确。

D项：协议管辖不得违反级别管辖和专属管辖的规定。当事人不能通过协议变更级别管辖。因此，D项错误。

综上所述，本题答案为BC项。

【不定项】

26 `1802099`

【较简单】答案：A,B,C。

解析：本题考查特殊地域管辖和移送管辖。

A项：首先，确认被告。提供劳务一方因劳务造成他人损害，以接受劳务一方为被告。蒋某雇佣杨某保洁，杨某在提供劳务过程中造成张某受伤，张某应当以接受劳务一方即蒋某为被告提起诉讼。其次，确定管辖。本案为侵权纠纷，由侵权行为地或者被告住所地法院管辖。本案侵权行为地乙区的法院、被告蒋某住所地甲区的法院有管辖权。因此，A项正确。

B项：两个以上人民法院都有管辖权的诉讼，原告可以向其中一个人民法院起诉。因此，B项正确。

C项：移送管辖本质上是为法院错误受理案件提供的纠错办法，其应当是无管辖权法院将案件移送至有管辖权法院。本案乙区人民法院对本案有管辖权，不需要纠错，故而不能适用移送管辖。因此，C项正确。

D项：移送限一次。受移送法院认为自己对案件没有管辖权，应当报请上级人民法院指定管辖，不得再自行移送，也不得退回。因此，D项错误。

综上所述，本题答案为ABC项。

27 `1103095`

【较难】答案：B,C,D。

解析：AC项：根据《民事诉讼法》第130条第1款的规定："人民法院受理案件后，当事人对管辖权有异议的，应当在提交答辩状期间提出。人民法院对当事人提出的异议，应当审查。异议成立的，裁定将案件移送有管辖权的人民法院；异议不成立的，裁定驳回。"同时根据《民事诉讼法》第128条第1款的规定："人民法院应当在立案之日起五日内将起诉状副本发送被告，被告应当在收到之日起十五日内提出答辩状……"本题中，被告收到起诉状副本是在7月13日，提出管辖权异议申请是在8月2日，已经过了15日的答辩期间。因此，C项正确，A项错误。（这里还需要补充一点是，提交答辩状意味着法院取得应诉管辖权。如果题中张成功先应诉答辩，即使后在答

辩期结束前又提出了管辖权异议，异议也不能成立。）

B项：根据《民事诉讼法》第22条第1款的规定："对公民提起的民事诉讼，由被告住所地人民法院管辖；被告住所地与经常居住地不一致的，由经常居住地人民法院管辖。"张成功向升湖区法院提出管辖权异议申请，称其与黎明丽已分居两年，分别居住于甲市安平区各自父母家中，表明本案的被告经常居住地安平区法院是管辖法院，而不应由升湖区法院管辖，故张成功主张管辖异议的理由符合法律规定。因此，B项正确。

D项：根据《民事诉讼法》第130条第2款的规定："当事人未提出管辖异议，并应诉答辩或者提出反诉的，视为受诉人民法院有管辖权，但违反级别管辖和专属管辖规定的除外。"据此，张成功已经提交了答辩状，视为升湖区法院取得应诉管辖权，故不能再移送。因此，D项正确。

综上所述，本题答案为BCD项。

二、模拟题

【多选】

28 `62204120`

【中等】答案：B,C。

解析：AB项：根据《民诉法解释》第18条第3款的规定："合同没有实际履行，当事人双方住所地都不在合同约定的履行地的，由被告住所地人民法院管辖。"本案中，合同签订后尚未履行；且约定履行地为C县，青衫公司住所地为S市A区，红袖公司住所地为S市B区，即当事人双方的住所地都不在合同约定的履行地C县，故本案应由被告住所地A区法院管辖。据此，在起诉阶段，当事人在选择管辖法院的时候，对本案享有管辖权的法院为A区法院，C县法院对本案并不享有管辖权（此后，C县法院系在受理案件之后，基于应诉管辖取得对案件的管辖权）。因此，A项错误，B项正确。

CD项：根据《民事诉讼法》第130条的规定："人民法院受理案件后，当事人对管辖权有异议的，应当在提交答辩状期间提出。人民法院对当事人提出的异议，应当审查。异议成立的，裁定

将案件移送有管辖权的人民法院；异议不成立的，裁定驳回。当事人未提出管辖异议，并应诉答辩或者提出反诉的，视为受诉人民法院有管辖权，但违反级别管辖和专属管辖规定的除外。"同时根据《民诉法解释》第39条第2款的规定："人民法院发回重审或者按第一审程序再审的案件，当事人提出管辖异议的，人民法院不予审查。"本案中，被告青衫公司在提交答辩状期间没有提出管辖权异议，并应诉答辩，视为C县法院取得了应诉管辖权，且青衫公司在案件发回重审时才提出管辖权异议，法院对其异议不予审查。因此，C项正确，D项错误。

综上所述，本题答案为BC项。

29 `62304029`

【中等】答案：B，C。

解析：ABCD项：《民事诉讼法》第24条规定："因合同纠纷提起的诉讼，由被告住所地或者合同履行地人民法院管辖。"《民诉法解释》第20条规定："以信息网络方式订立的买卖合同，通过信息网络交付标的的，以买受人住所地为合同履行地；通过其他方式交付标的的，收货地为合同履行地。合同对履行地有约定的，从其约定。"本案属于网络买卖合同纠纷，被告住所地即某果官方旗舰店的主要办事机构所在地L市M区，合同履行地为收货地A市B区，故而L市M区和A市B区法院有管辖权。因此，BC项正确，AD项错误。

综上所述，本题答案为BC项。

【不定项】

30 `62204121`

【中等】答案：C，D。

解析：ABCD项：根据《民诉法解释》第33条规定："合同转让的，合同的管辖协议对合同受让人有效，但转让时受让人不知道有管辖协议，或者转让协议另有约定且原合同相对人同意的除外。"本案中，权某在转让时不知道有管辖协议，故合同的管辖协议对合同受让人权某无效。同时根据《民事诉讼法》第24条规定："因合同纠纷提起的诉讼，由被告住所地或者合同履行地人民法院管辖。"故本案应由被告住所地F市G区法院或合

同履行地D市E县法院管辖。因此，AB项错误，CD项正确。

综上所述，本题答案为CD项。

第五章
当事人

参考答案

[1] C	[2] B	[3] C	[4] C	[5] CD
[6] ABCD	[7] A	[8] B	[9] BC	[10] D
[11] A	[12] B	[13] B	[14] C	[15] D
[16] ABD	[17] AC	[18] AC	[19] C	[20] B
[21] D	[22] A	[23] AD	[24] C	[25] C
[26] D	[27] C	[28] D	[29] BCD	[30] BD
[31] AC	[32] BD	[33] BC	[34] AC	[35] B
[36] AC	[37] AC			

一、历年真题及仿真题

（一）当事人适格

【单选】

1 `2002013`

【简单】答案：C。

解析：本题考查个体工商户适格当事人的判断。个体工商户——有字号，列字号；无字号，列经营者（营业执照上登记的经营者与实际经营者不一致时，以登记的经营者和实际经营者为共同诉讼人）。

ABCD项：本案主体涉及个体工商户，首先找字号，该个体餐馆有字号"梁小厨私房菜"，即直接以字号为当事人。故本案应当以"梁小厨私房菜"为原告，注明经营者信息即可。因此，ABD项错误，C项正确。

综上所述，本题答案为C项。

2 `1503039`

【较简单】答案：B。

解析：本题考查个体工商户适格当事人的判断。个体工商户——有字号，列字号；无字号，列经营者（营业执照上登记的经营者与实际经营者不一致时，

以登记的经营者和实际经营者为共同诉讼人）。

ABCD项：本题中，徐某开设的个体工商户没有起字号，应以营业执照上登记的经营者徐某为当事人；徐某应征入伍，将该中心转让给同学李某经营，未办理工商变更登记，营业执照上登记的经营者与实际经营者不一致，应以徐某和李某为共同被告。因此，B项正确，ACD项错误。

综上所述，本题答案为B项。

③ 1203045

【简单】答案：C。

解析：ABC项：根据《民诉法解释》第63条的规定："企业法人合并的，因合并前的民事活动发生的纠纷，以合并后的企业为当事人；企业法人分立的，因分立前的民事活动发生的纠纷，以分立后的企业为共同诉讼人。"由此可知，在诉讼过程中如果企业法人发生合并的，应当由合并后的法人作为新的当事人进行诉讼承担，诉讼继续进行。再审程序是诉讼程序的一个特殊阶段，这一规定当然适用于再审当事人。据此，甲公司与丙公司合并并成立了丁公司，因其之前的民事活动发生的纠纷，以合并后的企业丁公司为当事人，因此，应当由丁公司作为新的当事人申请再审。因此，C项正确，AB项错误。

D项：本题中，丁公司承继了甲公司的权利义务，地位应是当事人而不是案外人。因此，D项错误。

综上所述，本题答案为C项。

④ 1103045

【简单】答案：C。

解析：ABCD项：根据《民诉法解释》第63条的规定："企业法人合并的，因合并前的民事活动发生的纠纷，以合并后的企业为当事人；企业法人分立的，因分立前的民事活动发生的纠纷，以分立后的企业为共同诉讼人。"由此可知，在诉讼过程中如果企业法人发生合并的，应当由合并后的法人作为新的当事人进行诉讼承担，诉讼继续进行。再审程序是诉讼程序的一个特殊阶段，这一规定当然适用于再审当事人。据此，本案应由合并后的法人即大江公司申请再审并参与诉讼。因此，C项正确，ABD项错误。

综上所述，本题答案为C项。

【多选】

⑤ 2002115

【较简单】答案：C,D。

解析：本题考查当事人发生变更的情形。在A与B的诉讼过程中，A将其权利义务转移给C不影响当事人的诉讼主体资格和诉讼地位，结果对C具有拘束力。同时：（1）C可以向法院申请以无独三身份参加诉讼，人民法院可予准许；（2）C也可以向法院申请替代A，法院可以根据案件具体情况决定是否准许；如准许，A退出；如不准许，可追加C为无独三。

AB项：本题中，王五申请替代当事人承担诉讼的，人民法院可以根据案件的具体情况决定是否准许。因此，A项错误。王五申请以无独立请求权的第三人身份参加诉讼的，人民法院可予准许，法院不能直接追加王五为本案的无独立请求权的第三人。因此，B项错误。

CD项：王五申请参加诉讼，法院视情况，可以更换其为原告，如果不同意变更其为原告，可追加王五为无独立请求权的第三人。因此，CD项正确。

综上所述，本题答案为CD项。

⑥ 1603079

【中等】答案：A,B,C,D。

解析：本题考查当事人变更。

A项：在诉讼中，争议的民事权利义务转移的，不影响当事人的诉讼主体资格和诉讼地位。本案中债权转让不影响原告程某和被告刘某的诉讼地位。原告程某申请撤诉的，法院可以准许其撤诉。因此，A项正确。

BCD项：诉讼中民事权利义务转移的，受让人可以向法院申请以无独三身份参加诉讼，人民法院可予准许；受让人也可以向法院申请替代转让人，法院可以根据案件具体情况决定是否准许；如准许，转让人退出；如不准许，可追加受让人为无独三。本案中谢某作为受让人，可申请以无独立请求权的第三人身份参加诉讼。谢某申请替代转让人程某承担诉讼的，人民法院可以根据案件的具体情况决定是否准许。若法院不予准许的，可追加谢某为无独立请求权的第三人。因此，

BCD 项正确。

综上所述，本题答案为 ABCD 项。

【不定项】

7 `1802098`

【较简单】答案：A。

解析：ABCD 项：根据《民诉法解释》第 57 条的规定：“提供劳务一方因劳务造成他人损害，受害人提起诉讼的，以接受劳务一方为被告。”本案中，蒋某雇佣杨某进行保洁，杨某在提供劳务过程中造成张某损害，张某应当以雇主蒋某为被告。因此，A 项正确，BCD 项错误。

综上所述，本题答案为 A 项。

8 `1703096`

【简单】答案：B。

解析：本题考查未履行调解协议起诉被告的确定。

ABCD 项：根据《民诉法解释》第 61 条的规定：“当事人之间的纠纷经人民调解委员会或者其他依法设立的调解组织调解达成协议后，一方当事人不履行调解协议，另一方当事人向人民法院提起诉讼的，应以对方当事人为被告。”故林剑提起诉讼，应以未按时履行调解协议的对方当事人钟阳为被告。因此，ACD 项错误，B 项正确。

综上所述，本题答案为 B 项。

说明：无论是法院调解还是诉讼外调解，都是为了帮助当事人协商解决纠纷，并非纠纷的主体，故不能作为被告。

9 `1603086`

【中等】答案：B,C。

解析：本题考查当事人适格中的个人合伙。个人合伙——各合伙人为被告（有字号注明字号），当事人可以选择其中一人提起诉讼，也可以选择全体合伙人提起诉讼。

ABC 项：本题中，甲、乙、丙三人签订合伙协议，成立个人合伙，出租人起诉时，应以全体合伙人或其中一人为被告。合伙企业本身不能作为被告。因此，A 项错误，BC 项正确。

D 项：本题中，根据合同相对性理论，丁公司并非融资租赁合同当事人，不需要承担责任。因此，

D 项错误。

综上所述，本题答案为 BC 项。

（二）共同诉讼

【单选】

10 `2002108`

【较简单】答案：D。

解析：本题考查普通共同诉讼的效力。普通共同诉讼属于可分之诉，其中一人的诉讼行为，对其他共同诉讼人不产生拘束力。

ABCD 项：本题中，甲、乙、丙作为普通共同诉讼的共同原告，相互之间属于独立的可分之诉，故甲和乙认可调解方案，并不会对丙产生拘束力。此时法院应当分别处理：对甲和乙采用调解结案的方式；对丙的诉讼请求继续审理，依法裁判，而无须丙另行起诉。因此，ABC 项错误，D 项正确。

综上所述，本题答案为 D 项。

11 `2002022`

【较简单】答案：A。

解析：本题考查共同诉讼中建筑物、构筑物或者其他设施及其搁置物、悬挂物发生脱落、坠落造成他人损害案件当事人的确定。

ABCD 项：建筑物、构筑物或者其他设施及其搁置物、悬挂物等致人损害案件中，建筑物所有人、管理人、使用人承担连带赔偿责任，可以一起告，也可以单独告，故本题可以以周某（所有人）和黄某（管理人、使用人）为共同被告。因此，A 项正确，BCD 项错误。

综上所述，本题答案为 A 项。

12 `1902005`

【中等】答案：B。

解析：本题考查必要共同诉讼中遗产继承纠纷的共同原告。遗产继承纠纷中，部分继承人起诉，其他继承人为共同原告。

ABCD 项：本题中，张甲将张乙诉至法院，张甲为原告，张乙为被告，张甲、张乙之外的其他继承人张丙应当作为共同原告参加诉讼。因此，ACD 项错误，B 项正确。

综上所述，本题答案为 B 项。

13 1703037

【中等】答案：B。

解析：ABCD 项：根据《劳动争议调解仲裁法》第 22 条的规定："发生劳动争议的劳动者和用人单位为劳动争议仲裁案件的双方当事人。劳务派遣单位或者用工单位与劳动者发生劳动争议的，劳务派遣单位和用工单位为共同当事人。"本题中，马迪由阳光劳务公司派往五湖公司担任驾驶员，马迪与五湖公司发生争议，应以马迪为申请人，五湖公司和阳光劳务公司为被申请人。因此，ACD 项错误，B 项正确。

综上所述，本题答案为 B 项。

14 1603037

【较简单】答案：C。

解析：本题考查劳务派遣致人损害如何列当事人。劳务派遣期间，被派遣人员因执行工作任务造成他人损害的，原告可以只告用工单位，也可以将用工单位和劳务派遣单位列为共同被告，但不能只起诉劳务派遣单位。如果原告没有告用工单位，法院应当依申请或依职权追加用工单位为共同被告。如果原告没有告劳务派遣单位，则法院尊重当事人选择，不依职权追加。

AB 项：本题中，周某只起诉用工单位（苏拉公司）的，法院尊重当事人选择，不依职权追加劳务派遣单位（菲特公司）为共同被告或者无独三。因此，AB 项错误。

CD 项：周某若仅起诉劳务派遣单位（菲特公司），则法院必须追加用工单位（苏拉公司）为共同被告。因此，C 项正确，D 项错误。

综上所述，本题答案为 C 项。

15 1603036

【较简单】答案：D。

解析：本题考查必要共同诉讼中无 / 限人侵权致人损害案件当事人的确定。

ABCD 项：本题中，侵权行为人姜某是无民事行为能力人或者限制行为能力人（精神病人），故姜某及其监护人朱某是共同被告。同时被侵权人小明为无民事行为能力人或限制民事行为能力人，其是在幼儿园学习、生活期间，受到幼儿园以外的第三人人身损害，除应由第三人姜某承担侵权责任外，若幼儿园未尽到管理职责的，也应承担相应的补充责任。本案中，侵权行为人姜某冲入幼儿园将小明打伤，幼儿园未尽到管理责任，应承担相应的补充责任，也是本案的被告。因此，D 项正确，ABC 项错误。

综上所述，本题答案为 D 项。

【多选】

16 2102116

【较难】答案：A,B,D。

解析：本题考查共同诉讼的辨别与诉的客体合并。

AB 项：无论是必要共同诉讼还是普通共同诉讼均需要满足的一个条件是：至少一方主体人数为两人以上。结合本题，银行（原告）针对甲（被告）提起两个诉，将同一原告对同一被告提起的两个以上的诉，不存在一方主体人数为两人以上的情形，故既不是必要共同诉讼，也不是普通共同诉讼。因此，AB 项错误，当选。

CD 项：具体分析两个案件的合并审理问题，是将同一原告对同一被告提起的两个以上的诉合并到同一诉讼程序中审理，属于诉的客体合并。此时，是否需要合并审理可以由法院结合具体情况自行决定，并无客体合并审理必须经当事人同意的强制性规定。因此，C 项正确，不当选；D 项错误，当选。

综上所述，本题为选非题，答案为 ABD 项。

17 2102114

【简单】答案：A,C。

解析：本题考查当事人适格的判断。

ABC 项：本题中，蒋某购车过程中进行试驾发生交通事故造成损害，属于"因租赁、借用等情形机动车所有人、管理人与使用人不是同一人"的情形，故本案应当以使用人蒋某为适格被告，如果受害人王某主张机动车所有人甲 4S 店承担责任，甲 4S 店应当作为共同被告。因此，AC 项正确。本案不涉及高速公路管理人，高速公路管理人不承担责任。因此，B 项错误。

D 项：本题中，张某是甲 4S 店的经理，其作为 4S 店的工作人员，执行工作任务致人损害，应当以法人为当事人，故工作人员张某不能作为当事人。因此，D项错误。

综上所述，本题答案为AC项。

18 1303077

【较简单】答案：A，C。

解析：AB项：诉的合并是指法院将两个或两个以上彼此之间有牵连的诉合并到一个诉讼程序中审理和裁判。其分为诉的主体的合并和诉的客体的合并。诉的主体的合并是将数个当事人合并到同一诉讼程序中审理和裁判。诉的客体的合并是指将同一原告对同一被告提起的两个以上的诉或者反诉与本诉合并到同一诉讼程序中审理。本题中，大恒银行向法院起诉甲乙二人，要求其履行债务。将甲乙两个当事人合并到同一诉讼程序中进行审理，属于诉的主体合并。因此，A项正确，B项错误。

CD项：共同诉讼分为必要的共同诉讼和普通的共同诉讼。必要的共同诉讼是指当事人一方或双方为两人以上，具有同一诉讼标的，法院必须合并审理并在裁判中对诉讼标的合一确定的共同诉讼。普通的共同诉讼是指当事人一方或者双方为两人以上，参加诉讼的同一方当事人之间的诉讼标的为同一种类的，人民法院认为可以合并审理，当事人也同意合并审理的诉讼。本题中，债权人将债务人和连带保证人列为共同被告，其基础在于同一个诉讼标的，即甲同大恒银行之间的借款合同关系。同时，保证关系依附于借款关系，不属于独立的法律关系，故本案属于必要共同诉讼。因此，C项正确，D项错误。

综上所述，本题答案为AC项。

（三）诉讼代表人

【单选】

19 1103048

【较简单】答案：C。

解析：ABC项：根据《民诉法解释》第77条的规定："根据民事诉讼法第五十七条规定，当事人一方人数众多在起诉时不确定的，由当事人推选代表人。当事人推选不出的，可以由人民法院提出人选与当事人协商；协商不成的，也可以由人

民法院在起诉的当事人中指定代表人。"本题中，"未能推选出诉讼代表人"表明当事人之间已经经过了推选，"法院建议由甲、乙作为诉讼代表人，但丙、丁等人反对"表明法院同当事人已经协商过了，只是没有协商成功。此时，只能由法院指定诉讼代表人。因此，C项正确，AB项错误。

D项：根据《民事诉讼法》第57条第4款的规定："人民法院作出的判决、裁定，对参加登记的全体权利人发生效力。未参加登记的权利人在诉讼时效期间提起诉讼的，适用该判决、裁定。"据此，无论丙、丁继续参加诉讼，或另行起诉，本案裁判都对其具有约束力。因此，D项错误。

综上所述，本题答案为C项。

（四）第三人及第三人之诉

【单选】

20 1603038

【简单】答案：B。

解析：ABCD项：根据《民事诉讼法》第59条第1款的规定："对当事人双方的诉讼标的，第三人认为有独立请求权的，有权提起诉讼。"同时根据《民诉法解释》第237条的规定："有独立请求权的第三人参加诉讼后，原告申请撤诉，人民法院在准许原告撤诉后，有独立请求权的第三人作为另案原告，原案原告、被告作为另案被告，诉讼继续进行。"本题中，当事人之间存在遗产纠纷，丁爽以遗嘱主张继承，其对诉讼标的有独立请求权，故丁爽是有独立请求权第三人。丁爽作为本案的有独立请求权第三人，本案原告撤诉，有独立请求权第三人作为另案原告，原案原、被告作为另案被告，诉讼继续进行。因此，B项正确，ACD项错误。

综上所述，本题答案为B项。

21 1503038

【简单】答案：D。

解析：本题考查有独立请求权的第三人的辨别。

ABCD项：本题中，赵某和刘某之间是共同共有的物权关系，刘某和陈某之间是房屋买卖合同关系。刘某因合同履行发生纠纷将陈某诉至法院，刘某为原告，陈某为被告。题干中明确"赵某得

知后，坚决不同意刘某将商铺让与陈某"，即赵某参加诉讼，是既反对刘某卖房又反对陈某买房，即并未与原告共同主张权利，故不属于共同原告。赵某参加诉讼是基于对商铺的共有权，是一种物权，即赵某对商铺有独立请求权，故应当作为有独立请求权第三人。因此，D 项正确，ABC 项错误。

综上所述，本题答案为 D 项。

㉒ 1003041

【较简单】答案：A。

解析：A 项：根据《民事诉讼法》第 59 条第 1、2 款的规定："对当事人双方的诉讼标的，第三人认为有独立请求权的，有权提起诉讼。对当事人双方的诉讼标的，第三人虽然没有独立请求权，但案件处理结果同他有法律上的利害关系的，可以申请参加诉讼，或者由人民法院通知他参加诉讼。人民法院判决承担民事责任的第三人，有当事人的诉讼权利义务。"故甲作为有独立请求权第三人以起诉方式参加诉讼，乙作为无独立请求权第三人以申请或法院通知方式参加诉讼。因此，A 项正确。

B 项：尽管有独立请求权第三人与无独立请求权第三人的诉讼权利和义务不同，但是二者都是当事人，其诉讼行为都在不同程度上对本诉当事人产生法律效力。因此不论是否有独立请求权，第三人都属于当事人，有当事人的诉讼地位。因此，B 项错误。

C 项：有独立请求权的第三人的诉讼行为和无独立请求权的第三人的诉讼行为都可以对本诉的当事人发生法律效力。在有独三放弃诉讼请求的情况下，本诉的原告和被告就不承担责任；在无独三参加诉讼并承认了原告的诉讼请求之后，被告就无需承担原告的诉讼请求。故有独三的诉讼行为和无独三的诉讼行为都可以对本诉的当事人发生法律效力。因此，C 项错误。

D 项：根据《民诉法解释》第 82 条的规定："在一审诉讼中，无独立请求权的第三人无权提出管辖异议，无权放弃、变更诉讼请求或者申请撤诉，被判决承担民事责任的，有权提起上诉。"本题中 D 项说法过于绝对，乙是无独立请求权第三人，

如法院判决乙承担责任，那么乙可以提起上诉。因此，D 项错误。

综上所述，本题答案为 A 项。

【多选】

㉓ 1703078

【较简单】答案：A,D。

解析：AB 项：有独立请求权的第三人基于对原告和被告所争议的诉讼标的的独立的请求权而参加到诉讼当中来。本题中，案外人王强对李立和陈山所争议的财产主张部分产权，是典型的有独立请求权的第三人。因此，A 项正确，B 项错误。

CD 项：有独立请求权的第三人以起诉的方式参加原告和被告的诉讼中，其提出的参加之诉与本诉是两个相互独立的诉，互不影响。如果有独立请求权的第三人申请撤销参加之诉，本诉可以继续审理；本诉原告申请撤销本诉，有独立请求权的第三人作为另案原告，原案原告、被告作为另案被告，诉讼继续进行。本题中，王强是有独立请求权的第三人，在李立撤回起诉后，法院应以王强为原告、李立和陈山为被告另案处理。因此，C 项错误，D 项正确。

综上所述，本题答案为 AD 项。

【不定项】

㉔ 1103097

【较简单】答案：C。

解析：无独立请求权第三人是指在民事诉讼中，对原被告双方争议的诉讼标的没有独立的请求权，但与案件处理结果有法律上的利害关系而参加诉讼的人。

ABCD 项：根据《民事诉讼法》第 59 条第 2 款的规定："对当事人双方的诉讼标的，第三人虽然没有独立请求权，但案件处理结果同他有法律上的利害关系的，可以申请参加诉讼，或者由人民法院通知他参加诉讼。人民法院判决承担民事责任的第三人，有当事人的诉讼权利义务。"这是对无独立请求权第三人的规定。本题中，陈佳与黎明丽、张成功的离婚诉讼的审理结果没有法律上的利害关系，因此不是无独立请求权的第三人，因而法院既不能依当事人的申请，也不能依职权追

加陈佳为无独立请求权第三人。因此，C项正确，ABD项错误。

综上所述，本题答案为C项。

（五）综合知识点

【单选】

25 `2002110`

【中等】答案：C。

解析：本题主要考查适格当事人。

A项：诉讼权利能力，是指能够成为民事诉讼当事人，享有诉讼权利和承担诉讼义务的资格。当事人适格，是指在具体的诉讼中有作为本案当事人起诉或应诉的资格。诉讼权利能力是抽象的诉讼当事人的资格，当事人适格是具体的诉讼当事人的资格。因此，A项正确，不当选。

B项：一般而言，争议的民事实体法律关系的主体是适格当事人。但存在例外情况，非民事法律关系或民事权利主体也可以作为适格当事人，例如：（1）失踪人的财产代管人、遗产管理人和遗嘱执行人、股东代表诉讼中的股东、著作权集体管理组织、为保护死者名誉而起诉的死者的近亲属；（2）确认之诉中对诉讼标的有确认利益的人或组织；（3）依法有权提起公益诉讼的机关和组织。因此，B项正确，不当选。

C项：法人解散的，依法清算并注销前，以该企业法人为当事人；未依法清算即被注销的，以该企业法人的股东、发起人或者出资人为当事人。清算组织不具有当事人资格。因此，C项错误，当选。

D项：检察院抗诉是行使法律监督职责的体现，不是本案所争议的民事实体法律关系的主体，不属于适格当事人。因此，D项正确，不当选。

综上所述，本题为选非题，答案为C项。

26 `1003046`

【较简单】答案：D。

解析：AB项：本题中，甲在丽都酒店就餐，甲与餐馆具有合同关系。甲被烫伤，甲与乙存在侵权关系，同时，餐馆负有安全保障义务，甲与餐馆也存在侵权关系。甲被烫伤既可以基于合同关系起诉违约，也可以直接起诉侵权。如果基于合同

关系关系。甲在丽都酒店就餐，与酒店是可以以违约之诉起诉，但是这时的违约相对方就只能是酒店，根据相对性的原理，只能起诉酒店，而不能再以违约起诉乙。如果起诉侵权，《民法典》规定了酒店这种公共场所，有安全保障义务，当被第三人侵权时，酒店有过错的要和第三人一起承担共同责任，具体是补充赔偿责任。二者应该是共同被告。因此，AB项错误。

CD项：根据《民法典》第1198条的规定："宾馆、商场、银行、车站、机场、体育场馆、娱乐场所等经营场所、公共场所的经营者、管理者或者群众性活动的组织者，未尽到安全保障义务，造成他人损害的，应当承担侵权责任。因第三人的行为造成他人损害的，由第三人承担侵权责任；经营者、管理者或者组织者未尽到安全保障义务的，承担相应的补充责任。经营者、管理者或者组织者承担补充责任后，可以向第三人追偿。"故甲起诉时可以乙和丽都酒店作为共同被告。但只起诉丽都酒店时，应当将第三人乙作为共同被告。因此，C项错误，D项正确。

综上所述，本题答案为D项。

27 `1003040`

【较简单】答案：C。

解析：AB项：个人合伙与合伙企业的区分点在于是否领取营业执照。根据《民诉法解释》第52条的规定："民事诉讼法第五十一条规定的其他组织是指合法成立、有一定的组织机构和财产，但又不具备法人资格的组织，包括：……（二）依法登记领取营业执照的合伙企业……"据此可知依法登记领取营业执照的合伙企业属于"其他组织"，可以作为民事诉讼当事人，个人合伙不能作为当事人。本题中，电脑修理店属于个人合伙，应由全体合伙人作为当事人。因此，AB项错误。

C项：根据《民诉法解释》第60条的规定："在诉讼中，未依法登记领取营业执照的个人合伙的全体合伙人为共同诉讼人。个人合伙有依法核准登记的字号的，应在法律文书中注明登记的字号。全体合伙人可以推选代表人；被推选的代表人，应由全体合伙人出具推选书。"本题属于个人合

伙,应以甲乙丙三人为共同被告,并注明"一通电脑行"字号。因此,C项正确。

D项:根据《民法典》第1191条的规定:"用人单位的工作人员因执行工作任务造成他人损害的,由用人单位承担侵权责任。用人单位承担侵权责任后,可以向有故意或者重大过失的工作人员追偿。劳务派遣期间,被派遣的工作人员因执行工作任务造成他人损害的,由接受劳务派遣的用工单位承担侵权责任;劳务派遣单位有过错的,承担相应的责任。"戊作为用人单位的工作人员,在执行工作任务过程中造成他人损害,无需承担责任。因此,D项错误。

综上所述,本题答案为C项。

㉘ 2202008

【中等】答案:D。

解析:本题考查类似必要共同诉讼中共同侵权诉讼的当事人。

ABCD项:对于二人以上因共同实施侵权行为造成他人损害,而需承担连带责任的情形,权利人起诉的,属于类似必要共同诉讼,权利人有权选择起诉其中一人或数人,法院无需依职权追加全部主体作为共同被告。故本案中,秦某有权选择起诉甲乙丙中的一人或数人,法院无需依职权追加未被起诉的丙为共同被告。因此,D项正确,ABC项错误。

综上所述,本题答案为D项。

【多选】

㉙ 1403081

【中等】答案:B,C,D。

解析:本题考查诉讼权利能力、当事人适格。

A项:法人的诉讼权利能力始于成立,终于终止,终止的标志为注销,故法人注销后丧失诉讼权利能力,不能以自己的名义起诉、应诉。因此,A项错误。

BC项:公民和非法人组织都是民事主体,均可以以自己的名义作为当事人进行诉讼。注意,无民事行为能力人只是没有诉讼行为能力,但是仍然享有诉讼权利能力,可以以自己的名义作为当事人进行诉讼。因此,BC项正确。

D项:中国消费者协会是法律规定的保护消费者权益的组织,其可以自己的名义作为当事人,对侵害众多消费者权益的企业提起公益诉讼。注意,仅中国消费者协会以及在省、自治区、直辖市设立的消费者协会,可以向人民法院提起对侵害众多消费者合法权益的行为的公益诉讼。因此,D项正确。

综上所述,本题答案为BCD项。

㉚ 1303038

【中等】答案:B,D。

解析:AB项:当事人适格,又称正当当事人,是指对于具体的诉讼,有作为本案当事人起诉或应诉的资格。法院裁判的目的是为了解决民事法律关系主体之间的争议,化解他们之间的纠纷。民事法律关系主体也正因为发生了民事权利义务争议,才有必要以民事诉讼的方式解决争议。因此,一般来讲,应当以当事人是否是所争议的民事法律关系即本案诉讼标的的主体,作为判断当事人适格与否的标准。据此,一般情况下对诉讼标的有确认利益并不一定就是诉讼标的的主体,因而不能以此来判断当事人适格与否;而作为诉讼标的的主体,则属于适格当事人,即正当当事人。同时,以当事人对诉讼标的的确认利益,作为判断当事人适格的标准的例外。因此,A项错误,B项正确。

C项:诉讼行为能力,是指当事人可以亲自实施诉讼行为,并通过自己的行为,行使诉讼权利和承担诉讼义务的诉讼法上的资格。在民诉中,只有具有完全民事行为能力的公民才有诉讼行为能力。根据《民法典》第17条的规定:"十八周岁以上的自然人为成年人。不满十八周岁的自然人为未成年人。"同时根据《民法典》第18条的规定:"成年人为完全民事行为能力人,可以独立实施民事法律行为。十六周岁以上的未成年人,以自己的劳动收入为主要生活来源的,视为完全民事行为能力人。"根据上述规定,未成年人一般情况下不是完全民事行为能力人,因而没有诉讼行为能力,但是十六周岁以上不满十八周岁的未成年人以自己劳动收入为主要生活来源的,视为完全民事行为能力人,因而具有诉讼行为能力,本选项的表述过于绝对。因此，C项错误。

D项：根据《民诉法解释》第64条的规定："企业法人解散的，依法清算并注销前，以该企业法人为当事人；未依法清算即被注销的，以该企业法人的股东、发起人或者出资人为当事人。"本案中存在"破产企业清算组"，清算组存在的意义在于为破产企业料理事务，事务处理完毕即企业注销，因此只有在企业进入破产程序以后，被依法注销前，才会有破产企业清算组的存在。据此，在依法清算并注销前，应当以该企业法人为当事人。因此，D项正确。

综上所述，本题答案为BD项。

31 `1203081`

【中等】答案：A,C。

解析：AD项：诉讼权利能力，也被称为当事人诉讼权利能力或者当事人能力，是指成为民事诉讼当事人，享有民事诉讼权利和承担民事诉讼义务所必需的诉讼法上的资格。当事人能力是由法律设定的。当事人适格又称为正当当事人，是指在具体案件中以自己的名义作为原告起诉或者作为被告应诉的资格。当事人是否适格，是每一具体个案都要面对的问题，不能由法律进行统一设定。因此，A项正确，D项错误。

BC项：诉讼权利能力是作为抽象的诉讼当事人的资格，而适格当事人则是作为具体的诉讼当事人的资格。诉讼权利能力与具体案件无关，而适格当事人则须在具体案件中才能判断，也就是说当事人适格与否是针对具体诉讼而言的，需要将当事人与具体的诉讼联系起来，看当事人与特定的诉讼标的有无直接关系。可见，当事人必须首先具备当事人能力进入民事诉讼，才能考虑是否适格的问题，当事人能力是当事人适格的前提，但具备当事人能力的主体在某一个案中未必适格。因此，C项正确，B项错误。

综上所述，本题答案为AC项。

32 `1802115`

【较简单】答案：B,D。

解析：本题考查特殊地域管辖中的合同纠纷管辖、当事人适格。

AB项：合同纠纷应当由被告住所地或者合同履行

地法院管辖。本题中，被告宝安商场的住所地为A市B区，合同履行地为C市D区，所以C市D区法院取得管辖权是因为其是合同履行地而不是被告住所地。因此，A项错误，B项正确。

CD项：法人非依法设立的分支机构，或者虽依法设立，但没有领取营业执照的分支机构，以设立该分支机构的法人为当事人。非法设立的分支机构不能作为案件当事人。本案中C市分公司由宝安商场自行设立，并私刻公章，不属于法人依法设立并领取营业执照的分支机构，不具有诉讼权利能力，不能作为本案被告，故本案只能以宝安商场为被告。因此，C项错误，D项正确。

综上所述，本题答案为BD项。

33 `1103080`

【较难】答案：B,C。

解析：无独立请求权第三人是指在民事诉讼中，对原被告双方争议的诉讼标的没有独立的请求权，但案件处理的结果可能同他有法律上的利害关系，而参加到已经开始的诉讼中进行诉讼的人，具有一定的独立地位。

A项：无独立请求权第三人在诉讼中有自己独立的诉讼地位。因此，A项正确，不当选。

BC项：根据《民诉法解释》第82条的规定："在一审诉讼中，无独立请求权的第三人无权提出管辖异议，无权放弃、变更诉讼请求或者申请撤诉，被判决承担民事责任的，有权提起上诉。"故无独三无权提出管辖权异议；一审判决没有判决无独立请求权第三人承担民事责任的，无独立请求权的第三人不可以作为上诉人，但可以成为被上诉人。因此，BC项错误，当选。

D项：根据《民诉法解释》第150条的规定："人民法院调解民事案件，需由无独立请求权的第三人承担责任的，应当经其同意。该第三人在调解书送达前反悔的，人民法院应当及时裁判。"由此可知，无独立请求权第三人有权参与案件的调解，并与原、被告达成调解协议。因此，D项正确，不当选。

综上所述，本题为选非题，答案为BC项。

【不定项】

34 `2202112`

【中等】答案：A,C。

解析：本题考查当事人适格和法定代理人。

一般而言，争议的民事实体法律关系的主体是适格当事人。本案为侵权纠纷，侵权行为人小张和小赵为侵权法律关系的主体。

AB项：未成年人和精神病人有诉讼权利能力，可以作为案件当事人，但是由于其没有诉讼行为能力，故不能亲自参加诉讼，需要法定代理人代为参加诉讼。小赵（16岁）是未成年人，作为侵权行为受害人，是本案适格原告。但其为限制民事行为能力人，没有诉讼行为能力，需要父亲老赵作为法定代理人代为参加诉讼。老赵不是侵权法律关系的主体，故不是本案适格原告。因此，A项正确，B项错误。

C项：无、限制民事行为能力人造成他人损害的，无、限制民事行为能力人和其监护人为共同被告。本案小张打伤小赵时17岁，为限制民事行为能力人，应当以小张和老张为共同被告。故而老张是适格被告。因此，C项正确。

D项：开庭时小张已满18周岁，是完全民事行为能力人，有诉讼行为能力，故而不需要法定代理人代为参加诉讼。因此，D项错误。

综上所述，本题答案为AC项。

二、模拟题

【单选】

35 `62304045`

【较简单】答案：B。

解析：ABCD项：《民法典》第1209条规定："因租赁、借用等情形机动车所有人、管理人与使用人不是同一人时，发生交通事故造成损害，属于该机动车一方责任的，由机动车使用人承担赔偿责任；机动车所有人、管理人对损害的发生有过错的，承担相应的赔偿责任。"本案中，阿飞属于机动车使用人，汽车专营店属于机动车所有权人，老刘可以向二者主张赔偿责任，故可以以阿飞、汽车专营店为共同被告。用人单位的工作人员因执行工作任务致人损害的，由用人单位承担侵权

责任，欢欢在履行职务过程中致人损害，应由汽车专营店承担责任，欢欢不承担责任，不能作为适格被告。因此，B项正确，ACD项错误。

综上所述，本题答案为B项。

【多选】

36 `62204051`

【中等】答案：A,C。

解析：AD项：根据《民诉法解释》第54条的规定："以挂靠形式从事民事活动，当事人请求由挂靠人和被挂靠人依法承担民事责任的，该挂靠人和被挂靠人为共同诉讼人。"本案中，张天是将大巴车挂靠在东运公司名下从事旅客运输工作的，张天与东运公司属于挂靠关系。若"哪都通"快递公司提起诉讼，可以将张天与东运公司作为共同被告。此外，由于张天与东运公司属于挂靠关系，张天也就不属于提供劳务造成他人损害的情况。因此，A项正确，D项错误。

BC项：根据《民诉法解释》第56条的规定："法人或者其他组织的工作人员执行工作任务造成他人损害的，该法人或者其他组织为当事人。"本案中，冯宝是在执行"哪都通"快递公司的工作任务中造成张天损害的，若张天提起诉讼，应该以冯宝的工作单位，即"哪都通"快递公司为被告，不能将冯宝列为被告。同理可知，冯宝执行工作任务引发纠纷只能以"哪都通"快递公司为当事人，冯宝不得作为当事人参加诉讼，即冯宝不能作为共同原告、被告，不能作为有独三、无独三。如果冯宝要参加诉讼，只能以证人身份参加。因此，B项错误，C项正确。

综上所述，本题答案为AC项。

37 `62304030`

【较难】答案：A,C。

解析：AB项：根据《担保制度解释》第26条第1款的规定："一般保证中，债权人以债务人为被告提起诉讼的，人民法院应予受理。债权人未就主合同纠纷提起诉讼或者申请仲裁，仅起诉一般保证人的，人民法院应当驳回起诉。"本案彭某和郝某未对保证方式进行约定，视为一般保证。彭某可以单独起诉债务人刘某，但不得单独起诉一般

保证人郝某。若单独起诉郝某，法院应当先向彭某释明，若其不同意追加刘某为共同被告，则驳回起诉。因此，A项正确，B项错误。

CD项：根据《担保制度解释》第21条第2款的规定："债权人一并起诉债务人和担保人的，应当根据主合同确定管辖法院。"本案中若彭某同时起诉刘某和郝某，应依据主合同（即借款合同）来确定管辖法院，借款合同约定由S市J区法院管辖，则只有J区法院有管辖权。因此，C项正确，D项错误。

综上所述，本题答案为AC项。

第六章
诉讼代理人

[1]C　　[2]AB　　[3]BCD　　[4]BC　　[5]BC

一、历年真题及仿真题

（一）法定代理人

【单选】

① 2102102

【简单】答案：C。

解析：本题考查法定代理人。

ABCD项：本题中，赵某作为一方当事人在诉讼中丧失诉讼行为能力，故法院应当中止诉讼，确定法定代理人，由法定代理人代为继续诉讼，而非追加或变更赵某的妻子为共同原告或原告。因此，AB项错误。本案中，赵某丧失行为能力，应当由其妻子作为第一顺位的监护人，即法定代理人，故法院应当追加其妻子为法定代理人，由妻子作为法定代理人代为继续诉讼，诉讼继续进行。因此，C项正确。赵某的父亲无权撤回起诉。因此，D项错误。

综上所述，本题答案为C项。

【多选】

② 1103082

【较简单】答案：A,B。

解析：A项：法定诉讼代理人是指依据法律规定代理无诉讼行为能力的当事人。因此，A项正确。

B项：法定代理是一种全权代理，所以法定代理人享有按照自己意志代理被代理人实施的所有诉讼行为的代理权限。因此，B项正确。

C项：法定诉讼代理人与当事人在诉讼中发生死亡事件的效果不同：若法定诉讼代理人死亡，需另行指定监护人作为法定诉讼代理人继续诉讼即可；若当事人死亡，则可能导致当事人变更甚至诉讼终结的后果。因此，C项错误。

D项：委托诉讼代理人必须要基于委托才能代为进行诉讼，不存在由法定诉讼代理人自动转化为委托代理人。因此，D项错误。

综上所述，本题答案为AB项。

（二）委托代理人

【多选】

③ 1503078

【较简单】答案：B,C,D。

解析：本题考查委托代理人应当提交的材料。

ABCD项：律师作为委托诉讼代理人，应当向法院提交的材料有：授权委托书、律师执业证、律师事务所证明材料。律师所在的律师事务所与当事人签订的协议书是律所和当事人签的不对外合同，无需向法庭提供。因此，BCD项正确，A项错误。

综上所述，本题答案为BCD项。

二、模拟题

【多选】

④ 51904156

答案：B,C。

解析：A项：法定代理人和委托代理人的区别不仅仅在于代理权限取得方式的不同，还在于代理权限的不同。因此，A项错误。

B项：诉讼代理的目的在于维护被代理人的合法

权益，所以只能以被代理人的名义进行诉讼，而不能以自己的名义进行诉讼，故法定诉讼代理人和委托诉讼代理人都不具有当事人的地位。因此，B 项正确。

C 项：法定诉讼代理权消灭的原因在于监护权的消灭。具体包括：（1）无诉讼行为能力的被代理人具有或恢复了诉讼行为能力；（2）法定诉讼代理人本人丧失了诉讼行为能力；（3）基于收养或婚姻关系而发生的监护权，因收养或婚姻关系被解除，而导致法定诉讼代理权消灭；（4）法定诉讼代理人或被代理人死亡；（5）诉讼结束；（6）其他导致法定诉讼代理权消灭的情况。C 项符合上述第四种情形。因此，C 项正确。

D 项：根据《民事诉讼法》第 61 条第 1 款的规定："当事人、法定代理人可以委托一至二人作为诉讼代理人。"故法定代理人可以委托诉讼代理人。因此，D 项错误。

综上所述，本题答案为 BC 项。

【不定项】

⑤ `51904164`

答案：B，C。

解析：ABCD 项：根据《民诉法解释》第 89 条第 1 款的规定："当事人向人民法院提交的授权委托书，应当在开庭审理前送交人民法院。授权委托书仅写'全权代理'而无具体授权的，诉讼代理人无权代为承认、放弃、变更诉讼请求，进行和解，提出反诉或者提起上诉。"据此，李雨有权申请对博瑞食品公司进行财产保全、申请法院依职权调取证据，但无权与博瑞食品公司达成和解协议，也无权一审判决后提出上诉。因此，BC 项正确，AD 项错误。

综上所述，本题答案为 BC 项。

第七章
民事诉讼的证明

参考答案

[1] B	[2] C	[3] D	[4] D	[5] ABD
[6] AB	[7] ABC	[8] CD	[9] ABD	[10] ABD
[11] A	[12] AC	[13] A	[14] ABD	[15] CD
[16] AB	[17] ACD	[18] AB	[19] B	[20] C
[21] C	[22] ABCD	[23] AC	[24] CD	[25] ABCD
[26] C	[27] B	[28] C	[29] D	[30] D
[31] D	[32] AC	[33] BC	[34] BCD	[35] C
[36] ACD	[37] AC	[38] ABCD	[39] AC	[40] CD
[41] CD	[42] C	[43] BCD	[44] D	

一、历年真题及仿真题

（一）民诉证明责任

【单选】

① `2002027`

【较简单】答案：B。

解析：本题考查侵权纠纷证明责任。

环境污染侵权纠纷适用无过错责任，且因果关系的证明责任倒置给侵权人。本案中，杨某认为飞机喷药时飞行产生的噪音影响到其合法权益，属于环境污染纠纷案件。

AD 项：环境污染案件的证明责任遵循无过错责任原则，过错不是待证事实，故甲公司和杨某都无须对过错承担证明责任。因此，AD 项错误。

BC 项：环境污染案件因果关系的证明责任倒置，由侵权人承担。故应由行为人甲公司证明侵权行为（飞机喷药产生噪音）和损害结果（杨某的损失）之间不存在因果关系。因此，B 项正确，C 项错误。

综上所述，本题答案为 B 项。

② `1902006`

【较简单】答案：C。

解析：本题考查侵权纠纷证明责任。

堆放物致人损害案件适用过错推定责任，推定侵权人存在过错。过错推定责任中，过错仍然属于证明对象，只是倒置给了侵权人（由侵权人证明自己没有过错）。

A 项：证明责任的主体是当事人，法院不承担证明责任。因此，A 项错误。

B 项：证明对象即待证事实，是指诉讼中需要用证据加以证明的事实。侵权人季某有过错是本案侵权责任的构成要件，是本案的证明对象。因此，B 项错误。

CD 项：堆放物致人损害案件实行过错推定责任，故在证明责任分配中应当将过错倒置给被告季某证明，由季某证明自己没有过错。因此，C 项正确，D 项错误。

综上所述，本题答案为 C 项。

3 `1703040`

【简单】答案：D。

解析：AB 项：根据《民法典》第 1192 条第 1 款的规定："个人之间形成劳务关系，提供劳务一方因劳务造成他人损害的，由接受劳务一方承担侵权责任。接受劳务一方承担侵权责任后，可以向有故意或者重大过失的提供劳务一方追偿。提供劳务一方因劳务自己受到损害的，根据双方各自的过错承担相应的责任。"同时根据《民诉法解释》第 57 条的规定："提供劳务一方因劳务造成他人损害，受害人提起诉讼的，以接受劳务一方为被告。"本案属于雇工责任案件，杨某致他人伤害，受害人乔某应当起诉雇主薛某，而非杨某。因此，AB 项错误。

CD 项：提供劳务方因劳务造成他人损害的，由接受劳务方承担侵权责任。由此可知接受劳务方承担的是无过错责任，即接受劳务方（雇主薛某）对外承担责任不以过错为要件，所以薛某是否存有过错不需要证明。因此，C 项错误，D 项正确。

综上所述，本题答案为 D 项。

4 `1203037`

【简单】答案：D。

解析：根据《民法典》第 1255 条的规定："堆放物倒塌、滚落或者滑落造成他人损害，堆放人不能证明自己没有过错的，应当承担侵权责任。"本题是叠放砖头致人损害的案件，在行为人过错方面的举证责任是倒置的，由被告承担举证责任。

但是侵权行为、损害结果、行为与结果之间的因果关系等侵权构成要件，还是由原告承担举证责任。

A 项：侵权行为由受害方承担举证责任，故乙叠放砖头倒塌的事实应当由受害方甲承担举证责任。因此，A 项正确，不当选。

B 项：损害结果由原告承担举证责任。故甲受损害的事实应当由原告甲承担举证责任。因此，B 项正确，不当选。

C 项：行为与结果之间的因果关系由原告承担举证责任。故甲所受损害是由于乙叠放砖头倒塌砸伤的事实应当由原告甲承担举证责任。因此，C 项正确，不当选。

D 项：行为人过错方面的举证责任倒置，故应由乙承担证明自己是否具有主观过错的举证责任。因此，D 项错误，当选。

综上所述，本题为选非题，答案为 D 项。

【多选】

5 `2202154`

【较难】答案：A,B,D。

解析：A 项：《民诉法解释》第 91 条规定了证明责任分配的基本原则：主张法律关系存在的当事人，应当对产生该法律关系的基本事实承担举证证明责任……甲向法院主张借款法律关系存在，则应当对借款事实承担证明责任。因此，A 项正确。

BD 项：《民诉法解释》第 90 条第 1 款规定了行为意义上的举证责任：当事人对自己提出的诉讼请求所依据的事实或者反驳对方诉讼请求所依据的事实，应当提供证据加以证明。行为意义上的举证责任就是提供证据的责任，即当事人对自己提出的主张都要提供证据证明，简单来说就是"口说无凭"。本题中，甲主张借款事实，乙主张款项系货款，二者对自己的主张都负有提供证据的责任。因此，BD 项正确。

C 项：讨论证明责任分配的前提是该事实属于本案的待证事实（要件事实），在一个借款合同法律关系中，只有借款事实存在（借款合意＋借款交付）、变更、消灭（已经还钱或已经免除债务）是待证事实。乙主张该笔款项不是借款而是货款，其并不需要对货款事实承担证明责任，因为货款事实不是本案的待证事实，双方当事人都不需要为此承担证明责任。因此，C项错误。

综上所述，本题答案为ABD项。

⑥ 2102122

【中等】答案：A,B。

解析：本题考查借款纠纷中的证明责任分配。

AB项：《民诉法解释》第91条第1项规定："主张法律关系存在的当事人，应当对产生该法律关系的基本事实承担举证证明责任"。原告陈某主张借款，应当对借款事实的存在承担证明责任，承担证明责任一方（陈某）提出的用于证明自己主张的证据（借条）是本证。因此AB项正确。

C项：只有一个事实属于待证事实，才有必要讨论证明责任的问题。在借款合同关系中，原告需要证明的事实为借款关系存在（借贷合意＋实际转账），被告需要证明的事实通常为借款关系已经消灭（比如已经还了钱）。本案中，被告郝某主张该笔款项为赌债，赌债事实不是本案的待证事实，不需要承担证明责任。因此，C项错误。

D项：当郝某主张赌债且提交证据，使得法官内心产生动摇，不确定借款法律关系是否真实存在时，应当由原告陈某继续举证，否则就要在借款事实真伪不明时承担败诉的不利后果。本案中法院应当要求原告陈某继续提供证据证明借款事实而不能直接判决驳回诉讼请求。因此，D项错误。

综上所述，本题答案为AB项。

⑦ 2102121

【中等】答案：A,B,C。

解析：本题考查证明责任的内涵。证明责任有两重含义：①行为意义上的举证责任：口说无凭，当事人只要在诉讼中主张了于己有利的事实，就应当提供证据；②结果意义上的证明责任：待证事实真伪不明时，由承担证明责任一方当事人承担败诉的不利后果。结果意义上的证明责任由法律预先规定，固定不变、不能转移。

AB项：《民诉法解释》第90条第1款规定，当事人对自己提出的诉讼请求所依据的事实或者反驳对方诉讼请求所依据的事实，应当提供证据加以证明，但法律另有规定的除外。任青主张签名是真实的，应当提供证据证明签名是真的，陈北主张签名是假的，也应当提供证据证明签名是假的。因此，AB项正确。

CD项：《民诉法解释》第91条第2项规定，主张法律关系变更、消灭或者权利受到妨害的当事人，应当对该法律关系变更、消灭或者权利受到妨害的基本事实承担举证证明责任。收条证明的事实为借款法律关系已经消灭，由主张法律关系消灭的任青承担证明责任。因此，C项正确，D项错误。

综上所述，本题答案为ABC项。

⑧ 2002031

【中等】答案：C,D。

解析：本题考查证明责任。

证明责任包括行为意义上的证明责任和结果意义上的证明责任，前者是指提供证据的责任，后者是指待证事实真伪不明时，承担不利后果的责任。结果意义上的证明责任是证明责任的本质，在没有特别强调的情况下，题目中的证明责任一般是指结果意义上的证明责任。

A项：原告主张被告与法官是"大学校友"应回避，但该理由并不属于回避适用的法定情形，也并非是回避成立的要件事实。故当事人不需要对此承担证明责任。因此，A项错误。

BC项：考查环境污染案件证明责任的分配。首先环境污染侵权适用无过错责任原则，被告有无过错不是侵权构成要件，过错不是证明对象，无需证据证明；其次环境污染案件的证明责任分配中存在因果关系倒置，即由原告对侵权行为、结果承担证明责任，被告对免责事由和无因果关系承担证明责任（常考的因果关系倒置即是环境污染侵权，需要特别记忆）。故被告无需提供证据证明自己无过错，但需提供证据证明自己的排污行为与损害结果不存在因果关系，当是否存在因果关系处于事实不清、真伪不明时被告应当承担不利后果，即承担结果意义上的证明责任。因此，B项错误，C项正确。

D项：主张法律关系变更、消灭的一方，应当对法律关系变更、消灭的事实承担证明责任。被告主张原告已经免除了自己的债务，即主张借款法律关系已经消灭，应当对消灭的事实承担证明责任。因此，D项正确。

综上所述，本题答案为CD项。

9 `1802116`

【较简单】答案：A，B，D。

解析：本题考查劳动争议中的证明责任分配。

AC项：根据《劳动争议调解仲裁法》第6条的规定："发生劳动争议，当事人对自己提出的主张，有责任提供证据。与争议事项有关的证据属于用人单位掌握管理的，用人单位应当提供；用人单位不提供的，应当承担不利后果。"故邹某与甲公司仲裁时，由甲公司掌握管理的人事资料和邹某的工资清单，应由甲公司提供，如果甲公司不提供将承担不利后果。因此，A项错误，当选；C项正确，不当选。

BD项：根据《最高人民法院关于审理劳动争议案件适用法律问题的解释（一）》第44条的规定："因用人单位作出的开除、除名、辞退、解除劳动合同、减少劳动报酬、计算劳动者工作年限等决定而发生的劳动争议，用人单位负举证责任。"本案属于解除劳动合同的劳动争议诉讼，由上述规定可知，甲公司对解除劳动合同负有举证责任。无论是甲公司掌握管理的工资清单还是解除劳动合同的时间，都是与解除劳动合同争议相关的事项，加之承担举证责任与是否为小微型企业无关，故甲公司应对前两项事由承担举证责任。因此，BD项错误，当选。

综上所述，本题为选非题，答案为ABD项。

10 `1103084`

【中等】答案：A，B，D。

解析：证明责任是指，当事人对自己提出的主张，有提出证据并加以证明的责任；当事人未能提供证据或者证据不足以证明其事实主张的，由负有举证证明责任的当事人承担不利后果。

A项：真伪不明是证明责任发生的前提。当事实处于真伪不明的状态时，应当根据法律规定证明责任发挥作用，若负有举证责任的一方无法证明事实，则应当承担不利后果。因此，A项正确。

B项：某一法律要件事实的证明责任，只能由一方当事人来承担，不可能由双方当事人共同承担。因为，如果双方同时承担的话，则当事实真伪不明时，法院无法据此作出哪一方败诉的判决。但

是，某一案件可能会涉及多个法律要件事实，不同事实可能由不同当事人承担证明责任。因此，B项正确。

C项：当事人对其主张的某一事实没有提供证据证明，不会导致必然败诉的后果，如果发生举证责任分配倒置的情形，本方当事人不承担败诉后果，若该事实真伪不明则让对方当事人承担败诉后果或者对方当事人承认了需要提供证据的事实时，也不会导致败诉的后果。因此，C项错误。

D项：证明责任由谁承担是由法律和司法解释预先确定的，在诉讼中不存在证明责任在原被告之间转移的问题，也不存在双方当事人约定举证责任的问题。因此，D项正确。

综上所述，本题答案为ABD项。

【不定项】

11 `1802100`

【中等】答案：A。

解析：本题考查侵权纠纷的证明责任分配。

A项：根据《民事诉讼法》第67条第1款的规定："当事人对自己提出的主张，有责任提供证据。"同时根据《民诉法解释》第90条第1款的规定："当事人对自己提出的诉讼请求所依据的事实或者反驳对方诉讼请求所依据的事实，应当提供证据加以证明，但法律另有规定的除外。"所以，证明责任的分配原则是"谁主张，谁举证"。因此，A项正确。

BCD项：提供劳务一方因劳务造成他人损害的，由接受劳务一方承担侵权责任。接受劳务方对外承担的是无过错责任，过错不是待证事实，所以接受劳务方蒋某是否存有过错不需要证明。但是其他侵权要件，仍应当由原告承担举证证明责任，即张某应当对侵权行为、侵权结果以及侵权行为与侵权结果之间的因果关系承担证明责任。在此需要注意的是，由于是在【工作过程中】导致脱落，是一般侵权，而不是没有外力情况下脱落适用的过错推定，所以按照【雇主责任】理解即可。因此，BCD项错误。

综上所述，本题答案为A项。

12 `1503096`

【中等】答案：A,C。

解析：本题考查证明责任的分配。

AC项：四海公司主张自己已经履行了货款交付的义务，则需要对已经履行的事实承担证明责任，已经履行货款交付义务可拆分为：①将货款交付给了五环公司业务员付某；②付某有权代理五环公司收取货款（五环公司授权了付某代理收取货款）。故而对于这两个事实都需要四海公司承担证明责任。因此，AC项正确。

B项：一方当事人自认的事实，另一方当事人无需举证证明。付某是五环公司业务员是五环公司的自认事实，无需四海公司举证证明。因此，B项错误。

D项：付某是否将收取的货款交到五环公司属于五环公司与付某之间的问题，并不影响四海公司的合同履行状况，不属于待证事实，无需证据证明。因此，D项错误。

综上所述，本题答案为AC项。

（二）自认

【单选】

13 `1503040`

【简单】答案：A。

解析：A项：当事人在法庭审理中或起诉状/答辩状/代理词等书面材料中，对于己不利的事实明确表示承认的，都可以构成自认。因此，A项正确。

B项：当事人为达成调解作出妥协而认可的事实不构成自认。因此，B项错误。

C项：涉及身份关系、国家利益、社会公共利益等应当由人民法院依职权调查的事实，不适用自认。收养关系属于身份关系，法院应依职权进行调查，不适用自认。因此，C项错误。

D项：自认的事实与查明的事实不符的，人民法院不予确认。因此，D项错误。

综上所述，本题答案为A项。

补充：判断是否为自认可以采用"何时+何地+何事"的三分法，即在什么时候作出的（比如法院调解中就不行），在什么地方作出的（比如在诉

前手写的承认借款的书面文件就不行），以及针对什么事作出的（比如就身份关系的承认就不行）。

【多选】

14 `2202021`

【较难】答案：A,B,D。

解析：本题考查自认。

A项：根据《民诉法解释》第92条第1款的规定："一方当事人在法庭审理中，或者在起诉状、【答辩状】、代理词等书面材料中，对于己不利的事实明确表示承认的，另一方当事人无需举证证明。"本案中，乙公司在庭审前提交的答辩状里承认了产品存在问题，构成自认。因此，A项正确。

B项：一般而言当事人的自认只对自己有约束力，故乙公司的自认对被告丙没有约束力。（注意这里乙公司只是第三人，不是必要共同诉讼人，因为甲公司起诉的案由是违约而非侵权）。因此，B项正确。

C项：并非所有不表态都会构成默示自认，需要分情况来讨论。一般而言，如果争议的事实确实是当事人无法得知、没有义务得知的事实，那么当事人表示不知情也情有可原，不构成默示自认；然而如果争议的事实是当事人亲身经历的、本应知情或有义务知情的事实，当事人却不愿表态，那么往往就可以认定为默示自认。在本案中，丙只是从乙公司进货，对于货物的生产情况，其表示不知情也是可以理解的，故而不宜认定为默示自认。因此，C项错误。

D项：撤销自认需同时满足两个条件：①法庭辩论终结前撤销；②经对方当事人【同意】或自认是在【受胁迫】或者【重大误解】情况下作出的。本案中，乙公司称律师写错字，并不是撤销自认的法定理由，法院不应允许乙公司撤销自认。因此，D项正确。

综上所述，本题答案为ABD项。

【注意】默示自认的判定需要留意是针对什么事实"不表态"，以及不知情能否被接受需要站在一般人的角度判定。

15 `2102117`

【较简单】答案：C,D。

解析：本题考查自认效力的相关问题。

ABCD项：本案属于借款纠纷，债权人钱某是原告，债务人赵某和连带保证人孙某是共同被告，是必要共同诉讼。必要共同诉讼中，共同诉讼人中一人或者数人作出自认而其他共同诉讼人予以否认的，不发生自认的效力。本案中，第一次庭审时赵某承认已经支付的6万元是首年利息，但由于孙某（共同诉讼人）自始主张当事人之间不存在关于利息的约定，故赵某第一次庭审中对于6万元属于利息的陈述不发生自认的效力。又因为关于利息的问题双方均无法提供证据证明，当利息事实真伪不明时，由对利息存在承担证明责任的钱某承担举证不能的不利后果，法院应当认定不存在利息。故赵某只需要偿还本金54万元，孙某作为连带保证人，应当对54万元的本金承担连带保证责任。因此，AB项错误；CD项正确。

综上所述，本题答案为CD项。

16 2002041

【中等】答案：A,B。

解析：本题考查自认。

A项：一方当事人对于另一方当事人主张的于己不利的事实既不承认也不否认，经审判人员【说明并询问】后，其仍然不明确表示肯定或者否定的，视为对该事实的承认。法官询问王某是否存在向李某借款的事实，王某对这一于己不利的事实既不承认也不否认，且在法官解释说明后仍不明确表示肯定或否定，视为对该事实的承认，构成默示自认。因此，A项正确。

B项：撤销自认需同时满足两个条件：①法庭辩论终结前撤销；②经对方当事人【同意】或自认是在【受胁迫】或者【重大误解】情况下作出的。证据交换过程中王某承认借钱的事实，就已经构成对借款事实的自认，在庭审过程中其欲撤销自认必须同时满足以上两个条件，本案撤销自认不满足条件，所以仍旧构成自认。因此，B项正确。

CD项：自认要求在证据交换、询问、调查等法庭审理中或者在起诉状、答辩状、代理词等书面材料中作出，王某在回家路上承认的借款事实和在起诉前书写的材料中承认借款事实均不构成自认。因此，CD项错误。

综上所述，本题答案为AB项。

【注意】起诉前写的材料既非庭审过程中形成，也不属于起诉状、答辩状和代理词之类的书面材料，不能成为自认。

【不定项】

17 1103098

【较难】答案：A,C,D。

解析：自认是指当事人一方承认对方当事人所主张的不利于己的事实为真实而明确表明其真实性的陈述。根据《民诉法解释》第92条第1、2款的规定："一方当事人在法庭审理中，或者在起诉状、答辩状、代理词等书面材料中，对于己不利的事实明确表示承认的，另一方当事人无需举证证明。对于涉及身份关系、国家利益、社会公共利益等应当由人民法院依职权调查的事实，不适用前款自认的规定。"

AD项：涉及身份关系的事实，不适用自认。张成功承认与黎明丽存在婚姻关系，以及黎明丽承认张成功不是张好帅的亲生父亲（涉及父子关系），都属于涉及身份关系的事实，不适用自认。因此，AD项错误，当选。

B项：张成功在调解时承认的家中存款36万元在自己手中，在庭审中对该事实并未否认，故构成自认。因此，B项正确，不当选。

C项：自认只能是承认案件事实，对诉讼请求的承认属于认诺。张成功同意生活用品归各自所有，是对黎明丽诉讼请求的承认，是认诺而非自认。因此，C项错误，当选。

综上所述，本题为选非题，答案为ACD项。

18 1103099

【中等】答案：A,B。

解析：ABD项：根据《民诉法解释》第107条的规定："在诉讼中，当事人为达成调解协议或者和解协议作出妥协而认可的事实，不得在后续的诉讼中作为对其不利的根据，但法律另有规定或者当事人均同意的除外。"在其后的庭审中，张成功对没有其他财产争议、36万存款在自己手中的事实再次予以承认，构成自认，对该事实法院可将其作为判决根据。但张成功在调解过程中对第三者的承认、在庭审中否认的，不构成自认，不能作为判决依据。因此，AB 项正确，D 项错误。

C 项：法院判决应当以事实为根据，以法律为准绳。黎明丽提出张成功每月应当支付张好帅抚养费 1500 元的主张，属于原告的诉讼请求，张成功对该主张自始至终予以否认，该主张作为原告的诉讼请求，并不是事实问题，不能作为判决依据。因此，C 项错误。

综上所述，本题答案为 AB 项。

（三）民诉证明程序

【单选】

19 `1603041`

【较简单】答案：B。

解析：本题考查逾期举证的法律后果。具体如下：（1）当事人故意或者重大过失逾期提供证据，法院不予采纳该证据；（2）当事人故意或者重大过失逾期提供证据，但该证据与案件基本事实相关的，法院应当采纳该证据并对当事人予以训诫、罚款；（3）当事人不是故意或者重大过失逾期提供证据的，法院应当采纳证据后予以训诫；（4）当事人逾期提供证据是因为客观原因或者对方当事人没有提出异议的，视为未逾期，即应当采纳该证据，且无需对当事人予以训诫、罚款。

A 项：王某在二审中出具的收条是新提出来的，在一审中并未提出，故属于新证据。因此，A 项错误。

BD 项：根据《民诉法解释》第 102 条第 2 款的规定："当事人非因故意或者重大过失逾期提供的证据，人民法院应当采纳，并对当事人予以训诫。"王某在二审中提供收条，属于逾期提供证据，且其理由是"一审期间未找到"，显然并非故意或者重大过失。（收条对于王某而言是有利证据，其能在一审中提出就肯定会提，故可以推定其对一审未提出不具有故意或重大过失）所以法院应当采纳并训诫，而非视情况决定是否采纳。因此，B 项正确，D 项错误。

C 项：根据《民诉法解释》第 101 条第 2 款的规定："当事人因客观原因逾期提供证据，或者对方当事人对逾期提供证据未提出异议的，视为未逾

期。"可知，如果李某同意，则视为未逾期，法院应当采纳证据而非可以采纳。因此，C 项错误。

综上所述，本题答案为 B 项。

20 `1403045`

【中等】答案：C。

解析：A 项：根据证据是否直接来源于案件事实，可将证据分为传来证据与原始证据。而根据能否单独、直接证明待证事实，可将证据分为直接证据与间接证据。经过公证的书证、传来证据与间接证据之间分类标准不同，不能进行比较。因此，A 项错误。

B 项：根据《民诉证据规定》第 10 条第 1 款第 4 项的规定："下列事实，当事人无须举证证明：……（四）根据已知的事实和日常生活经验法则推定出的另一事实……"经验法则分为日常生活领域内的经验法则和专门知识领域内的经验法则，对于日常生活领域内的经验法则，为一般人所知晓，故无须加以证明；对于不为一般人所知晓的专门知识领域的经验法则（如高深的物理、化学法则）则应当加以证明。因此，B 项错误。

C 项：根据《民事诉讼法》第 275 条的规定："在中华人民共和国领域内没有住所的外国人、无国籍人、外国企业和组织委托中华人民共和国律师或者其他人代理诉讼，从中华人民共和国领域外寄交或者托交的授权委托书，应当经所在国公证机关证明，并经中华人民共和国驻该国使领馆认证，或者履行中华人民共和国与该所在国订立的有关条约中规定的证明手续后，才具有效力。"雷诺的授权委托书经过法国公证机关证明，并经我国驻法国使领馆认证后，具有效力。因此，C 项正确。

D 项：证明责任是指，当事人对自己提出的主张，有提出证据并加以证明的责任；当事人未能提供证据或者证据不足以证明其事实主张的，由负有举证证明责任的当事人承担不利后果。证明责任由哪一方当事人承担是由法律、法规或司法解释预先确定的，故在诉讼中不存在原告与被告之间相互转移证明责任的问题。因此，D 项错误。

综上所述，本题答案为 C 项。

21 1303040

【较简单】答案：C。

解析：AB项：根据《民诉法解释》第99条的规定："人民法院应当在审理前的准备阶段确定当事人的举证期限。举证期限可以由当事人协商，并经人民法院准许。人民法院确定举证期限，第一审普通程序案件不得少于十五日，当事人提供新的证据的第二审案件不得少于十日。举证期限届满后，当事人对已经提供的证据，申请提供反驳证据或者对证据来源、形式等方面的瑕疵进行补正的，人民法院可以酌情再次确定举证期限，该期限不受前款规定的限制。"根据题干，"双方商定了25天的举证时限，法院认可"，这就表明已经得到法院准许。双方当事人协议确定举证时限，确定了25天的举证时限都是符合法律规定的。因此，AB项正确，不当选。

C项：根据《民诉证据规定》第54条第1款的规定："当事人申请延长举证期限的，应当在举证期限届满前向人民法院提出书面申请。"小华公司申请延长举证期限的，应当在举证期限内，而不是在举证期限届满之后。因此，C项错误，当选。

D项：根据《民事诉讼法》第68条的规定："当事人对自己提出的主张应当及时提供证据。人民法院根据当事人的主张和案件审理情况，确定当事人应当提供的证据及其期限。当事人在该期限内提供证据确有困难的，可以向人民法院申请延长期限，人民法院根据当事人的申请适当延长。当事人逾期提供证据的，人民法院应当责令其说明理由；拒不说明理由或者理由不成立的，人民法院根据不同情形可以不予采纳该证据，或者采纳该证据但予以训诫、罚款。"即使是逾期提供的证据，法院在罚款之后也可采纳，进而予以质证。因此法院依然组织质证符合法律要求。因此，D项正确，不当选。

综上所述，本题为选非题，答案为C项。

【多选】

22 1703080

【中等】答案：A,B,C,D。

解析：本题考查文书提出命令、证据的理论分类等考点。

A项：由于汪某称已烧毁借条原件，因而借条复印件无法与原件核对，但无法与原件核对的复印件只是不能【单独】作为认定案件事实的根据，并非不能作为证据。叶某提供的借条复印件只是证明力比较弱，法院可以结合其他证据综合审查判断借款事实是否成立。因此，A项正确。

B项：原始证据是指直接来源于案件事实的证据，即通常所说的"第一手材料"；传来证据是指不直接来源于案件事实，而是通过传抄、转述、复制后所获得的证据。本题中，借条复印件为复制所得，非直接来源于案件事实，故属于传来证据。因此，B项正确。

CD项：书证在对方当事人控制之下的，承担举证证明责任的当事人可以在举证期限届满前书面申请人民法院责令对方当事人提交。申请理由成立的，法院应当责令对方当事人提交，对方当事人无正当理由拒不提交，人民法院可以认定申请人所主张的【书证内容】为真实，对方当事人以妨碍对方使用为目的，毁灭书证的，人民法院可以认定对方当事人主张以【该书证证明的事实】为真实，且对其进行罚款、拘留等。本案中，汪某在叶某起诉之后把借条原件烧毁，属于典型的故意毁灭书证，法院可以认定借条证明的借款3万元的事实成立，并对汪某进行罚款、拘留。因此，CD项正确。

综上所述，本题答案为ABCD项。

23 1603080

【较简单】答案：A,C。

解析：A项：根据最佳证据规则，书证应当提交原件，物证应当提交原物，提交原件或者原物确有困难的，可以提交复制品、复印件。本案中，因遗嘱原件由被告王武保管，故王文可以只向法院提交遗嘱复印件。因此，A项正确。

B项：持有书证的当事人以妨碍对方当事人使用为目的，毁灭有关书证或者实施其他致使书证不能使用行为的，法院才可以对其处以罚款、拘留。本案中，王武只是经法院责令拒不提交，并没有故意毁灭或使书证不能使用，法院不能对其进行拘留。因此，B项错误。

C 项：根据《民诉证据规定》第 48 条第 1 款的规定：“控制书证的当事人无正当理由拒不提交书证的，人民法院可以认定对方当事人所主张的书证内容为真实。”王武拒不提交原件，法院可以认定原告王文所主张的遗嘱内容为真实。因此，C 项正确。

D 项：法院认定王文提交的遗嘱内容为真实，并不意味着法院要支持王文的所有诉讼请求。因此，D 项错误。

综上所述，本题答案为 AC 项。

24 `1303085`

【中等】答案：C,D。

解析：AD 项：根据《民事诉讼法》第 71 条的规定：“证据应当在法庭上出示，并由当事人互相质证。对涉及国家秘密、商业秘密和个人隐私的证据应当保密，需要在法庭出示的，不得在公开开庭时出示。”本题中，质证应当是由当事人来进行，而 A 项中表述为“高某、张某和检察院共同进行质证”，检察院并不是当事人，不是质证的主体。此外对于涉及商业秘密的录音带应当保密，需要在法庭出示的，不得在公开开庭时出示。法院依职权决定不公开质证的做法正确。因此，A 项错误，D 项正确。（这里需要区别不公开审理与不公开质证。涉及商业秘密的案件属于依申请不公开审理，但是涉及商业秘密的证据法院依职权不公开质证。）

BC 项：视听资料是指以录音磁带、录像带、电影胶片或电子计算机相关设备存储的作为证明案件事实的音响、活动影像和图形。电子数据是指基于计算机应用、通信和现代管理技术等电子化技术手段形成包括文字、图形符号、数字、字母等的客观资料。视听资料应限定于以模拟录音录像设备如磁带录像机、磁带录音机、胶卷相机等设备形成的数据；电子数据则更强调数据的记录方式，是指以电子方式记录的数据。比如在手机里的，所以是电子数据。当事人偷录的录音带，在民诉中一般将其归类为视听资料，而非电子数据。高某虽然偷录了录音带，但是其并非侵害他人合法权益或者违反法律禁止性规定，故该录音带可以作为证据使用，可以作为质证的对象。因此，B 项错误，C 项正确。

综上所述，本题答案为 CD 项。

25 `1203083`

【较简单】答案：A,B,C,D。

解析：A 项：法院对案件具有管辖权，属于法院受理起诉的条件之一，属于法院依职权审查的事项。因此，A 项正确。

B 项：委托诉讼代理人的代理权限范围，影响到委托代理人的诉讼行为的效力，法院必须依职权审查。因此，B 项正确。

CD 项：诉讼权利能力是指一定的主体能够享有民事诉讼权利和承担民事诉讼义务的能力，即能够成为民事诉讼当事人的法律资格。这是个法律问题，涉及能否成为当事人的一种法定资格，法院应依职权调查。同时，合议庭成员的回避问题，会影响到诉讼结果的公正，针对是否存在回避事由，法院必须依职权查明。因此，CD 项正确。

综上所述，本题答案为 ABCD 项。

（四）综合知识点

【单选】

26 `1703039`

【较简单】答案：C。

解析：本题考查自认、证明责任、本证与反证。

A 项：主张法律关系存在的当事人，应当对产生该法律关系的基本事实承担举证证明责任。王某主张钱某向其借款，应当对钱某向其借款的事实承担证明责任。因此，A 项正确，不当选。

B 项：钱某提供收条证明已经还了款，即已经对借款的事实进行了承认（“已经还款”的完整表达即是：我借了款，但是已经还了），构成对借款事实的自认。因此，B 项正确，不当选。

CD 项：本证，是负有证明责任的一方当事人对其主张的事实所提供的证据；反证，是指不负有证明责任的一方当事人为反驳对方主张所提供的证据。二者的关键区别在于证据的提出主体对该证据所欲证明的事实是否负有举证证明责任。钱某提供的收条是为了证明已经还款，而已经还款（借款法律关系消灭）的事实应当由被告钱某承担证明责任，故而钱某提供的收条为案涉还款事实的本证。因此，C 项错误，当选；D 项正确，不当选。

综上所述，本题为选非题，答案为C项。

【注意】证据与证明的知识点常通过借款纠纷进行考查，在作答时需要明确①借款事实由主张借款的人（一般为原告）承担证明责任，②还款事实由主张还款的人（一般为被告）承担证明责任。

27 `1603040`

【较简单】答案：B。

解析：本题考查证明责任。

AB项：已为人民法院发生法律效力的裁判所确认的基本事实无须举证证明，但当事人有相反证据足以推翻的除外。本题中，刘月已经提供了一个生效判决书证明损害与使用化肥之间的因果关系存在，则该因果关系属于免证事实，无需举证证明。甲公司如果想推翻这一免证事实，就需要提供相反证据证明损害与使用化肥之间不存在因果关系，故甲公司应承担因果关系不存在的证明责任。因此，A项错误，B项正确。

CD项：证明责任由谁承担是由法律和司法解释预先确定的，法院不能依职权分配，当事人也不能约定。因此，CD项错误。

综上所述，本题答案为B项。

【注意】行为意义上的证明责任（提供证据的责任）可以在当事人之间发生转移；结果意义上的证明责任，由立法明确规定，固定不变、不能转移。在没有特别强调的情况下，题目中的证明责任一般是指结果意义上的证明责任。

28 `1003048`

【较简单】答案：C。

解析：根据《民诉法解释》第107条的规定："在诉讼中，当事人为达成调解协议或者和解协议作出妥协而认可的事实，不得在后续的诉讼中作为对其不利的根据，但法律另有规定或者当事人均同意的除外。"

AB项：当事人为达成调解协议或者和解协议作出妥协而认可的事实，不构成自认，不得在后续的诉讼中作为对其不利的根据。因此，AB项错误。

C项：张某在调解中承认的事实不构成自认，不能免除郭某的证明责任，郭某仍需对张某造成财产损害的事实举证证明。因此，C项正确。

D项：根据《民事诉讼法》第9条的规定："人民法院审理民事案件，应当根据自愿和合法的原则进行调解；调解不成的，应当及时判决。"调解是基于当事人的自愿原则，双方无法达成协议的，法院应当开庭审理，按照正常的审理程序作出判决，而不能迳行裁判。因此，D项错误。

综上所述，本题答案为C项。

29 `2002014`

【较简单】答案：D。

解析：AD项：根据《民诉证据规定》第16条第1款的规定："当事人提供的公文书证系在中国领域外形成的，该证据应当经所在国公证机关证明，或者履行中国与该国订立的有关条约中规定的证明手续。"在境外形成的公文书证要经过相应的认证程序才能作为证据使用。金某向法院提交日本法院的判决书未经相应认证手续，不符合法定形式，故不能作为证据使用。因此，A项错误，D项正确。

B项：鉴定意见是鉴定人对案件审理中的专业问题进行分析后给出的判断意见，日本法院判决书不是鉴定意见。（鉴定意见的判断要看制作主体）因此，B项错误。

C项：只有我国人民法院判决认定的事实是免证事实，日本法院判决认定的事实不是免证事实。因此，C项错误。

综上所述，本题答案为D项。

30 `1902007`

【较简单】答案：D。

解析：AB项：根据非法证据排除的规定，对以严重侵害他人合法权益、违反法律禁止性规定或者严重违背公序良俗的方法形成或者获取的证据，不得作为认定案件事实的根据。本案中，公证处人员秘密拍摄的行为并未侵犯他人合法权益或违反法律规定、公序良俗，不属于以非法方式收集证据，故而无需排除。因此，AB项错误。

C项：原始证据是指直接来源于案件事实（与案件事实同时发生）的证据，传来证据是指不直接来源于案件事实，而是通过传抄、转述、复制后获得的证据。公证处制作的公证书并不直接来源于案件事实（巨星公司遭盗版商侵权的事实），而是对磋商过程的记录和确认，属于传来证据。因此，C 项错误。

D 项：公证书通过其记载的内容和表达的思想证明案件事实，属于书证。因此，D 项正确。

综上所述，本题答案为 D 项。

31 1303046

【较简单】答案：D。

解析：A 项：诉前证据保全可以向【证据所在地】、【被申请人住所地】或者对案件有管辖权的人民法院申请。合同纠纷由【被告住所地】或者【合同履行地】法院管辖。吴某收货后，甲县是被保全证据（甜橙）所在地，乙县是被申请人所在地以及被告住所地，丙县是合同签订地（题干未表明合同履行地，故无法确定）。所以吴某可以向甲、乙两县的法院提出申请，但不能向丙县法院申请。因此，A 项错误。

B 项：诉前证据保全，法院应当在【48 小时】之内裁定，而不是 15 日。因此，B 项错误。

C 项：法院只有在诉讼过程中可以主动采取保全措施，诉前行为保全只能根据利害关系人的申请而启动。因此，C 项错误。

D 项：法院对证据进行保全后，即已获得该证据，那么对保全证据能够证明的争议法律关系中的相关事实，则免除有关当事人提供证据的责任。一方面是提高了诉讼效率，另一方面是减轻了当事人的诉讼负担。甜橙可证明甜橙的损害状况事实，故法院对甜橙采取证据保全措施后，吴某对损坏状况的举证责任就可免除。因此，D 项正确。

综上所述，本题答案为 D 项。

【多选】

32 2002034

【中等】答案：A,C。

解析：A 项：借条的待证事实是借款事实成立，借款事实是否成立应当由主张借款事实成立的程飞承担证明责任，故程飞提供的证据是本证。因此，A 项正确。

B 项：关于刘晨提供的转账凭证是为了证明只向程飞借款 200 万，即否认程飞主张的借款 325 万这一事实，对于该借款事实是否成立，应当由主

张借款事实成立的程飞承担证明责任，被告刘晨不承担证明责任，故刘晨提供的该转账凭证是反证。因此，B 项错误。

CD 项：关于应当由谁对借条的真伪申请鉴定的问题。根据《民诉证据规定》第 31 条第 2 款规定："对需要鉴定的待证事实负有举证责任的当事人，在法院指定的期间内无正当理由不提出鉴定申请或者不预交鉴定费用，或者拒不提供相关材料，致使待证事实无法查明的，应当承担举证不能的法律后果。"故对需要鉴定的事实负证明责任的一方当事人应当提出鉴定申请，否则该待证事实无法查明时应当由其承担不利后果。因此，C 项正确，D 项错误。

综上所述，本题答案为 AC 项。

33 2002033

【较简单】答案：B,C。

解析：本题考查证据的分类、证明责任、证明标准。

A 项：直接证据是指能够单独、直接证明待证事实的证据；间接证据是指不能单独、直接证明待证事实，需要与其他证据相结合才能证明待证事实的证据。本案中，银行提供的合同能够完整证明双方当事人之间关于合同权利义务的约定，是直接证据。因此，A 项错误。

B 项：根据《民诉证据规定》第 92 条第 1、2 款的规定："私文书证的真实性，由主张以私文书证证明案件事实的当事人承担证明责任。私文书证由制作者或者其代理人签名、盖章或者捺印的，推定为真实。"合同属于私文书证，银行主张以该合同证明案件事实，故应当由银行对合同的真实性承担证明责任。由于银行已经提供了合同原件，且合同原件中有李老太亲笔签名，故该合同应当推定为真实。银行已经完成了对合同真实性的举证，此时李老太主张合同为欺诈，应当提供证据证明，即所谓的行为意义上的证明责任转移给李老太。因此，B 项正确。

CD 项：民事诉讼中的证明标准分为三个层次：一是程序性事实适用较大可能性的证明标准；二是一般的实体性事实适用高度可能性的证明标准；三是欺诈、胁迫、恶意串通、口头遗嘱、赠与等

五个特殊的实体事实适用排除合理怀疑的证明标准。而本案中李老太主张的事实是欺诈，故应当适用排除合理怀疑的证明标准。因此，C项正确，D项错误。

综上所述，本题答案为BC项。

【注意】行为意义上的举证责任是指提供证据的责任，可以在当事人之间发生转移。

34 1902072

【中等】答案：B,C,D。

解析：本题考查证据的分类、证明责任。

AB项：直接证据是指能够单独、直接证明待证事实的证据；间接证据是指不能单独、直接证明待证事实，需要与其他证据相结合才能证明待证事实的证据。本案中，甲向法院提供了银行的转账凭证，该转账凭证只能证明甲曾向乙转款50万，至于该50万是借款还是其他款项不得而知，故其不能完整证明借款事实，是间接证据。因此，A项错误，B项正确。

C项：乙提出反诉主张对甲享有到期债权，应对债权成立（即借款事实成立）承担证明责任，故而应当对甲曾经向自己借款承担证明责任。因此，C项正确。

D项：甲主张借款事实成立，故其应当对借款给乙的事实承担证明责任。因此，D项正确。

综上所述，本题答案为BCD项。

补充：本案中存在两个借款事实，一是甲主张乙曾向自己借款，二是乙主张甲曾向自己借款，则二人应该分别对自己主张的借款成立的事实承担证明责任。

【注意】在借款纠纷中，一般由主张借款事实成立的当事人对借款事实存在承担证明责任；如对方当事人主张自己已经还款，则应对还款事实承担证明责任。

35 2002032

【中等】答案：C,D。

解析：本题考查自认、文书提出命令。

A项：为了达成调解而作出的妥协、让步不能构成自认。王某在调解过程中承认借走借条，不能构成自认，故不能认定王某持有借条，也就不能认定叶某主张的借条为真实。因此，A项错误。

B项：虽然王某承认自己借走借条，但主张借条的金额为8万，与叶某主张的18万明显存在矛盾，关于借款金额究竟为多少需要原告进一步举证证明，法院不能直接认定借条为真实。因此，B项错误。

C项：不负证明责任一方实施证明妨害行为阻碍对方当事人（负证明责任一方）证明的，法院推定对方当事人的主张成立。王某在法庭上将借条原件塞进嘴里吃掉属于证明妨害行为，法院可以推定借条内容为真实。因此，C项正确。

D项：根据《民诉证据规定》48条，控制书证的当事人无正当理由拒不提交书证的，人民法院可以认定对方当事人所主张的书证内容为真实。王某持有借条原件却拒不提交，法院可以认定叶某主张的借条内容为真实。因此，D项正确。

综上所述，本题答案为CD项。

36 1802081

【中等】答案：A,C,D。

解析：本题考查证据补强规则、自认等。

AB项：根据非法证据排除的规定，对以严重侵害他人合法权益、违反法律禁止性规定或者严重违背公序良俗的方法形成或者获取的证据，不得作为认定案件事实的根据。艾某偷录的电话录音虽然未经贾某同意，但并不属于非法证据，仍然可以作为证据使用。因此，A项错误，当选；B项正确，不当选。

C项：存有疑点的视听资料、电子数据不能【单独】作为认定案件事实的根据。电话录音经过剪辑、存有疑点，只是不能单独作为认定案件事实的根据，而非不能作为证据使用。因此，C项错误，当选。

D项：自认的场合是在法庭审理中或者在起诉状、答辩状、代理词等书面材料中。本案中，贾某是在私下与艾某的电话沟通中承认的借款事实，不能构成自认。因此，D项错误，当选。

综上所述，本题为选非题，答案为ACD项。

【注意】不能单独作为认定案件事实的证据只是说该证据的证明力较弱，仍然可以作为证据使用，只是需要结合其他证据才能证明案件事实。

37 1403077

【中等】答案：A,C。

解析：本题考查仲裁保全。

A项：根据《民事诉讼法》第84条第2款的规定："因情况紧急，在证据可能灭失或者以后难以取得的情况下，利害关系人可以在提起诉讼或者申请仲裁前向证据所在地、被申请人住所地或者对案件有管辖权的人民法院申请保全证据。"故在仲裁程序启动前，亿龙公司可以直接向甲县法院（被申请人住所地）申请证据保全。因此，A项正确。

BD项：根据《仲裁法》第46条的规定："在证据可能灭失或者以后难以取得的情况下，当事人可以申请证据保全。当事人申请证据保全的，仲裁委员会应当将当事人的申请提交证据所在地的基层人民法院。"本题中，仲裁程序启动之后，亿龙公司只能向A仲裁委员会申请证据保全，不能直接向甲县法院申请证据保全。A仲裁委员会收到保全申请后，应提交给烟叶所在地的基层法院而不是中级法院。因此，BD项错误。

C项：证据保全的担保不按诉前、诉中区分，在两种情况下法院应当责令提供担保：（1）当事人或者利害关系人申请采取查封、扣押等限制保全标的物使用、流通等保全措施；（2）保全可能对证据持有人造成损失。其他情形法院都是【可以】责令提供担保。本题中，法院根据亿龙公司申请采取证据保全措施时，不存在应当提供担保的情形，故法院可以要求其提供担保。因此，C项正确。（因法条修改，该答案解析发生变化，可能存在一定的不严谨性，学员对相关知识点进行掌握即可，不必过分纠结此题。）

综上所述，本题答案为AC项。

38 2102124

【较简单】答案：A,B,C,D。

解析：A项：本证是负有证明责任的一方提出的用于证明自己所主张事实的证据。黄某提供转账凭证是为了证明借款事实成立，借款事实是否成立应当由黄某承担证明责任，故黄某提供的转账凭证是本证。因此，A项正确。

BD项：王某要求判令黄某根据演出合同向自己赔偿10万元，演出合同是否成立直接关系到王某的诉讼请求是否成立，是本案的证明对象，应当由主张演出合同成立的王某承担证明责任，同时法院应当对演出合同是否成立进行审查。因此，BD项正确。

C项：在本案中黄某根据借款关系起诉王某归还借款5万元，王某则根据演出合同关系要求黄某根据演出合同约定向自己赔偿10万元。王某是基于一个独立于借款关系的演出合同关系提出的一个独立诉讼请求，构成反诉。因此，C项正确。

综上所述，本题答案为ABCD项。

【不定项】

39 1203098

【较简单】答案：A,C。

解析：AD项：本证，是负有证明责任的一方当事人对其主张的事实所提供的证据。反证，是指不负有证明责任的一方当事人对其所主张的事实所提供的证据，目的是否定对方提出的事实。李强要求赵刚返还欠款，对赵刚欠了钱的事实，由李强承担证明责任，欠条就是李强提供的证据，所以欠条是本证。对债务存在，由李强承担证明责任；对于债务消灭的事实，由赵刚承担证明责任，赵刚所言已用卖玉石的款项偿还借款是为了证明债务消灭的事实，也是本证。因此，A项正确，D项错误。

B项：直接证据是指能单独直接证明案件主要事实的证据。间接证据，是指不能直接证明案件的事实，但能和其他证据联系起来，共同证明和确定案件事实的证据。银行转账凭证不能直接证明赵刚向李强借钱，只能证明李强曾经向赵刚转过帐，不能单独、直接地证明借钱事实，所以并不是直接证据，而属于间接证据。因此，B项错误。

C项：自认是指当事人一方承认对方当事人所主张的不利于自己的事实为真实、明确、表明其真实性的陈述。根据《民诉证据规定》第3条第1款的规定："在诉讼过程中，一方当事人陈述的于己不利的事实，或者对于己不利的事实明确表示承认的，另一方当事人无需举证证明。"赵刚承认借款事实属于自认。因此，C项正确。

综上所述，本题答案为AC项。

40 1802097

【较简单】答案：C,D。

解析：A项：具有真实性、关联性、合法性的证据都可以作为认定案件事实的根据。对账单可以用以证明乙公司所发货物价值，可以作为证据使用。因此，A项错误。

BC项：对账单虽然没有单位盖章，但只要能证明其真实性、关联性、合法性，那么就能作为证据使用，法院不能因为没有盖章就直接否定其证据资格，应当结合其他证据和案件具体情况，综合审查判断其能否作为认定案件事实的根据。因此，B项错误，C项正确。

D项：当事人主张了于己有利的事实，就应当提供证据证明，不能空口无凭。甲公司主张对账单是伪造的，自然应当提供证据证明。因此，D项正确。

综上所述，本题答案为CD项。

41 1203099

【较简单】答案：C,D。

解析：A项：书证是指以其内容来证明待证事实的有关情况的文字材料。凡是以文字来记载人的思想和行为以及采用各种符号、图案来表达人的思想，其内容对待证事实具有证明作用的物品都是书证。证人提出的书面证词只是说明证人是以书面方式进行作证，不属于书证，属于证人证言的范畴。因此，A项错误。

B项：根据新《民诉证据规定》第90条第5项的规定："下列证据不能单独作为认定案件事实的依据：……（五）无法与原件、原物核对的复印件、复制品……"无法与原件核对的复印件，不能单独作为认定案件事实的证据，即证明力不强，但并非没有证明力。诊断书、医院处方为复印件并不能说明其肯定没有证明力，还有待与原件核实，因此只能说该证据的证明力有限。因此，B项错误。

C项：对于饲养动物致人损害案件的举证责任分配，由于饲养动物致人损害适用无过错责任，因此应由原告证明侵权责任构成要件，即行为、结果、因果关系，被告证明免责事由，即受害人具有故意或重大过失。赵刚应承担李强因挑逗狗而

被咬伤的事实的证明责任。因此，C项正确。

D项：李强受侵害与被赵刚的狗咬伤之间的因果关系，属于饲养动物侵权案件的构成要件事实，且不存在倒置的情况，应当由原告承担举证责任。因此，D项正确。

综上所述，本题答案为CD项。

二、模拟题

【单选】

42 62304016

【中等】答案：C。

解析：A项：根据《民诉法解释》第116条第3款的规定："存储在电子介质中的录音资料和影像资料，适用电子数据的规定。"本案中的手机录音储存于电子介质中，属于电子数据。因此，A项错误。

B项：直接证据和间接证据的区分关键在于能否单独、直接证明待证事实。康某提供的转账凭证只能证明其向胡某转款，不能直接、完整地证明借款事实的存在，属于间接证据而非直接证据。因此，B项错误。

C项：当事人对自己在诉讼过程中提出的于己有利的事实，应当提供证据证明，不能空口无凭。胡某主张款项系退伙款，应当提供证据证明（行为意义上的举证责任）。因此，C项正确。

D项：只有要件事实需要讨论"证明责任"的承担问题，在民间借贷中，通常只有借款事实成立、变更、消灭属于要件事实，其他事实一般都不是要件事实，不需要讨论证明责任的问题。本题中，被告胡某主张款项不是借款而是退伙款项的事实，不属于要件事实，不需要任何一方承担证明责任（结果意义上的证明责任）。因此，D项错误。

综上所述，本题答案为C项。

【多选】

43 62304042

【较难】答案：B,C,D。

解析：证明责任分为行为意义上的举证责任和结果意义上的证明责任，前者是指当事人对自己提出的于己有利的主张应当提供证据证明，后者是

指待证事实真伪不明时，承担证明责任一方应承担败诉的不利后果。

A项：监护人责任属于无过错责任，过错不是证明对象，没有任何一方需要对此承担证明责任。因此，A项错误。

B项：主张法律关系成立、变更、消灭的当事人要对成立、变更、消灭的事实承担证明责任。双双主张自己已经归还借款，其实是主张借款法律关系已经消灭，要对此承担证明责任。因此，B项正确。

C项：侵权纠纷中，原则上原告对侵权事实承担证明责任，被告对减、免责事由承担证明责任。C项属于动物园动物致人损害，动物园主张老吴私自跨越栅栏挑逗金丝猴的事实属于减、免责事由，应对此承担证明责任。因此，C项正确。

D项：侵权纠纷中，原则上原告对侵权事实承担证明责任。吹风机存在质量缺陷属于侵权事实，原告阿花应对此承担证明责任。因此，D项正确。

综上所述，本题正确答案为BCD项。

【不定项】

44 `62304036`

【较难】答案：D。

解析：A项：大壮作为小朵的法定代理人，应以被代理人小朵的名义进行起诉，小朵才是本案的适格原告，大壮只是代理人，不是当事人。因此，A项错误。

B项：《民法典》第1203条规定："因产品存在缺陷造成他人损害的，被侵权人可以向产品的生产者请求赔偿，也可以向产品的销售者请求赔偿。"产品缺陷致人损害的，生产者、销售者对外承担无过错、不真正连带责任。本案中，过错不是待证事实，洋洋超市无需证明自己不存在过错。因此，B项错误。

C项：产品侵权属于类似必要共同诉讼，当事人可以选择告，也可以一起告。本案中，原告小朵选择告洋洋超市，法院应当尊重当事人的处分权，不能依职权追加生厂商太阳工厂为共同被告。因此，C项错误。

D项：根据《民诉证据规定》第3条的规定："在诉讼过程中，一方当事人陈述的于己不利的事实，或者对于己不利的事实明确表示承认的，另一方当事人无需举证证明。"若被告洋洋超市已经在答辩状中承认电动娃娃存在缺陷，则是对侵权行为进行了自认，则免除原告对侵权行为的举证责任，原告小朵无需再对电动娃娃存在质量问题举证。因此，D项正确。

综上所述，本题正确答案为D项。

 第八章
民事证据

[1] ABCD [2] ACD [3] D [4] A [5] BCD
[6] BC [7] D [8] A [9] AD [10] ABC
[11] B [12] AC [13] B

一、历年真题及仿真题

（一）证人证言、当事人陈述

【多选】

1 `1503079`

【较简单】答案：A,B,C,D。

解析：本题考查证人证言（证人出庭作证）。

A项：当事人申请证人出庭作证的，应当在【举证期限届满前】提出。张志军在举证期限届满前向法院申请事发时在场人员出庭作证，符合法律要求的时间，法院应予批准。因此，A项正确。

BCD项：证人在作证之前应签署保证书，但无民事行为能力人和限制民事行为能力人作为证人的除外。证人拒绝签署或者宣读保证书的，不得作证，并自行承担相关费用。蒋勇（13岁）为限制民事行为能力人，未签署保证书，法院也可以允许蒋勇出庭作证。路芳拒绝签署保证书，不得作证，法院对其书面证言不同意组织质证的做法正确。因此，BCD项正确。

综上所述，本题答案为ABCD项。

2 `1103083`

【中等】答案：A,C,D。

解析：A项：根据《民诉证据规定》第67条的规定："不能正确表达意思的人，不能作为证人。待证事实与其年龄、智力状况或者精神健康状况相适应的无民事行为能力人和限制民事行为能力人，可以作为证人。"对于限制行为能力的未成年人而言，只要待证事实与年龄、智力状况或者精神健康状况相适应就可作为证人，这里所说的"待证事实与其年龄、智力状况或者精神健康状况相适应"就是所附的条件，故我们说限制民事行为能力的未成年人可以附条件地作为证人。因此，A项正确。

B项：根据《民事诉讼法》第77条的规定："证人因履行出庭作证义务而支出的费用以及误工损失，由败诉一方当事人负担。当事人申请证人作证的，由该当事人先行垫付；当事人没有申请的，人民法院通知证人作证的，由人民法院先行垫付。"证人因出庭支付的合理费用，并非由提供证人的一方当事人承担，而由败诉方当事人承担。因此，B项错误。

C项：根据《民诉证据规定》第68条的规定："人民法院应当要求证人出庭作证，接受审判人员和当事人的询问。证人在审理前的准备阶段或者人民法院调查、询问等双方当事人在场时陈述证言的，视为出庭作证。"证人在法院组织双方当事人交换证据时出席陈述证言的，可视为出庭作证。因此，C项正确。

D项：根据《民诉证据规定》第90条第2项的规定："……（二）无民事行为能力人或者限制民事行为能力人所作的与其年龄、智力状况或者精神健康状况不相当的证言，不能单独作为认定案件事实的根据……"未成年人既可能是无民事行为能力人，又可能是限制民事行为能力人，说明这种证言的证明力比较弱，需要其他证据加以佐证补强。因此，D项正确。

综上所述，本题答案为ACD项。

【不定项】

 3　1503097

【中等】答案：D。

解析：ABCD项：本案争议的法律关系为买卖合同法律关系，五环公司与四海公司是买卖合同的当事人，付某作为五环公司的业务员，只是代理五环公司办理业务，并不是争议的买卖合同法律关系的一方当事人，故而不能作为共同原告或共同被告参与诉讼。又由于付某与本案的结果无利害关系（本案的诉讼结果就是确定四海公司是否需向五环公司支付货款，与付某无关），其仅是了解案情的人，故在民事诉讼中属于证人。因此，D项正确，ABC项错误。

综上所述，本题答案为D项。

（二）鉴定意见勘验笔录具有专门知识的人

【单选】

 4　1303050

【较简单】答案：A。

解析：A项：根据《民事诉讼法》第80条第1款的规定："鉴定人有权了解进行鉴定所需要的案件材料，必要时可以询问当事人、证人。"可知，丙鉴定中心作为鉴定人在鉴定过程中可以询问当事人。因此，A项正确。

B项：根据《民事诉讼法》第81条的规定："当事人对鉴定意见有异议或者人民法院认为鉴定人有必要出庭的，鉴定人应当出庭作证。经人民法院通知，鉴定人拒不出庭作证的，鉴定意见不得作为认定事实的根据；支付鉴定费用的当事人可以要求返还鉴定费用。"可知，乙公司对鉴定意见有异议的，鉴定中心就应当派员出庭，即使有正当理由也不能不出庭，选项的后半句错误。因此，B项错误。

C项：根据《民事诉讼法》第82条的规定："当事人可以申请人民法院通知有专门知识的人出庭，就鉴定人作出的鉴定意见或者专业问题提出意见。"燕教授出庭是就鉴定人的鉴定意见或专业问题提出意见，是有专门知识的人。因此，C项错误。

D项：有专门知识的人出庭的相关费用由提出申请的当事人负担。燕教授属于有专门知识的人，其出庭期间的费用由申请方乙公司自行承担。因此，D项错误。

综上所述，本题答案为A项。

【多选】

5 2102123

【中等】答案：B,C,D。

解析：ABD项：鉴定的启动、鉴定人的选择以及鉴定材料的质证等都有严格的程序规定。本题中的鉴定意见是赵某单方委托鉴定机构产生的，未经过法定程序，故对其应当准用私文书证规则，而非视作当事人的陈述意见。作为一种私文书证，法院可以组织当事人进行质证，同时应当对其进行审查后确定是否作为定案根据。因此，A项错误，BD项正确。

C项：根据《民诉证据规定》第41条的规定："对于一方当事人就专门性问题自行委托有关机构或者人员出具的意见，另一方当事人有证据或者理由足以反驳并申请鉴定的，人民法院应予准许。"可知作为对方当事人的开发商有证据或者理由足以反驳并申请鉴定的，法院应予准许；加之，前述立法规定当事人可以就查明事实的专门性问题向法院申请鉴定，故开发商有权申请鉴定。因此，C项正确。

综上所述，本题答案为BCD项。

【注意】鉴定需要经过法定程序，要么当事人申请要么法院依职权，当事人自己进行的私鉴定只能作为一般私文书证，适用私文书证的相关规则。

6 1403038

【较简单】答案：B,C。

解析：A项：专家辅助人（有专门知识的人）不适用回避。（说明：专家辅助人的作用本来就是帮助一方当事人赢得诉讼的，不涉及案件的公正审理与否，没有回避的必要）因此，A项错误。

B项：具有专门知识的人在法庭上就专业问题提出的意见，视为当事人的陈述。袁某在庭上的陈述视为当事人陈述，是一种法定证据。因此，B项正确。

C项：根据《民诉证据规定》第84条第1款的规定："审判人员可以对有专门知识的人进行询问。经法庭准许，当事人可以对有专门知识的人进行询问，当事人各自申请的有专门知识的人可以就案件中的有关问题进行对质。"袁某是有专门知识的人，被告经法庭准许可对袁某进行询问。因此，

C项正确。

D项：有专门知识的人出庭的相关费用由提出申请的当事人负担。故袁某的出庭费用应由申请人即原告承担，不管胜诉与否都不能由败诉方承担。因此，D项错误。

综上所述，本题答案为BC项。

【注意】大家记住专家辅助人（有专门知识的人）就是一方当事人请来给自己帮忙的，所以不适用回避，并且谁申请，谁承担费用。

（三）视听资料、电子数据

【单选】

7 1403048

【简单】答案：D。

解析：A项：书证是指以文字、符号、图案等表示的内容来证明案件待证事实的书面材料。交警拍摄的照片由于是在光盘里的，不是书面材料，不属于书证。因此，A项错误。

B项：鉴定意见是指鉴定人运用自己的专业知识对案件中的有关专门性问题进行鉴别、分析所作出的结论。交警拍摄的照片不是鉴定人作出的。因此，B项错误。

C项：勘验笔录是指勘验人员对被勘验的现场或物品所作的客观记录，交警拍摄的照片不是勘验人员作出的。因此，C项错误。

D项：电子数据是指储存在电子介质中的信息。交警用数码相机拍摄照片并记载在光盘里，需要电子设备才能查看，故属于电子数据。因此，D项正确。

综上所述，本题答案为D项。

补充：鉴定意见和勘验笔录的判断主要看相关证据的制作主体是谁。电子数据和视听资料的区别在于是否通过电子介质存储并可以脱离载体快速传播。

（四）综合知识点

【单选】

8 2102120

【较简单】答案：A。

解析：本题考查证据的理论分类以及证据能力和

证明力的判断。

A项：直接证据是指能够单独、直接证明待证事实的证据；间接证据是指不能单独、直接证明待证事实，需要与其他证据相结合才能证明待证事实的证据。本题中，收条能够独立、完整证明还款事实，是直接证据。因此，A项正确。

B项：本证是负有证明责任的一方提出的用于证明自己所主张事实的证据；反证是不承担证明责任的一方提出的用于反驳对方主张的证据。本题中，收条的待证事实是借款已经归还；借款是否已经归还应当由主张已经归还的被告钱某承担证明责任；而收条是承担证明责任的被告钱某提供的，故是本证。因此，B项错误。

C项：证据能力，即证据资格，解决的问题是能不能作为证据使用。本案中的收条虽然是复印件，但经查证属实后可以作为证据使用，具有证据能力。因此，C项错误。

D项：证明力，是指一个证据具备证据资格后，可以在多大程度上证明案件事实。法院在审判的过程中，应遵循职业道德，运用逻辑推理和日常生活经验对证据有无证明力以及证明力大小作出判断。收条的复印件具有证据资格，但由于复印件作伪的可能性较大，故其证明力较弱，不能单独定案，需要其他证据对其证明力进行补强。故收条的复印件有证明力，只是证明力比较弱。因此，D项错误。

综上所述，本题答案为A项。

【多选】

⑨ 1003083

【较简单】答案：A,D。

解析：AB项：直接证据是指能单独、直接证明待证案件事实的证据；间接证据是指不能单独、直接证明待证事实，需要与其他证据相结合才能证明待证事实的证据。被损毁的图书直接证明了这一案件事实，故属于直接证据。因此，A项正确，B项错误。

CD项：物证与书证的不同在于：物证是以其外部的特征、存在的场所或者物质的属性对案件起证明作用，而书证则是以其记载的内容或者表达的思想来对案件起证明作用的。如果是以记载的

内容或者表达的思想来证明案件事实，则是书证；如果不是如此，而是仅仅以其外部形态、物质属性等来证明案件事实，则是物证。被损毁的图书是以其外在的损坏形态来证明案件事实的，故为物证。因此，D项正确，C项错误。

综上所述，本题答案为AD项。

⑩ 1703079

【简单】答案：A,B,C。

解析：A项：待证事实与其年龄、智力状况或者精神健康状况相适应的无民事行为能力人和限制民事行为能力人，可以作为证人。何军已经11岁，本案所涉及的侵权事实与其年龄、智力或精神健康状况相适应，能就案件事实正确表达意见，故可以作为证人。因此，A项错误，当选。

B项：证人具有人身的不可替代性，不适用回避制度。因此，B项错误，当选。

C项：证据是否具有证明力需要审案法官根据具体案件情况加以认定，尽管何军是未成年人，但其所作的证言与其年龄和智力状况相当，不能直接否认其证言的证明力。因此，C项错误，当选。

D项：与一方当事人或者其代理人有利害关系的证人陈述的证言不能单独作为认定案件事实的依据。由于何军与本案当事人何翔存在利害关系，其证言具有明显的倾向性，故其证言不可单独作为认定案件事实的根据。因此，D项正确，不当选。

综上所述，本题为选非题，答案为ABC项。

二、模拟题

【单选】

⑪ 62204058

【简单】答案：B。

解析：A项：根据《民法典》第1191条第1款规定："用人单位的工作人员因执行工作任务造成他人损害的，由用人单位承担侵权责任。用人单位承担侵权责任后，可以向有故意或者重大过失的工作人员追偿。"本题中，张三因执行工作任务造成李四损害，李四应当以用人单位甲公司为被告。因此，A项错误。

B项：按照证据与举证责任的关系，可以把证据分为本证与反证。负有证明责任的一方当事人提

出的用于证明自己所主张事实的证据是本证，不承担证明责任的一方当事人提出的用于反驳对方主张的证据是反证。用人者责任中，受害人证明侵权行为、损害后果和因果关系，侵权人证明免责事由。医院诊断书的待证事实是损害后果，该事实应由受害人李四承担证明责任。故医院诊断书这一证据由李四提供，为本证。因此，B项正确。

C项：根据证据的来源，可以将证据分为原始证据与传来证据。原始证据是直接来源于案件事实，未经复制、转述的证据；传来证据是非直接来源于案件事实，经过复制、转述的证据。王五的证人证言直接来源于案件事实，未经复制和转述，故属于原始证据。因此，C项错误。

D项：回避制度，是指为了保证案件的公正审理，要求与案件有一定利害关系的审判人员和其他人员不得参与本案的审判和其他诉讼活动的制度。本案中，王五是作为证人参加诉讼，故不适用回避制度。因此，D项错误。

综上所述，本题答案为B项。

【多选】

12 62204056

【中等】答案：A,C。

解析：A项：根据证据的来源，可以将证据分为原始证据与传来证据。原始证据是直接来源于案件事实，未经复制、转述的证据；传来证据是非直接来源于案件事实，经过复制、转述的证据。本案中，借条直接来源于案件事实，未经复制和转述，是原始证据。因此，A项正确。

BCD项：根据证据与待证事实之间的关系，可将证据分为直接证据与间接证据。直接证据是能够单独、直接证明待证事实的证据；间接证据是不能单独、直接证明待证事实，需要与其他证据相结合的证据。本案中，对于借款事实而言，借条是直接证据，微信聊天记录、银行转账凭证是间接证据。因此，BD项错误，C项正确。

综上所述，本题答案为AC项。

【不定项】

13 62204057

【中等】答案：B。

解析：A项：按照证据与举证责任的关系，可以把证据分为本证与反证。负有证明责任的一方当事人提出的用于证明自己所主张事实的证据是本证，不承担证明责任的一方当事人提出的用于反驳对方主张的证据是反证。本证与反证与当事人的诉讼地位无必然联系。因此，A项错误。

BC项：借款中，借款事实存在的证明责任由出借人承担，借款已经归还的事实由借款人承担。出借人为证明借款事实存在所提供的借条属于本证，借款人为证明借款已经归还的事实所提供的收据也属于本证。因此，B项正确，C项错误。

D项：根据《民法典》第1229条的规定："因污染环境、破坏生态造成他人损害的，侵权人应当承担侵权责任。"同时根据《民法典》第1230条的规定："因污染环境、破坏生态发生纠纷，行为人应当就法律规定的不承担责任或者减轻责任的情形及其行为与损害之间不存在因果关系承担举证责任。"可知，环境私益侵权适用无过错责任，无需证明侵权人是否存在过错，故无需区分本证与反证。因此，D项错误。

综上所述，本题答案为B项。

第九章
人民法院调解

参考答案

[1]B	[2]D	[3]D	[4]C	[5]C
[6]CD	[7]ABC	[8]ABC	[9]A	[10]A
[11]B	[12]ABD	[13]ABC	[14]AC	

一、历年真题及仿真题

(一) 调解程序及效力

【单选】

1 1902023

【简单】答案：B。

解析：ABCD项：本题考查调解书内容与调解协议内容不一致的处理方式，是司法解释的原文规定，也是实践中的常见问题。

根据《民事调解规定》第13条的规定："当事人以民事调解书与调解协议的原意不一致为由提出异议，人民法院审查后认为异议成立的，应当根据调解协议裁定补正民事调解书的相关内容。"故法院制作的调解书内容与调解协议不一致时，向法院提出异议申请补正调解书的内容即可。因此，ACD项错误，B项正确。

综上所述，本题答案为B项。

【注意】调解协议本来就是在当事人意思一致的情况下作出的，说明原先的争议已经得以解决，在没有争议的情况下自然就没有必要再行诉讼。

2 `1802045`

【简单】答案：D。

解析：ACD项：根据《民事调解规定》第13条的规定："当事人以民事调解书与调解协议的原意不一致为由提出异议，人民法院审查后认为异议成立的，应当根据调解协议【裁定补正】民事调解书的相关内容。"周某和张某的调解原意并未改变，故张某可以提出异议，法院在审查认为异议成立后裁定补正，无需申请再审，也不能另行作出判决。因此，D项正确，AC项错误。

B项：根据《民事诉讼法》第100条第3款的规定："调解书经双方当事人签收后，即具有法律效力。"法院将调解协议送达双方当事人，调解书已经因签收而生效，故不能再收回重作。因此，B项错误。

综上所述，本题答案为D项。

【注意】调解协议是根据当事人之间达成的一致意见制作的，若协议内容违反原意直接补正即可，再审是为了解决纠纷，此时并不存在纠纷就无需再审（诉讼）了。同样的，由于原案并未经过审理，故不能直接作出判决，只能用裁定进行补正。

3 `1203035`

【简单】答案：D。

解析：A项：根据《民事诉讼法》第96条的规定："人民法院审理民事案件，根据当事人自愿的原则，在事实清楚的基础上，分清是非，进行调解。"同时根据第98条的规定："人民法院进行调解，可以邀请有关单位和个人协助。被邀请的单

位和个人，应当协助人民法院进行调解。"本题中，法院可以通过调解方式解决争议，并不违反依法裁判原则。因此，A项错误。

BD项：根据《民事调解规定》第1条的规定："根据民事诉讼法第九十五条（现修改为第九十八条）的规定，人民法院可以邀请与当事人有特定关系或者与案件有一定联系的企业事业单位、社会团体或者其他组织，和具有专门知识、特定社会经验、与当事人有特定关系并有利于促成调解的个人协助调解工作。经各方当事人同意，人民法院可以委托前款规定的单位或者个人对案件进行调解，达成调解协议后，人民法院应当依法予以确认。"本题中，在法院调解中，法院可以主动邀请村中有声望的老人或当事人的共同朋友参与调解，是为了更好地解决实际纠纷，这并不会影响到当事人的意思表达，故不违反辩论原则。因此，D项正确，B项错误。

C项：根据《民事诉讼法》第13条第2款规定："当事人有权在法律规定的范围内处分自己的民事权利和诉讼权利。"本题中，甲乙双方自愿让步放弃诉求和权益，并没有违反处分原则，反而是积极行使民事权利的行为。因此，C项错误。

综上所述，本题答案为D项。

4 `1203039`

【简单】答案：C。

解析：A项：根据《民事诉讼法》第148条第1款的规定："宣判前，原告申请撤诉的，是否准许，由人民法院裁定。"撤诉是当事人的一项诉讼权利，在一审程序中，人民法院受理案件之后，宣告判决之前，原告可以申请撤诉。因此，A项错误。

B项：根据《民事诉讼法》第154条的规定："有下列情形之一的，终结诉讼：（一）原告死亡，没有继承人，或者继承人放弃诉讼权利的；（二）被告死亡，没有遗产，也没有应当承担义务的人的；（三）离婚案件一方当事人死亡的；（四）追索赡养费、扶养费、抚养费以及解除收养关系案件的一方当事人死亡的。"本题中，当事人甲与乙虽然在诉讼中达成了和解协议，但并不属于上述诉讼终结的情形。因此，B项错误。

C项：根据《民事调解规定》第2条第1款的规定："当事人在诉讼过程中自行达成和解协议的，人民法院可以根据当事人的申请依法确认和解协议制作调解书。双方当事人申请庭外和解的期间，不计入审限。"可见，当事人在诉中达成和解协议的，可以申请法院依和解协议内容制作调解书。因此，C项正确。

D项：根据《民诉法解释》第148条第1款的规定："当事人自行和解或者调解达成协议后，请求人民法院按照和解协议或者调解协议的内容制作判决书的，人民法院不予准许。"可见，本案中，当事人不可以申请法院依和解协议内容制作判决书。因此，D项错误。

综上所述，本题答案为C项。

⑤ 1103042

【较简单】答案：C。

解析：A项：根据《民事调解规定》第1条的规定："根据民事诉讼法第九十五条（现修改为第九十八条）的规定，人民法院可以邀请与当事人有特定关系或者与案件有一定联系的企业事业单位、社会团体或者其他组织，和具有专门知识、特定社会经验、与当事人有特定关系并有利于促成调解的个人协助调解工作。经各方当事人同意，人民法院可以委托前款规定的单位或者个人对案件进行调解，达成调解协议后，人民法院应当依法予以确认。"可见，法院可以委托与当事人有特定关系的个人进行调解，且应依法确认达成的调解协议。因此，A项正确，不当选。

B项：根据《民事调解规定》第2条第1款的规定："当事人在诉讼过程中自行达成和解协议的，人民法院可以根据当事人的申请依法确认和解协议制作调解书。双方当事人申请庭外和解的期间，不计入审限。"可见，当事人达成和解协议的，可以申请法院确认和解协议并制作调解书。因此，B项正确，不当选。

C项：根据《民事诉讼法》第100条第3款的规定："调解书经双方当事人签收后，即具有法律效力。"调解书的法律效力不等同于强制执行力，有给付内容的生效调解书才有执行力，没有给付内容即没有执行力。例如调解和好为内容的离婚

案件，调解书没有执行力。因此，C项错误，当选。

D项：根据《民事调解规定》第15条第1款的规定："调解书确定的担保条款条件或者承担民事责任的条件成就时，当事人申请执行的，人民法院应当依法执行。"因此，D项正确，不当选。

综上所述，本题为选非题，答案为C项。

【多选】

⑥ 1902075

【中等】答案：C，D。

解析：本题考查调解后的反悔和调解书的生效。

ABC项：根据《民事诉讼法》第102条规定："调解未达成协议或者调解书送达前一方反悔的，人民法院应当及时判决。"可知，当事人在签收调解书之前可以通过拒绝签收的方式反悔。本案朱某已经签收调解书，应当受其签收调解书这一行为的约束，不能反悔。因此，AB项错误，C项正确。

D项：根据《民事诉讼法》第100条第3款的规定："调解书经双方当事人签收后，即具有法律效力。"刘某一直没有领取、签收调解书，调解书尚未生效，故本案尚在诉讼中，原告朱某可以申请撤诉。因此，D项正确。

综上所述，本题答案为CD项。

【注意】调解书只有一方签收的，该调解书并未生效，但是已签收的一方受签收行为约束，不能反悔。

说明：在法院调解的知识点考察中，未特别说明的，一般是指当事人起诉后法院组织调解的情形，故如果调解不成，法院可继续审理并作出裁判。

⑦ 1603085

【中等】答案：A，B，C。

解析：ACD项：根据《民诉法解释》第528条的规定："涉外民事诉讼中，经调解双方达成协议，【应当】制发调解书。当事人要求发给判决书的，可以依协议的内容制作判决书送达当事人。"被告方为美国的芙泽公司，属于涉外民事诉讼，故两公司经调解达成协议，法院应当制作调解书，也可以经当事人要求依协议内容制作判决书。因此，

AC 项正确，D 项错误。

B 项：调解书经双方当事人签收后，即具有法律效力。此处的法院送达是指有效送达（在没有特别说明时，一般"送达当事人"即表示有效送达），包括签收行为，故调解书发生法律效力。因此，B 项正确。

综上所述，本题答案为 ABC 项。

补充：在涉外调解中存在一些和一般调解不一致的规定，这主要是为了照顾外方当事人的诉讼习惯，毕竟调解属于我国的本土制度，外方当事人难免有不理解之处。

【不定项】

⑧ 1103096

【较简单】答案：A,B,C。

解析：AB 项：根据《简易程序审理规定》第 14 条第 1 项的规定："下列民事案件，人民法院在开庭审理时应当先行调解：（一）婚姻家庭纠纷和继承纠纷……"根据法条规定，本案属于离婚案件，且适用简易程序进行开庭审理时，应当先行调解。因此，AB 项正确。

C 项：根据《民诉法解释》第 142 条的规定："人民法院受理案件后，经审查，认为法律关系明确、事实清楚，在征得当事人双方同意后，可以径行调解。"本题中，当事人即使未达成调解协议，法院在裁判作出前，当事人愿意调解的，还可以进行调解。调解本身就是当事人处分权的行使。因此，C 项正确。

D 项：本题中，当事人已经在法院开庭审理时进行了先行调解，即满足了法定先行调解的必经程序，而后未达成调解协议，法院可以视案件情况确定是否再次组织调解，法院未再次组织调解并不违法。因此，D 项错误。

综上所述，本题答案为 ABC 项。

（二）综合知识点

【单选】

⑨ 1503042

【较简单】答案：A。

解析：A 项：法院可以不制作调解书的情形有四

种：（1）调解和好的离婚案件；（2）调解【维持收养关系】的案件；（3）能够即时履行的案件；（4）其他不需要制作调解书的案件。老李和小李经法院调解维持收养关系，故可不制作调解书。因此，A 项正确。

B 项：根据《民事诉讼法》第 213 条的规定："当事人对已经发生法律效力的【解除婚姻关系】的判决、调解书，不得申请再审。"调解违背自愿原则一般可以申请再审，但解除婚姻关系除外。（规定背后的法理：解除婚姻关系的调解书生效后，当事人可能会再婚，为了尊重当事人的婚姻自由，避免当事人进行无益诉讼，立法特作此规定）因此，B 项错误。

C 项：检察院对判决、裁定和调解书的监督方式包括抗诉和检察建议。本题"只能是提出检察建议"的说法太过片面。因此，C 项错误。

D 项：执行程序中只能和解不能调解。法院调解仅适用民事诉讼程序，即一审、二审、再审程序。本题中，当事人在执行过程达成和解协议的，法院不能制作调解书。因此，D 项错误。

综上所述，本题答案为 A 项。

⑩ 1603042

【较简单】答案：A。

解析：A 项：根据《民事调解规定》第 7 条的规定："调解协议内容【超出】诉讼请求的，人民法院可以准许。"当事人达成的调解协议内容为支付货款本金及利息，虽超出原诉讼请求仅支付货款本金的范围，但仍具有合法性。因此，A 项正确。

B 项：调解书不适用【留置】送达。本题属于调解结案的案件，即使丙公司拒绝签收，法院也不可以留置送达。因此，B 项错误。

CD 项：调解协议若有担保，担保人不签收【不影响】调解书生效，担保效力在符合实体法规定的担保条件时生效。案外人丙公司作为担保人不签收调解书不影响调解书生效，法院无需另行作出判决。另外，丙公司同意为乙公司提供担保时担保即成立，后面不签收调解书不影响其承担担保责任，担保约定对丙公司仍有效。因此，CD 项错误。

综上所述，本题答案为 A 项。

11 `2202159`

【较简单】答案：B。

解析：ABCD项：法定诉讼代理人既可以代理当事人处分诉讼权利，也可以代理当事人处分实体权利。法定诉讼代理人所为的一切诉讼行为，均应视为被代理人本人所为的诉讼行为，与被代理人本人所为的诉讼行为产生同等效力。本案中，张小刚的父亲张某既是共同被告，又是张小刚的法定诉讼代理人，其签收调解书应视为张小刚本人的签收，故而李某、张某签收调解书后，调解书就已经生效，张小刚不签收调解书不影响调解书的生效。因此，B项正确，C项错误。由于调解书已经生效，所以法院不需要重新组织调解，也不需要重新作出判决。因此，AD项错误。

综上所述，本题答案为B项。

二、模拟题

【多选】

12 `61904162`

【中等】答案：A,B,D。

解析：A项：根据《民事调解规定》第7条规定："调解协议内容超出诉讼请求的，人民法院可以准许。"因此，A项正确。

B项：根据《民事调解规定》第9条第2款规定："案外人提供担保的，人民法院制作调解书应当列明担保人，并将调解书送交担保人。担保人不签收调解书的，不影响调解书生效。"因此，B项正确。

C项：根据《民诉法解释》第148条第1款规定："当事人自行和解或者调解达成协议后，请求人民法院按照和解协议或者调解协议的内容制作判决书的，人民法院不予准许。"原则上，法院不可根据调解协议制作判决书。因此，C项错误。

D项：根据《民诉法解释》第146条规定："人民法院审理民事案件，调解过程不公开，但当事人同意公开的除外。调解协议内容不公开，但为保护国家利益、社会公共利益、他人合法权益，人民法院认为确有必要公开的除外。主持调解以及参与调解的人员，对调解过程以及调解过程中获悉的国家秘密、商业秘密、个人隐私和其他不宜

公开的信息，应当保守秘密，但为保护国家利益、社会公共利益、他人合法权益的除外。"本案并非有必要公开调解协议的特殊案件，故调解协议的内容和过程不公开，当事人对调解过程中所知悉的商业秘密应当保密。因此，D项正确。

综上所述，本题答案为ABD项。

13 `62204085`

【中等】答案：A,B,C。

解析：A项：根据《民事诉讼法》第101条第1款的规定："下列案件调解达成协议，人民法院可以不制作调解书：（一）调解和好的离婚案件；（二）调解维持收养关系的案件；（三）能够即时履行的案件；（四）其他不需要制作调解书的案件。"即原则上一审调解结案的应当制作调解书，但调解和好的离婚案件、调解维持收养关系的案件以及能够即时履行或者其他不需要制作调解书的案件，可以不制作调解书。因此，A项错误，当选。

B项：根据《民诉法解释》第148条的规定："当事人自行和解或者调解达成协议后，请求人民法院按照和解协议或者调解协议的内容制作判决书的，人民法院不予准许。无民事行为能力人的离婚案件，由其法定代理人进行诉讼。法定代理人与对方达成协议要求发给判决书的，可根据协议内容制作判决书。"同时根据《民诉法解释》第528条的规定："涉外民事诉讼中，经调解双方达成协议，应当制发调解书。当事人要求发给判决书的，可以依协议的内容制作判决书送达当事人。"即原则上不准许根据调解协议制作判决书，但无民事行为能力人的离婚案件以及涉外民事诉讼中可以根据调解协议制作判决书。因此，B项错误，当选。

C项：根据《民事诉讼法》第179条的规定："第二审人民法院审理上诉案件，可以进行调解。调解达成协议，应当制作调解书，由审判人员、书记员署名，加盖人民法院印章。调解书送达后，原审人民法院的判决即视为撤销。"可知，二审中达成调解协议的，调解书送达后原审判决视为撤销，无需在调解书中写明"撤销原判"。因此，C项错误，当选。

D项：根据《民诉法解释》第143条的规定："适

用特别程序、督促程序、公示催告程序的案件、婚姻等身份关系确认案件以及其他根据案件性质不能进行调解的案件，不得调解。"法院调解制度是指当事人在审判人员的主持和协调下，就案件争议问题进行协商，从而解决纠纷所进行的活动。法院的调解是民事诉讼这个公力救济途径中的一个环节，贯穿于各个诉讼程序，包括一审、二审、再审等诉讼程序。故再审程序中法院也可以调解。因此，D项正确，不当选。

综上所述，本题为选非题，答案为ABC项。

14 `62204086`

【中等】答案：A,C。

解析：A项：根据《民事诉讼法》第179条的规定："第二审人民法院审理上诉案件，可以进行调解。调解达成协议，应当制作调解书，由审判人员、书记员署名，加盖人民法院印章。调解书送达后，原审人民法院的判决即视为撤销。"因此，A项正确。

B项：根据《民事调解规定》第9条的规定："调解协议约定一方提供担保或者案外人同意为当事人提供担保的，人民法院应当准许。案外人提供担保的，人民法院制作调解书应当列明担保人，并将调解书送交担保人。担保人不签收调解书的，不影响调解书生效。当事人或者案外人提供的担保符合民法典规定的条件时生效。"可知，丙拒签调解书不影响调解书生效，二审法院无需及时判决。因此，B项错误。

C项：根据《民事诉讼法》第245条的规定："人民法院制作的调解书的执行，适用本编的规定。"同时根据《民事诉讼法》第235条的规定：发生法律效力的民事判决、裁定，以及刑事判决、裁定中的财产部分，由第一审人民法院或者与第一审人民法院同级的被执行的财产所在地人民法院执行。法律规定由人民法院执行的其他法律文书，由被执行人住所地或者被执行的财产所在地人民法院执行。"故人民法院制作的调解书具有强制执行效力，当乙不履行调解书内容时，甲可以申请强制执行。因此，C项正确。

D项：根据《民事调解规定》第7条的规定："调解协议内容超出诉讼请求的，人民法院可以准

许。"同时根据《民事诉讼法》第212条的规定："当事人对已经发生法律效力的调解书，提出证据证明调解违反自愿原则或者调解协议的内容违反法律的，可以申请再审。经人民法院审查属实的，应当再审。"可知，调解书违反自愿合法原则的，可以申请再审，调解书内容可以超过诉讼请求。因此，D项错误。

综上所述，本题答案为AC项。

 第十章
保全和先予执行

参考答案

[1] D	[2] B	[3] C	[4] AC	[5] ACD
[6] ABC	[7] ABC	[8] C	[9] A	[10] CD
[11] CD	[12] B	[13] D		

一、历年真题及仿真题

（一）民诉保全

【单选】

1 `2302005`

答案：D。

解析：本题考查保全的救济措施。

解析：当事人对保全或者先予执行裁定不服的，可以自收到裁定书之日起5日内向作出裁定的人民法院申请复议。本案中，甲向法院申请人身安全保护令属于行为保全，故乙若对该裁定不服可以向作出该保护令的法院申请复议。因此，ABC项错误，D项正确。

综上所述，本题答案为D项。

2 `2102103`

【简单】答案：B。

解析：本题考查行为保全的救济程序。

ABCD项：根据《民诉法解释》第171条的规定："当事人对保全或者先予执行裁定不服的，可以自收到裁定书之日起五日内向作出裁定的人民法院申请复议。人民法院应当在收到复议申请后十日

内审查。裁定正确的，驳回当事人的申请；裁定不当的，变更或者撤销原裁定。"甲向法院申请禁止令，属于行为保全的范畴。乙对人民法院所作出的裁定不服的，可以向作出该禁止令的法院申请复议。（禁止令是法院向当事人单方作出的限制措施，不涉及民事纠纷的解决，故不能通过上诉或再审来救济。）因此，B 项正确；ACD 项错误。

综上所述，本题答案为 B 项。

3 `1603043`

【较简单】答案：C。

解析：本题考查执行前保全的管辖法院和解除。

ABC 项：执行前财产保全应向【执行法院】申请，本案的执行法院为第一审法院 M 区法院，或者与第一审同级的财产所在地法院 N 区法院，故李某可以向 M 区法院或 N 区法院申请保全。（诉前、诉中和执行前申请保全的法院可进行对比记忆。）因此，C 项正确，AB 项错误。

D 项：李某在法律文书指定的履行期间届满后【5日】内不申请执行的，人民法院应当解除保全，而不是 15 日。因此，D 项错误。

综上所述，本题答案为 C 项。

【注意】有执行管辖权的法院有时不止一个，当事人可以择一选择。

【多选】

4 `1902073`

【较简单】答案：A,C。

解析：A 项：甲公司在诉前向法院申请保全，【应当】提供担保。因此，A 项正确。

B 项：根据《民诉法解释》第 153 条的规定："人民法院对季节性商品、鲜活、易腐烂变质以及其他不宜长期保存的物品采取保全措施时，可以责令当事人及时处理，由人民法院保存价款；必要时，人民法院可予以变卖，保存价款。"本题中，被保全的财产是水果，不易保存，故不能直接予以冻结，应当进行变价处理后保存其价款，可责令当事人及时处理后由法院保存价款，必要时也可以由法院变卖后保存价款。因此，B 项错误。

CD 项：考查采取保全措施的法院和受理案件的法

院不一致的处理。根据《民诉法解释》第 160 条的规定："当事人向采取诉前保全措施以外的其他有管辖权的人民法院起诉的，采取诉前保全措施的人民法院应当将保全手续【移送】受理案件的人民法院。诉前保全的裁定视为受移送人民法院作出的裁定。"可知，甲向 C 县法院提起诉讼后，D 县法院作为采取保全措施的法院，应当将保全手续移送至受理案件的 C 县法院。因此，C 项正确，D 项错误。

综上所述，本题答案为 AC 项。

5 `1802083`

【中等】答案：A,C,D。

解析：A 项：根据《知识产权纠纷行为保全规定》第 3 条的规定："申请诉前行为保全，应当向被申请人住所地具有相应知识产权纠纷管辖权的人民法院或者对案件具有管辖权的人民法院提出。当事人约定仲裁的，应当向前款规定的人民法院申请行为保全。"同时根据《最高人民法院关于审理著作权民事纠纷案件适用法律若干问题的解释》第 4 条第 1 款的规定："因侵害著作权行为提起的民事诉讼，由著作权法第四十七条、第四十八条所规定侵权行为的实施地、侵权复制品储藏地或者查封扣押地、被告住所地人民法院管辖。"本题中，H 地为原告刘某住所地，没有管辖权。因此，A 项错误，当选。

B 项：法院采取诉前保全措施后，申请人应在【30 日】内依法提起诉讼或者申请仲裁。因此，B 项正确，不当选。

C 项：申请诉前保全应当提供担保。申请诉前财产保全的，应当提供相当于请求保全数额的担保；情况特殊的，人民法院可以酌情处理。申请诉前行为保全的，担保的数额由法院根据案件的具体情况决定。故行为保全并不要求提供等额担保，具体数额由法院决定。（行为并非财产，没有具体的数额，故担保金额由法院决定）因此，C 项错误，当选。

D 项：根据《民诉法解释》第 171 条的规定："当事人对保全或者先予执行裁定不服的，可以自收到裁定书之日起五日内向作出裁定的人民法院申请复议。人民法院应当在收到复议申请后【十日内审查】。裁定正确的，驳回当事人的申请；裁定不当的，变更或者撤销原裁定。"故被申请人提出异议后，法院还需要进行审查，并不是直接裁定撤销。（如果法院直接撤销，则可能对申请保全人产生不利益，也可能为被保全人转移财产创造条件）因此，D项错误，当选。

综上所述，本题为选非题，答案为ACD项。

6 `1503081`

【中等】答案：A,B,C。

解析：A项：诉前保全应当提供担保。甲公司申请诉前禁令，是一种诉前行为保全，故应当提供担保。因此，A项正确。

BCD项：根据《民事诉讼法》第104条第2、3款的规定："人民法院接受申请后，必须在四十八小时内作出裁定；裁定采取保全措施的，应当立即开始执行。申请人在人民法院采取保全措施后三十日内不依法提起诉讼或者申请仲裁的，人民法院应当解除保全。"甲公司申请诉前行为保全，法院受理后须在【48小时】内作出裁定，申请人甲公司应当在法院采取保全措施后【30天内】起诉，若未起诉，由法院解除，而非自动解除。因此，BC项正确，D项错误。

综上所述，本题答案为ABC项。

总结：财产或行为保全是否需要提供担保，诉前必须提供，诉中可以提供，执行前可以不提供。对比证据保全（不分诉前诉中），申请采取查封、扣押等限制保全标的物使用、流通等保全措施，或保全可能对证据持有人造成损失的，应当提供担保。

7 `1503080`

【较简单】答案：A,B,C。

解析：本题考查抵押财产的保全。

AB项：根据《民诉法解释》第154条第2款的规定："查封、扣押、冻结担保物权人占有的担保财产，一般由担保物权人保管；由人民法院保管的，质权、留置权不因采取保全措施而消灭。"可见，刘江向某小额贷款公司贷款时质押给该公司的两块名表一般仍由质权人小额贷款公司保管，即使由法院保管，质权也不会因保全措施而消灭。因此，AB项错误，当选。

CD项：根据《民诉法解释》第157条的规定："人民法院对抵押物、质押物、留置物可以采取财产保全措施，但不影响抵押权人、质权人、留置权人的优先受偿权。"法院对两块名表采取保全措施无需经过某小额贷款公司的同意，但某小额贷款公司不会因此丧失对两块名表的优先受偿权。（保全措施属于控制性的，不具有有处分性，就算被法院采取保全措施，也不会损害担保物权人的利益，故无需经过担保物权人的同意）因此，C项错误，当选；D项正确，不当选。

综上所述，本题为选非题，答案为ABC项。

（二）先予执行

【单选】

8 `2202007`

【较简单】答案：C。

解析：本题考查先予执行。追索劳动报酬案件，且满足当事人之间权利义务关系明确、不先予执行将严重影响申请人的生活这两个条件，当事人申请仲裁庭裁决先予执行，仲裁庭应当裁决先予执行，并移送法院执行。

ABCD项：本案中，王某因生活费不能支持正常生活而申请仲裁庭裁决先予执行，仲裁庭应当裁决先予执行并移送法院执行。本案适用一般地域管辖规则，被告是加号公司，故应当由加号公司住所地法院管辖，仲裁庭应当移送加号公司住所地法院执行。因此，C项正确，ABD项错误。

综上所述，本题答案为C项。

【注意】普通商事仲裁中没有先予执行（考过好几次了！），但劳动仲裁中有先予执行。

9 `2002021`

【较简单】答案：A。

解析：ABCD项：先予执行是诉讼中的制度，以当事人生活、生产经营的急需为限，在普通的商事仲裁中没有先予执行制度（商事仲裁的费用一般较高，当事人都能支付商事仲裁的费用，一般也就不存在生产经营急需）。故金某无权申请先予执行。因此，A项正确，BCD项错误。

综上所述，本题答案为A项。

补充：考试中先予执行的适用范围为①追索赡养

费、抚养费、扶养费、抚恤金、医疗费等案件；
②追索劳动报酬；③情况紧急需要先予执行。

（三）综合知识点

【多选】

⑩ `1203082`

【较简单】答案：C,D。

解析：本题考查保全和先予执行的对比。

A项：财产保全可以根据当事人的申请或法院依职权作出，而先予执行只能由当事人【申请】，法院不能依职权作出。因此，A项错误。

B项：财产保全适用的案件范围没有法定的限制，先予执行只能适用于"①追索赡养费、抚养费、扶养费、抚恤金、医疗费等案件；②追索劳动报酬；③情况紧急需要先予执行"这几种情况。因此，B项错误。

C项：在财产保全和先予执行中法院均【可以】要求申请人提供担保，申请人未提供担保的，法院驳回申请。因此，C项正确。

D项：当事人对保全或者先予执行的裁定不服的，可以申请复议一次。复议期间不停止裁定的执行。故财产保全和先予执行的裁定均不可以上诉，但可以申请复议一次。因此，D项正确。

综上所述，本题答案为CD项。

补充：可以上诉的三种裁定分别为不予受理、驳回起诉和管辖权异议。

【不定项】

⑪ `1403097`

【中等】答案：C,D。

解析：A项：给付之诉是指原告起诉请求法院判令被告向其履行特定给付义务的诉讼。在给付之诉中，给付的内容既包括财产，也包括行为，其中行为包括作为和不作为。本题中，解散公司之诉并没有给付内容，不是给付之诉。因此，A项错误。

B项：变更之诉是指原告请求法院以判决改变或消灭既存的某种民事法律关系的诉。解散公司之诉的目的就是要消灭公司存在的民事法律关系，是变更之诉。同时根据《民事诉讼法》第103条

第1款的规定："人民法院对于可能因当事人一方的行为或者其他原因，使判决难以执行或者造成当事人其他损害的案件，根据对方当事人的申请，可以裁定对其财产进行保全、责令其作出一定行为或者禁止其作出一定行为；当事人没有提出申请的，人民法院在必要时也可以裁定采取保全措施。"由此可见，法院是否作出保全裁定的根据与诉的分类无关。因此，B项错误。

CD项：根据《公司法解释（二）》第3条的规定："股东提起解散公司诉讼时，向人民法院申请财产保全或者证据保全的，在股东提供担保且不影响公司正常经营的情形下，人民法院可予以保全。"由此可见，股东提起解散公司诉讼时向人民法院申请财产保全的应当提供担保，如果法院认为股东申请保全影响了公司的正常经营的，人民法院不予保全驳回保全申请。因此，CD项正确。

综上所述，本题答案为CD项。

二、模拟题

【单选】

⑫ `62204066`

【中等】答案：B。

解析：A项：根据《民事诉讼法》第104条第1款的规定："利害关系人因情况紧急，不立即申请保全将会使其合法权益受到难以弥补的损害的，可以在提起诉讼或者申请仲裁前向被保全财产所在地、被申请人住所地或者对案件有管辖权的人民法院申请采取保全措施。申请人应当提供担保，不提供担保的，裁定驳回申请。"可知，李乙申请诉前财产保全的，必须提供担保，而非由法院酌情确定是否提供担保。因此，A项错误。

B项：根据《民事诉讼法》第103条第1款的规定："人民法院对于可能因当事人一方的行为或者其他原因，使判决难以执行或者造成当事人其他损害的案件，根据对方当事人的申请，可以裁定对其财产进行保全、责令其作出一定行为或者禁止其作出一定行为；当事人没有提出申请的，人民法院在必要时也可以裁定采取保全措施。"可知，继续倾倒垃圾的行为可能给李乙造成进一步损害的，县法院可以依职权采取行为保全。因此，

B 项正确。

C 项：用人单位的工作人员在履行职务过程中造成的损害由用人单位承担无过错责任，所以用人单位的过错不是证明对象。本案中，张甲是在履行职务过程中造成的损害，故蓝天工厂无需对自己没有过错承担证明责任。因此，C 项错误。

D 项：根据《民事诉讼法》第 104 条第 3 款的规定："申请人在人民法院采取保全措施后三十日内不依法提起诉讼或者申请仲裁的，人民法院应当解除保全。"可知，采取诉前保全措施后，当事人应尽快提起诉讼或申请仲裁，若 30 日内不依法提起诉讼或者申请仲裁的，人民法院会裁定解除相应保全措施。（此处结合真题考查过细节，即期满后保全措施并非自动解除，而是要由人民法院依法裁定解除。）因此，D 项错误。

综上所述，本题答案为 B 项。

13 `62304018`

【中等】答案：D。

解析：A 项：根据《民事诉讼法》第 104 条第 1 款的规定："利害关系人因情况紧急，不立即申请保全将会使其合法权益受到难以弥补的损害的，可以在提起诉讼或者申请仲裁前向被保全财产所在地、被申请人住所地或者对案件有管辖权的人民法院申请采取保全措施。申请人应当提供担保，不提供担保的，裁定驳回申请。"据此，诉前财产保全必须提供担保，"可以"要求提供担保的表述错误。因此，A 项错误。

B 项：根据《民事诉讼法》第 104 条第 2 款的规定："人民法院接受申请后，必须在四十八小时内作出裁定；裁定采取保全措施的，应当立即开始执行。"诉前保全法院应当在 48 小时内作出裁定，诉中保全才是 5 日内作出裁定。因此，B 项错误。

C 项：根据《民诉法解释》第 171 条的规定："当事人对保全或者先予执行裁定不服的，可以自收到裁定书之日起五日内向作出裁定的人民法院申请复议……"当事人或利害关系人对保全裁定不服的，应当在 5 日内向作出裁定的法院申请复议，而不是向上级法院。因此，C 项错误。

D 项：根据《民事诉讼法》第 104 条第 3 款的规定："申请人在人民法院采取保全措施后三十日内

不依法提起诉讼或者申请仲裁的，人民法院应当解除保全。"据此，若采取保全措施后吕某 30 日内不起诉或申请仲裁，法院应解除保全措施。因此，D 项正确。

综上所述，本题答案为 D 项。

第十一章　民诉期间和送达

一、历年真题及仿真题

（一）民诉期间

【单选】

1 `1503041`

【简单】答案：C。

解析：ABC 项：根据《民事诉讼法》第 86 条的规定："当事人因不可抗拒的事由或者其他正当理由耽误期限的，在障碍消除后的【十日】内，可以【申请顺延】期限，是否准许，由人民法院决定。"张弟赴法院提交上诉状的路上被撞昏迷属于因当事人出现不可抗拒的事由而耽误期限，故张弟可在清醒后的 10 日内申请顺延，是否准许由法院决定。因此，C 项正确，AB 项错误。

D 项：期间的顺延与延长不同，上诉期间为法定期间、绝对不变期间，任何机构或者个人都不得违法改变，但是如果出现法定情形可以由法院决定依法顺延。张弟申请顺延期限是法律赋予的权利，法院可以依据当事人的申请决定是否准许。因此，D 项错误。

综上所述，本题答案为 C 项。

【注意】法定期间分为绝对不可变期间和相对不可变期间，因此"因为是法定期间所以不能改变"这样的表述是错误的。

② 1103041

【较简单】答案：D。

解析：AD项：根据《民事诉讼法》第85条第1款的规定："期间包括法定期间和人民法院指定的期间。"法定期间有绝对不可变期间与相对不可变期间之分。人民法院不得变更绝对不变期间。属于相对可变期间的，人民法院可以根据当事人申请或者依职权予以变更。指定期间是指人民法院根据案件审理时遇到的具体情况和案件审理的具体需要，依职权决定当事人及其诉讼参加人进行或完成某种诉讼行为的期间，如指定举证期限。指定期间通常是不能任意变更的，只有遇到特殊情况，法院才可以根据实际情况延长或缩短。因此，D项正确，A项错误。

B项：根据《民事诉讼法》第85条第2、3款的规定："期间以时、日、月、年计算。期间开始的时和日，不计算在期间内。期间届满的最后一日是法定休假日的，以法定休假日后的第一日为期间届满的日期。"故法定期间的开始日及期间中遇有节假日的，不应当在计算期间时予以扣除。因此，B项错误。

C项：根据《民事诉讼法》第85条第4款的规定："期间不包括在途时间，诉讼文书在期满前交邮的，不算过期。"在途期间指的是人民法院通过邮寄送达的诉讼文书，或者是当事人通过邮寄递交的诉讼文书，只有诉讼文书的在途期间不包括在期间内，而当事人从外地到法院参加诉讼之类的在途期间是包括在期间内的。因此，C项错误。

综上所述，本题答案为D项。

（二）民诉送达

【单选】

③ 2002112

【较简单】答案：C。

解析：A项：离婚诉讼中不能将诉讼文书交由在身份上既是与受送达人同住的成年家属，又是另一方当事人的人签收。（这是为了避免签收人不如实告知另一方当事人相关信息，进而影响案件的审理）因此，A项错误。

B项：留置送达分两种形式：（1）邀请有关基层组织或者所在单位的代表到场，说明情况，在送达回证上记明拒收事由和日期，由送达人、见证人签名或者盖章，把诉讼文书留在受送达人的住所（见证人证明）；（2）把诉讼文书留在受送达人的住所，并采用拍照、录像等方式记录送达过程（拍照录像说明）。故仅将文书贴在赵某家门口不能产生送达效力，还需要采用拍照、录像等方式记录送达过程。因此，B项错误。

C项：根据《民诉法解释》第131条第1款的规定："人民法院直接送达诉讼文书的，可以通知当事人到人民法院领取。当事人到达人民法院，拒绝签署送达回证的，【视为送达】。审判人员、书记员应当在送达回证上注明送达情况并签名。"（此种方式属于直接送达）因此，C项正确。

D项：留置送达的地址应是受送达人的住所（户籍所在地或经常居住地）。法院工作人员到李某常去的朋友王某家找到李某送达，应当属于直接送达中的偶遇送达，而非留置送达。（我们认为，留置送达的关键在于"当事人拒绝签收＋把文书留置在当事人家里"，至于有没有拍照录像，并不是区分送达方式的关键）因此，D项错误。

综上所述，本题答案为C项。

④ 1802048

【较简单】答案：B。

解析：AB项：通知当事人来法院领取诉讼文书，属于直接送达。当事人拒绝签收的，直接视为送达。因此，A项错误，B项正确。

C项：委托送达是指直接送达有困难，委托其他【法院】代为送达，本题未委托其他法院，故不是委托送达。因此，C项错误。

D项：电子送达是指采用传真、电子邮件、移动通信等方式送达诉讼文书。电子邮件通知双方宣判时间不属于采取这一媒介送达诉讼文书，故不是电子送达。因此，D项错误。

综上所述，本题答案为B项。

【注意】送达针对的对象是诉讼文书，一般的消息通知（如本题的通知宣判时间）不属于送达的范畴。

补充：委托送达需委托其他法院；转交送达针对

被送达人为军人、被监禁、被采取强制性教育措施的情形。

【多选】

5 1403042

【较简单】答案：A,B。

解析：AB 项：根据《民事诉讼法》第 90 条第 1 款的规定："经受送达人同意，人民法院可以采用能够确认其收悉的电子方式送达诉讼文书。通过电子方式送达的判决书、裁定书、调解书，受送达人提出需要纸质文书的，人民法院应当提供。"法院向张某电子送达了诉讼文书，并在开庭前收到了张某的回复，这表明张某的电子邮件地址能够确认收悉，同时张某的回复行为可以默认其是同意电子送达的，故法院可以通过电子邮件的方式向张某送达判决书在内的诉讼文书。因此，AB 项正确。

CD 项：法院对在我国领域内没有住所的当事人送达诉讼文书可以采用传真、电子邮件等能够确认受送达人收悉的方式。由于开庭前法院一直未收到海斯的回复，无法确认海斯是否能够收悉，故法院不能通过电子邮件的方式向海斯送达诉讼文书。因此，CD 项错误。

综上所述，本题答案为 AB 项。

补充：电子方式送达诉讼文书一定要注意受送达人是否能够确认收悉。现行法规定判决书、裁定书、调解书也可以电子送达。

6 1303039

【较简单】答案：A,D。

解析：A 项：根据《民事诉讼法》第 89 条的规定："受送达人或者他的同住成年家属拒绝接收诉讼文书的，送达人可以邀请有关基层组织或者所在单位的代表到场，说明情况，在送达回证上记明拒收事由和日期，由送达人、见证人签名或者盖章，把诉讼文书留在受送达人的住所；也可以把诉讼文书留在受送达人的住所，并采用拍照、录像等方式记录送达过程，即视为送达。"据此，马某拒不接收的，可以采取留置送达。因此，A 项正确。

B 项：邮寄送达以邮件回执上注明的收件日期为送达日期，回证没有被寄回并不一定意味着该送

达就无效。因此，B 项错误。

C 项：委托送达只能委托法院，不能委托赵某所在学校。因此，C 项错误。

D 项：经受送达人同意，人民法院可以采用能够确认其收悉的电子方式送达诉讼文书。判决书、裁定书、调解书也可以电子方式送达，证据保全裁定书属于裁定书，故可以用电子邮件的方式送达。因此，D 项正确。

综上所述，本题答案为 AD 项。

（三）综合知识点

【单选】

7 1203038

【较简单】答案：B。

解析：A 项：法定期间包括绝对不可变期间和相对不可变期间。绝对不可变期间，是指该期间经法律确定，任何机构和人员都不得改变，如上诉期间、申请再审期间等。相对不可变期间，是指该期间经法律确定后，在通常情况下不可改变，但遇有有关法定事由，法院可对其依法予以变更，如一审的案件审理期间，涉外案件中境外当事人的答辩期间等。因此，A 项错误。

B 项：涉外民事诉讼不受一审、二审审限的限制（这是因为审理涉外民事案件，外方当事人很可能不在中国，在送达诉讼文书，调查取证等方面的时间一般要比审理国内民事案件的时间长，难以依照审理国内民事案件的审限审结案件）。因此，B 项正确。

C 项：只有诉讼文书在途时间不计算在期间内，当事人从外地到法院参加诉讼之类的在途期间是要计算在期间内的，这一点和刑事诉讼不同。（这是因为一般情况下，诉讼文书相比于当事人，对诉讼进程的影响更大，且在途文书的不可控因素较多）因此，C 项错误。

D 项：期间的顺延只能由当事人申请而不能由法院依职权顺延。（这是尊重当事人诉权的体现）因此，D 项错误。

综上所述，本题答案为 B 项。

二、模拟题

【单选】

8 `62204064`

【较简单】答案：B。

解析：A项：根据《民事诉讼法》第91条的规定："直接送达诉讼文书有困难的，可以委托其他人民法院代为送达，或者邮寄送达。邮寄送达的，以回执上注明的收件日期为送达日期。"故委托送达的委托对象必须为法院，李南所在单位不能委托送达。因此，A项错误。

B项：根据《民事诉讼法》第90条第1款的规定："经受送达人同意，人民法院可以采用能够确认其收悉的电子方式送达诉讼文书。通过电子方式送达的判决书、裁定书、调解书，受送达人提出需要纸质文书的，人民法院应当提供。"同时根据《民诉法解释》第135条第1款的规定："电子送达可以采用传真、电子邮件、移动通信等即时收悉的特定系统作为送达媒介。"故经张北同意，法院可采用电子邮件方式送达。因此，B项正确。

C项：根据《民事诉讼法》第95条第1款的规定："受送达人下落不明，或者用本节规定的其他方式无法送达的，公告送达。自发出公告之日起，经过三十日，即视为送达。"可知，如果法院适用其他送达方式无法送达的，也可以采取公告送达，并非一定要张北下落不明。因此，C项错误。

D项：根据《民诉法解释》第133条的规定："调解书应当直接送达当事人本人，不适用留置送达。当事人本人因故不能签收的，可由其指定的代收人签收。"同时根据《民事诉讼法》第91条的规定："直接送达诉讼文书有困难的，可以委托其他人民法院代为送达，或者邮寄送达。邮寄送达的，以回执上注明的收件日期为送达日期。"故一方面，调解书不适用留置送达；另一方面，"直接送达确有困难"是委托送达和邮寄送达的前提，而非留置送达的前提。因此，D项错误。

综上所述，本题答案为B项。

【多选】

9 `62204063`

【较难】答案：A,B,C,D。

解析：A项：根据《民诉法解释》第140条的规定："适用简易程序的案件，不适用公告送达。"因此，A项错误，当选。

B项：根据《民诉法解释》第133条的规定："调解书应当直接送达当事人本人，不适用留置送达。当事人本人因故不能签收的，可由其指定的代收人签收。"故调解书不适用留置送达。因此，B项错误，当选。

C项：离婚诉讼中，不能将诉讼文书交由既是与受送达人同住的成年家属，又是另一方当事人的人签收。故并非是同住的成年家属都不能签收，只有同时是成年家属及另一方当事人的人才不能签收。因此，C项错误，当选。

D项：根据《民事诉讼法》第90条第1款的规定："经受送达人同意，人民法院可以采用能够确认其收悉的电子方式送达诉讼文书。通过电子方式送达的判决书、裁定书、调解书，受送达人提出需要纸质文书的，人民法院应当提供。"故采用电子送达，需经受送达人同意，调解书也适用电子送达。因此，D项错误，当选。

综上所述，本题为选非题，答案为ABCD项。

第十二章
对妨碍诉讼的强制措施

 参考答案

[1] D   [2] CD   [3] ABC   [4] D

一、历年真题及仿真题

（一）民诉拘传、罚款和拘留

【单选】

1 `2102104`

【较简单】答案：D。

解析：本题考查对妨碍诉讼、执行的行为进行处罚的救济。

AB项：注意"协助"和"配合"的区别。协助是指法院无法凭一己之力完成相关行为，需要相关主体提供一定的积极帮助，此时需要向相关主体出具协助执行通知书（如法院查封房屋需要房屋登记管理机关协助办理查封登记手续）。而"配合"的范围很广，任何公民、法人、组织都有义务配合法院、法官执行职务行为，故无需发出协助执行通知书。本案中法院前往小区执行汽车，仅凭自身也可以完成，故物业只是一个"配合"的作用，保安配合是一种义务，无需法官提供协助执行通知书。此外，公司的内部规定不能成为拒不配合法院执行的理由。因此，AB项错误。

C项：诉讼参与人或者其他人以暴力、威胁或者其他方法阻碍司法工作人员执行职务的，法院可以直接根据情节轻重予以罚款、拘留，无需经过听证程序。因此，C项错误。

D项：对个人的罚款金额为人民币 10 万元以下，对单位的罚款金额为人民币 5 万元以上 100 万元以下。区法院以妨碍执行为由对物业公司罚款 120 万元超过对单位罚款的限额。因此，D项正确。

综上所述，本题答案为 D 项。

【注意】听证一般出现在行政诉讼中，民事诉讼几乎没有这方面的考查。

（二）综合知识点

【多选】

② 1902074

【较简单】答案：C,D。

解析：本题考查公开审判制度、民事强制措施、诉讼中的财产保全和先予执行。

A项：在民事诉讼中强制措施仅适用于妨碍诉讼和执行的行为，且应当由法院依职权采取。本案中施某未实施妨碍诉讼、执行的行为，不能对其采取强制措施，且也不能依申请启动。因此，A项错误。

B项：民事诉讼原则上应当公开审理，涉及国家秘密、个人隐私和法律另有规定的法定不公开；涉及商业秘密和离婚案件依申请不公开。（离婚案件中涉及个人隐私的，按照个人隐私案件处理）本案不存在法定不公开和依申请不公开的情形，故应当依法公开审理。因此，B项错误。

C项：先予执行的适用范围包括：（1）追索赡养费、扶养费、抚养费、抚恤金、医疗费用；（2）追索劳动报酬；（3）因情况紧急需要先予执行。本案属于追索医疗费案件，故权利人肖某可以申请法院先予执行。（虽然先予执行以当事人生活、生产经营急需为限，但当题干没有特别说明时，出现上述立法规定的三种情形，则可以申请）因此，C项正确。

D项：诉讼中当事人可以申请财产保全，法院也可以依职权采取。因此，D项正确。

综上所述，本题答案为 CD 项。

【注意】申请保全和先予执行并不冲突，只要满足立法规定的情形即可申请。

二、模拟题

【多选】

③ 51904267

答案：A,B,C。

解析：AB项：根据《民诉法解释》第 185 条的规定："被罚款、拘留的人不服罚款、拘留决定申请复议的，应当自收到决定书之日起三日内提出。上级人民法院应当在收到复议申请后五日内作出决定，并将复议结果通知下级人民法院和当事人。"据此朱丽、牛旦应当自收到决定书之日起 3 日内申请，应当向上级法院申请复议而非作出决定的法院。因此，AB项错误，当选。

C项：根据《民事诉讼法》第 119 条的规定："拘传、罚款、拘留必须经院长批准。拘传应当发拘传票。罚款、拘留应当用决定书。对决定不服的，可以向上一级人民法院申请复议一次。复议期间不停止执行。"对于妨碍诉讼行为的罚款和拘留应采用决定书，而不是裁定。因此，C项错误，当选。

D项：根据《民诉法解释》第 180 条的规定："人民法院对被拘留人采取拘留措施后，应当在二十四小时内通知其家属；确实无法按时通知或者通知不到的，应当记录在案。"法院对朱丽、牛旦采取拘留措施后，应当在 24 小时内通知其家属。因此，D项正确，不当选。

综上所述，本题为选非题，答案为 ABC 项。

【不定项】

4 `61904058`

【较难】答案：D。

解析：A项：根据《民事诉讼法》第119条第3款的规定："罚款、拘留应当用决定书。对决定不服的，可以向上一级人民法院申请复议一次。复议期间不停止执行。"据此，对罚款、拘留决定书不服的，可以向上一级法院申请复议而不是向作出决定的法院申请复议。因此，A项错误。

B项：根据《民诉法解释》第174条第2款的规定："人民法院对必须到庭才能查清案件基本事实的原告，经两次传票传唤，无正当理由拒不到庭的，可以拘传。"据此，对于必须到庭参加诉讼的原告必须经两次传票传唤无正当理由拒不到庭的，才可以适用拘传。因此，B项错误。

C项：根据《民诉法解释》第176条第2款的规定："有前款规定情形的，人民法院可以暂扣诉讼参与人或者其他人进行录音、录像、摄影、传播审判活动的器材，并责令其删除有关内容；拒不删除的，人民法院可以采取必要手段强制删除。"据此，被告未经法庭准许进行录音、录像、摄影的，人民法院可以暂扣其摄影器材，责令其删除，拒不删除的，人民法院不是可以没收摄影器材，而是可以采取必要手段强制删除。因此，C项错误。

D项：根据《民事诉讼法》第119条第1款的规定："拘传、罚款、拘留必须经院长批准。"因此，D项正确。

综上所述，本题答案为D项。

第十三章 一审普通程序

参考答案

[1] A	[2] B	[3] D	[4] B	[5] B
[6] A	[7] BC	[8] ABD	[9] ACD	[10] C
[11] D	[12] B	[13] D	[14] A	[15] B
[16] C	[17] D	[18] B	[19] C	[20] BD
[21] D	[22] A	[23] D	[24] C	[25] C
[26] D	[27] D	[28] AB	[29] ABCD	[30] D
[31] C	[32] B	[33] D	[34] AB	[35] CD
[36] ABD	[37] ABCD	[38] CD	[39] D	[40] A
[41] AC				

一、历年真题及仿真题

（一）起诉与受理

【单选】

1 `2202111`

【较简单】答案：A。

解析：本题考查起诉与受理和相关的民事裁判。对于受理前发现不符合起诉条件的应裁定不予受理，受理后发现不符合起诉条件的应裁定驳回起诉；经实体审理后判决未得到支持的判决驳回诉讼请求。对于上述三种情形考生需要清晰掌握。

C项：这道题可能有一部分考生会根据《民法典婚姻家庭编解释（一）》第12条规定，（即法院受理离婚案件后，经审理确属无效婚姻的，应将婚姻无效的情形告知当事人，并依法作出确认婚姻无效的判决）选C。但也请大家注意，根据《民法典婚姻家庭编解释（一）》第10条规定，若当事人向法院请求确认婚姻无效，法定的无效婚姻情形在提起诉讼时已经消失的，法院不予支持。因此本案中，虽然二人结婚时钱某未达到法定婚龄，但起诉时已经达到法定婚龄，那么法院就不能判决确认婚姻无效。因此，C项错误。

ABD项：本案为离婚诉讼，原告适格，被告明确，诉讼请求具体，符合起诉与受理条件。既然感情确已破裂，那就判决准予离婚。因此，A项正确，

BD 项错误。

综上所述，本题答案为 A 项。

② 2002016

【简单】答案：B。

解析：本题考查起诉、上诉、再审的受理。

A 项：上诉的对象是尚未生效的一审判决，本案一审判决已经生效，故不能上诉。因此，A 项错误。

B 项：裁判发生效力后，发生新的事实，当事人再次提起诉讼的，人民法院应当受理。法院基于疫情期间供货商 C 公司停工导致 B 公司无法发货这一事实，驳回了 A 公司的诉讼请求。疫情结束后，C 公司全面复工为判决生效后发生的新的事实，故 A 公司可以将其作为新的事实重新起诉，法院应当受理。因此，B 项正确。

CD 项：申请再审的理由是原生效判决"确有错误"，而原审法院基于判决前的事实作出的判决是正确的，不存在"确有错误"的情况。故不能因为出现新的事实就通过再审程序推翻原生效判决。因此，CD 项错误。

综上所述，本题答案为 B 项。

③ 1703043

【中等】答案：D。

解析：本题考查简易程序的文书送达。

适用简易程序审理的案件，法院按照原告提供的被告的送达地址或者其他联系方式无法通知被告应诉的，应当按以下情况分别处理：（1）【法院原因】原告提供了被告准确的送达地址，但法院无法向被告直接送达或者留置送达应诉通知书的，应当将案件转入普通程序，进行公告送达；（2）【原告原因】原告不能提供被告准确的送达地址，法院经查证后仍不能确定被告送达地址的，可以被告不明确为由，裁定驳回起诉。

AD 项：本案中，法院依夏某提供的被告地址送达时，发现有误，经多方了解和查证也无法确定准确地址，属于上述第（2）种情况，因此，D 项正确，A 项错误。

B 项：适用简易程序的案件，不适用公告送达。因此，B 项错误。

C 项：需要中止诉讼的情形包括：①一方当事人

死亡，需要等待继承人表明是否参加诉讼的；②一方当事人丧失诉讼行为能力，尚未确定法定代理人的；③作为一方当事人的法人或者其他组织终止，尚未确定权利义务承受人的；④一方当事人因不可抗拒的事由，不能参加诉讼的；⑤本案必须以另一案的审理结果为依据，而另一案尚未审结的；⑥其他应当中止诉讼的情形。本案不存在上述应当中止诉讼的情形。因此，C 项错误。

综上所述，本题答案为 D 项。

④ 1703042

【较简单】答案：B。

解析：本题考查重复起诉。

重复起诉要求满足：①后诉与前诉的当事人相同；②后诉与前诉的诉讼标的相同；③后诉与前诉的诉讼请求相同，或者后诉的诉讼请求实质上否定前诉的裁判结果。一般情况下，当事人重复起诉的后果：①受理前：裁定不予受理；②受理后：裁定驳回起诉。

ABCD 项：本案中，甲、乙两公司已经基于买卖合同提起诉讼，且乙公司败诉，也未上诉，裁判生效。乙公司提起诉讼，符合重复起诉的条件：①前诉和后诉的当事人相同（均为甲、乙公司）；②诉讼标的相同（均为买卖合同法律关系）；③后诉结果从实质上否定前诉裁判结果（前诉要求支付违约金，后诉要求确认合同无效，一旦合同无效则不存在违约问题）。故法院应该裁定不予受理。因此，B 项正确，ACD 项错误。

综上所述，本题答案为 B 项。

⑤ 1503048

【中等】答案：B。

解析：ABCD 项：根据《民事诉讼法》第 122 条第 2 项的规定："起诉必须符合下列条件：……（二）有明确的被告……"同时根据《民诉法解释》第 208 条的规定："人民法院接到当事人提交的民事起诉状时，对符合民事诉讼法第一百二十二条的规定，且不属于第一百二十七条规定情形的，应当登记立案；对当场不能判定是否符合起诉条件的，应当接收起诉材料，并出具注明收到日期的书面凭证。需要补充必要相关材料的，人民法院应当及时告知当事人。在补齐相关材料后，应当在七日内决定是否立案。立案后发现不符合起诉条件或者属于民事诉讼法第一百二十七条规定情形的，裁定驳回起诉。"人民法院向王旭送达应诉通知书时，发现王旭已于张丽起诉前因意外事故死亡。因王旭于起诉前死亡，本案没有明确的被告，不符合起诉的条件，而法院此时已经立案受理，因此应当以裁定形式驳回起诉。因此，B项正确，ACD项错误。

综上所述，本题答案为 B 项。

6 `1303044`

【较简单】答案：A。

解析：A项：根据《诉讼时效规定》第 10 条的规定："当事人一方向人民法院提交起诉状或者口头起诉的，诉讼时效从提交起诉状或者口头起诉之日起中断。"何某的起诉行为导致其诉讼时效中断。因此，A 项正确。

B项：根据《民事诉讼法》第 128 条的规定："人民法院应当在立案之日起五日内将起诉状副本发送被告，被告应当在收到之日起十五日内提出答辩状……"被告田某的答辩期间应当从收到起诉状副本之日起算，而不是从起诉当天起算。因此，B 项错误。

C项：根据《民事诉讼法》第 130 条的规定："人民法院受理案件后，当事人对管辖权有异议的，应当在提交答辩状期间提出。人民法院对当事人提出的异议，应当审查。异议成立的，裁定将案件移送有管辖权的人民法院；异议不成立的，裁定驳回。当事人未提出管辖异议，并应诉答辩或者提出反诉的，视为受诉人民法院有管辖权，但违反级别管辖和专属管辖规定的除外。"当事人田某可以在法院受理后提出管辖异议，受理法院甲县法院并不当然意味着取得排他管辖权。因此，C 项错误。

D项：当事人适格，又称正当当事人，是指对于具体的诉讼，有作为本案当事人起诉或应诉的资格的主体。法院裁判的目的是为了解决民事法律关系主体之间的争议，化解他们之间的纠纷。民事法律关系主体也正因为发生了民事权利义务争议，才有必要以民事诉讼的方式解决争议。所以，一般来讲，应当以当事人是否是所争议的民事法律关系，即本案诉讼标的的主体，作为判断当事人适格与否的标准。在本题中，并不能仅依何某的起诉即确定田某为该民事法律关系的主体，不能排除何某滥诉的可能性，题干中也没有提供其他信息，该选项太绝对。因此，D 项错误。

综上所述，本题答案为 A 项。

【多选】

7 `1902076`

【简单】答案：B,C。

解析：本题考查重复起诉。重复起诉要求满足：①后诉与前诉的当事人相同；②后诉与前诉的诉讼标的相同；③后诉与前诉的诉讼请求相同，或者后诉的诉讼请求实质上否定前诉的裁判结果。一般情况下，当事人重复起诉的后果：①受理前：裁定不予受理；②受理后：裁定驳回起诉。

ABD项：本案中，前诉是乙基于货款请求权起诉甲偿还货款，后诉是乙基于代位权起诉丙代为清偿。前后诉的当事人、诉讼标的、诉讼请求不同且不实质否定，故不构成重复起诉，法院应予受理。因此，AD 项错误，B 项正确。

C项：根据《民法典》第 535 条第 1 款的规定："因债务人怠于行使其债权或者与该债权有关的从权利，影响债权人的到期债权实现的，债权人可以向人民法院请求以自己的名义代位行使债务人对相对人的权利，但是该权利专属于债务人自身的除外。"本案中，甲公司怠于行使对丙公司的债权，影响乙公司到期债权的实现，故乙公司可以提起代位权诉讼。因此，C 项正确。

综上所述，本题答案为 BC 项。

8 `1203079`

【中等】答案：A,B,D。

解析：A项：根据《民诉法解释》第 212 条的规定："裁定不予受理、驳回起诉的案件，原告再次起诉，符合起诉条件且不属于民事诉讼法第一百二十七条规定情形的，人民法院应予受理。"因此，A 项正确。

B项：根据《民诉法解释》第 214 条的规定："原告撤诉或者人民法院按撤诉处理后，原告以同一诉讼请求再次起诉的，人民法院应予受理。原告撤诉或者按撤诉处理的离婚案件，没有新情况、新理由，六个月内又起诉的，比照民事诉讼法第一百二十七条第七项的规定不予受理。"可见，在原则上，针对撤诉的案件再次起诉时法院应当受理，关于离婚案件的特殊规定只是例外。因此，B项正确。

C项：根据《民事诉讼法》第 127 条第 7 项的规定："人民法院对下列起诉，分别情形，予以处理：……（七）判决不准离婚和调解和好的离婚案件，判决、调解维持收养关系的案件，没有新情况、新理由，原告在六个月内又起诉的，不予受理。"可见，离婚案件中，针对原告的起诉限制有六个月的规定，但没有限制被告的起诉，被告起诉时无论是否有新情况新理由，法院都应当受理。因此，C 项错误。

D项：根据《民诉法解释》第 219 条的规定："当事人超过诉讼时效期间起诉的，人民法院应予受理。受理后对方当事人提出诉讼时效抗辩，人民法院经审理认为抗辩事由成立的，判决驳回原告的诉讼请求。"这是因为，诉讼时效属于实体问题的范畴，法院在进行实体审判时才能触及，在处理起诉与受理的程序时并不考虑诉讼时效的问题。因此，D 项正确。

综上所述，本题答案为 ABD 项。

9 `1103079`

【较简单】答案：A,C,D。

解析：ACD 项：根据《民事诉讼法》第 124 条的规定："起诉状应当记明下列事项：（一）原告的姓名、性别、年龄、民族、职业、工作单位、住所、联系方式，法人或者其他组织的名称、住所和法定代表人或者主要负责人的姓名、职务、联系方式；（二）被告的姓名、性别、工作单位、住所等信息，法人或者其他组织的名称、住所等信息；（三）诉讼请求和所根据的事实与理由；（四）证据和证据来源，证人姓名和住所。"因此，ACD 项正确。

B 项：案由只是人民法院对诉讼案件所涉及的法律关系的性质进行概括后形成的案件名称，是人民法院根据当事人的起诉状进行案件管理的一种分类，因此属于法院的内部审判技术，并不是由

当事人直接在起诉中确定的。因此，B 项错误。

综上所述，本题答案为 ACD 项。

（二）开庭审理

【单选】

10 `2102100`

【中等】答案：C。

解析：本题考查变更诉讼请求的要件和管辖权恒定。

AC项：原告增加诉讼请求，被告提出反诉，第三人提出与本案有关的诉讼请求，应当在法庭辩论结束前提出。本案中，A 公司在法庭辩论结束，合议庭评议完成后才提出变更诉讼请求，已经超出法定期限，人民法院不应处理。因此，A 项错误，C 项正确。

BD项：常见管辖权恒定情形：①当事人住所地变更、经常居住地变更；②行政区划变更；③原告增加或变更诉讼请求（不违反级别管辖和专属管辖）、被告提反诉。故 A 公司在法庭辩论结束后变更诉讼请求，并不会对本案的管辖产生影响。因此，BD 项错误。

综上所述，本题答案为 C 项。

11 `2002015`

【中等】答案：D。

解析：ABCD 项：本题涉及诉的客体的合并，即将同一原告对同一被告提起的两个以上的诉或反诉与本诉合并到同一诉讼程序中审理。而诉的客体的合并又可以进一步分为单纯合并、预备合并、牵连合并等多种情形，本题即属于预备合并。法院应当根据当事人主张的顺序，对合并的诉讼请求予以审理，如果主位的诉讼请求得到支持，则不再审理备位请求，如果主位的诉讼请求不能得到支持，需要审理备位请求。本案中北海公司提出的先请求确认合同无效再请求解除合同即属于诉的预备性合并，法院应先审理确认合同无效的请求，如果不支持，就再审理解除合同的诉讼请求。即法院对两个诉讼请求应当按顺序审理。因此，D 项正确，ABC 项错误。

综上所述，本题答案为 D 项。

12 `1303043`

【简单】答案：B。

解析：本题考查开庭审理阶段的审判行为。

A项：送达法律文书不只在开庭审理阶段，例如送达起诉书、开庭通知书等，是在开庭前。因此，A项错误。

B项：出示证据和质证均属于法庭调查程序的一部分，而法庭调查程序只能是进入开庭审理阶段。因此，B项正确。

【注意】庭前证据交换和质证是不同的程序。证据交换是审理前的准备阶段，在此过程中发表过质证意见的证据，视为质证过的证据。但是，组织当事人进行质证必须是在庭审中。

C项：一般情况下，调解在法庭辩论结束之后进行，但是也可以在开庭前予以调解，故不是必须发生在开庭审理阶段。因此，C项错误。

D项：法院依职权或依申请追加当事人，只须将时间控制在本诉已经立案而诉讼正在进行之中，并非一定发生在开庭审理阶段。因此，D项错误。

综上所述，本题答案为B项。

13 `1203040`

【较简单】答案：D。

解析：本题综合考查开庭审理。

A项：开庭审理前，书记员应当查明当事人和其他诉讼参与人是否到庭，宣布法庭纪律。开庭审理时，由审判长或者独任审判员核对当事人，宣布案由，宣布审判人员、书记员名单，告知当事人有关的诉讼权利义务，询问当事人是否提出回避申请。因此，A项错误。

B项：无论是当事人提供的证据，还是法院依职权调取的证据，都必须经过当事人的相互质证而非法院决定。因此，B项错误。

C项：合议庭评议案件，实行少数服从多数的原则。合议庭组成人员意见有重大分歧的，人民陪审员或者法官可以要求合议庭将案件提请院长决定是否提交审判委员会讨论决定。因此，C项错误。

D项：当庭宣判的，应当在10日内发送判决书；定期宣判的，宣判后立即发给判决书。因此，D项正确。

综上所述，本题答案为D项。

（三）诉讼障碍

【单选】

14 `2202006`

【简单】答案：A。

解析：本题考查诉讼障碍。

ABD项：一方当事人死亡，需要等待继承人表明是否参加诉讼的，法院裁定诉讼中止。本案中，原告蒋某死亡，其继承人爷爷奶奶、外公外婆关于是否继续参加诉讼存在争议，法院应当裁定中止诉讼，等待争议解决之后再看情况决定恢复诉讼或终结诉讼。因此，A项正确，BD项错误。

C项：上诉期（15日）内无人上诉，一审判决才会生效，而非作出即生效。因此，C项错误。

综上所述，本题答案为A项。

15 `2102132`

【中等】答案：B。

解析：本题考查诉讼障碍。

ABCD项：根据《民法典婚姻家庭编解释（一）》第14条规定："夫妻一方或者双方死亡后，生存一方或者利害关系人依据民法典第一千零五十一条的规定请求确认婚姻无效的，人民法院应当受理。"本题中，由于甲的诉讼请求是判决婚姻无效，那么即使一方当事人死亡，法院也应继续审理甲的诉请。因此，B项正确，ACD项错误。

综上所述，本题答案为B项。

【注意】在婚姻无效案件中，即使一方当事人死亡，也不发生诉讼中止或诉讼终结的法律效果，法院应继续审理（涉及公序良俗，法院要"一管到底"）。

16 `2002017`

【中等】答案：C。

解析：本题考查诉讼障碍和当事人诉讼地位。

AB项：需要中止诉讼的情形包括：①一方当事人死亡，需要等待继承人表明是否参加诉讼的；②一方当事人丧失诉讼行为能力，尚未确定法定代理人的；③作为一方当事人的法人或者其他组织终止，尚未确定权利义务承受人的；④一方当事人因不可抗拒的事由，不能参加诉讼的；⑤本案必须以另一案的审理结果为依据，而另一案尚未审结的；⑥其他应当中止诉讼的情形。本案中，童某起诉钱某承担保证责任，债务人关某集资诈骗案的审理结果与本案无关，故关某集资诈骗案尚未审结并不影响本案的继续审理，本案无需中止诉讼，法院应当继续审理。因此，AB项错误。

CD项：在连带保证合同中，债权人主张债务人承担责任的，以债务人为被告；债权人主张保证人承担责任的，以保证人为被告；债权人主张债务人和保证人承担责任的，将其列为共同被告。故如果债权人童某主张债务人关某承担责任的，关某应当以共同被告身份参加诉讼，而不是无独三。因此，C项正确，D项错误。

综上所述，本题答案为C项。

17 1902008

【较简单】答案：D。

解析：本题考查诉讼障碍。

AB项：需要中止诉讼的情形包括：①一方当事人死亡，需要等待继承人表明是否参加诉讼的；②一方当事人丧失诉讼行为能力，尚未确定法定代理人的；③作为一方当事人的法人或者其他组织终止，尚未确定权利义务承受人的；④一方当事人因不可抗拒的事由，不能参加诉讼的；⑤本案必须以另一案的审理结果为依据，而另一案尚未审结的；⑥其他应当中止诉讼的情形。本案中，在上诉状提交后第三天，当事人李某车祸身亡，需要等待继承人表明是否继续诉讼，法院应裁定中止诉讼。故法院裁定诉讼终结做法错误。因此，AB项错误。

CD项：该处考点在于应当由一审法院还是二审法院作出中止诉讼的裁定。本案中当事人李某已经提出上诉，故案件已经进入二审程序，应当由二审法院作出诉讼中止的裁定，并通知李某继承人参与诉讼。因此，C项错误，D项正确。

综上所述，本题答案为D项。

18 1802043

【简单】答案：B。

解析：本题考查诉讼障碍，题干内容较为繁琐但知识点很明晰，学员正确率偏低的原因有二：一

是看到"死亡"二字就直接选择了"终止诉讼"，二是看到"下落不明"就误以为没有继承人，从而选择"终止诉讼"。这类题目要学会从题干中提取做题所需的关键信息。

ABCD项：一方当事人死亡，需要等待继承人表明是否参加诉讼的，法院裁定诉讼中止。本案中，黄某当场死亡且有继承人黄小明，故法院应等待黄小明表态，裁定中止诉讼。注意黄小明下落不明是题目设置的陷阱，下落不明≠无继承人或继承人放弃继承。因此，B项正确，ACD项错误。

综上所述，本题答案为B项。

【注意】不能因为看到"死亡"就判断"终止诉讼"，要结合后续表述来判断是否有其他情况。

19 1503043

【较简单】答案：C。

解析：A项：根据《民事诉讼法》第191条第1款的规定："公民下落不明满四年，或者因意外事件下落不明满二年，或者因意外事件下落不明，经有关机关证明该公民不可能生存，利害关系人申请宣告其死亡的，向下落不明人住所地基层人民法院提出。"罗某属于因意外事件下落不明，宣告死亡需要向其住所地基层法院乙县法院申请。移送管辖发生在管辖错误的情形，乙县法院对于成某宣告死亡案件有管辖权，不能移送。因此，A项错误。

B项：借款纠纷案件与宣告死亡案件，分属不同的法院管辖，另外，借款纠纷案件适用一审程序审理，而宣告死亡案件适用特别程序审理，无法合并。因此，B项错误。

C项：根据《民事诉讼法》第153条第1款的规定："有下列情形之一的，中止诉讼：（一）一方当事人死亡，需要等待继承人表明是否参加诉讼的；……"成妻向乙县法院申请宣告成某死亡，属于（一）的情形，法院应当中止诉讼。因此，C项正确。

D项：根据《民事诉讼法》第154条第1项的规定："有下列情形之一的，终结诉讼：（一）原告死亡，没有继承人，或者继承人放弃诉讼权利的；……"成某虽作为借款纠纷中的原告死亡，但题干中并没有说明其没有继承人或其继承人放弃继

承的情况，所以不能够裁定终结诉讼。因此，D项错误。

综上所述，本题答案为C项。

⑳ `1703081`

【中等】答案：B,D。

解析：本题考查诉讼障碍。

AB项：首先，注意诉讼阶段的判断：2017年7月3日，判决送达双方当事人，上诉期为15日，2017年7月10日上诉期尚未届满，此时一审判决未生效，该案仍属于在诉讼中的阶段。其次，本题属于离婚诉讼，离婚诉讼中一方当事人死亡的，法院应终结诉讼。本案中，离婚案件当事人刘女在诉讼过程中身亡，法院裁定诉讼终结。因此，B项正确，A项错误。

CD项：本案在上诉期内一审判决尚未生效，即解除婚姻关系的判决未生效，因此张男和刘女的婚姻关系尚未解除。此时，刘女死亡，属于婚姻关系存续期间死亡，此时张男和刘女的母亲李某是刘女的继承人，依法对刘女的财产享有继承权。因此，C项错误，D项正确。

综上所述，本题答案为BD项。

（四）撤诉与缺席判决

【单选】

㉑ `1403050`

【较简单】答案：D。

解析：本题考查再审缺席判决。

A项：一审中，原告经传票传唤，无正当理由拒不到庭的，或者未经法庭许可中途退庭的，可以按撤诉处理。本案经两级法院审理，生效判决为二审判决。当事人申请再审的，再审按照二审程序审理，万某缺席，不能视为撤回起诉。因此，A项错误。

B项：再审程序中，申请再审人经传票传唤，无正当理由拒不接受询问，可以裁定按撤回再审申请处理。本案中，万某并非申请再审人，其未出席开庭审理，也未向法院说明理由，视为放弃陈述申辩权。吴某已经出席开庭审理了，因此不能

裁定撤诉，视为撤回再审申请。因此，B项错误。

C项：本案不存在《民事诉讼法》第153条规定的中止诉讼的法定情形，不能裁定中止诉讼。因此，C项错误。

D项：被告经传票传唤，无正当理由拒不到庭的，或者未经法庭许可中途退庭的，可以缺席判决。再审中符合缺席判决条件的，可以缺席判决。故万某经传票传唤无正当理由拒不到庭，法院可以缺席判决。因此，D项正确。

综上所述，本题答案为D项。

（五）民事裁判

【单选】

㉒ `2102106`

【较简单】答案：A。

解析：本题考查处分原则和部分请求的既判力客观范围中的特殊问题。

ABCD项：基于处分原则，法院仅能针对原告诉讼请求作出判决，若法院超出原告诉讼请求作出判决则违反处分原则；同时，对于部分请求的既判力问题，本题这种原告仅为了惩罚乙而拆分诉请的情况（不属于"有正当理由拆分诉请"的情况），原则上法院对于部分请求作出判决后，其既判力及于未主张部分的全部债权，即本案虽仅对2万元咨询费问题进行审理和判决，但该判决的既判力应当及于全部债权（20万）。因此，A项正确，BCD项错误。

综上所述，本题答案为A项。

㉓ `2102105`

【较简单】答案：D。

解析：本题考查确认婚姻关系无效案件的民事裁判。

A项：确认婚姻效力案件不适用调解，法院应依法作出判决。因此，A项错误。

B项：根据《民法典婚姻家庭编解释（一）》第9条第2项的规定："有权依据民法典第一千零五十一条规定向人民法院就已办理结婚登记的婚姻请求确认婚姻无效的主体，包括婚姻当事人及利害关系人。其中，利害关系人包括：……（二）以未到法定婚龄为由的，为未到法定婚龄者的近

一审普通程序

亲属；……"赵某的母亲是赵某的近亲属，其有权以赵某未到法定婚龄为由请求确认婚姻无效。因此，B项错误。

CD项：法院受理确认婚姻无效的案件后，原告不享有撤诉权。故赵某母亲不能撤诉，且赵某结婚时未达到法定婚龄，属于婚姻关系无效的情形之一，法院应依法作出确认婚姻无效的判决。因此，C项错误，D项正确。

综上所述，本题答案为D项。

【注意】确认婚姻无效案件由于涉及公序良俗，因此有一些特殊规定：①原告不具有撤诉权；②诉讼中一方当事人死亡的，法院仍要继续审理。

㉔ 1603046

【简单】答案：C。

解析：本题考查裁判文书的纠错。

裁判文书错误分为两种情况：①文书中有笔误。法律文书误写、误算，诉讼费用漏写、误算和其他笔误，法院可下达裁定书补正；②实质错误。事实认定错误、法律适用等实质错误，如在上诉期则由二审法院纠错；如裁判文书已生效，则通过再审程序纠错。

ABCD项：二审法院在将判决书送达当事人签收后，发现死亡赔偿金计算有误，属于文书中的笔误，法院作出裁定书补正即可。因此，C项正确，ABD项错误。

综上所述，本题答案为C项。

㉕ 1203047

【中等】答案：C。

解析：本题考查民事诉讼的裁定。

A项：注意区分：驳回起诉适用"裁定"，但驳回诉讼请求不属于裁定适用的范围，应当适用判决。因此，A项错误。

B项：首先，延期审理应该适用"决定"而非"裁定"；其次，必须到庭的当事人和其他诉讼参与人有正当理由没有到庭的，可以延期审理。该选项中并未说明是否是必须到庭的当事人。因此，B项错误。

C项：裁定解决大多数的程序问题和小部分实体问题。解决程序问题的裁定，其拘束力通常只及于当事人、诉讼参与人和审判人员，而不对社会

其他人发生效力。只有少量解决实体问题的裁定，其拘束力及于其他人，如【先予执行】裁定的拘束力及于所有人，【财产保全】裁定的拘束力及于占有保全财产的第三人。因此，C项正确。

D项：一审人民法院作出的不予受理、管辖权异议和驳回起诉的裁定，当事人可以上诉，其他裁定不可以上诉。可见，不是所有裁定均可以上诉。因此，D项错误。

综上所述，本题答案为C项。

㉖ 1203041

【较简单】答案：D。

解析：AB项：民事诉讼判决具有确定力，包括形式上的确定力和实质性的确定力。形式上的确定力是指非经法定的上诉和再审程序，判决一经作出不得随意变更或者撤销。本题中，即使判决尚未发生效力，B区法院也不可以将判决书收回，更不能恢复庭审，重新作出新的判决。因此，AB项错误。

C项：根据《民事诉讼法》第157条第1款第7项的规定："裁定适用于下列范围：……（七）补正判决书中的笔误……"同时根据《民诉法解释》第245条的规定："民事诉讼法第一百五十七条第一款第七项规定的笔误是指法律文书误写、误算，诉讼费用漏写、误算和其他笔误。"B区法院依职权适用诉讼时效规则的错误，属于实质性错误，并非上述可以通过裁定予以补正笔误的情形。因此，C项错误。

D项：根据《诉讼时效规定》第2条的规定："当事人未提出诉讼时效抗辩，人民法院不应对诉讼时效问题进行释明。"B区法院向当事人释明时效问题，依职权适用诉讼时效规则是错误的，且该错误属于实体错误。针对此种错误，根据《民诉法解释》第242条的规定："一审宣判后，原审人民法院发现判决有错误，当事人在上诉期内提出上诉的，原审人民法院可以提出原判决有错误的意见，报送第二审人民法院，由第二审人民法院按照第二审程序进行审理；当事人不上诉的，按照审判监督程序处理。"如果上诉期间当事人未上诉的，B区法院可以按照审判监督程序处理，即决定再审，纠正原判决中的错误。因此，

D 项正确。

综上所述，本题答案为 D 项。

27 `1003038`

【较简单】答案：D。

解析：本题考查合议制度中的评议程序。合议庭评议案件，实行少数服从多数的原则。评议应当制作笔录，由合议庭成员签名。评议中的不同意见，必须如实记入笔录。

A 项：审判长意见与多数意见不同的，应当少数服从多数，按照多数意见作出，而非以审判长意见为准判决。因此，A 项错误。

B 项：陪审员意见得到支持、形成多数的，应当按照多数意见作出判决。注意是"应当"而不是"可以"。因此，B 项错误。

C 项：合议庭意见存在分歧的，将不同意见如实记入笔录即可，不需要提交院长审查决定。因此，C 项错误。

D 项：评议中的不同意见，必须如实记入笔录。因此，D 项正确。

综上所述，本题答案为 D 项。

【多选】

28 `1403082`

【中等】答案：A,B。

解析：本题考查民事裁判。

A 项：判决解决民事实体问题，而裁定主要处理案件的程序问题，如不予受理、中止执行的裁定；少数涉及实体问题，如先予执行裁定。因此，A 项正确。

B 项：判决都必须以书面形式作出；某些裁定可以口头方式作出，口头裁定的，记入笔录。因此，B 项正确。

C 项：并非所有一审判决都可以上诉，如：小额诉讼程序审理的案件、最高院作为一审法院的一审判决，一审终审，不可上诉。裁定一般不能上诉，但不予受理、驳回起诉、管辖权异议的裁定可以上诉。因此，C 项错误。

D 项：执行力只是针对给付判决而言，没有给付内容的判决，不具有执行力。确认判决和变更判决不必执行，也不可能执行。但有关财产案件的生效判决并非都是给付判决。财产案件的生效判决并非都具有执行力；大多数裁定都没有执行力，但个别裁定具有执行力，法院有权依权利人的申请或依职权强制执行。例如，诉讼保全和先予执行的裁定等。因此，D 项错误。

综上所述，本题答案为 AB 项。

【不定项】

29 `1103100`

【较简单】答案：A,B,C,D。

解析：ABCD 项：根据《民事诉讼法》第 151 条第 3、4 款的规定："宣告判决时，必须告知当事人上诉权利、上诉期限和上诉的法院。宣告离婚判决，必须告知当事人在判决发生法律效力前不得另行结婚。"本题中，黎明丽与张成功的离婚案件审理结束后，法院宣判时依法必须告知当事人上诉权利、上诉期限和上诉的法院以及判决生效前不得另行结婚。（注意 D 选项的用意是避免发生重婚的法律后果，起到一种警示提醒的作用，实践中存在有的人可能不太懂，没办理完毕离婚手续就着急结婚。）因此，ABCD 项正确。

综上所述，本题答案为 ABCD 项。

（六）综合知识点

【单选】

30 `2002113`

【简单】答案：D。

解析：A 项：根据《民诉法解释》第 219 条规定："当事人超过诉讼时效期间起诉的，人民法院应予受理。受理后对方当事人提出诉讼时效抗辩，人民法院经审理认为抗辩事由成立的，判决驳回原告的诉讼请求。"据此，本案虽已过诉讼时效，品尚公司起诉，法院仍应受理。因此，A 项错误。

B 项：反驳是指被告针对原告提出的诉讼请求和理由，从实体上和程序上、从事实上和法律上予以否定或部分否定。反驳与反诉最大的区别在于反驳并非向原告提出独立的诉讼请求。提出诉请超过诉讼时效属于时效抗辩，并没有提出独立的诉讼请求，故属于"反驳"而非"反诉"。因此，B 项错误。

C项：根据《民事诉讼法》第154条规定可知，诉讼终结仅适用于自然人死亡后，诉讼程序没有必要或者不可能继续进行的情形。法人合并或者分立不会导致诉讼终结，只需要进行当事人更换即可。更换后诉讼程序继续进行，原当事人实施的诉讼行为对新的当事人有效。因此，C项错误。

D项：根据《民诉法解释》第91条第1项规定："人民法院应当依照下列原则确定举证证明责任的承担，但法律另有规定的除外：（一）主张法律关系存在的当事人，应当对产生该法律关系的基本事实承担举证证明责任……"本案中，原告品尚公司要求高某支付拖欠的租金，其前提是双方之间存在租赁合同关系，因此品尚公司应承担高某租赁其铺面事实的证明责任。因此，D项正确。

综上所述，本题答案为D项。

31 `1303036`

【中等】答案：C。

解析：A项：根据《诉讼时效规定》第2条规定："当事人未提出诉讼时效抗辩，人民法院不应对诉讼时效问题进行释明。"本题中，法官不应当主动向当事人赵某就诉讼时效问题进行阐明和建议，法官释明诉讼时效的做法违反了法律规定，不是执法为民的体现。因此，A项错误。

B项：根据《民事诉讼法》第109条第1项规定："人民法院对下列案件，根据当事人的申请，可以裁定先予执行：（一）追索赡养费、扶养费、抚育费、抚恤金、医疗费用的；……"本题中，在追索赡养费的纠纷中，法院裁定先予执行必须是根据当事人的申请，不能依职权采取。选项中的法官违反了法律规定，不是执法为民的体现。因此，B项错误。

C项：根据《民法典婚姻家庭编解释（一）》第88条第1款规定："人民法院受理离婚案件时，应当将民法典第一千零九十一条等规定中当事人的有关权利义务，书面告知当事人。在适用民法典第一千零九十一条时，应当区分以下不同情况：（一）符合民法典第一千零九十一条规定的无过错方作为原告基于该条规定向人民法院提起损害赔偿请求的，必须在离婚诉讼的同时提出……"本题中，该法官可以向当事人释明可以提出离婚损

害赔偿，其做法符合法律规定，符合当事人的利益，体现了执法为民的要求。因此，C项正确。

D项：根据《民事诉讼法》第67条第2、3款规定："当事人及其诉讼代理人因客观原因不能自行收集的证据，或者人民法院认为审理案件需要的证据，人民法院应当调查收集。人民法院应当按照法定程序，全面地、客观地审查核实证据。"本题中，法院调查收集证据的前提条件是当事人等因客观原因不能自行收集或者是法院认为必要的证据，法官主动走访现场，进行勘察调查取证，不符合法律程序，反而是损害了法律权威，并不能体现执法为民的要求。因此，D项错误。

综上所述，本题答案为C项。

32 `2002111`

【较简单】答案：B。

解析：本题考查的是不告不理原则、辩论原则、处分原则和民事裁判的形式。

A项：民事诉讼中的不告不理原则表现为在审理过程中，法院只能按照当事人提出的诉讼事实和主张进行审理，对超过当事人诉讼主张的部分不得主动审理（实质上即是辩论原则和处分原则的结合）。本题中，法院并未主动审理当事人未提出的诉讼事实和主张，并未违反不告不理原则。因此，A项错误。

B项："驳回王某的诉讼请求"应该用"判决"的形式，不能用"裁定"。因此，B项正确。

C项：辩论原则，是指人民法院审理案件时，当事人有权表达意见。其对审判权的约束是，法院审理和裁判，都应依据当事人的主张和辩论进行，当事人没有主张的，法院不得作为裁判依据。本题中，王某"坚持己见"，表达了自己的意见，行使了辩论权，法院也没有将王某未主张的事实作为裁判依据。故法院并没有违反辩论原则。因此，C项错误。

D项：处分原则强调法院必须依据当事人的诉讼请求作出裁判，强调对诉讼请求的约束，法院超判、漏判均违反处分原则。本题中，"王某坚持己见，不予变更诉讼请求和理由"是王某对自己的权利进行处分的体现，王某行使了自己的处分权，法院也是根据王某的处分作出相应的处理，并没

有超判，也没有漏判，故没有违反处分原则。因此，D项错误。

综上所述，本题答案为B项。

㉝ 1003050

【简单】答案：D。

解析：ABCD项：根据《民事级别管辖异议规定》第2条的规定："在管辖权异议裁定作出前，原告申请撤回起诉，受诉人民法院作出准予撤回起诉裁定的，对管辖权异议不再审查，并在裁定书中一并写明。"在处理管辖权异议过程中，无论处于一审程序还是针对异议裁定的二审程序中，只要尚未作出生效的异议裁定，此时原告撤诉一律对管辖权异议不再审查，直接由一审法院处理撤诉问题。本题中，B区法院对蓝光公司提出管辖权异议作出的裁定未生效，且红光公司申请撤诉，二审法院不再对管辖权异议的上诉进行审查，直接由一审法院也就是B区法院处理撤诉问题。因此，D项正确，ABC项错误。

综上所述，本题答案为D项。

【多选】

㉞ 2202015

【中等】答案：A，B。

解析：本题考查起诉条件。

起诉必须符合下列条件：（1）原告是与本案有直接利害关系的公民、法人和其他组织；（2）有明确的被告；（3）有具体的诉讼请求和事实、理由；（4）属于人民法院受理民事诉讼的范围和受诉人民法院管辖。

AB项：原告与本案有直接利害关系即原告是正当当事人。因此，A项正确。被告具有成为民事诉讼当事人的资格即被告应具有诉讼权利能力，是成为明确被告的前提。因此，B项正确。

CD项：法院对起诉条件仅作形式审查，受理前不作实质审查。原告起诉仅要求有具体的诉讼请求和事实理由，但没有要求必须有证据证明或法律依据，没有要求起诉形式（口头或书面）。因此，CD项错误。

综上所述，本题答案为AB项。

㉟ 2102115

【较难】答案：C，D。

解析：本题考查当事人的变更。

AD项：本题中，进入二审程序，即意味着一审判决未生效，未产生既判力。故法院对甲、乙公司的一审判决对丁公司没有既判力；已经进行的诉讼程序对丁公司具有拘束力。因此，A项错误，D项正确。

BC项：二审中，作为当事人的法人合并的，将合并后的法人或者其他组织列为当事人。二审中甲公司和丙公司合并成立了丁公司，应当由合并后的丁公司继续诉讼。因此，B项错误，C项正确。

综上所述，本题答案为CD项。

㊱ 2002036

【中等】答案：A，B，D。

解析：本题考查反诉、抗辩（反驳）及既判力的适用范围。判决的既判力只及于判决的主文（即法院对当事人诉讼请求的判断），而不及于判决的理由部分。

A项：乙公司起诉甲公司要求支付租金的主张，甲公司可以合同已经解除为由予以抗辩，故甲公司可以抗辩的方式主张合同已经解除。因此，A项正确。

B项：假设没有乙公司起诉甲公司要求支付租金，甲公司也可以单独起诉乙公司要求解除合同，故甲公司关于合同已经解除的主张可以构成一个独立的诉，故可以反诉形式主张解除合同。因此，B项正确。

CD项：如果甲以抗辩的方式主张解除合同，显然法院判决主文只是对乙公司的租金请求是否支持作出判断，而合同是否解除为该判决的理由，并不具有既判力。如果甲以反诉的形式主张解除合同，显然解除合同就成为了一个独立的诉讼请求，法院判决主文必然对这一独立诉讼请求作出判断，故解除合同必然成为法院判决主文内容，具有既判力。因此，C项错误，D项正确。

综上所述，本题答案为ABD项。

【注意】提醒大家不要走入一个思维误区，就是觉得反诉和反驳是非此即彼的关系。有时候一个主张既能够以反诉的方式提出，也能够以反驳的方式提出，只是提出的方式不同会产生不同的法律效果。

37 1103081

【较简单】答案：A,B,C,D。

解析：本题考查当事人未到庭的可能情况。

A项：必须到庭的当事人和其他诉讼参与人有正当理由没有到庭的，可以延期开庭审理。因此，A项正确。

BC项：原告经传票传唤，无正当理由拒不到庭的，可以按撤诉处理。被告经传票传唤，无正当理由拒不到庭的，可以缺席判决。因此，BC项正确。

D项：人民法院对必须到庭的被告，经两次传票传唤，无正当理由拒不到庭的，可以拘传。因此，D项正确。

综上所述，本题答案为ABCD项。

【不定项】

38 2202114

【较简单】答案：C,D。

解析：AD项：根据《民诉法解释》第247条第1款的规定："当事人就已经提起诉讼的事项在诉讼过程中或者裁判生效后再次起诉，同时符合下列条件的，构成重复起诉：（一）后诉与前诉的当事人相同；（二）后诉与前诉的诉讼标的相同；（三）后诉与前诉的诉讼请求相同，或者后诉的诉讼请求实质上否定前诉裁判结果。"本案中，在调解书生效之后发生了新的事实，即乙发现孩子学习成绩明显下降，再次起诉要求变更现有的监护关系，与前诉的诉讼请求不同，不构成重复起诉。因此，A项错误，D项正确。

BC项：本案中，乙起诉的目的不是为了确权，而是为了变更现有的监护权。故本案属于变更之诉，而非确认之诉。因此，C项正确，B项错误。

综上所述，本题答案为CD项。

二、模拟题

【单选】

39 62304005

【较简单】答案：D。

解析：A项：根据《民事诉讼法》第125条的规定："当事人起诉到人民法院的民事纠纷，适宜调解的，先行调解，但当事人拒绝调解的除外。"据此，先行调解是在当事人提起诉讼后到立案之前的调解，不是立案后的调解。因此，A项错误。

B项：先行调解需要当事人同意，法院不能依职权进行先行调解。因此，B项错误。

C项：根据《人民调解法》第33条的规定："经人民调解委员会调解达成调解协议后，双方当事人认为有必要的，可以自调解协议生效之日起30日内共同向人民法院申请司法确认。"据此，确认调解协议效力，需要双方当事人共同申请。只有甲向法院申请，不符合法律规定。因此，C项错误。

D项：根据《民事诉讼法》第100条的规定："调解达成协议，人民法院应当制作调解书。调解书应当写明诉讼请求、案件的事实和调解结果。调解书由审判人员、书记员署名，加盖人民法院印章，送达双方当事人。调解书经双方当事人签收后，即具有法律效力。"因此，D项正确。

综上所述，本题答案为D项。

【不定项】

40 62304035

【较简单】答案：A。

解析：ABCD项：民事诉讼的主管范围是平等主体之间的人身关系和财产关系。组建微信群本质上来说是一种情谊行为，属于居民之间自发的活动，法院没有介入的必要。此外，微信群虽然由物业公司建立并由物业公司人员管理，但组建微信群本身并不是物业公司的法定义务，也不是物业服务合同约定的内容，不构成物业服务的范围。无论是建微信群、踢人还是拉人，都属于微信群组成员的自治范畴。故而辛某要求重新入群的诉讼请求不属于人民法院受理民事诉讼的范围，法院应当裁定不予受理。因此，A项正确，BCD项错误。

综上所述，本题答案为A项。

41 62304038

【较难】答案：A,C。

解析：AB项：根据《民事诉讼法》第147条规

定："被告经传票传唤，无正当理由拒不到庭的，或者未经法庭许可中途退庭的，可以缺席判决。"本案中，被告梁某经过传票传唤后离家出走，无正当理由拒不到庭，对其可以缺席判决。法律未规定具有完全民事行为能力的当事人不出庭的应当通知其配偶以诉讼代理人的身份参加诉讼。因此，A项正确，B项错误。

C项：根据《民事诉讼法》第88条第1款规定："送达诉讼文书，应当直接送交受送达人。受送达人是公民的，本人不在交他的同住成年家属签收……"本题中，梁某不在家，梁某的妻子代其签收传票，该传票即视为送达受送达人梁某。因此，C项正确。

D项：本案在合法送达后，被告梁某缺席并不属于中止审理的法定情形，不可以裁定中止诉讼。因此，D项错误。

综上所述，本题答案为AC项。

第十四章
简易程序

[1] B　　[2] ABC　[3] ABD　[4] C　　[5] D
[6] ABD　[7] ABC　[8] BCD　[9] CD　　[10] ABCD
[11] C　　[12] C

一、历年真题及仿真题

（一）小额诉讼程序

【单选】

① 1403040

【较简单】答案：B。

解析：本题考查小额诉讼程序的特点。注意小额诉讼程序是简易程序的一种，因此简易程序的规定也同样适用于小额诉讼程序。

A项：适用简易程序审理的6类案件应当先行调解：①婚姻家庭和继承纠纷；②宅基地和相邻关系纠纷；③合伙协议纠纷；④劳务合同纠纷；⑤

争议小的纠纷（交通事故和工伤事故引起的权利义务关系较明确的损害赔偿纠纷）；⑥诉讼标的额小的纠纷（小额诉讼）。本案中，赵洪诉陈海返还借款100元一案属于诉讼标的额较小的纠纷，法院在开庭审理时应当先行调解。因此，A项正确，不当选。

B项：简易程序的庭审方式灵活，但必须开庭审理。故本案中即使经过赵洪和陈海的书面同意后，也不能进行书面审理。因此，B项错误，当选。

C项：小额诉讼程序可以一次开庭，当庭审结，当庭宣判。因此，C项正确，不当选。

D项：小额诉讼程序中的裁判一审终审，不可上诉。因此，D项正确，不当选。

综上所述，本题为选非题，答案为B项。

【多选】

② 1802082

【较简单】答案：A,B,C。

解析：本题考查小额诉讼程序的特点。要注意与简易程序相区分。

A项：标的额≤50%省级上年度就业人员年平均法定工资的纠纷法院依职权适用小额诉讼程序；50%省级上年度就业人员年平均工资＜标的额≤2倍省级上年度就业人员年平均工资的纠纷当事人可约定适用小额诉讼程序。本案中标的额为1000元，符合适用小额诉讼程序的条件。因此，A项正确。

BC项：小额诉讼程序的举证期限一般不超过7日，答辩期最长不超过15日（注意简易程序的举证期限是不超过15日）。因此，BC项正确。

D项：小额诉讼程序可以提管辖权异议。其一审终审是指适用小额诉讼程序审理的案件中所有的裁判，包括实体判决以及驳回起诉、管辖权异议裁定均为一审终审。而本题的意思是在小额诉讼程序审理过程中当事人可以提管辖权异议，一旦对管辖权异议作出裁定后不能上诉。因此，D项错误。

综上所述，本题答案为ABC项。

③ 1503084

【较简单】答案：A,B,D。

解析：本题考查小额诉讼程序的适用范围。

AB项：不得适用小额诉讼程序的情形包括：①人身关系、财产确权；②涉外民事；③需要评估、鉴定或者对诉前评估、鉴定结果有异议；④一方当事人下落不明；⑤当事人提出反诉；⑥其他不宜适用小额诉讼程序审理的纠纷。因此，AB项正确。

C项：海事法院审理事实清楚、权利义务关系明确、争议不大的简单海事案件，可适用小额诉讼程序。因此，C项错误。

D项：不得适用简易程序的情形包括：①起诉时被告下落不明；②当事人一方人数众多；③涉及国家利益、社会公共利益的；④第三人撤销之诉；⑤发回重审或再审；⑥非讼程序。小额诉讼程序是简易程序的一种，因此不适用于简易程序的规定也同样不适用于小额诉讼程序。故发回重审的案件当然不能适用小额诉讼程序。因此，D项正确。

综上所述，本题答案为ABD项。

（二）民诉简易程序

【单选】

④ 1303041

【较简单】答案：C。

解析：本题考查简易程序的特点。

A项：简易程序中，当事人双方均表示不需要举证期限、答辩期间的，法院可以立即开庭审理或确定开庭日期（可当即受理、当即审理）。因此，A项正确，不当选。

B项：简易程序的庭审方式灵活，没有明显的阶段性；但要注意保证当事人正确行使诉讼权利、履行诉讼义务，保障当事人答辩、举证、质证、陈述、辩论等诉讼权利。因此，B项正确，不当选。

C项：简易程序的受理、送达、审理、裁判文书可以简化，但是没有规定庭审笔录可以简化。因此，C项错误，当选。

D项：适用简易程序的法院制作裁判文书时对认定事实或裁判理由部分可以适当简化但不能省略。因此，D项正确，不当选。

综上所述，本题为选非题，答案为C项。

⑤ 1103043

【中等】答案：D。

解析：本题考查法律直接规定的简易程序的特点。简易程序的特点包括应当先行调解、审理过程简化、裁判文书简化。

A项："原告起诉或被告答辩时要向法院提供明确的送达地址"本身是正确的，但是不是由《民事诉讼法》直接规定的。因此，A项错误。

B项：简易程序只规定了劳务合同纠纷应当先行调解，但并没有规定劳动合同纠纷也应先行调解。因此，B项错误。

C项：简易程序中的举证期限 ≤ 15 日。因此，C项错误。

D项：简易程序的审判组织适用独任制，这是《民事诉讼法》第40条第2款明确规定的。即"适用简易程序审理的民事案件，由审判员一人独任审理"。因此，D项正确。

综上所述，本题答案为D项。

【注意】适用简易程序审理的6类案件应当先行调解：①婚姻家庭和继承纠纷；②宅基地和相邻关系纠纷；③合伙协议纠纷；④劳务合同纠纷；⑤争议小的纠纷（交通事故和工伤事故引起的权利义务关系较明确的损害赔偿纠纷）；⑥诉讼标的额小的纠纷（小额诉讼）。

【多选】

⑥ 2202156

【较难】答案：A,B,D。

解析：A项：根据《民诉法解释》第140条规定："适用简易程序的案件，不适用公告送达。"因此，A项正确。

B项：根据《民诉法解释》第266条规定："适用简易程序案件的举证期限由人民法院确定，也可以由当事人协商一致并经人民法院准许，但不得超过十五日。"法院可以指定10日的举证期限，因此，B项正确。

C项：根据《民事诉讼法》第164条规定："人民法院适用简易程序审理案件，应当在立案之日起三个月内审结。有特殊情况需要延长的，经本院院长批准，可以延长一个月。"简易程序审限经院长批准可以延长，因此，C项错误。

D项：根据《民诉法解释》第89条第2款规定："适用简易程序审理的案件，双方当事人同时到庭并径行开庭审理的，可以当场口头委托诉讼代理人，由人民法院记入笔录。"在满足一定条件的情况下，简易程序可以口头委托诉讼代理人，由法院记入笔录。因此，D项正确。

综上所述，本题正确答案为ABD项。

7 `1003087`

【中等】答案：A,B,C。

解析：本题综合考查简易程序。

A项：简易程序的适用包括：①基层院审理的事实清楚、权利义务关系明确、争议不大的民事案件，法院依职权适用；②基层院审理的一审案件，当事人在开庭前协商自愿选择＋法院审查同意，可适用简易程序。本题A项即属于②的情况。因此，A项正确。【注意】此选项说法不太严谨，如果法律明确规定不能适用简易程序的案件，不仅法院不能依职权适用简易程序审理，当事人也不能依协议适用简易程序。但是掌握该知识点即可。

B项：简易程序中，若当事人双方一致同意简化，法院制作裁判文书时对认定事实或裁判理由部分可以适当简化（不能省略）。因此，B项正确。

C项：简易程序中，可以采取简便方式（口头）传唤当事人。因此，C项正确。

D项：简易程序的庭审方式灵活，但必须开庭审理。因此，D项错误。

综上所述，本题答案为ABC项。

（三）综合知识点

【多选】

8 `2102125`

【中等】答案：B,C,D。

解析：本题考查互联网法院审理案件的特殊规定以及简易程序、小额诉讼的程序的相关考点。

A项：根据《民事诉讼法》第166条规定："人民法院审理下列民事案件，不适用小额诉讼的程序：（一）人身关系、财产确权案件；（二）涉外案件；（三）需要评估、鉴定或者对诉前评估、鉴定结

果有异议的案件；（四）一方当事人下落不明的案件；（五）当事人提出反诉的案件；（六）其他不宜适用小额诉讼的程序审理的案件。"本案中，一方当事人为外国人，属于涉外民事案件，故不能适用小额诉讼的程序审理。因此，A项错误。

B项：根据《互联网法院审理案件规定》第12条规定："互联网法院采取在线视频方式开庭。存在确需当庭查明身份、核对原件、查验实物等特殊情形的，互联网法院可以决定在线下开庭，但其他诉讼环节仍应当在线完成。"据此，法院可以决定线下开庭审理。因此，B项正确。

C项：根据《民事诉讼法》第90条第1款规定："经受送达人同意，人民法院可以采用能够确认其收悉的电子方式送达诉讼文书。通过电子方式送达的判决书、裁定书、调解书，受送达人提出需要纸质文书的，人民法院应当提供。"据此，经当事人同意后，法院可以采用电子方式向其送达判决书。因此，C项正确。

D项：根据《民事诉讼法》第42条规定："人民法院审理下列民事案件，不得由审判员一人独任审理：（一）涉及国家利益、社会公共利益的案件；（二）涉及群体性纠纷，可能影响社会稳定的案件；（三）人民群众广泛关注或者其他社会影响较大的案件；（四）属于新类型或者疑难复杂的案件；（五）法律规定应当组成合议庭审理的案件；（六）其他不宜由审判员一人独任审理的案件。"本题中，互联网法院属于基层法院，本案不存在禁止适用独任制的情形，故法院可以适用独任制审理。因此，D项正确。

综上所述，本题答案为BCD项。

9 `1503083`

【较简单】答案：C,D。

解析：A项：根据《民事诉讼法》第160条规定："基层人民法院和它派出的法庭审理事实清楚、权利义务关系明确、争议不大的简单的民事案件，适用本章规定。基层人民法院和它派出的法庭审理前款规定以外的民事案件，当事人双方也可以约定适用简易程序。"本案双方当事人可以约定适用简易程序。因此，A项正确，不当选。

B项：根据《民诉法解释》第261条第1款规定：

"适用简易程序审理案件，人民法院可以依照民事诉讼法第九十条、第一百六十二条的规定采取捎口信、电话、短信、传真、电子邮件等简便方式传唤双方当事人、通知证人和送达诉讼文书。"本题中法院以电子邮件的方式向双方当事人通知开庭时间合法。因此，B项正确，不当选。

C项：根据《民诉法解释》第261条第2款规定："以简便方式送达的开庭通知，未经当事人确认或者没有其他证据证明当事人已经收到的，人民法院不得缺席判决。"用简便的方式送达开庭通知的，双方当事人均未回复，未经当事人确认且没有其他证据证明当事人已经收到，法院不得缺席判决，所以法院缺席判决的做法错误。因此，C项错误，当选。

D项：根据《民诉法解释》第140条规定："适用简易程序的案件，不适用公告送达。"法院适用简易程序，不能采取公告方式送达。因此，D项错误，当选。

综上所述，本题为选非题，答案为CD项。

⑩ 1403079

【较简单】答案：A,B,C,D。

解析：A项：根据《民诉法解释》第90条第1款规定："当事人对自己提出的诉讼请求所依据的事实或者反驳对方诉讼请求所依据的事实，应当提供证据加以证明，但法律另有规定的除外。"证明责任是由法律规定的，不能由当事人约定。因此，A项错误，当选。

B项：根据《民诉法解释》第214条第1款规定："原告撤诉或者人民法院按撤诉处理后，原告以同一诉讼请求再次起诉的，人民法院应予受理。"撤诉权是法律赋予原告的权利，撤诉之后又起诉的起诉权也是法律赋予原告的权利，不能被当事人之间的约定所剥夺。因此，B项错误，当选。

C项：根据《民事诉讼法》第160条规定："基层人民法院和它派出的法庭审理事实清楚、权利义务关系明确、争议不大的简单的民事案件，适用本章规定。基层人民法院和它派出的法庭审理前款规定以外的民事案件，当事人双方也可以约定适用简易程序。"当事人双方只可以约定适用简易

程序，不能约定适用普通程序，法院根据案情进行判断，如果是属于事实清楚、权利义务关系明确、争议不大的简单的民事案件，即使双方约定了适用普通程序，法院也可以适用简易程序对案件进行审理。因此，C项错误，当选。

D项：根据《民事诉讼法》第61条第1款规定："当事人、法定代理人可以委托一至二人作为诉讼代理人。"委托诉讼代理人代其参加诉讼是法律赋予当事人的权利，当事人不能用约定剥夺这项权利。此外，根据《民事诉讼法》第112条的规定："人民法院对必须到庭的被告，经两次传票传唤，无正当理由拒不到庭的，可以拘传。"法院对必须到庭的被告经过两次传票传唤，无正当理由拒不到庭的，才能拘传，而且法院对其进行拘传的依据也不是依据当事人的约定，而是依据《民事诉讼法》第112条的规定。因此，D项错误，当选。

综上所述，本题为选非题，答案为ABCD项。

二、模拟题

【单选】

⑪ 62304021

【中等】答案：C。

解析：A项：根据《民诉法解释》第261条第1款的规定："适用简易程序审理案件，人民法院可以依照民事诉讼法第九十条、第一百六十二条的规定采取捎口信、电话、短信、传真、电子邮件等简便方式传唤双方当事人、通知证人和送达诉讼文书。"故法院可以通过短信方式送达诉讼文书。因此，A项错误。

B项：根据《民事诉讼法》第164条的规定："人民法院适用简易程序审理案件，应当在立案之日起三个月内审结。有特殊情况需要延长的，经本院院长批准，可以延长一个月。"据此，法院在审限内无法审结的，可以申请延长审限，并非直接转为普通程序。因此，B项错误。

C项：根据《民诉法解释》第266条第1款的规定："适用简易程序案件的举证期限由人民法院确定，也可以由当事人协商一致并经人民法院准许，但不得超过十五日。被告要求书面答辩的，人民

法院可在征得其同意的基础上，合理确定答辩期间。"据此，简易程序的举证期限不得超过15日，法院确定举证期限为10日符合法律规定。因此，C项正确。

D项：根据《民诉法解释》第261条第3款规定："适用简易程序审理案件，由审判员独任审判，书记员担任记录。"据此，简易程序适用独任制而非合议制。因此，D项错误。

综上所述，本题答案为C项。

12 62304022

【中等】答案：C。

解析：A项：根据《民事诉讼法》第160条第2款的规定："基层人民法院和它派出的法庭审理前款规定以外的民事案件，当事人双方也可以约定适用简易程序。"本案中，朱某和罗某约定适用简易程序，那么法院可以适用简易程序审理。因此，A项正确，不当选。

B项：根据《民事诉讼法》第162条的规定："基层人民法院和它派出的法庭审理简单的民事案件，可以用简便方式传唤当事人和证人、送达诉讼文书、审理案件，但应当保障当事人陈述意见的权利。"本案适用简易程序审理，法院可以通过简便方式向当事人送达开庭通知。因此，B项正确，不当选。

C项：无论适用普通程序、简易程序还是小额诉讼程序，第一审程序必须开庭审理。即使当事人同意，法院也不能不开庭作出判决。因此，C项错误，当选。

D项：根据《民诉法解释》第266条第3款的规定："当事人双方均表示不需要举证期限、答辩期间的，人民法院可以立即开庭审理或者确定开庭日期。"本案若朱某、罗某均表示不需要举证期限和答辩期间，法院可以立即开庭审理。因此，D项正确，不当选。

综上所述，本题为选非题，答案为C项。

第十五章 公益诉讼程序

参考答案

[1] D	[2] A	[3] C	[4] A	[5] ABC
[6] CD	[7] BCD	[8] BD	[9] D	[10] BCD
[11] D	[12] A	[13] D	[14] ACD	

一、历年真题及仿真题

公益诉讼程序

【单选】

1 2102107

【较简单】答案：D。

解析：本题考查的是公益诉讼的相关考点。

A项：民事公益诉讼程序如无特别规定，应适用普通民事诉讼规则审理。民事公益诉讼的程序规则未规定公益诉讼案件适用一审终审，因此民事公益诉讼案件仍适用两审终审制。因此，A项错误。

B项：根据《最高人民法院关于审理环境民事公益诉讼案件适用法律若干问题的解释》第12条规定："人民法院受理环境民事公益诉讼后，应当在十日内告知对被告行为负有环境资源保护监督管理职责的部门。"环保组织提起公益诉讼并不需要先通知行政主管机关，该选项属于是无中生有。因此，B项错误。

C项：根据《最高人民法院关于审理环境民事公益诉讼案件适用法律若干问题的解释》第9条规定："人民法院认为原告提出的诉讼请求不足以保护社会公共利益的，可以向其释明变更或者增加停止侵害、修复生态环境等诉讼请求。"由于释明只是告知原告享有增加、变更诉讼请求的权利，至于是否增加、变更诉讼请求还是取决于原告的意愿，没有违反处分原则。本题中，法院经过审理后认为原告的诉讼请求不足以维护公共利益的，建议乙环保协会增加赔偿金额并未违反处分原则。因此，C项错误。

D项：根据《民诉法解释》第283条第1款规定："公益诉讼案件由侵权行为地或者被告住所地中级

人民法院管辖，但法律、司法解释另有规定的除外。"故本案应该由中级人民法院管辖。因此，D项正确。

综上所述，本题答案为D项。

② 2002114

【简单】答案：A。

解析：本题考查检察院提起的公益诉讼。

A项：检察院提起公益诉讼的应当依法公告，公告期间为30日，公告期满，法律规定的机关和组织等不提起诉讼的，检察院才能提起公益诉讼。此处要区分：环保组织起诉前无前置程序。因此，A项正确。

B项：公益诉讼中，①原告诉讼请求全部实现，申请撤诉的，法院应予准许；②原告在法庭辩论终结后，申请撤诉的，法院不予准许。【注意】不允许公益诉讼当事人以达成和解协议为由申请撤诉。故若检察院诉求全部实现可以撤诉。因此，B项错误。

C项：公益诉讼案件审理过程中，被告提起反诉的，法院不予受理。故被告甲公司不能提起反诉。因此，C项错误。

D项：检察机关可以在对损害社会公共利益的犯罪行为提起刑事公诉时，向人民法院提起刑事附带民事公益诉讼，基层人民法院因为享有对刑事诉讼的管辖权，可以附带地获得对相应的检察公益诉讼的管辖权。因此，D项错误。

综上所述，本题答案为A项。

③ 1902009

【较简单】答案：C。

解析：本题考查环保组织提起公益诉讼后，第三人想要参与诉讼的知识点。

ABCD项：同一侵权行为的受害人，可以通过另行提起民事诉讼的方式来维护自身合法权益，故其不能加入公益诉讼，也不能提起第三人撤销之诉【公是公，私是私】。本案中，甲是自然人，甲希望参加该公益诉讼的，法院应当通知其另行起诉。因此，ABD项错误，C项正确。

综上所述，本题答案为C项。

【注意】区分其他组织机关参与公益诉讼，若其他机关或组织在开庭前申请参加公益诉讼，法院准许的，

列为共同原告；若在裁判生效后另行提起公益诉讼则不予受理。

④ 1503035

【简单】答案：A。

解析：A项：根据《民诉法解释》第283条第1款的规定："公益诉讼案件由侵权行为地或者被告住所地中级人民法院管辖，但法律、司法解释另有规定的除外。"本题中，案件应当由侵权行为地或者被告手机生产商住所地中级法院管辖。因此，A项正确。

B项：根据《民诉法解释》第288条的规定："公益诉讼案件的原告在法庭辩论终结后申请撤诉的，人民法院不予准许。"公益诉讼案件在法庭辩论终结后申请撤诉的，法院才不予准许，并非原告无撤诉权。公益案件一般牵涉面较广较大，启动诉讼程序以后，原告若无正当理由随意退出或无故缺席，势必会造成司法资源的浪费，设立限制性规定，的确有利于防止滥用公益诉权。因此，B项错误。

C项：根据《民诉法解释》第287条第1款的规定："对公益诉讼案件，当事人可以和解，人民法院可以调解。"本题中，消协与手机生产商和解，法院也可以调解。因此，C项错误。

D项：根据《民诉法解释》第286条的规定："人民法院受理公益诉讼案件，不影响同一侵权行为的受害人根据民事诉讼法第一百二十二条规定提起诉讼。"本题中，公益诉讼案件已受理，但并不影响购买该品牌手机的消费者甲或者其他人再行诉请赔偿。因此，D项错误。

综上所述，本题答案为A项。

【多选】

⑤ 2202014

【较简单】答案：A，B，C。

解析：本题考查公益诉讼程序的相关知识点。

A项：一般情况下，公益诉讼案件由侵权行为地或被告住所地中级人民法院管辖。本案中，L地中院（侵权行为地法院）有权管辖。因此，A项正确。

B项：依法设立并领取营业执照的法人的分支机

构可以作为民事诉讼的当事人。本案中，江汉石油分公司依法注册登记且造成环境污染，是环境侵权案件中的适格被告。因此，B 项正确。

C 项：公益诉讼案件由中级人民法院适用第一审普通程序审理，审限一般为 6 个月。因此，C 项正确。

D 项：环保组织起诉前无前置程序，此处要区分：检察院提起公益诉讼的应当依法公告，公告期间为 30 日。因此，D 项错误。

综上所述，本题答案为 ABC 项。

6 2002039

【较难】答案：C,D。

解析：本题考查检察院提起附带民事公益诉讼。从涉及到的法条来说，本题需要用到《最高人民法院、最高人民检察院关于检察公益诉讼案件适用法律若干问题的解释》，属于超纲法条。从涉及到的考点来说，本题考查检察院为社会公共利益提起附带民事公益诉讼，属于常规考查。

A 项：根据《最高人民法院、最高人民检察院关于检察公益诉讼案件适用法律若干问题的解释》的规定，民事公益诉讼由侵权行为地或者被告住所地中级法院管辖，刑事附带民事公益诉讼案件由审理刑事案件的法院管辖。本案刑事部分由 A 县法院审理，因而附带民事公益诉讼部分也应当由 A 县法院审理。因此，A 项错误。

B 项：解题关键词是"向检察院交付"。对于检察院提起的附带民事公益诉讼，法院经审理，判决被告人赔偿的，赔偿款一般打入地方政府设立的环境公益金账户，用于整治、修复当地的环境污染。是故，B 项说应当判令被告人向检察院交付赔偿款是错误的。因此，B 项错误。

C 项：解题关键词是"检察院""上诉"。本案中，检察院系公益诉讼起诉人，相当于附带民事诉讼原告人地位，对第一审附带民事部分判决不服，有权上诉。因此，C 项正确。

D 项：解题关键词是"赔礼道歉"。法院经过审理可以判令天山化工厂承担相应的附带民事责任，可以要求其停止侵害，赔偿损失，赔礼道歉。天山化工厂严重污染环境，侵害了社会公共利益，法院可以判令其通过公开媒体向社会公众赔礼道

歉。因此，D 项正确。

综上所述，本题答案为 CD 项。

7 1902078

【较简单】答案：B,C,D。

解析：本题考查环保组织提起的公益诉讼。

ABD 项：一般情况下，公益诉讼案件由侵权行为地或被告住所地中级人民法院管辖；对同一侵权行为分别向两个以上人民法院提起公益诉讼的，由最先立案的法院管辖，必要时由共同上级法院指定管辖。故本案应当由最先立案的 A 市中院（被告住所地 + 侵权行为地法院）管辖，后立案的 B 市中院应当将案件移送 A 市中院。若 A、B 市中院因为管辖权发生争议，可以报请其共同上级法院（甲省高院）指定管辖。因此，A 项错误，BD 项正确。

C 项：若其他机关或组织在开庭前申请参与诉讼，法院准许的，列为共同原告；若在裁判生效后另行提起公益诉讼则不予受理。故 A 市环保组织提起公益诉讼后，B 市环保组织可以共同原告身份参加诉讼。因此，C 项正确。

综上所述，本题答案为 BCD 项。

8 1902065

【较简单】答案：B,D。

解析：本题考查环境公益诉讼的起诉和受理。

AB 项：针对同一环境污染行为，提起两个以上的公益诉讼的，一般应由最先受理的法院管辖。本案中，针对甲化工厂对孝义河的污染行为，A 市和 B 市两个环保公益组织均提起公益诉讼，应作为一个案件由先受理的法院管辖，不能重复受理。因此，A 项错误，B 项正确。

C 项：同一侵权行为的受害人，可以通过另行提起民事诉讼的方式来维护自身合法权益。【公是公，私是私】本案中，若有其他个人的权益因该污染行为受到损害，其可以提起侵权诉讼。因此，C 项错误。

D 项：提起公益诉讼的社会组织需在市级以上民政部门登记 + 专门从事环境保护公益活动连续五年以上且无违法记录。因此，D 项正确。

综上所述，本题答案为 BD 项。

【不定项】

9 1703100

【简单】答案：D。

解析：本题考查公益诉讼与私益诉讼关系的处理。同一侵权行为的受害人，可以通过另行提起民事诉讼的方式来维护自身合法权益。【公是公，私是私】

ABCD 项：本案中，公益案件审理终结后，渔民梁某以大洲公司排放的污水污染了其承包的鱼塘为由提起诉讼，请求判令赔偿其损失，法院应予受理，其诉讼请求不受公益诉讼影响。因此，D 项正确，ABC 项错误。

综上所述，本题答案为 D 项。

10 1703099

【中等】答案：B，C，D。

解析：本题考查公益诉讼中的和解与撤诉。

当事人在公益诉讼中达成和解或调解协议后，法院应当将和解或调解协议进行公告，公告期 30 日；公告期满后，法院经审查：若不违反公共利益则应当出具调解书；若违反公共利益则不予出具调解书，继续对案件进行审理并依法裁判。若原告诉讼请求全部实现，申请撤诉的，法院应予准许。【注意】不允许公益诉讼当事人以达成和解协议为由申请撤诉。

ABCD 项：本案中，公益环保组织因与大洲公司在诉讼中达成和解协议申请撤诉是不允许的，法院应将双方的和解协议内容予以公告并出具调解书结案。因此，A 项错误，BCD 项正确。

综上所述，本题答案为 BCD 项。

11 1703098

【中等】答案：D。

解析：本题考查环保组织提起公益诉讼后，其他组织想要参与诉讼的知识点。

ABCD 项：若其他机关或组织在开庭前申请参与诉讼，法院准许的，列为共同原告；若在裁判生效后另行提起公益诉讼则不予受理。故甲环保组织提起公益诉讼后，乙环保组织可以共同原告身份参加诉讼。因此，ABC 项错误，D 项正确。

综上所述，本题答案为 D 项。

（二）综合知识点

【不定项】

12 2202160

【较难】答案：A。

解析：既判力的客观范围主要是指终局判决主文中确定的民事权利、义务具有拘束力，当事人不得对此再提起诉讼，通俗来说就是"一事不再理"。既判力的主观范围是指判决所确定的民事权利、义务对哪些主体发生既判力。

AB 项：当公益诉讼判决生效后，不仅仅是参与诉讼的当事人需要受到判决的约束，其他未参加诉讼的适格原告也需要受前诉既判力拘束，不允许其另行提起公益诉讼，体现的是生效判决既判力主观范围的扩张。因此，A 项正确，B 项错误。

CD 项：公益诉讼保护的法益是受到侵害的公共利益，受害人因同一侵权行为受损害而提起的私益诉讼保护的法益是个人利益，二者的诉讼标的和保护的利益是不同的，故受害人提起私益诉讼，不需要受到公益诉讼既判力的约束，也就根本谈不上公益诉讼既判力的扩张问题。简单来说，法律允许受害人提起私益诉讼是因为公益诉讼和私益诉讼本来就是两种并行不悖、互不影响的制度，而不是因为公益诉讼既判力扩张才让受害人有了诉权。因此，CD 项错误。

综上所述，本题正确答案为 A 项。

二、模拟题

【单选】

13 62304020

【较简单】答案：D。

解析：A 项：根据《关于检察公益诉讼案件适用法律若干问题的解释》第 13 条第 1 款的规定："人民检察院在履行职责中发现破坏生态环境和资源保护，食品药品安全领域侵害众多消费者合法权益，侵害英雄烈士等的姓名、肖像、名誉、荣誉等损害社会公共利益的行为，拟提起公益诉讼的，应当依法公告，公告期间为三十日。"检察院在起诉前应发布公告，公告期为 30 日，而不是"直接向法院提起公益诉讼"。因此，A 项错误。

B项：公益诉讼案件中，当事人可以和解，人民法院可以调解。据此，检察院可以与王某和解。因此，B项错误。

C项：根据《关于检察公益诉讼案件适用法律若干问题的解释》第19条的规定："民事公益诉讼案件审理过程中，人民检察院诉讼请求全部实现而撤回起诉的，人民法院应予准许。"若检察院诉求全部实现，可以撤诉。因此，C项错误。

D项：根据《民诉证据规定》第30条的规定："符合《最高人民法院关于适用〈中华人民共和国民事诉讼法〉的解释》第九十六条第一款规定情形的，人民法院应当依职权委托鉴定。"同时根据《民诉法解释》第96条第1款的规定："……（一）涉及可能损害国家利益、社会公共利益的；（二）涉及身份关系的；（三）涉及民事诉讼法第五十八条规定诉讼的；（四）当事人有恶意串通损害他人合法权益可能的；（五）涉及依职权追加当事人、中止诉讼、终结诉讼、回避等程序性事项的。"据此，涉及国家利益、公共利益、身份关系、公益诉讼、恶意串通、程序性事项时，法院应当依职权委托鉴定。因此，D项正确。

综上所述，本题答案为D项。

【多选】

⑭ 62204074

【较难】答案：A,C,D。

解析：A项：根据《民诉法解释》第283条第1、3款的规定："公益诉讼案件由侵权行为地或者被告住所地中级人民法院管辖，但法律、司法解释另有规定的除外。……对同一侵权行为分别向两个以上人民法院提起公益诉讼的，由最先立案的人民法院管辖，必要时由它们的共同上级人民法院指定管辖。"可知，本案应由中院管辖，东城区法院无管辖权，就算其先立案，也不能进行审理。因此，A项错误，当选。

B项：根据《民诉法解释》第286条的规定："人民法院受理公益诉讼案件，不影响同一侵权行为的受害人根据民事诉讼法第一百二十二条提起诉讼。"可知，提起公益诉讼不影响利害关系人单独提起民事诉讼。因此，B项正确，不当选。

C项：根据《民诉法解释》第285条的规定："人

民法院受理公益诉讼案件后，依法可以提起诉讼的其他机关和有关组织，可以在开庭前向人民法院申请参加诉讼。人民法院准许参加诉讼的，列为共同原告。"可知，如果是在开庭前参加诉讼的，则法院准许后，应当列为共同原告。因此，C项错误，当选。

D项：根据《民诉法解释》第284条的规定："人民法院受理公益诉讼案件后，应当在十日内书面告知相关行政主管部门。"可知，白云市中院是应当在10日内告知，且应以书面形式。因此，D项错误，当选。

综上所述，本题为选非题，答案为ACD项。

第十六章
第三人撤销之诉

参考答案

[1] D	[2] B	[3] D	[4] BD	[5] B
[6] AC	[7] D	[8] B	[9] B	

一、历年真题及仿真题

（一）第三人撤销之诉

【单选】

① 2002018

【较简单】答案：D。

解析：本题考查第三人撤销之诉中的审查处理与诉讼流程。

ABCD项：法院对第三人撤销之诉进行审理后，若认为第三人的请求不成立，法院应判决驳回诉讼请求。"请求不成立"是指生效的裁判、调解书没有错误或虽然有错误但并未侵害到第三人的合法权益。本案中法院审理后发现判决虽然涉及证据伪造，但与第三人丙公司无利害关系，并未侵害第三人丙公司的合法权益，故而应当认定丙公司的诉讼请求不成立，判决驳回丙公司的诉讼请求。因此，D项正确，ABC项错误。

综上所述，本题答案为D项。

2 1902010

【简单】答案：B。

解析：本题考查第三人撤销之诉当事人的诉讼地位。第三人撤销之诉中的原告是提三撤的第三人，被告是原裁判的原告＋被告＋有独三＋担责无独三，第三人是原裁判的不担责无独三。

ABCD项：本案中，原审原告甲和被告丙是三撤之诉的被告，原审判决内容是丙将手链交付于甲清偿债务，乙是原审不担责的无独三。故原审原告（甲）＋被告（丙）是三撤之诉的被告，原审不担责的无独三（乙）是第三人。因此，ACD项错误，B项正确。

综上所述，本题答案为B项。

3 1403041

【较简单】答案：D。

解析：本题综合考查第三人撤销之诉的相关知识点。

A项：提起第三人撤销之诉对原判执行无影响。若要中止原判执行，有以下路径：①申请中止提供担保，法院可准许；②提执行异议，成立则中止。故本题表述为"受理后应中止"说法有误。因此，A项错误。

B项：第三人撤销之诉的目的是请求法院改变或者撤销已生效的判决、裁定、调解书，在诉的分类上属于变更之诉（形成之诉）。因此，B项错误。

C项：第三人撤销之诉的管辖法院是作出生效判决、裁定、调解书的法院。因此，C项错误。

D项：第三人认为生效的民事判决、裁定和调解书确有错误且损害自身权益的，可以在符合程序条件的情况下提起第三人撤销之诉。故而其客体包括生效的民事判决、裁定和调解书。因此，D项正确。

综上所述，本题答案为D项。

【多选】

4 2202013

【较简单】答案：B,D。

解析：本题考查第三人撤销之诉的诉的分类和相关程序。

ABC项：第三人撤销之诉是案外第三人对错误生效裁判进行自我救济的特殊程序，目的是请求法院改变或者撤销已生效的判决、裁定、调解书，在诉的分类上属于变更之诉（形成之诉）。因此，B项正确，AC项错误。

D项：第三人撤销之诉适用一审普通程序审理，可以上诉。因此，D项正确。

综上所述，本题答案为BD项。

【不定项】

5 2202009

【中等】答案：B。

解析：本题考查第三人撤销之诉的当事人诉讼地位和诉讼审理的知识点。

AD项：第三人提起撤销之诉，第三人为原告，生效判决、裁定、调解书的当事人列为被告。本案中，甲超市为原审的被告，故甲超市在第三人撤销之诉中应当为被告。因此，AD项错误。

BC项：第三人撤销之诉的实体条件为发生法律效力的判决、裁定、调解书部分或全部内容错误且损害第三人民事权益。其中内容错误不包括事实认定或裁判理由错误，故乙公司以"法院对成分标识的事实认定错误"提起第三人撤销之诉，不符合第三人撤销之诉的实体条件，法院应判决驳回诉讼请求。因此，B项正确，C项错误。

综上所述，本题答案为B项。

（二）综合知识点

【多选】

6 2102126

【中等】答案：A,C。

解析：本题考查第三人撤销之诉的起诉条件。

A项：第三人提起撤销之诉的程序条件是：因不能归责于自己的事由未参加诉讼（根本不知道；申请未批准；知道来不了）＋自知道或应当知道其民事权益受到损害之日起6个月内（不变期间）。本案中，唐某因自身原因没有参加原审，不满足提起第三人撤销之诉的程序条件。因此，A项正确。

B项：根据《民法典》的规定，债务人以明显不合理的低价转让财产、以明显不合理的高价受让他人财产或者为他人的债务提供担保，影响债权人的债权实现，债务人的相对人知道或者应当知道该情形的，债权人可以请求人民法院撤销债务人的行为。本案中，债务人甲公司是以市场价格将土地使用权转让给唐某，不存在以不合理的价格转让，故债权人蓝光公司不能起诉要求撤销甲公司与唐某之间的土地转让合同。因此，B项错误。

C项：第三人撤销之诉中原生效判决仍然有效，不影响对原判的执行，故蓝光公司可以申请执行该判决。因此，C项正确。

D项：第三人提起撤销之诉的实体条件是：发生法律效力的判决、裁定、调解书的部分或全部内容错误且损害民事权益。本案中，原判支持了蓝光公司的诉讼请求，要对土地使用权强制执行，显然侵犯了唐某的合法权益，唐某有权提起第三人撤销之诉。因此，D项错误。

综上所述，本题答案为 AC 项。

二、模拟题

【单选】

7 `62204075`

【中等】答案：D。

解析：ABD项：根据《民事诉讼法》第 59 条第 3 款的规定："前两款规定的第三人，因不能归责于本人的事由未参加诉讼，但有证据证明发生法律效力的判决、裁定、调解书的部分或者全部内容错误，损害其民事权益的，可以自知道或者应当知道其民事权益受到损害之日起六个月内，向作出该判决、裁定、调解书的人民法院提起诉讼。人民法院经审理，诉讼请求成立的，应当改变或者撤销原判决、裁定、调解书；诉讼请求不成立的，驳回诉讼请求。"据此，第三人撤销之诉是赋予第三人型案外人对错误生效裁判的自我救济程序，在诉的分类上属于变更之诉，而不是确认之诉；第三人应当向作出生效判决、裁定、调解书的法院（即原审法院）提起第三人撤销之诉，而不是向原审法院的上一级法院提起第三人撤销之诉；有权提起第三人撤销之诉的主体是第三人，

必要共同诉讼人无权提起第三人撤销之诉，其有权申请再审。因此，AB 项错误，D 项正确。

C项：根据《民诉法解释》第 295 条的规定："对下列情形提起第三人撤销之诉的，人民法院不予受理：（一）适用特别程序、督促程序、公示催告程序、破产程序等非讼程序处理的案件；（二）婚姻无效、撤销或者解除婚姻关系等判决、裁定、调解书中涉及身份关系的内容；（三）民事诉讼法第五十七条规定的未参加登记的权利人对代表人诉讼案件的生效裁判；（四）民事诉讼法第五十八条规定的损害社会公共利益行为的受害人对公益诉讼案件的生效裁判。"可知，未参加登记的权利人对代表人诉讼案件的生效裁判无权提出第三人撤销之诉。因此，C 项错误。

综上所述，本题答案为 D 项。

8 `62204133`

【中等】答案：B。

解析：ABC项：《民诉法解释》第 297 条规定："受理第三人撤销之诉案件后，原告提供相应担保，请求中止执行的，人民法院可以准许。"据此，法院受理第三人撤销之诉后，并非应当中止原判决执行。因此，A 项错误。

B项：《民诉法解释》第 296 条规定："第三人提起撤销之诉，人民法院应当将第三人列为原告，生效判决、裁定、调解书的当事人列为被告，但生效判决、裁定、调解书中没有承担责任的无独立请求权的第三人列为第三人。"本案中，沈丽提三撤之诉，沈丽为原告，生效判决的当事人付楠、王瑶为共同被告。因此，B 项正确。

C项：第三人撤销之诉要向作出生效判决、裁定、调解书的人民法院提起。本案中作出生效判决的法院为 C 市 A 区法院，故而应向 C 市 A 区法院提起三撤之诉。因此，C 项错误。

D项：诉的分类依据是原告的诉讼请求，第三人撤销之诉的诉讼请求是撤销或改变原生效的法律文书，即撤销或改变原生效法律文书所确立的权利义务关系。故第三人撤销之诉为变更之诉（形成之诉）而非确认之诉。因此，D 项错误。

综上所述，本题答案为 B 项。

觉晓法考 KEEP AWAKE

第三人撤销之诉

【不定项】

9 `62004086`

【中等】答案：B。

解析：AB项：根据《民事诉讼法》第59条第2款、第3款的规定："对当事人双方的诉讼标的，第三人虽然没有独立请求权，但案件处理结果同他有法律上的利害关系的，可以申请参加诉讼，或者由人民法院通知他参加诉讼。人民法院判决承担民事责任的第三人，有当事人的诉讼权利义务。前两款规定的第三人，因不能归责于本人的事由未参加诉讼，但有证据证明发生法律效力的判决、裁定、调解书的部分或者全部内容错误，损害其民事权益的，可以自知道或者应当知道其民事权益受到损害之日起六个月内，向作出该判决、裁定、调解书的人民法院提起诉讼。人民法院经审理，诉讼请求成立的，应当改变或者撤销原判决、裁定、调解书；诉讼请求不成立的，驳回诉讼请求。"本案中，作出生效裁判的是龙山区的上一级法院，第三人提起撤销之诉应当向作出该生效判决、裁定、调解书的人民法院提起诉讼，并非是向一审法院提起诉讼。原案的诉讼标的是于某和海千公司之间的民间借贷法律关系，香港大千公司虽然是海千公司的全资股东，但对原案的诉讼标的无独立请求权，原案的处理结果也不会导致香港大千公司承担法律义务或责任，所以香港大千公司与原案的处理结果并无法律上的利害关系，即并非原案中无独立请求权的第三人。所以，香港大千公司不是第三人撤销之诉的适格原告。因此，A项错误，B项正确。

C项：根据《民诉法解释》第290条的规定："第三人对已经发生法律效力的判决、裁定、调解书提起撤销之诉的，应当自知道或者应当知道其民事权益受到损害之日起六个月内，向作出生效判决、裁定、调解书的人民法院提出……"本案中，若香港大千公司为第三人撤销之诉的适格原告，提起第三人撤销之诉，应当自其知道或者应当知道其民事权益受到损害之日起六个月内，而不是自原生效判决作出之日起六个月内。因此，C项错误。

D项：根据《民诉法解释》第298条第1款、第2

款的规定："对第三人撤销或者部分撤销发生法律效力的判决、裁定、调解书内容的请求，人民法院经审理，按下列情形分别处理：……对前款规定裁判不服的，当事人可以上诉。"据此，第三人撤销之诉适用一审普通程序审理，当事人对其判决不服的，可以上诉。因此，D项错误。

综上所述，本题答案为B项。

第十七章
民诉二审程序

参考答案

[1] D	[2] D	[3] A	[4] D	[5] A
[6] C	[7] BD	[8] AC	[9] D	[10] B
[11] A	[12] AC	[13] D	[14] D	[15] A
[16] B	[17] C	[18] A	[19] B	[20] C
[21] ABD	[22] D	[23] A	[24] C	[25] D
[26] D	[27] BD	[28] BD	[29] CD	[30] BD
[31] BC	[32] CD	[33] D	[34] A	

一、历年真题及仿真题

（一）上诉的提起与受理

【单选】

1 `2102109`

【较简单】答案：D。

解析：本题考查上诉的受理程序问题。

ABCD项：原审法院收到上诉状、答辩状后，应当在5日内连同全部案卷和证据，报送第二审法院，以保证第二审法院对上诉案件的立案审查和受理。本案中，虽然甲公司的上诉已经超过上诉期，但一审法院不享有立案审查权，只需要将上诉材料全部移交二审法院，由二审法院来审查即可。因此，ABC项错误，D项正确。

综上所述，本题答案为D项。

【注意】对于上诉案件，原审法院仅仅是协助二审法院完成相关文书送达工作，只有二审法院才有立案审查权，决定上诉案件要不要立案。

2 `1902173`

【较简单】答案：D。

解析：本题考查二审的受理。一审宣判后，原审法院发现判决有误，则以下情况讨论：①若当事人不上诉，只能等判决生效后启动再审，法院无权提起上诉；②若当事人上诉，原审法院可以提出原判决有误的意见，报送二审法院。

ABCD项：本案中，当事人已提出上诉，故此时一审法院发现原判存在错误则可以提出原判决有误的意见，报送二审法院。因此，D项正确，ABC项错误。

综上所述，本题答案为D项。

3 `1703044`

【简单】答案：A。

解析：ABCD项：根据《民诉法解释》第317条的规定："必要共同诉讼人的一人或者部分人提起上诉的，按下列情形分别处理：（一）上诉仅对与对方当事人之间权利义务分担有意见，不涉及其他共同诉讼人利益的，对方当事人为被上诉人，未上诉的同一方当事人依原审诉讼地位列明；（二）上诉仅对共同诉讼人之间权利义务分担有意见，不涉及对方当事人利益的，未提起上诉的同一方当事人为被上诉人，对方当事人依原审诉讼地位列明；（三）上诉对双方当事人之间以及共同诉讼人之间权利义务承担有意见的，未提起上诉的其他当事人均为被上诉人。"即谁上诉谁是上诉人；对谁提，谁是被上诉人；都上诉，都是上诉人，没有被上诉人。甲、乙、丙三人因共同侵权而形成必要共同诉讼，属于必要共同诉讼人。甲认为丙赔偿2000元数额过低，其上诉请求应当是要求增加丙的赔偿数额，故假设其上诉请求成立，则二审法院将会改判丙承担更多的赔偿责任，该改判对丙不利，应当将丙列为被上诉人。同时，二审法院如此改判对乙、丁并无不利影响，故乙、丁应当按照原审地位列明，即丁为原审原告，乙为原审被告。所以甲是上诉人，丙是被上诉人，而乙、丁依据原审诉讼地位列明。因此，A项正确，BCD项错误。

综上所述，本题答案为A项。

4 `1603044`

【简单】答案：D。

解析：ABCD项：根据《民诉法解释》第317条的规定："必要共同诉讼人的一人或者部分人提起上诉的，按下列情形分别处理：（一）上诉仅对与对方当事人之间权利义务分担有意见，不涉及其他共同诉讼人利益的，对方当事人为被上诉人，未上诉的同一方当事人依原审诉讼地位列明；（二）上诉仅对共同诉讼人之间权利义务分担有意见，不涉及对方当事人利益的，未上诉的同一方当事人为被上诉人，对方当事人依原审诉讼地位列明；（三）上诉对双方当事人之间以及共同诉讼人之间权利义务承担有意见的，未提起上诉的其他当事人均为被上诉人。"据此，即谁上诉谁是上诉人；对谁提，谁是被上诉人；都上诉，都是上诉人，没有被上诉人。而判断上诉人以外的其他原审当事人诉讼地位是否为被上诉人的标准在于：上诉人是否对其提出了权利义务分担的异议。本题中，甲对丙、丁的遗产分配份额提出异议，应以丙、丁为被上诉人；甲对乙的分配没有提出异议，故乙作为原审原告。因此，D项正确，ABC项错误。

综上所述，本题答案为D项。

【技巧总结】二审中，享有上诉权并提出上诉的就是上诉人；上诉人对与谁之间的权利义务分担不服的，谁就是被上诉人；没有提及的，就继续按原审地位列明。

5 `1303048`

【中等】答案：A。

解析：本题考查二审当事人的诉讼地位。

在列明各上诉主体及上诉请求后，适用原则进行判断：（1）谁提出上诉且有上诉权的为上诉人。无独三只有在判决承担义务时才有上诉权；（2）对谁不服，谁会利益受损谁为被上诉人；（3）剩下的人按原审地位列明。

ABCD项：本案中，一审甲是原告，丙是被告，乙是无独立请求权第三人，判决内容是"丙向甲给付10万元"。后乙丙均上诉，乙虽然提起上诉但乙为不承担责任的无独三，故乙无上诉权，应按原审地位列明；丙有上诉权为上诉人，若丙的请求成立，甲利益受损，故甲为被上诉人。因此，

A项正确，BCD项错误。

综上所述，本题答案为A项。

6 1103040

【较简单】答案：C。

解析：ABCD项：根据《民事诉讼法》第172条的规定："上诉应当递交上诉状。上诉状的内容，应当包括当事人的姓名，法人的名称及其法定代表人的姓名或者其他组织的名称及其主要负责人的姓名；原审人民法院名称、案件的编号和案由；上诉的请求和理由。"同时根据《民诉法解释》第318条的规定："一审宣判时或者判决书、裁定书送达时，当事人口头表示上诉的，人民法院应告知其必须在法定上诉期间内递交上诉状。未在法定上诉期间内递交上诉状的，视为未提起上诉。虽递交上诉状，但未在指定的期限内交纳上诉费的，按自动撤回上诉处理。"据此，当事人要提起有效上诉，必须提交上诉状，否则不产生上诉的效力。王某在一审判决书送达时，虽然口头表示了上诉意向，但没有在法定上诉期间内递交上诉状，其上诉不产生上诉的效力。因此，C项正确，ABD项错误。

综上所述，本题答案为C项。

【多选】

7 1902077

【较简单】答案：B，D。

解析：本题考查上诉的提起与受理。

ACD项：虽递交上诉状，但未在指定的期限内交纳上诉费的，按自动撤回上诉处理。本案中，甲没有按期缴纳上诉费，应按撤回上诉处理，故二审法院不应当对案件继续审理，也不应当对本案作出相应的裁判。因此，AC项错误，D项正确。

B项：一审宣判后，原审法院发现判决有实质错误：①若当事人不上诉，只能等判决生效后启动再审纠错；②若当事人上诉，原审法院可以提出原判决有误的意见，报送二审法院。本案中，甲未按期缴纳上诉费，故按撤回上诉处理，即一审判决生效。此时属于生效的一审判决有错误，故一审法院应当启动审判监督程序纠正错误的一审判决。因此，B项正确。

综上所述，本题答案为BD项。

8 1303078

【中等】答案：A，C。

解析：**【法条变动导致答案修改】**

A项：根据《民事诉讼法》第157条的规定："裁定适用于下列范围：（一）不予受理；（二）对管辖权有异议的；（三）驳回起诉；……对前款第一项至第三项裁定，可以上诉。"由此可知，可以提起上诉的三种裁定分别是：不予受理、驳回起诉、受理案件的管辖权异议的裁定。卢某提出"执行管辖"异议，不属于可以提出上诉的三种情况之一，法院不应受理。因此，A项错误，当选。

B项：法院驳回原告诉讼请求，其适用的文书应该是判决，对于诉讼案件的一审判决，当事人可以提起上诉。因此，B项正确，不当选。

C项：根据《民事诉讼法》第185条的规定："依照本章程序审理的案件，实行一审终审。选民资格案件或者重大、疑难的案件，由审判员组成合议庭审理；其他案件由审判员一人独任审理。"该条是对适用特别程序审理案件的一般规定。本案属于特别程序中的确认调解协议效力案件，实行一审终审，当事人不得上诉。故当事人朱某不能提起上诉。因此，C项错误，当选。

D项：根据《婚姻法解释一》第9条的规定："人民法院审理宣告婚姻无效案件，对婚姻效力的审理不适用调解，应当依法作出判决；有关婚姻效力的判决一经作出，即发生法律效力。"**【注意】**该法条已经作废，现对确认婚姻效力的案件可以上诉。因此，D项正确，不当选。

综上所述，本题答案为AC项。

【不定项】

9 1003098

【较简单】答案：D。

解析：ABCD项：根据《民诉法解释》第315条的规定："双方当事人和第三人都提起上诉的，均列为上诉人。人民法院可以依职权确定第二审程序中当事人的诉讼地位。"本题中，丙承租的房屋为甲乙共有，因丙未付租金，甲乙起诉属于必要共同诉讼，因此甲乙是一审的共同原告。一审法院作出判决后，甲、乙和丙均不服该判决，提出上诉，属于原告、被告双方当事人均提出了上诉的情形，故甲、乙、丙都是上诉人，没有被上诉人。因此，D项正确，ABC项错误。

综上所述，本题答案为D项。

【技巧总结】二审中，享有上诉权并提出上诉的就是上诉人；上诉人对与谁之间的权利义务分担不服的，谁就是被上诉人；没有提及的，就继续按原审地位列明。

（二）二审的审理

【单选】

10 1703045

【简单】答案：B。

解析：ABCD项：根据《民诉法解释》第335条的规定："在第二审程序中，当事人申请撤回上诉，人民法院经审查认为一审判决确有错误，或者当事人之间恶意串通损害国家利益、社会公共利益、他人合法权益的，不应准许。"同时根据《民诉法解释》第336条第1款的规定："在第二审程序中，原审原告申请撤回起诉，经其他当事人同意，且不损害国家利益、社会公共利益、他人合法权益的，人民法院可以准许。准许撤诉的，应当一并裁定撤销一审裁判。"二审程序中的撤诉分两种，既可以撤回起诉，也可以撤回上诉，但二者的法律效力不一样。撤回上诉是上诉人处分自己的上诉权，其法律效力在于二审法院裁定准许撤回上诉之日起一审判决生效。撤回起诉是原告处分自己的起诉权，法院裁定准予撤回起诉后应当一并裁定撤销原一审判决，且不得再次起诉。新立公司与张某在二审中达成协议，双方同意撤回起诉和上诉，且选项中未提及有损害国家利益、社会公共利益以及他人合法权益的情形，故法院可以准许张某在二审中撤回起诉。因此，B项正确，ACD项错误。

综上所述，本题答案为B项。

11 1603045

【简单】答案：A。

解析：ABCD项：根据《民诉法解释》第336条第1款规定："在第二审程序中，原审原告申请撤回起诉，经其他当事人同意，且不损害国家利益、社会公共利益、他人合法权益的，人民法院可以准许。准许撤诉的，应当一并裁定撤销一审裁判。"本题中，乙公司不服一审判决提起上诉。在二审程序中，双方达成和解协议并约定撤回起诉，符合上述"经其他当事人同意"的法律规定，且撤回起诉并不涉及损害国家利益、社会公共利益和他人合法权益，法院应当裁定准许，一并撤销一审判决。这是法律赋予当事人处分权的体现。撤回起诉在实体上的效果视为没有起诉，当事人之间的权利义务纠纷没有得到法院的实体处理。但在程序上为了防止当事人反复纠缠，原审原告在第二审程序中撤回起诉后又重复起诉的，法院不予受理。因此，A项正确，BCD项错误。

综上所述，本题答案为A项。

【多选】

12 1703082

【较简单】答案：A,C。

解析：ABD项：根据《民诉法解释》第321条的规定："第二审人民法院应当围绕当事人的上诉请求进行审理。当事人没有提出请求的，不予审理，但一审判决违反法律禁止性规定，或者损害国家利益、社会公共利益、他人合法权益的除外。"我国民事诉讼的二审程序应遵循有限审查原则，即第二审人民法院审理的事实问题和法律问题，应当限定在上诉人的上诉请求范围内，受到当事人上诉请求的限制。本题中，力胜公司仅对令其支付5万元违约金的判决部分不服提起上诉，未涉及房屋的质量修缮问题，故二审法院不应就房屋修缮问题作出判决。因此，A项正确，BD项错误。

C项：根据《民事诉讼法》第175条的规定："第二审人民法院应当对上诉请求的有关事实和适用法律进行审查。"即我国民事诉讼第二审既是事实审又是法律审。本题中，诉讼已经进入二审程序，二审法院应针对上诉人上诉请求所涉及的事实认定和法律适用进行审理。因此，C项正确。

综上所述，本题答案为AC项。

（三）二审的裁判

【单选】

13 `1902011`

【较简单】答案：D。

解析：本题考查二审的裁判。原告在二审中撤回起诉的，经其他当事人同意并且不损害国家利益、社会公共利益和他人合法权益的，法院可以裁定准许撤回起诉，一并裁定撤销一审原裁判；二审撤回起诉后，不得再次起诉。

ABCD项：本案中，甲乙达成和解协议撤回起诉，且未有损害相关利益的情形，故法院可以准许撤回起诉，一并裁定撤销一审原判。（"和解协议内容与原判决认定事实不一致"属于干扰信息，原因在于撤回起诉之后一审判决也一并被撤销，届时即使和解协议与一审判决不同，也无伤大雅。）因此，ABC项错误，D项正确。

综上所述，本题答案为D项。

14 `1902001`

【中等】答案：D。

解析：ABCD项：根据《民诉法解释》第330条的规定："第二审人民法院查明第一审人民法院作出的不予受理裁定有错误的，应当在撤销原裁定的同时，指令第一审人民法院立案受理；查明第一审人民法院作出的驳回起诉裁定有错误的，应当在撤销原裁定的同时，指令第一审人民法院审理。"首先基于反诉的独立性，反诉独立于本诉而存在，不会因为本诉的撤销而撤销。郑某撤回起诉（本诉）后，对于林某提出的反诉法院应当继续审理，故一审法院驳回林某反诉的裁定是错误的。对不予受理、驳回起诉、管辖权异议裁定可以上诉。林某对一审法院驳回反诉的裁定（裁定驳回反诉其实是一审法院对反诉作出的驳回起诉裁定）可以提起上诉。因一审驳回反诉裁定错误，故二审法院查明后应当裁定撤销原驳回起诉裁定，指定一审法院审理。因此，ABC项错误，D项正确。

【注意】此题是二审审理的一种特殊情形，建议单独记忆，尤其需要掌握发回重审与指定原审法院审理的区别。指定原审法院审理，是专门指一审

法院裁定不予受理或者裁定驳回起诉后，当事人提起上诉，二审法院认为案件应当立案受理，或者应当由法院审理的，可以裁定指令一审法院继续审理（即《民诉法解释》第330条的规定）。一般情况下，只要二审法院指令继续审理的，一审法院不会再次驳回起诉。发回重审是指有《民事诉讼法》第177条规定的情况，可以发回重审。发回重审的案件，当事人再次上诉的，二审法院不得再次发回重审。指定原审法院审理一般指的是案件还没有经过审理，发回重审一般指的是案件经过审理但出现了明显的问题，需要发回重审。所以，CD项是存在区别的。

综上所述，本题答案为D项。

15 `1802124`

【较简单】答案：A。

解析：A项：双方当事人在二审中达成和解协议并撤回上诉的，在当事人不履行和解协议时，可以申请法院对一审判决强制执行。因此，A项正确。

B项：和解协议本质上属于民事合同，故没有执行力。因此，B项错误。

C项：撤回上诉之后，二审程序即告结束，无法恢复审理。因此，C项错误。

D项：在达成和解协议后，当事人已经选择了撤回上诉，就无法再申请依据和解协议做调解书。因此，D项错误。

综上所述，本题答案为A项。

16 `1703046`

【较简单】答案：B。

解析：A项：和解协议仅仅是当事人之间自行达成的，不具有强制执行力。因此，A项错误。

B项：二审中因和解而撤诉，既可以是撤回起诉，也可以是撤回上诉，本题明确告知是因和解而撤回上诉。在二审程序中，上诉的撤回会产生以下法律后果：（1）在对方当事人未上诉的情况下，二审程序终结；（2）在对方当事人未提起上诉的情况下，第一审裁判发生法律效力；（3）撤回上诉的当事人承担第二审程序的上诉费用，减半收取。本题的一审判决因撤回上诉而生效，因而可据其申请执行。因此，B项正确。

C项：根据《执行和解若干规定》第9条的规定：

"被执行人一方不履行执行和解协议的，申请执行人可以申请恢复执行原生效法律文书，也可以就履行执行和解协议向执行法院提起诉讼。"但这一特殊规定只适用于执行阶段的和解协议，不能扩大解释适用于其他情形。本题属于在二审中当事人双方达成和解协议，故撤回上诉后，一审判决生效，不能依据和解协议另行起诉。因此，C 项错误。

D 项：司法确认调解协议效力的对象仅仅是调解组织制作的调解协议，和解协议不能申请司法确认。因此，D 项错误。

综上所述，本题答案为 B 项。

17 `1603047`

【简单】答案：C。

解析：ABCD 项：根据《民诉法解释》第 337 条的规定："当事人在第二审程序中达成和解协议的，人民法院可以根据当事人的请求，对双方达成的和解协议进行审查并制作调解书送达当事人；因和解而申请撤诉，经审查符合撤诉条件的，人民法院应予准许。"二审达成和解之后，赵某即撤回上诉，撤回上诉后的法律后果是一审判决生效，其中具有给付内容的判决生效产生执行力，王某可以依据一审判决对赵某向法院申请强制执行。同时，和解协议虽然具有可诉性，但没有强制执行力。赵某反悔不履行和解协议时，王某不能依据和解协议申请强制执行。因此，ABD 项错误，C 项正确。

综上所述，本题答案为 C 项。

18 `1503044`

【较简单】答案：A。

解析：本题考查二审的审理程序。

A 项：对一审法院遗漏的诉讼请求，二审法院可以根据当事人自愿的原则进行调解；调解不成的，发回重审。本案中，当事人提出了三个诉讼请求，但是一审法院仅就其中两个作出了判决，属于一审法院漏判，故二审法院可以调解，调解不成的发回重审。因此，A 项正确。

BCD 项：二审审理过程中，当事人增加新的诉讼请求，二审法院可以根据当事人自愿原则进行调解；调解不成的，告知当事人另行起诉。如果双

方当事人同意由二审法院一并审理的，二审法院可以一并裁判。本案中，二审张红增加分割齐远继承其父的遗产的诉讼请求，二审法院可调解，调解不成的告知另诉；双方同意可一并裁判。因此，BCD 项均错误。

综上所述，本题答案为 A 项。

19 `1203042`

【较简单】答案：B。

解析：ABD 项：根据《民诉法解释》第 337 条的规定："当事人在第二审程序中达成和解协议的，人民法院可以根据当事人的请求，对双方达成的和解协议进行审查并制作调解书送达当事人；因和解而申请撤诉，经审查符合撤诉条件的，人民法院应予准许。"二审中因和解而撤诉，既可以是撤回起诉，也可以是撤回上诉，本题明确告知是撤回上诉。故一审判决因撤回上诉而生效，刘某可以向一审法院申请执行一审判决，但不得就同一诉讼标的重新起诉或者上诉。因此，AD 项错误，B 项正确。

C 项：二审程序中的和解是当事人自行处分其权利的方式，属于诉讼中和解。本题中，和解协议不具有强制执行力，不可申请执行。因此，C 项错误。

【注意】根据《执行和解若干规定》第 9 条的规定："被执行人一方不履行执行和解协议的，申请执行人可以申请恢复执行原生效法律文书，也可以就履行执行和解协议向执行法院提起诉讼。"但这一特殊规定只适用于执行阶段的和解协议，不能扩大解释适用于其他情形，故在二审中达成和解协议而撤回上诉后，一审判决生效，不能依据和解协议另行起诉。

综上所述，本题答案为 B 项。

20 `1103044`

【中等】答案：C。

解析：本题考查二审裁判结果。

A 项：二审法院经审理认为，一审判决、裁定认定事实清楚，适用法律正确的，以判决、裁定方式驳回上诉，维持原判决、裁定。A 项仅表述了"裁定驳回"的情形，表述不全面。因此，A 项错误。

B项：二审法院审理认为，原判决、裁定认定事实错误或者适用法律错误的，应当依法改判、撤销或者变更。题干中的"裁定发回重审"表述错误。因此，B项错误。

C项：二审法院审理认为，一审程序错误，剥夺当事人诉讼权利，应当裁定撤销原判，发回重审。因此，C项正确。

D项：二审法院审理过程中，原告新增诉讼请求或被告提出反诉的，法院应当在当事人自愿原则上进行调解，调解不成告知另行起诉；但若当事人一致同意由二审法院一并审理的，二审法院可以一并审理。因此，D项错误。

综上所述，本题答案为C项。

【多选】

㉑ 2002042

【较难】答案：A,B,D。

解析：本题考查二审的裁判。对于离婚案件，一审判决不离、二审认为应当离，涉及子女抚养和财产问题的，二审法院可以组织当事人调解，调解不成发回重审；当事人同意一并审的，二审法院可一并裁判。

A项：法院调解没有次数限制，故二审法院在再次上诉过程中仍可组织调解。因此，A项正确。

B项：根据《民事诉讼法》第156条的规定："人民法院审理案件，其中一部分事实已经清楚，可以就该部分先行判决。"本案中甲市中院认为离婚理由充分，故解除婚姻关系的事实已经清楚，可对离婚的诉讼请求先行判决。因此，B项正确。

C项：二审法院的发回重审限一次，故不得再次发回重审。因此，C项错误。

D项：一审判决不准离婚、二审法院认为应当离婚的案件，涉及子女抚养和财产问题的，当事人同意一并审理的，二审法院可一并裁判。因此，D项正确。

综上所述，本题答案为ABD项。

【不定项】

㉒ 1003100

【较简单】答案：D。

解析：ABCD项：首先明确，题目仅针对"关于

丙提出用房屋修缮款抵销租金的请求"这一情况，问法院的处理办法。

根据《民诉法解释》第326条的规定："在第二审程序中，原审原告增加独立的诉讼请求或者原审被告提出反诉的，第二审人民法院可以根据当事人自愿的原则就新增加的诉讼请求或者反诉进行调解；调解不成的，告知当事人另行起诉。双方当事人同意由第二审人民法院一并审理的，第二审人民法院可以一并裁判。"对于丙提出用房屋修缮款抵销租金的请求，符合反诉的构成条件，故法院只有先进行调解，调解不成的应当告知另诉而不是发回重审。因此，D项正确，ABC项错误。

针对一审中超出诉讼请求判决支付租金的情况，法院可以发回重审。但是，这一情况题目中并没有问。注意审题很重要！

综上所述，本题答案为D项。

（四）综合知识点

【单选】

㉓ 2102108

【较简单】答案：A。

解析：本题考查送达的相关知识点。

A项：本题中，该案是离婚诉讼，甲与妻子乙属于对抗的双方当事人，不能采用《民事诉讼法》第88条规定的同居亲属转交的送达方式。本案将甲的判决书交由乙签收的行为违法。此外，当事人的上诉期从一审判决送达之日起计算，由于法院将甲的判决书交由乙签收的送达方式违法，判决书没有通过合法方式送达甲，故甲的上诉期尚未开始计算。只有待法院向甲补发判决书时才是有效送达，此时开始计算甲的上诉期，故对甲而言，一审判决仍在上诉期内，甲可以提起上诉。因此，A项正确。

BC项：根据《民事诉讼法》第210条的规定："当事人对已经发生法律效力的判决、裁定，认为有错误的，可以向上一级人民法院申请再审；当事人一方人数众多或者当事人双方为公民的案件，也可以向原审人民法院申请再审。当事人申请再审的，不停止判决、裁定的执行。"申请再审的前提是判决已经生效，由于本案仍在上诉期内，一

审判决尚未生效，故不能申请再审。因此，BC 项错误。

D 项：已经生效的判决应当通过再审或者第三人撤销之诉程序进行撤销，而该判决尚未生效，甲目前不能申请撤销原判决。因此，D 项错误。

综上所述，本题答案为 A 项。

24 `2202117`

【中等】答案：C。

解析：本题考查应诉管辖。

ACD 项：本案中，宇威公司提出管辖权异议，乙区法院裁定驳回，宇威公司没有针对该裁定提起上诉（而是针对缺席判决提起上诉），故管辖权异议裁定上诉期满则生效，乙区法院据此取得对本案的管辖权，一审法院管辖不存在错误，没有错误就不会移送管辖。二审法院应当继续审理，依法裁判。因此，C 项正确，AD 项错误。

B 项：非必须到庭的被告拒不到庭的，法院可以缺席判决。宇威公司拒不到庭，乙区法院依法对宇威公司缺席判决的做法正确，不存在程序违法问题，故二审法院无需发回重审。因此，B 项错误。

综上所述，本题答案为 C 项。

25 `2202002`

【较简单】答案：D。

解析：AC 项：根据《民事诉讼法》第 41 条第 2 款规定："中级人民法院对第一审适用简易程序审结或者不服裁定提起上诉的第二审民事案件，事实清楚、权利义务关系明确的，经双方当事人同意，可以由审判员一人独任审理。"据此可知，第二审民事案件在一定条件下可能适用独任制，本题题干未显出不能适用独任制的情形，A 项中"应组成合议庭"过于绝对。因此，A 项错误；二审适用独任制须经当事人同意，法院无权直接指定。因此，C 项错误。

B 项：简易程序为两审终审，所作裁判可以上诉。因此，B 项错误。

D 项：根据《民事诉讼法》第 43 条第 1 款规定："人民法院在审理过程中，发现案件不宜由审判员一人独任审理的，应当裁定转由合议庭审理。"本案中，当事人对适用独任制有异议，法院对当事

人提出的异议应当审查，异议成立的，裁定转由合议庭审理。因法院无权直接指定法官适用独任制审理，故乙公司提出的异议成立，二审法院应裁定转为合议庭审理。因此，D 项正确。

综上所述，本题答案为 D 项。

26 `1403047`

【简单】答案：D。

解析：本题考查二审审理中的发回重审。

A 项：只有在诉前保全下，若申请人在人民法院采取保全措施后 30 日内不依法提起诉讼或者申请仲裁的情况下，法院才会解除保全。本案已经进入到了诉讼程序，不是诉前保全。只要法院没有解除保全，保全就一直贯穿诉讼程序，现在诉讼程序还未终止，所以保全措施依然在进行中。因此，A 项错误。

B 项：发回重审的案件，法院是否要重新指定举证期限，应当依据具体的案件情况和发回重审的原因酌情决定，所以并非必然重新指定。因此，B 项错误。

C 项：发回重审的案件不得适用简易程序，应当另行组成合议庭进行审理，李法官是原一审案件的独任法官，不能参加重审合议庭。因此，C 项错误。

D 项：发回重审只能发回一次，发回重审后当事人再次上诉的，二审法院只能在查清事实后改判，不得再发回重审。因此，D 项正确。

综上所述，本题答案为 D 项。

【多选】

27 `1003080`

【较简单】答案：B,D。

解析：AB 项：根据《民诉法解释》第 325 条的规定："必须参加诉讼的当事人或者有独立请求权的第三人，在第一审程序中未参加诉讼，第二审人民法院可以根据当事人自愿的原则予以调解；调解不成的，发回重审。"本题中，对于遗漏的当事人，二审法院直接改判侵犯了其上诉权，"二审法院可依职权直接改判"不正确。二审法院可进行调解，调解不成的，因遗漏了必须参加诉讼的甲，则应该裁定撤销原判决发回重审。因此，A 项错

误，B项正确。

CD项：根据《民诉法解释》第70条的规定："在继承遗产的诉讼中，部分继承人起诉的，人民法院应通知其他继承人作为共同原告参加诉讼；被通知的继承人不愿意参加诉讼又未明确表示放弃实体权利的，人民法院仍应将其列为共同原告。"本题中，甲是被遗漏的当事人，也是另一继承人，仍然应当将其作为共同原告追加。因此，D项正确，C项错误。

综上所述，本题答案为BD项。

28 `1403083`

【中等】答案：B,D。

解析：本题综合考查二审程序的相关知识点。

A项：在民诉中，检察院只能提起再审抗诉，二审只会因为当事人的上诉而发生。【注意】区分刑诉的二审会因为当事人的上诉或检察院的抗诉而发生。因此，A项错误。

B项：二审应当对上诉请求的有关事实和适用法律进行审查。故二审既是事实审，又是法律审。因此，B项正确。

C项：二审调解书送达后，原审人民法院的判决即视为撤销，故二审调解书当然具有撤销原判的功能，调解书中不写明"撤销原判"。因此，C项错误。

D项：二审原则上应开庭审理，但经过阅卷、调查和询问当事人，对没有提出新的事实、证据或者理由，人民法院认为不需要开庭审理的，可以不开庭审理。因此，D项正确。

综上所述，本题答案为BD项。

29 `1203043`

【较简单】答案：C,D。

解析：本题考查二审的审理程序。

A项：一审普通程序为民诉法中规定最为完善的程序，除法律另有规定外，二审应当适用一审普通程序的相关规定。因此，A项正确，不当选。

B项：二审以开庭审理为原则，若经过阅卷、调查和询问当事人，对没有提出新的事实、证据或者理由，人民法院认为不需要开庭审理的，可以不开庭审理。因此，B项正确，不当选。

C项：二审法院制作的调解书，一经送达后，原

审人民法院的判决即视为撤销，故二审调解书中并不需要写明"撤销原判"。因此，C项错误，当选。

D项：二审程序中，审判组织有两种形式：独任或合议，且若是合议庭只能由审判员组成合议庭。因此，D项错误，当选。

【注意】二审特殊情形下可以由审判员一人独任审理为法条新修内容，本题答案因此发生变化。

综上所述，本题为选非题，答案为CD项。

30 `2202011`

【中等】答案：B,D。

解析：A项：根据《民事诉讼法》第34条第1项规定："下列案件，由本条规定的人民法院专属管辖：（一）因不动产纠纷提起的诉讼，由不动产所在地人民法院管辖；……"同时根据《民诉法解释》第28条第2款规定："农村土地承包经营合同纠纷、房屋租赁合同纠纷、建设工程施工合同纠纷、政策性房屋买卖合同纠纷，按照不动产纠纷确定管辖。"本案为房屋租赁合同纠纷，应按照不动产纠纷确定管辖，即由不动产所在地D市e区人民法院专属管辖，双方约定的法院对该案没有管辖权。因此，A项错误。

BC项：根据《民事诉讼法》第157条第1款第2项及第2款规定："裁定适用于下列范围：……（二）对管辖权有异议的；……对前款第一项至第三项裁定，可以上诉。"据此，本案中段某对驳回管辖权异议的裁定不服，可以提起上诉。因此，B项正确，C项错误。

D项：根据《民诉法解释》第329条规定："人民法院依照第二审程序审理案件，认为第一审人民法院受理案件违反专属管辖规定的，应当裁定撤销原裁判并移送有管辖权的人民法院。"本案中红铜公司向A市c区法院起诉，违背了专属管辖规则。若段某对驳回管辖权异议的裁定不服而提起上诉，二审法院应撤销原裁定，移送D市e区法院管辖。因此，D项正确。

综上所述，本题答案为BD项。

31 `1503082`

【中等】答案：B,C。

解析：本题综合考查二审程序的上诉与受理。

A 项：发回重审的案件和适用一审的再审不得适用简易程序审理。因此，A 项错误。

B 项：管辖权异议应当在一审提交答辩状期间提出，发回重审、再审程序中提出管辖异议的，法院不予审查。因此，B 项正确。

CD 项：发回重审的案件，当事人增加、变更诉讼请求，被告提出反诉的，法院可以合并审理。故在案件开庭审理前，章俊增加诉讼请求，县法院可以合并审理。因此，C 项正确，D 项错误。

【注意】二审法院发回重审，发回重审的相当于是一审程序审理，一审可以受理当事人增加、变更的诉讼请求，可以受理反诉。

综上所述，本题答案为 BC 项。

【不定项】

③② 1003099

【中等】答案：C,D。

解析：ABC 项：根据《民诉法解释》第 326 条第 1 款的规定："在第二审程序中，原审原告增加独立的诉讼请求或者原审被告提出反诉的，第二审人民法院可以根据当事人自愿的原则就新增加的诉讼请求或者反诉进行调解；调解不成的，告知当事人另行起诉。"甲在上诉中请求解除与丙的租赁关系，这一请求在一审中并没有提出，应该属于二审中新增加的诉讼请求。故对于甲新提出的诉讼请求，法院可以先调解，调解不成的告知另诉。因此，C 项正确，AB 项错误。

D 项：根据《民事诉讼法》第 55 条的规定："当事人一方或者双方为二人以上，其诉讼标的是共同的，或者诉讼标的是同一种类、人民法院认为可以合并审理并经当事人同意的，为共同诉讼。共同诉讼的一方当事人对诉讼标的有共同权利义务的，其中一人的诉讼行为经其他共同诉讼人承认，对其他共同诉讼人发生效力；对诉讼标的没有共同权利义务的，其中一人的诉讼行为对其他共同诉讼人不发生效力。"由此可见，对于必要共同诉讼人，一人的诉讼行为经其他共同诉讼人承认才对其他共同诉讼人发生效力。故甲在上诉中要求解除租赁关系的请求，须经乙同意。否则会损害乙的利益。因此，D 项正确。

综上所述，本题答案为 CD 项。

【单选】

③③ 62204088

【较简单】答案：D。

解析：A 项：根据《民事诉讼法》第 41 条第 2 款的规定："中级人民法院对第一审适用简易程序审结或者不服裁定提起上诉的第二审民事案件，事实清楚、权利义务关系明确的，经双方当事人同意，可以由审判员一人独任审理。"可知，中级法院适用独任庭的条件是：中级法院二审 + 一审为简易或不服裁定提起上诉 + 事实清楚、权利义务关系明确 + 双方当事人同意。故甲市中院不可以径行适用独任庭审理，需要征得双方当事人同意。因此，A 项错误。

B 项：根据《民事诉讼法》第 183 条的规定："人民法院审理对判决的上诉案件，应当在第二审立案之日起三个月内审结。有特殊情况需要延长的，由本院院长批准。人民法院审理对裁定的上诉案件，应当在第二审立案之日起三十日内作出终审裁定。"本案一审法院判决张三胜诉，甲市中院应当在立案之日起 3 个月内审结，但有特殊情况的，经本院院长批准可以延长。因此，B 项错误。

C 项：根据《民诉法解释》第 321 条的规定："第二审人民法院应当围绕当事人的上诉请求进行审理。当事人没有提出请求的，不予审理，但一审判决违反法律禁止性规定，或者损害国家利益、社会公共利益、他人合法权益的除外。"可知，第二审人民法院审理范围受一审审理范围及当事人上诉请求范围的限制，体现了法院对当事人处分权的尊重。故甲市中院不得超过诉讼请求进行裁判。因此，C 项错误。

D 项：根据《民诉法解释》第 337 条的规定："当事人在第二审程序中达成和解协议的，人民法院可以根据当事人的请求，对双方达成的和解协议进行审查并制作调解书送达当事人；因和解而申请撤诉，经审查符合撤诉条件的，人民法院应予准许。"即二审中张三和李四达成和解的，张三可以申请撤回起诉。因此，D 项正确。

综上所述，本题答案为 D 项。

34 62204090

【中等】答案：A。

解析：A项：根据《民事诉讼法》第41条第3款的规定："发回重审的案件，原审人民法院应当按照第一审程序另行组成合议庭。"因此，A项正确。

B项：根据《民诉法解释》第45条的规定："在一个审判程序中参与过本案审判工作的审判人员，不得再参与该案其他程序的审判。发回重审的案件，在一审法院作出裁判后又进入第二审程序的，原第二审程序中审判人员不受前款规定的限制。"可知，发回重审的案件又进入第二审程序的，原二审程序中审判人员不适用回避制度。因此，B项错误。

C项：根据《民事诉讼法》第177条第2款的规定："原审人民法院对发回重审的案件作出判决后，当事人提起上诉的，第二审人民法院不得再次发回重审。"故发回重审限一次，A市中院认为案件基本事实仍然不清楚的，应当在查清后改判，不得再次发回重审。因此，C项错误。

D项：根据《民事诉讼法》第109条的规定："人民法院对下列案件，根据当事人的申请，可以裁定先予执行：（一）追索赡养费、扶养费、抚养费、抚恤金、医疗费用的；（二）追索劳动报酬的；（三）因情况紧急需要先予执行的。"同时根据《民事诉讼法》第110条第1款的规定："人民法院裁定先予执行的，应当符合下列条件：（一）当事人之间权利义务关系明确，不先予执行将严重影响申请人的生活或者生产经营的；（二）被申请人有履行能力。"本题虽然属于追索医疗费案件，但是案件基本事实不清，不属于当事人之间权利义务关系明确的情形，且即使满足该条件，法院也是"可以"裁定先予执行而不是"应当"裁定。因此，D项错误。

综上所述，本题答案为A项。

第十八章 民诉审判监督程序

参考答案

[1] D	[2] D	[3] A	[4] C	[5] D
[6] D	[7] BD	[8] ABCD	[9] CD	[10] ABC
[11] A	[12] B	[13] D	[14] D	[15] B
[16] D	[17] B	[18] CD	[19] BC	[20] ACD
[21] ABD	[22] C	[23] B	[24] B	[25] C
[26] AC	[27] ABC	[28] CD	[29] AB	[30] B
[31] B	[32] BD			

一、历年真题及仿真题

（一）再审的启动

【单选】

1 2202115

【较简单】答案：D。

解析：ABCD项：根据《民事诉讼法》第211条的规定："当事人的申请符合下列情形之一的，人民法院应当再审：（一）有新的证据，足以推翻原判决、裁定的；（二）原判决、裁定认定的基本事实缺乏证据证明的；（三）原判决、裁定认定事实的主要证据是伪造的；（四）原判决、裁定认定事实的主要证据未经质证的；（五）对审理案件需要的主要证据，当事人因客观原因不能自行收集，书面申请人民法院调查收集，人民法院未调查收集的；（六）原判决、裁定适用法律确有错误的；（七）审判组织的组成不合法或者依法应当回避的审判人员没有回避的；（八）无诉讼行为能力人未经法定代理人代为诉讼或者应当参加诉讼的当事人，因不能归责于本人或者其诉讼代理人的事由，未参加诉讼的；（九）违反法律规定，剥夺当事人辩论权利的；（十）未经传票传唤，缺席判决的；（十一）原判决、裁定遗漏或者超出诉讼请求的；（十二）据以作出原判决、裁定的法律文书被撤销或者变更的；（十三）审判人员审理该案件时有贪污受贿，徇私舞弊，枉法裁判行为的。"本案中，葛某的再审理由不符合立法规定，且其认为一审判决利息计算存在错误，不仅没有在一审阶段上诉，而且在一审和二审中都是胜诉者，故不能跳过通常救济，去寻求特殊救济。所以，葛某滥用诉讼权，浪费司法资源，不再具备再审利益，没有再审的正当性。此外，能否启动再审，不是取决于对方当事人的态度，故与朱某是否同意无关。因此，D项正确，ABC项错误。

综上所述，本题答案为D项。

2 2002109

【较简单】答案：D。

解析：本题考查再审的管辖法院。再审原则上向作出生效裁判法院的上一级法院申请，一方人数众多或双方均为公民的（一多双公），可以向原审法院申请再审。当事人分别向原审法院和上一级法院申请再审：不能协商一致的，由原审法院受理。

ABCD项：本案中，当事人范某与张某均为公民，故可以向原审法院甲市A区法院申请再审，也可以向上一级法院甲市中院申请再审。双方起诉到不同法院的：先由双方协商，协商不一致的，由原审法院甲市A区法院受理。因此，ABC项错误，D项正确。

综上所述，本题答案为D项。

3 1802047

【中等】答案：A。

解析：本题考查再审的对象。注意特别程序、督促程序、公示催告程序、破产程序等适用非讼程序审理的案件不适用再审（因为没有纠纷）。

ABD项：谢某与周某之间的确认调解协议案件属于特别程序，不得申请再审。法院应驳回其再审申请。因此，A项正确，BD项错误。

C项：执行回转是指执行完毕以后，由于法定原因（据以执行的法律文书被撤销），使已经被执行的财产的部分或全部返还给被执行人，从而恢复到执行程序开始前的状态。本案中并无需要进行执行回转的情形。因此，C项错误。

综上所述，本题答案为A项。

4 1303049

【中等】答案：C。

解析：A项：根据《民事诉讼法》第219条第2

款规定："地方各级人民检察院对同级人民法院已经发生法律效力的判决、裁定，发现有本法第二百一十一条规定情形之一的，或者发现调解书损害国家利益、社会公共利益的，可以向同级人民法院提出检察建议，并报上级人民检察院备案；也可以提请上级人民检察院向同级人民法院提出抗诉。"由此可知，提出检察建议只能是地方各级检察院针对其管辖范围内的同级的法院，不能超越管辖范围。所以甲县检察院不能对乙县法院提出检察建议（乙县检察院可以向乙县法院提检察建议）。因此，A项错误。

B项：根据《仲裁法解释》第21条规定："当事人申请撤销国内仲裁裁决的案件属于下列情形之一的，人民法院可以依照仲裁法第六十一条的规定通知仲裁庭在一定期限内重新仲裁：（一）仲裁裁决所根据的证据是伪造的；（二）对方当事人隐瞒了足以影响公正裁决的证据的。人民法院应当在通知中说明要求重新仲裁的具体理由。"据此，检察院无权要求仲裁委员会重新仲裁，只有在符合上述法律规定的条件下，由法院通知其重新仲裁。而且根据民诉法以及相关法律规定，检察院的监督对象为法院，不包括仲裁委员会。因此，B项错误。

C项：根据《民事诉讼法》第219条第3款规定："各级人民检察院对审判监督程序以外的其他审判程序中审判人员的违法行为，有权向同级人民法院提出检察建议。"除权判决属于"其他审判程序"，丁县某法官在制作除权判决时收受贿赂属于违法行为，丁县检察院有权向同级法院（丁县法院）提出检察建议。因此，C项正确。（需要注意的是检察建议不是为了再审，只是针对审判人员的违法行为提出建议而已，所以检察院针对特殊程序中审判人员的违法行为虽不可以抗诉，但是可以提检察建议。）

D项：根据《民诉法解释》第378条规定："适用特别程序、督促程序、公示催告程序、破产程序等非讼程序审理的案件，当事人不得申请再审。"本案属于认定公民无民事行为能力案件，适用特殊程序审理，不能申请再审。所以，不能以抗诉的方式提起再审。因此，D项错误。

综上所述，本题答案为C项。

5 `1003047`

【较简单】答案：D。

解析：ABCD 项：根据《民事诉讼法》第 222 条规定："人民检察院提出抗诉的案件，接受抗诉的人民法院应当自收到抗诉书之日起三十日内作出再审的裁定……"检察院抗诉的案件，法院应当作出再审裁定。当事人申请再审与检察院抗诉的目的是一致的，都是要启动再审程序。本案中，检察院抗诉后，法院应当裁定再审，即再审程序启动。法院没有必要再审查当事人的再审申请。因此，D 项正确，ABC 项错误。

综上所述，本题答案为 D 项。

6 `1003042`

【中等】答案：D。

解析：本题考查再审启动的范围。当事人申请再审的范围包括：①已生效的判决（已生效的解除婚姻关系的判决不得申请再审）；②不予受理、驳回起诉的裁定；③当事人提出证据证明调解违反自愿原则或者调解协议的内容违反法律的已生效调解书。其中已生效的解除婚姻关系的调解书不得申请再审。

AB 项：本案中，李某对先予执行的复议结果不服，不属于前述当事人可以申请再审的范围，故法院不可裁定或决定再审。因此，AB 项错误。

CD 项：人民法院应当自收到再审申请书之日起三个月内审查，符合规定的，裁定再审；不符合规定的，裁定驳回申请。李某对先予执行的复议结果不服不属于当事人可以申请再审的范围，法院应裁定驳回申请。因此，C 项错误，D 项正确。

综上所述，本题答案为 D 项。

【多选】

7 `2202016`

【较难】答案：B,D。

解析：本题考查再审的启动和管辖的相关知识点。

A 项：小额诉讼程序一审终审，不可上诉。故对管辖权异议裁定不服也不可以上诉。因此，A 项错误。

BC 项：对小额诉讼的裁判申请再审的应向原审法院提出。故甲应向原审法院甲住所地法院申请再审而非仓库所在地法院。因此，B 项正确，C 项错误。

D 项：管辖权错误不属于启动再审的事由，当事人不能以管辖权错误为由申请再审。因此，D 项正确。

综上所述，本题答案为 BD 项。

8 `2002116`

【中等】答案：A,B,C,D。

解析：本题考查再审的管辖法院。再审原则上向作出生效裁判法院的上一级法院申请，一方人数众多或双方均为公民的（一多双公），可以向原审法院申请再审。

ABCD 项：本案中，当事人张某和李某均为公民，故李某可以向原审法院 B 区法院申请再审，也可以向上一级法院 A 市中院申请再审。申请再审不中止原判执行。因此，ABCD 项错误，当选。

综上所述，本题为选非题，答案为 ABCD 项。

9 `1403080`

【较简单】答案：C,D。

解析：本题考查检察监督和抗诉。当事人可以向检察院申请检察建议或者抗诉的情形包括：①法院驳回再审申请的；②法院逾期未对再审申请作出裁定的；③再审判决、裁定有明显错误的。

A 项：当事人向检察院申请检察建议是在当事人的再审申请被法院驳回之后。故建华公司不能够在向该省高院申请再审的同时，申请检察建议。因此，A 项错误。

B 项：检察院作出的决定具有终局性。建华公司向甲市检察院申请检察建议被驳回之后，不能够再向该省检察院申请抗诉。因此，B 项错误。

CD 项：检察院因履行法律监督职责提出检察建议或者抗诉的需要，可以向当事人或者案外人调查核实有关情况。故甲市检察院可以向建华公司和瑞成公司调查核实案情。因此，CD 项正确。

综上所述，本题答案为 CD 项。

10 `1303081`

【中等】答案：A,B,C。

解析：本题考查再审的启动和审理。

A 项：当事人申请再审可以向上一级人民法院申请；当事人一方人数众多或者当事人双方为公民的案件，也可以向原审人民法院申请。本案中，周某为公民，对方当事人可能是法人也可能是公民，所以存在双方主体均是公民的可能性，本选项表述"只应向省高院申请再审"过于绝对。因此，A项错误，当选。

B项：人民检察院提出抗诉的案件，接受抗诉的人民法院应当自收到抗诉书之日起三十日内作出再审的裁定。由此可知，对于检察院抗诉的，法院是应当裁定再审，接受抗诉的法院不对检察院的抗诉进行审查。因此，B项错误，当选。（说明：本解释两高之间尚有争议，无需过度关注，之后的考试中多会规避此类争议点）

C项：裁定再审仅意味着再审程序启动，法院需要进行再审审理。经再审审理后，若原判决有误，法院可以裁定撤销原判。仅裁定再审，未经再审审理，不可直接裁定撤销原判。因此，C项错误，当选。

D项：法院裁定再审后，应当中止执行，但追索赡养费、扶养费、抚养费、抚恤金、医疗费用、劳动报酬等案件，可以不中止执行。本案是合同纠纷案件，不属于可以不中止执行的案件范围，故法院在裁定再审时，应裁定中止原判决执行。因此，D项正确，不当选。

综上所述，本题为选非题，答案为ABC项。

【不定项】

11 2202151

【较难】答案：A。

解析：A项：根据《民诉法解释》第420条第一款的规定："必须共同进行诉讼的当事人因不能归责于本人或者其诉讼代理人的事由未参加诉讼的，可以自知道或者应当知道之日起六个月内申请再审，但符合本解释第四百二十一条规定情形的除外。"遗产纠纷中，部分继承人起诉，其他继承人应该被法院追加为共同原告，除非其不愿参诉且明确表示放弃实体权利。本案中，丁是本应该参与诉讼的共同原告，其因为不能归责于自己的事由未参诉，可以在知道之日起6个月申请再审。因此，A项正确。

B项：第三人撤销之诉主要是指本应参加诉讼的有独三、无独三因不能归责于本人的事由未参加诉讼，但有证据证明生效的裁判、调解书内容错

误且损害其民事权益，从而向作出生效裁判、调解书的法院提起诉讼。本案中，丁应当是必须参加诉讼的共同原告，而不是第三人，所以不具备提第三人撤销之诉的主体身份。因此，B项错误。

C项：案外人异议之诉是指案外人在执行过程中对执行标的主张权利，提执行标的的异议被法院裁定驳回，且异议内容与原裁判无关，则可以通过提案外人异议之诉来救济自己的权利。本案中，原生效判决确有错误损害了丁的权益，不属于提案外人异议之诉的情形。因此，C项错误。

D项：丁若另行起诉，会构成重复起诉，原因在于：①两诉的当事人相同（都是乙、丙、丁三人）；②两诉的诉讼标的相同（都是遗产继承纠纷）；③两诉的诉讼请求相同或后诉的诉讼请求实质上否定前诉的裁判结果（两诉虽然诉讼请求不一定完全相同，但都涉及到遗产分割，所以后诉的诉讼请求实质上会影响到前诉的裁判结果）。故而丁不能另行起诉。因此，D项错误。

综上所述，本题答案为A项。

（二）再审的审理

【单选】

12 2202158

【中等】答案：B。

解析：ABCD项：根据《民诉法解释》第403条规定："人民法院审理再审案件应当围绕再审请求进行。当事人的再审请求超出原审诉讼请求的，不予审理；符合另案诉讼条件的，告知当事人可以另行起诉。"再审的主要目的是纠错，即纠正原生效裁判的错误，其不解决新的纠纷。根据再审范围有限原则，当事人超出原审范围增加、变更诉讼请求的不属于再审范围。本案中，原生效裁判并未涉及到利息的给付，汪某不能超出原审范围增加利息给付的新请求，对于该新请求，法院不予审理。因此，B项正确，A、C、D项错误。

综上所述，本题正确答案为B项。

13 2202153

【较简单】答案：D。

解析：ABCD项：根据《民诉法解释》404条规定："再审审理期间，有下列情形之一的，可以裁

定终结再审程序：（一）再审申请人在再审期间撤回再审请求，人民法院准许的……因人民检察院提出抗诉裁定再审的案件，申请抗诉的当事人有前款规定的情形，且不损害国家利益、社会公共利益或者他人合法权益的，人民法院应当裁定终结再审程序。"一方面，对于当事人而言，诉讼的目的是解决纠纷，因此在当事人自愿终结诉讼的情况下，法院应当充分尊重其处分权；另一方面，虽然本案的再审启动主体是检察院，但申请抗诉的当事人仍然可以行使处分权，放弃通过再审程序主张权利，故而在本案中，法院应当准予乙撤回再审请求，并裁定终结再审程序。因此，D项正确，ABC项错误。

综上所述，本题正确答案为D项。

⑭ 1902013

【简单】答案：D。

解析：本题考查再审中达成和解协议的情形。

ABCD项：再审审理期间，当事人达成和解协议且履行完毕的（声明不放弃申请再审权利除外），法院可以裁定终结再审程序。本案中，法院决定再审后，张某和李某达成了和解协议，并且已经履行完毕，法院可以裁定终结再审程序。因此，ABC项错误，D项正确。

综上所述，本题答案为D项。

⑮ 1902012

【较简单】答案：B。

解析：ACD项：再审调解书送达后原判决、裁定视为撤销，原生效判决书都不存在了，也就不存在恢复执行的问题。法院制作了调解书，就说明实体纠纷已通过调解解决，也就不存在另行起诉或者就调解协议另行起诉的问题。因此，ACD项错误。

B项：调解书具有强制力，可以申请强制执行。因此，B项正确。

综上所述，本题答案为B项。

补充：从"中级人民法院依当事人的调解协议制作了调解书"和"后乙公司拒不履行该调解书"的表述可以推测出调解书已经送达生效。

⑯ 1802050

【较简单】答案：D。

解析：AD项：根据《民诉法解释》第420条的规定："必须共同进行诉讼的当事人因不能归责于本人或者其诉讼代理人的事由未参加诉讼的，可以根据民事诉讼法第二百零七条第八项（现修改为第二百一十一条第八项）规定，自知道或者应当知道之日起六个月内申请再审，但符合本解释第四百二十一条规定情形的除外。人民法院因前款规定的当事人申请而裁定再审，按照第一审程序再审的，应当追加其为当事人，作出新的判决、裁定；按照第二审程序再审，经调解不能达成协议的，应当撤销原判决、裁定，发回重审，重审时应追加其为当事人。"A市中院再审属于提审，应当按照二审程序审理，故其应当进行调解，调解不成的，撤销原判，发回重审。因此，D项正确，A项错误。

BC项：根据《民事诉讼法》第238条的规定："执行过程中，案外人对执行标的提出书面异议的，人民法院应当自收到书面异议之日起十五日内审查，理由成立的，裁定中止对该标的的执行；理由不成立的，裁定驳回。案外人、当事人对裁定不服，认为原判决、裁定错误的，依照审判监督程序办理；与原判决、裁定无关的，可以自裁定送达之日起十五日内向人民法院提起诉讼。"丙主张字画的所有权归自己所有，属于认为原判决错误的情形，应依照审判监督程序办理，而不是提起执行异议之诉或另行起诉。因此，BC项错误。

综上所述，本题答案为D项。

⑰ 1802046

【中等】答案：D。

解析：A项：根据《民事诉讼法》第244条规定："执行完毕后，据以执行的判决、裁定和其他法律文书确有错误，被人民法院撤销的，对已被执行的财产，人民法院应当作出裁定，责令取得财产的人返还；拒不返还的，强制执行。"本案中，甲仅以发现新证据为由申请再审，尚不确定原判决书是否确有错误，故不适用执行回转。因此，A项错误。

BCD项：根据《民诉法解释》第400条第3项规

定:"再审申请审查期间,有下列情形之一的,裁定终结审查:……(三)当事人达成和解协议且已履行完毕的,但当事人在和解协议中声明不放弃申请再审权利的除外……"据此,和解协议已经履行完毕,法院应裁定终结审查。因此,D项正确,BC项错误。

综上所述,本题答案为D项。

【多选】

⑱ 1902079

【较简单】答案:C,D。

解析:本题考查再审范围有限原则。再审以原审范围为限,当事人超出原审范围增加、变更诉讼请求的不属于再审范围。法院对于再审中新增的诉讼请求(包括原告新增独立诉讼请求或者被告提出的反诉)不予审理,符合另行起诉条件的,告知当事人可以另行起诉。

ABCD项:本案再审中原告元丰公司新增的违约金请求和被告神木公司提出解除合同的反诉请求不属于再审范围,法院对于上述请求不予审理,告知当事人另行起诉。因此,AB项错误,CD项正确。

综上所述,本题答案为CD项。

⑲ 1603081

【较简单】答案:B,C。

解析:ABCD项:根据《民诉法解释》第424条规定:"对小额诉讼案件的判决、裁定,当事人以民事诉讼法第二百零七条(现修改为第二百一十一条)规定的事由向原审人民法院申请再审的,人民法院应当受理。申请再审事由成立的,应当裁定再审,组成合议庭进行审理。作出的再审判决、裁定,当事人不得上诉。当事人以不应按小额诉讼案件审理为由向原审人民法院申请再审的,人民法院应当受理。理由成立的,应当裁定再审,组成合议庭审理。作出的再审判决、裁定,当事人可以上诉。"谭某以不应按小额诉讼程序审理为由可向原审法院M市N区法院申请再审,法院应当组成合议庭审理,再审判决可以上诉,而不是一审终审。因此,BC项正确,AD项错误。

综上所述,本题答案为BC项。

⑳ 1303082

【中等】答案:A,C,D。

解析:本题考查再审的范围及重新审理。

A项:再审法院如果是原审法院的上一级法院,则属于提审,提审一律用二审程序审理。本案中,经县市两级法院审理,作出生效裁判的法院是市中院,如果省高院裁定再审进行审理,属于提审案件,应当适用二审程序。因此,A项正确。

B项:因当事人申请裁定再审的案件,有下列情形之一的,最高人民法院、高级人民法院可以指令原审人民法院再审:①依据民事诉讼法第二百一十一条第(四)项、第(五)项或者第(九)项裁定再审的;②发生法律效力的判决、裁定、调解书是由第一审法院作出的;③当事人一方人数众多或者当事人双方为公民的;④经审判委员会讨论决定的其他情形。本案中,翔鹭公司申请再审的理由为适用法律错误,不属于上述可以由高院指定原审法院再审的情形,故本案不可以由高院指定原审法院再审。因此,B项错误。

C项:再审以原审范围为限,当事人超出原审范围增加、变更诉讼请求的不属于再审范围。法院对于再审中新增的诉讼请求(包括原告新增独立诉讼请求或者被告提出的反诉)不予审理,符合另行起诉条件的,告知当事人可以另行起诉。本案中,韩某在再审中变更诉讼请求,不属于再审范围,法院不予审查。因此,C项正确。

D项:当事人可以向检察院申请检察建议或者抗诉的情形包括:①法院驳回再审申请的;②法院逾期未对再审申请作出裁定的;③再审判决、裁定有明显错误的。本案中,如果韩某认为再审裁定有错,其可以向检察院申请抗诉。因此,D项正确。

综上所述,本题答案为ACD项。

【注意】D项法条中表述的是"明显错误",但选项中表述为"错误",所以该项表述不是特别严谨。

【不定项】

㉑ 2002044

【中等】答案:A,B,D。

解析:本题考查再审中提起反诉与当事人撤诉。

A项:【原则】再审中当事人超出原审范围增加诉讼请求或提出反诉的,再审法院不予受理,告知另诉。【例外】再审裁定撤销原判发回重审的案件,当事人申请变更、增加诉讼请求或者提出反诉,符合下列条件之一的,法院应当准许:①原审未合法传唤缺席判决,影响当事人行使诉讼权利的;②追加新的诉讼当事人的;③诉讼标的物灭失或者发生变化致使原诉讼请求无法实现的;④当事人申请变更、增加的诉讼请求或者提出的反诉,无法通过另诉解决的。本案中,一审遗漏必要的共同诉讼当事人丙公司,发回重审时需要追加其为新的诉讼当事人,符合②的情形,故乙提出反诉,法院应当准许。因此,A项正确。

B项:发回重审的案件不适用简易程序,应按照普通程序进行审理。因此,B项正确。

C项:若一审原告在再审过程中撤回起诉,经其他当事人同意且不损害三益,法院准许撤诉的,一并撤销原判决,原纠纷不可再诉。法院准许甲公司撤诉则原判被撤销,不存在驳回再审申请的问题。因此,C项错误。

D项:反诉具有独立性,不因本诉的撤诉而影响其存在。因此,D项正确。

综上所述,本题答案为ABD项。

（三）综合知识点

【单选】

22 2102113

【较简单】答案:C。

解析:本题考查第三人撤销之诉与再审的关系。

A项:第三人撤销之诉的中止执行只有两种方式:①法院审查案外人对执行标的的异议,异议成立的,中止执行;②提供担保。法院在受理第三人撤销之诉后,并非当然会裁定中止执行。因此,A项错误。

B项:第三人撤销之诉和再审的关系:①原则上:再审吸收三撤,三撤程序并入再审程序。②例外:中止再审,三撤先行。有证据证明原审当事人之间恶意串通损害第三人合法权益的,法院应当先行审理第三人撤销之诉,裁定中止再审审理。本案中不存在原审恶意串通损害他人权益的情形,

应当将第三人的诉讼请求并入再审程序中。因此,B项错误。

CD项:三撤请求并入再审审理的:①再审适用一审程序审理的,法院应当对第三人的诉讼请求一并审理,所作判决为一审判决,可以上诉;②再审适用二审程序审理的,法院对第三人的诉讼请求可以调解,调解不成的,应当裁定撤销原判决、裁定或调解书,发回一审法院重审。本案中,赵某与钱某的买卖合同纠纷由A市中院两审终审,故高院裁定再审后,指令中院重新审理,中院应当适用二审程序重新审理。故本案属于适用二审程序的再审,应当将孙某的诉讼请求并入后组织调解,调解不成的,撤销原判,发回重审。因此,C项正确,D项错误。

综上所述,本题答案为C项。

23 1703038

【中等】答案:C。

解析:本题考查第三人撤销之诉与再审的联系。第三人撤销之诉与再审之间,原则上再审优先,三撤并入处理;例外情况下中止再审,三撤先行:有证据证明原审当事人之间恶意串通损害第三人合法权益的,法院应当先行审理第三人撤销之诉,裁定中止再审审理。

ABCD项:本案中,生效判决为A市B县法院一审所作,A市中院作为A市B县法院的上一级法院,其进行的再审属于提审,应当适用二审程序审理。根据《民诉法解释》的规定,按照第二审程序审理的,人民法院可以调解,调解达不成协议的,应当裁定撤销原判决、裁定、调解书,发回一审法院重审。因此,C项正确,ABD项错误。

综上所述,本题答案为C项。

24 1503046

【较简单】答案:B。

解析:A项:根据《民诉法解释》第261条第1款规定:"适用简易程序审理案件,人民法院可以依照民事诉讼法第九十条、第一百六十二条的规定采取捎口信、电话、短信、传真、电子邮件等简便方式传唤双方当事人、通知证人和送达诉讼文书。"法院可以电话通知当事人开庭。因此,A项错误。

B项：根据《民事诉讼法》第211条第10项规定："当事人的申请符合下列情形之一的，人民法院应当再审：……（十）未经传票传唤，缺席判决的……"孙华以法院未传票通知其开庭即缺席判决为由，提出再审申请符合法律规定。因此，B项正确。

C项：根据《民事诉讼法》第210条规定："当事人对已经发生法律效力的判决、裁定，认为有错误的，可以向上一级人民法院申请再审；当事人一方人数众多或者当事人双方为公民的案件，也可以向原审人民法院申请再审……"本案的双方当事人均为公民，可以向原审法院（一审法院）申请再审。因此，C项错误。

D项：根据《民事诉讼法》第217条规定："按照审判监督程序决定再审的案件，裁定中止原判决、裁定、调解书的执行，但追索赡养费、扶养费、抚养费、抚恤金、医疗费用、劳动报酬等案件，可以不中止执行。"本案属于追索医疗费用案件，可以不中止执行，故法院未裁定中止原判决的执行是正确的。因此，D项错误。

综上所述，本题答案为B项。

㉕ 1403036

【较简单】答案：C。

解析：本题考察有关法院调解和诉讼外调解的相关知识点。二者分属不同的民事纠纷解决机制，前者属于民事诉讼的范畴，后者是一种单独的纠纷解决机制。此外需注意，本题问的是"哪一行为违背"，要选行为不对的选项。

A项：A选项考查再审程序。对于已生效的判决、裁定、调解书，法院只要认为有错，都可以启动再审。这是法院自我纠错的体现。（注意如果是当事人对生效调解书申请再审或检察院对生效调解书启动再审，理由应是调解书违反自愿、合法原则，还不能只是调解书"有错"）因此，A项正确，不当选。

B项：B选项切题点在于"民警""调解"。派出所民警对民事纠纷进行调解并非法院调解，属于诉讼外调解，但同样是合法的行为。因此，B项正确，不当选。

C项：法院指定代理人的情形只能出现在无诉讼

行为能力人的法定代理人之间相互推诿责任的时候，下落不明的人不一定是无诉讼行为能力的人，法院不一定有权指定代理人。因此，C项错误，当选。

D项：D项考查的是诉讼外调解。当事人可以向人民调解委员会申请调解，人民调解委员会也可以主动对当事人之间的民事纠纷进行调解（当事人一方拒绝的，不得调解，但无论如何人民调解委员会有权主动调解，要注意这个先后关系）。因此，D项正确，不当选。

综上所述，本题为选非题，答案为C项。

【多选】

㉖ 2202017

【较简单】答案：A，C。

解析：本题综合考查了再审的知识点。

AD项：当事人认为调解书违反自愿、合法原则的，可以申请再审。本案张某认为调解协议是被胁迫签订的，可以就调解书违反自愿为由申请再审。因此，A项正确，D项错误。

B项：根据"不告不理"和处分原则，当事人未提出请求的，法院不予主动审理。本案中当事人未对手术费提出请求，法院不应主动处理。因此，B项错误。

C项：手术费属于调解书生效后发生的新的事实，张某可以就4万元手术费再次起诉。因此，C项正确。

综上所述，本题答案为AC项。

㉗ 2002117

【较简单】答案：A，B，C。

解析：本题考查小额诉讼程序的再审。

AB项：小额诉讼裁判的再审事由有两方面：①小额诉讼裁判符合法定再审情形（《民事诉讼法》第211条的规定）；②不应当适用小额诉讼程序审理。本案中，发现新证据并足以推翻原判决、裁定，属于法定再审情形，可以申请再审；以适用小额诉讼程序审理错误为由，也可以申请再审。因此，AB项正确。

CD项：再审案件一律适用合议制审理，即使原审是简易程序或小额诉讼程序审理的，也必须适用合议庭再审。因此，C项正确，D项错误。

综上所述，本题答案为 ABC 项。

28 `1003082`

【中等】答案：C，D。

解析：本题综合考查再审程序。

AB 项：再审以原审范围为限，当事人超出原审范围增加、变更诉讼请求的不属于再审范围。对于超出原审诉讼请求的，法院应不予审理；符合另诉条件的，告知另行起诉。因此，AB 项错误。

【注意】此处要与二审进行区分。二审中新增、变更诉讼请求，可以根据当事人自愿进行调解，调解不成，告知另行起诉。

C 项：按照第一审程序审理再审案件时，一审原告申请撤回起诉的，是否准许由人民法院裁定。故再审中经法院准许可以撤回起诉。因此，C 项正确。

D 项：案外人一般不能申请再审，但是在案外人对执行标的的异议程序中，案外人可以申请再审。案外人提出执行标的的异议，法院裁定驳回后，案外人不服，认为原判决、裁定错误损害其合法权益的，可以自执行异议裁定送达之日起六个月内申请再审。因此，D 项正确。

【注意】案外人提出执行标的的异议，法院裁定驳回后，如果与原判决、裁定无关的，案外人不服则可以提起案外人异议之诉。

综上所述，本题答案为 CD 项。

29 `1103077`

【中等】答案：A，B。

解析：A 项：对下落不明或者宣告失踪的人提起的有关身份关系的诉讼，由原告住所地人民法院管辖；原告住所地与经常居住地不一致的，由原告经常居住地人民法院管辖。本题属于离婚诉讼，是有关身份关系的诉讼，若被告下落不明，由原告住所地法院管辖。因此，A 项正确。

B 项：离婚案件一方当事人死亡的，法院裁定诉讼终结。本案是离婚诉讼，案件诉讼标的是身份关系，一方当事人死亡的，直接裁定诉讼终结。因此，B 项正确。

C 项：根据《民事诉讼法》第 213 条规定："当事人对已经发生法律效力的解除婚姻关系的判决、调解书，不得申请再审。"根据《民诉法解释》第

380 条规定："当事人就离婚案件中的财产分割问题申请再审，如涉及判决中已分割的财产，人民法院应当依照民事诉讼法第二百零七条（现修改为第二百一十一条）的规定进行审查，符合再审条件的，应当裁定再审；如涉及判决中未作处理的夫妻共同财产，应当告知当事人另行起诉。"故"判决生效后，不允许当事人申请再审"过于绝对。因此，C 项错误。

D 项：离婚诉讼属于依申请不公开。因此，D 项错误。

综上所述，本题答案为 AB 项。

二、模拟题

30 `62304023`

【较难】答案：B。

解析：A 项：根据《民事诉讼法》第 210 条规定："当事人对已经发生法律效力的判决、裁定，认为有错误的，可以向上一级人民法院申请再审；当事人一方人数众多或者当事人双方为公民的案件，也可以向原审人民法院申请再审。当事人申请再审的，不停止判决、裁定的执行。"本题中当事人为两公司，不属于"一方人数众多或者双方为公民"的情况，不能向原审法院杭州市 B 区法院申请再审，应当向上一级法院（杭州市中院）申请再审。因此，A 项错误。

B 项：根据《民事诉讼法》第 215 条第 2 款规定："因当事人申请裁定再审的案件由中级人民法院以上的人民法院审理，但当事人依照本法第二百一十条的规定选择向基层人民法院申请再审的除外……"本案中，再审法院是原审法院（杭州市 B 区法院）的上一级法院（杭州市中院），属于提审，提审应适用二审程序审理。因此，B 项正确。

C 项：根据《民事诉讼法》第 217 条规定："按照审判监督程序决定再审的案件，裁定中止原判决、裁定、调解书的执行，但追索赡养费、扶养费、抚养费、抚恤金、医疗费用、劳动报酬等案件，可以不中止执行。"据此，只有法院裁定再审后才能中止执行，只是受理再审申请则不中止执

行。因此，C项错误。

D项：根据《民事诉讼法》第220条第1款的规定："有下列情形之一的，当事人可以向人民检察院申请检察建议或者抗诉：（一）人民法院驳回再审申请的；（二）人民法院逾期未对再审申请作出裁定的；（三）再审判决、裁定有明显错误的。"据此，向检察院申请检察建议或抗诉具有终局性，当事人不能同时找法院和检察院。因此，D项错误。

综上所述，本题答案为B项。

31 `62304024`

【较简单】答案：B。

解析：A项：根据《民事诉讼法》第210条的规定："当事人对已经发生法律效力的判决、裁定，认为有错误的，可以向上一级人民法院申请再审；当事人一方人数众多或者当事人双方为公民的案件，也可以向原审人民法院申请再审。当事人申请再审的，不停止判决、裁定的执行。"据此，当事人申请再审，原则上找原审法院的上一级法院，当事人一方人数众多或双方为公民时，也可以找原审法院申请再审。本案当事人为饶某和时代公司，并不属于一方人数众多或双方为公民的案件，因此只能向原审法院上一级法院申请再审，作出生效裁判的法院（二审法院）为湖南省A市中院，故而时代公司应向湖南省高院申请再审。因此，A项错误。

B项：无论是二审发回重审还是再审发回重审，均应适用一审程序审理。本案B区法院为重审法院，应适用一审程序审理。因此，B项正确。

C项：根据《民诉法解释》第39条第2款的规定："人民法院发回重审或者按第一审程序再审的案件，当事人提出管辖异议的，人民法院不予审查。"本案重审法院对于时代公司提出的管辖权异议应当不予审查。因此，C项错误。

D项：根据《民诉法解释》第252条的规定："再审裁定撤销原判决、裁定发回重审的案件，当事人申请变更、增加诉讼请求或者提出反诉，符合下列情形之一的，人民法院应当准许：（一）原审未合法传唤缺席判决，影响当事人行使诉讼权利的；（二）追加新的诉讼当事人的；（三）诉讼标的

物灭失或者发生变化致使原诉讼请求无法实现的；（四）当事人申请变更、增加的诉讼请求或者提出的反诉，无法通过另诉解决的。"本案再审裁定撤销原判发回重审，且需要追加遗漏的诉讼当事人秦某，这种情况下允许当事人增加诉讼请求或提反诉。因此，D项错误。

综上所述，本题答案为B项。

【不定项】

32 `62304044`

【较难】答案：B,D。

解析：A项：根据《民诉法解释》第299条规定："第三人撤销之诉案件审理期间，人民法院对生效判决、裁定、调解书裁定再审的，受理第三人撤销之诉的人民法院应当裁定将第三人的诉讼请求并入再审程序。但有证据证明原审当事人之间恶意串通损害第三人合法权益的，人民法院应当先行审理第三人撤销之诉案件，裁定中止再审诉讼。"据此，三撤遇上再审，原则上将三撤并入再审，恶意串通的情况下才会先审理三撤，中止再审。本案不涉及当事人恶意串通，应以再审优先，将三撤并入再审审理。因此，A项错误。

BC项：根据《民诉法解释》第300条规定："第三人诉讼请求并入再审程序审理的，按照下列情形分别处理：（一）按照第一审程序审理的，人民法院应当对第三人的诉讼请求一并审理，所作的判决可以上诉；（二）按照第二审程序审理的，人民法院可以调解，调解达不成协议的，应当裁定撤销原判决、裁定、调解书，发回一审法院重审，重审时应当列明第三人。"本案中，A市中院裁定再审，应适用二审程序审理，对于三撤的诉讼请求，可以调解，调解不成，撤销原判发回重审。因此，B项正确，C项错误。

D项：第三人撤销之诉中，若原判决并未侵害到第三人合法权益，说明第三人诉讼请求不成立，此时无论原判是否有错，都应当判决驳回诉讼请求。因此，D项正确。

综上所述，本题正确答案为BD项。

第十九章
涉外民事诉讼程序

参考答案

[1] BD　　[2] BD　　[3] ABCD　[4] B　　[5] BCD

一、历年真题及仿真题

（一）涉外民事诉讼程序

【多选】

1 1902172

【较简单】答案：B，D。

解析：本题综合考查涉外民事诉讼程序。

A项：在中国境内没有住所的当事人对判决、裁定上诉期为30日。注意判断是否适用特殊上诉期的关键不是看其是否具有中国国籍，而是看其在中国境内有无住所（不看国籍看住所）。本案中，匈牙利甲公司在中国没有住所，故其上诉期为30天；李某在中国有住所，上诉期为15天。因此，A项错误。

B项：一方当事人向外国法院起诉，另一方当事人向中国法院起诉的，人民法院可予受理。中国法院作出判决后，外国法院申请或者当事人请求中国法院承认和执行外国法院裁判的，不予准许，国际条约另有规定除外。本案中，花溪区法院已经作出判决，故当事人申请承认匈牙利法院判决，法院不予准许（防止出现冲突判决）。因此，B项正确。

CD项：一方当事人向外国法院起诉，另一方当事人向中国法院起诉的，人民法院可予受理。该种情况属于平行诉讼，不构成重复起诉。故甲公司向匈牙利的法院提起诉讼，李某向贵阳市花溪区法院起诉，花溪区法院可以受理本案并作出判决。因此，C项错误，D项正确。

综上所述，本题答案为BD项。

2 1403084

【中等】答案：B，D。

解析：本题综合考查涉外民事诉讼程序。

A项：只要是涉外民事案件，都不受一审、二审

审限的限制。本案中，离婚一方当事人为美国留学生琼斯，属于涉外民事案件，不受一审审限6个月的限制。因此，A项错误。

B项：涉外送达的适用对象是在我国境内没有住所的当事人（不看国籍看住所）。本案中，李虹和琼斯一直居住在甲市B区，故法院送达诉讼文书时，对李虹与琼斯可采取同样的方式。因此，B项正确。

C项：注意判断是否适用特殊上诉期的关键不是看其是否具有中国国籍，而是看其在中国境内有无住所（不看国籍看住所）。本案中，李虹和琼斯一直居住在甲市B区，故琼斯上诉期为15日而非30日。因此，C项错误。

D项：外国驻华使领馆官员，受本国公民的委托，可以以个人名义担任诉讼代理人。故美国驻华使馆法律参赞可以个人名义作为琼斯的诉讼代理人参加诉讼。因此，D项正确。

综上所述，本题答案为BD项。

3 1003085

【中等】答案：A，B，C，D。

解析：本题综合考查涉外民事诉讼程序。

AB项：根据涉外民事诉讼的牵连管辖规则，除身份关系外的涉外民事纠纷，对在中国没有住所的被告提起诉讼，可以由任何与争议有适当联系的法院管辖。本案属于买卖合同纠纷，且乙公司在我国境内没有住所，故可以由合同签订地（M市N区）、代表机构住所地（C市D区）法院管辖。因此，AB项正确。

C项：涉外民事诉讼的送达可向受送达人在我国设立的代表机构送达。本案中，美国乙公司在我国没有住所，但在我国C市D区设有代表处，故法院向乙公司送达时，可向乙公司设在C市D区的代表处送达。因此，C项正确。

D项：我国民诉中规定的一审上诉期为15日；而对于在中国境内没有住所的当事人的上诉期为30日。注意判断是否适用涉外特殊上诉期的关键不是看其是否是中国国籍，而是看其在中国境内有无住所（不看国籍看住所）。本案中，甲公司居住在我国领域内，应当适用期间规定的一般期限，即上诉期为15日。因此，D项正确。

综上所述，本题答案为 ABCD 项。

（二）综合知识点

【单选】

④ 1303042

【简单】答案：B。

解析：本题考查诉讼代理人。

A 项：一般有了委托诉讼代理人或者法定诉讼代理人后，当事人本人可以不亲自出庭，但离婚案件有诉讼代理人的，本人除不能表达意思外，仍应出庭。本案属于离婚案件，如无特殊情况，当事人郭某仍需出庭。因此，A 项错误。

BC 项：授权书仅写"全权代理"而无具体授权的，相当于一般委托代理。本案郭某委托黄律师，属于一般代理。签收诉讼文书不属于需要特别授权的行为，代为签收的行为有效。放弃诉讼请求属于需要特别授权的行为，故黄律师无权代为放弃诉讼请求。因此，B 项正确，C 项错误。

D 项：外国人需要委托代理人参加诉讼的，注意区分是否以律师身份担任诉讼代理人。如果代理人是以律师身份参与的，只能委托中国律师；如果代理人不是以律师身份参与的，也可以委托其本国公民。故珍妮委托代理人代为诉讼并非必须委托中国公民。因此，D 项错误。

综上所述，本题答案为 B 项。

二、模拟题

【多选】

⑤ 51904492

答案：B，C，D。

解析：根据《民诉法解释》第 531 条的规定："中华人民共和国法院和外国法院都有管辖权的案件，一方当事人向外国法院起诉，而另一方当事人向中华人民共和国法院起诉的，人民法院可予受理。判决后，外国法院申请或者当事人请求人民法院承认和执行外国法院对本案作出的判决、裁定的，不予准许；但双方共同缔结或者参加的国际条约另有规定的除外。外国法院判决、裁定已经被人民法院承认，当事人就同一争议向人民法院起诉的，人民法院不予受理。"据此分析如下：

AB 项：根据《民事诉讼法》第 276 条的规定："因涉外民事纠纷，对在中华人民共和国领域内没有住所的被告提起除身份关系以外的诉讼，如果合同签订地、合同履行地、诉讼标的物所在地、可供扣押财产所在地、侵权行为地、代表机构住所地位于中华人民共和国领域内的，可以由合同签订地、合同履行地、诉讼标的物所在地、可供扣押财产所在地、侵权行为地、代表机构住所地人民法院管辖。"北京市海淀区法院对本案有管辖权。故如果甲收到韩国法院的应诉通知后，向北京市海淀区法院起诉的，法院可予受理。因此，A 项错误，B 项正确。

C 项：如果北京市海淀区法院依法受理并作出判决后，韩国公司请求我国法院承认和执行韩国法院对本案作出的判决的，不予准许。因此，C 项正确。

D 项：如果韩国法院作出的判决已被我国法院承认，甲就本案向海淀区法院起诉的，法院应不予受理。因此，D 项正确。

综上所述，本题答案为 BCD 项。

第二十章 民诉特别程序

参考答案

[1] C	[2] B	[3] AD	[4] B	[5] D
[6] D	[7] A	[8] ACD	[9] BCD	[10] D
[11] BC	[12] ABCD	[13] ABD	[14] A	

一、历年真题及仿真题

（一）特别程序的特征

【单选】

① 1203044

【中等】答案：C。

解析：A 项：民事审判程序包括两类，一类是民事诉讼程序，一类是民事非讼程序。诉讼案件与非讼案件的本质区别在于是否解决当事人之间的实体纠纷。诉讼案件包括适用一审、二审、再审程序审理的民事案件。非讼案件包括督促程序案件、公示催告程序案件、特别程序中除选民资格案件以外的其他案件。因为诉讼案件与非讼案件都是对民事案件的分类，而选民资格案件涉及公民的政治权利，不属于民事案件，也就无从说属于诉讼案件还是非讼案件。选民资格案件仅适用于特别程序审理，既不属于诉讼案件，也不属于非讼案件。据此，不是所有适用特别程序审理的案件都是非讼案件。因此，A 项错误。

B 项：根据《民事诉讼法》第 188 条的规定："公民不服选举委员会对选民资格的申诉所作的处理决定，可以在选举日的五日以前向选区所在地基层人民法院起诉。"据此可知，只要是公民不服选举委员会对选民资格的申诉所作的处理决定的，就可以起诉，并不需要该公民与案件具有直接的利害关系。即选民资格案件中并不要求起诉人与案件有直接利害关系。因此，B 项错误。

CD 项：根据《民事诉讼法》第 185 条的规定："依照本章程序审理的案件，实行一审终审。选民资格案件或者重大、疑难的案件，由审判员组成合议庭审理；其他案件由审判员一人独任审理。"据此，特别程序实行一审终审。特别程序一般由审判员独任审理，选民资格案件或者重大、疑难的案件，由审判员组成合议庭审理。总之，陪审员一律不参加特别程序的审理，而不是通常不参加。因此，C 项正确，D 项错误。

综上所述，本题答案为 C 项。

（二）宣告失踪、死亡案件

【单选】

② 1703047

【较简单】答案：B。

解析：A 项：根据《民事诉讼法》第 190 条第 1 款的规定："公民下落不明满二年，利害关系人申请宣告其失踪的，向下落不明人住所地基层人民法院提出。"李某作为债权人，属于法律上具有利害关系的人，依法有权申请刘某失踪。因此，A 项错误。

BCD 项：首先，根据《民诉法解释》第 342 条的

规定："失踪人的财产代管人经人民法院指定后，代管人申请变更代管的，比照民事诉讼法特别程序的有关规定进行审理……失踪人的其他利害关系人申请变更代管的，人民法院应当告知其以原指定的代管人为被告起诉，并按普通程序进行审理。"据此，法院指定刘妻为财产代管人，刘父要求变更刘某的财产代管人，应当提起诉讼变更财产代管人，法院适用普通程序审理。其次，再审程序是针对诉讼程序的纠错制度，不适用于特别程序；当事人对特别程序所作判决、裁定有异议的，应当向法院提出异议，法院经审查裁定异议成立的，作出新的判决、裁定撤销或者改变原判决、裁定；异议不成立的，裁定驳回。因此，B 项正确，CD 项错误。

综上所述，本题答案为 B 项。

【多选】

③ 2302003

答案：A,D。

解析：本题考查非讼程序中宣告公民失踪案件中财产代管人的变更。财产代管人的变更分为代管人自己申请和其他利害关系人申请。代管人自己申请变更财产代管人时没有争议，适用特别程序审理，若法院审查理由成立则裁定撤销＋另行指定财产代管人，若不成立则裁定驳回申请；其他利害关系人申请变更财产代管人时存在争议，应适用普通程序审理，原告为其他利害关系人，被告为原代管人。

AB 项：本案中，法院指定赵某妻子为财产代管人，若赵某妻子要变更财产代管人为儿子小赵，属于代管人自己申请变更财产代管人的情形，没有争议，适用特别程序审理。因此，A 项正确，B 项错误。

CD 项：本案中，若赵某母亲认为赵某妻子不适合担任财产代管人想要变更财产代管人，属于其他利害关系人申请变更财产代管人的情形，存在争议，应适用普通程序审理，原告为其他利害关系人（赵某母亲），被告为原代管人（赵某妻子）。因此，C 项错误，D 项正确。

综上所述，本题答案为 AD 项。

（三）确认调解协议案件

【单选】

④ 2202157

【较简单】答案：B。

解析：ABCD 项：根据《民事诉讼法》第 205 条规定，人民法院邀请调解组织开展先行调解的，达成调解协议后向【作出邀请】的人民法院申请司法确认。本案中，甲县法院邀请丁县人民调解委员会开展先行调解，当事人应当向作出邀请的甲县法院申请司法确认。因此，B 项正确，ACD 项错误。

综上所述，本题正确答案为 B 项。

⑤ 1902014

【中等】答案：D。

解析：本题考查确认调解协议案件的救济。若对确认调解协议的裁定有异议，则可向作出该裁定的法院提出。

ABCD 项：适用特别程序审理的案件一审终审，不能上诉不能再审。当事人对法院确认调解协议效力的裁定有异议，则可向作出该裁定的某区法院提出异议，但不能上诉、不能申请再审，也不存在复议的问题。因此，ABC 项错误，D 项正确。

综上所述，本题答案为 D 项。

⑥ 1503045

【较简单】答案：D。

解析：ABCD 项：根据《民诉法解释》第 355 条第 1 款第 5 项的规定："当事人申请司法确认调解协议，有下列情形之一的，人民法院裁定不予受理：……（五）调解协议内容涉及物权、知识产权确权的。"李云和王亮的调解协议内容是确认房屋所有权归属问题，法院应裁定不予受理。因此，D 项正确，ABC 项错误。

综上所述，本题答案为 D 项。

【注意】《民诉法解释》第 355 条是对人民调解中调解协议效力确认的限制，对于法院调解没有此限制。

⑦ 1003035

【中等】答案：A。

解析：A 项：根据《人民调解法》第 32 条的规定：

"经人民调解委员会调解达成调解协议后，当事人之间就调解协议的履行或者调解协议的内容发生争议的，一方当事人可以向人民法院提起诉讼。"若张某反悔不履行协议，李某可就协议向法院提起诉讼。因此，A 项正确。

B 项：本题中，侵权行为人与被侵权人已达成了赔偿协议。根据民法法理，本案已经由侵权之债转化成合同之债（侵权之债已经因为当事人放弃权利而消灭），因赔偿协议不履行的诉讼为违约之诉。因此，B 项错误。

C 项：根据《人民调解法》第 33 条第 2 款的规定："人民法院依法确认调解协议有效，一方当事人拒绝履行或者未全部履行的，对方当事人可以向人民法院申请强制执行。"本题中，达成的赔偿协议还没有经过司法确认故还不具有强制执行效力，不能够申请强制执行。因此，C 项错误。

D 项：根据《人民调解法》第 19 条的规定："人民调解委员会根据调解纠纷的需要，可以指定一名或者数名人民调解员进行调解，也可以由当事人选择一名或者数名人民调解员进行调解。"据此，人民调解中不存在独任审理或者合议审理的问题。调解委员会的组成可以根据案情决定，张某不可以调解委员会未组成合议庭调解为由，向法院申请撤销调解协议。因此，D 项错误。

综上所述，本题答案为 A 项。

【多选】

⑧ 1303083

【中等】答案：A，C，D。

解析：AB 项：根据《民事诉讼法》第 205 条规定："经依法设立的调解组织调解达成调解协议，申请司法确认的，由双方当事人自调解协议生效之日起三十日内，共同向下列人民法院提出：（一）人民法院邀请调解组织开展先行调解的，向作出邀请的人民法院提出；（二）调解组织自行开展调解的，向当事人住所地、标的物所在地、调解组织所在地的基层人民法院提出；调解协议所涉纠纷应当由中级人民法院管辖的，向相应的中级人民法院提出。"本案属于第（二）种情形，结合本案不属于中院管辖范围的事实，本案可以由当事人住所地（甲区、乙区）、标的物所在地（丙市）、调解组织所在地（丁区）的基层法院管辖。因此，A项错误，当选；B项正确，不当选。

C项：根据《民事诉讼法》第185条的规定："依照本章程序审理的案件，实行一审终审。选民资格案件或者重大、疑难的案件，由审判员组成合议庭审理；其他案件由审判员一人独任审理。"本案不属于重大、疑难的案件，人民法院审理确认调解协议案件，由一名审判员独任审理。因此，C项错误，当选。

D项：既判力是指生效判决对诉讼标的之判断并对法院和当事人产生的约束力。只有生效民事判决才具有既判力。人民调解委员会做出的调解属于诉讼外的调解，不具有既判力。因此，D项错误，当选。

综上所述，本题为选非题，答案为ACD项。

【注意】本题因《民事诉讼法》修改而导致答案变更，现在建议以此文字答案解析为准。

【不定项】

⑨ 1703097

【较难】答案：B,C,D。

解析：本题考查确认调解协议的申请。

ABD项：根据《民事诉讼法》第205条规定："经依法设立的调解组织调解达成调解协议，申请司法确认的，由双方当事人自调解协议生效之日起三十日内，共同向下列人民法院提出：（一）人民法院邀请调解组织开展先行调解的，向作出邀请的人民法院提出；（二）调解组织自行开展调解的，向当事人住所地、标的物所在地、调解组织所在地的基层人民法院提出；调解协议所涉纠纷应当由中级人民法院管辖的，向相应的中级人民法院提出。"可知，申请确认调解协议，应在调解协议生效之日起30日内由林剑、钟阳共同申请。本案为调解委员会组织调解，故向当事人住所地（B市东城区、西城区）或调解组织所在地（B市北城区）的基层法院申请。因此，A项错误，BD项正确。

C项：申请确认调解协议，可以书面形式也可以口头形式。因此，C项正确。

综上所述，本题答案为BCD项。

【注意】申请确认调解协议管辖法院需要根据组织

调解的主体确定，不同主体调解，管辖法院也有区别。

（四）实现担保物权案件

【单选】

⑩ 1403044

【较简单】答案：D。

解析：本题考查实现担保物权案件的申请与处理。

A项：申请实现担保物权应向【担保财产所在地】或者【担保物权登记地】基层法院提出。本题中，作为担保财产的三套别墅在W市，故银行应向W市基层法院提交书面申请。因此，A项错误。

B项：银行申请实现担保物权，即申请拍卖汤姆的别墅，故汤姆为被申请人。（谁为被申请人是看谁提供了担保）因此，B项错误。

CD项：法院受理申请后审查，①符合法律规定的，裁定拍卖、变卖担保财产，当事人依据该裁定可以申请执行；②不符合法律规定的，裁定驳回申请，当事人可以提起诉讼。故如果法院作出拍卖裁定，应由银行申请执行，而非法院直接移送；如果法院驳回申请，银行可就该抵押权益向法院起诉。因此，C项错误，D项正确。

综上所述，本题答案为D项。

【注意】一般以下4种情形应当直接移交执行：①生效的具有给付赡养费、抚养费或扶养费内容的法律文书；②具有强制执行内容的民事制裁决定书；③刑事附带民事裁判或调解书；④检察院提起公益诉讼案件的裁判发生法律效力且被告不履行的。

【多选】

⑪ 2102128

【较简单】答案：B,C。

解析：本题考查实现担保物权案件的救济。对于实现担保物权案件的处理情形如下：①有实质争议则裁定驳回申请，告知起诉；②部分有实质争议则无争议部分可准予拍卖执行；③无实质争议且条件成就则裁定准予拍卖变卖（可强制执行）。

AB项：本案中，赵某对实现担保物权没有异议，故法院应当裁定准许拍卖赵某的房屋。因此，A

项错误，B 项正确。

CD 项：本案中，钱某对实现担保物权存在实质异议，故法院应当驳回对钱某房屋拍卖、变卖的申请。且由于合同中约定发生纠纷由某仲裁委仲裁，故银行和钱某应当依据仲裁协议向某仲裁委申请仲裁解决纠纷。因此，C 项正确，D 项错误。

综上所述，本题答案为 BC 项。

12 2002123

【中等】答案：A,B,C,D。

解析：本题综合考查实现担保物权知识点。

AB 项：担保物权人以及其他有权请求实现担保物权的人，可向担保财产所在地或担保物权登记地基层法院申请实现担保物权。本案中，乙对甲的汽车享有留置权，可以向汽车所在地或担保物权登记地基层法院申请实现担保物权。因此，AB 项正确。

CD 项：法院对于实现担保物权案件的处理情形如下：①有实质争议的，裁定驳回申请，告知起诉；②部分有实质争议的，无争议部分可准予拍卖执行；③无实质争议且条件成就的，裁定准予拍卖变卖，该裁定有强制执行力（可强制执行）。因此，CD 项正确。

综上所述，本题答案为 ABCD 项。

二、模拟题

【多选】

13 62204033

【较简单】答案：A,B,D。

解析：ABC 项：根据《民事诉讼法》第 188 条的规定："公民不服选举委员会对选民资格的申诉所作的处理决定，可以在选举日的五日以前向选区所在地基层人民法院起诉。"据此可知，选民资格案件"申诉前置"，对选举委员所在的处理决定不服的，才可以在选举日五日前向该区所在地的基层法院起诉。因此，AB 项正确，C 项错误。

D 项：根据《民事诉讼法》189 条第 1 款的规定："人民法院受理选民资格案件后，必须在选举日前审结。"因此，D 项正确。

综上，本题答案为 ABD 项。

【不定项】

14 62104043

【较难】答案：A。

解析：A 项：根据《民诉法解释》第 355 条第 1 款规定："当事人申请司法确认调解协议，有下列情形之一的，人民法院裁定不予受理：……（五）调解协议内容涉及物权、知识产权确权的。"本案中甲乙就房产归属达成调解协议，涉及物权确权。因此，A 项正确。

B 项：根据《民事诉讼法》第 185 条规定："依照本章程序审理的案件，实行一审终审。选民资格案件或者重大、疑难的案件，由审判员组成合议庭审理；其他案件由审判员一人独任审理。"本题属于选民资格案件，应该由审判员组成合议庭审理。因此，B 项错误。

C 项：根据《民诉法解释》第 372 条第 2 款规定："对人民法院作出的确认调解协议、准许实现担保物权的裁定，当事人有异议的，应当自收到裁定之日起十五日内提出；利害关系人有异议的，自知道或者应当知道其民事权益受到侵害之日起六个月内提出。"特别程序一审终审，不能申请再审，也不能提起第三人撤销之诉。特别程序有自己的救济方式，在实现担保物权的案件中，利害关系人只能在 6 个月内提出异议。因此，C 项错误。

D 项：根据《民事诉讼法》第 198 条第 1 款规定："申请认定公民无民事行为能力或者限制民事行为能力，由利害关系人或者有关组织向该公民住所地基层人民法院提出。"金莲作为武大的妻子，属于武大近亲属的范围，可以申请认定武大为无民事行为能力人。但金莲应该向武大住所地所在的基层人民法院提出申请，而不是"中院"。因此，D 项错误。

综上所述，本题答案为 A 项。

第二十一章
督促程序

参考答案

[1] C　　[2] A　　[3] D　　[4] C　　[5] D

[6] AD　　[7] AC　　[8] AB　　[9] BD　　[10] AC

[11] AB　　[12] AD　　[13] BD

一、历年真题及仿真题

督促程序

【单选】

1 `2202119`

【较简单】答案：C。

解析：ABCD 项：根据《民事诉讼法》第 104 条第 3 款的规定："申请人在人民法院采取保全措施后三十日内不依法提起诉讼或者申请仲裁的，人民法院应当解除保全。"可知，申请诉前财产保全后，申请人应当在采取保全措施后 30 日内提起诉讼或申请仲裁，不能再申请支付令。支付令是人民法院适用督促程序催促债务人及时偿还债务的程序，此程序并不经过审判解决当事人之间的纠纷，所以是一种非讼特别程序，与诉前保全不能同时并行。本案中，某乙已经申请法院对某甲进行了诉前财产保全，故当某乙再次申请法院对某甲发出支付令时，法院不应受理某乙的申请。因此，C 项正确，ABD 项错误。

综上所述，本题答案为 C 项。

2 `2002029`

【中等】答案：A。

解析：本题考查督促程序中的异议。

AD 项：债务人在 15 日内书面提出有效异议，若异议成立则支付令失效。注意超期提、口头提、提出没钱需要分期等均不属于有效异议。本案中，王某第一次提出的书面异议仅要求延长债务清偿期限，不影响支付令的效力，支付令继续有效。5 日后王某第二次提出书面异议，属于对债务本身的异议，该支付令失效。因此，A 项正确，D 项错误。

BC 项：债务人向发出支付令的法院提起诉讼会导致支付令失效，而向其他法院起诉的，不影响支付令的效力。本案中，债务人王某起诉的法院是乙法院而非发出支付令的甲法院，不影响支付令的效力，甲法院也无需终结督促程序。因此，BC 项错误。

综上所述，本题答案为 A 项。

3 `1802040`

【中等】答案：D。

解析：本题综合考查支付令。

A 项：在金钱或有价证券满足已到期＋数额确定＋无其他纠纷＋可送达的条件时，债权人可向债务人住所地的基层法院书面申请支付令。本案中，高某向杨某借款 235000 元且到期后一直未归还，故杨某可向高某住所地 A 区法院申请支付令。因此，A 项正确，不当选。

B 项：本案是借款合同纠纷，不属于专属管辖且不存在协议管辖，故按照合同纠纷特殊地域管辖规则来确定，由被告住所地（高某住所地 A 区法院）或合同履行地（合同已经实际履行且未约定合同履行地，接收货币一方所在地为合同履行地，即杨某所在地 B 区法院）管辖。故杨某可以向 B 区法院起诉。因此，B 项正确，不当选。

CD 项：债权人撤回申请或向法院提起诉讼均会导致支付令失效。本案中，杨某为债权人，故其向 B 区法院起诉，会导致支付令失效。因此，C 项正确，不当选；D 项错误，当选。

综上所述，本题为选非题，答案为 D 项。

【注意】要注意区分是债务人还是债权人向法院起诉。债务人向发出支付令的法院提起诉讼会导致支付令失效，而向其他法院起诉的，不影响支付令的效力；而债权人撤回申请或向法院提起诉讼（无论是否为发出支付令的法院）均会导致支付令失效。

4 `1503047`

【简单】答案：C。

解析：ABC 项：根据《民诉法解释》第 431 条第 1 款规定："债务人在收到支付令后，未在法定期间提出书面异议，而向其他人民法院起诉的，不影响支付令的效力。"债务人甲在法定期间未提出异议，虽然其以借款不成立为由向另一法院提起诉讼，但不影响支付令的效力。因此，AB项错误，C项正确。

D项：根据《民诉法解释》第434条第1款规定："对设有担保的债务的主债务人发出的支付令，对担保人没有拘束力。"丙作为甲的担保人，法院向债务人甲发出的支付令，对担保人丙没有约束力。因此，D项错误。

综上所述，本题答案为C项。

⑤ 1403046

【较简单】答案：D。

解析：A项：根据《民诉法解释》第429条的规定："向债务人本人送达支付令，债务人拒绝接收的，人民法院可以留置送达。"支付令是可以留置送达的，法官的送达有效。因此，A项错误。

B项：根据《民事诉讼法》第227条第2款规定："债务人应当自收到支付令之日起十五日内清偿债务，或者向人民法院提出书面异议。"提出支付令异议的期间是15天，陈某的异议已经发生了效力。因此，B项错误。

CD项：根据《民事诉讼法》第228条规定："人民法院收到债务人提出的书面异议后，经审查，异议成立的，应当裁定终结督促程序，支付令自行失效。支付令失效的，转入诉讼程序，但申请支付令的一方当事人不同意提起诉讼的除外。"人民法院对债务人在法定期间内提出的书面异议，只进行形式审查，只要异议是针对债务本身提出的即可成立。陈某提出已经归还借款，针对债务关系本身，因此异议成立，支付令失效，应该转为诉讼程序进行审理，且债权人黄某希望法院解决借款问题表明其同意提起诉讼。因此，C项错误，D项正确。

综上所述，本题答案为D项。

【多选】

⑥ 1902080

【中等】答案：A，D。

解析：本题考查督促程序，可以直接根据司法解释规定作答。

ABCD项：根据《民诉法解释》第434条的规定：

"对设有担保的债务的主债务人发出的支付令，对担保人没有约束力。债权人就担保关系单独提起诉讼的，支付令自人民法院受理案件之日起失效。"（常考点，需重点把握）故债权人五岳公司申请向债务人大山公司发出的支付令仅对债务人大山公司有拘束力，对担保人海伦公司没有拘束力。债权人五岳公司单独就担保关系对海伦公司提起诉讼，支付令失效。因此，AD项正确，BC项错误。

综上所述，本题答案为AD项。

说明：担保权具有从属性，从属于主债务，因此单独就担保关系起诉会导致支付令消失，审理担保关系有赖于对主债务关系的审查。

⑦ 1703083

【较简单】答案：A，C。

解析：A项：支付令可以留置送达，不能公告送达。甲公司拒绝签收支付令时，法院可留置送达。因此，A项正确。

B项：债务人在收到支付令后，可在15日内书面提有效异议，或向发出法院起诉，向其他法院起诉不影响支付令的效力。故甲公司向发出法院(A市B县法院)以外的其他法院起诉不构成有效异议，不影响支付令的效力。因此，B项错误。

CD项：根据《民事诉讼法》第227条第3款的规定："债务人在前款规定的期间不提出异议又不履行支付令的，债权人可以向人民法院申请执行。"《民诉法解释》第434条第1款规定："对设有担保的债务的主债务人发出的支付令，对担保人没有拘束力。"故乙公司可依支付令向法院申请执行债务人甲公司的财产，不能执行担保人丙公司的财产。因此，C项正确，D项错误。

综上所述，本题答案为AC项。

⑧ 1603082

【较简单】答案：A，B。

解析：A项：支付令可以留置送达，不能公告送达。故卢某拒不签收可以采取留置送达。因此，A项正确。

B项：支付令一经作出即产生督促效力，债务人自收到支付令之日起15日内不提出书面有效异议或向作出法院起诉的，产生强制执行力。本题中，发出支付令后已过 20 天，支付令已经生效，故单某可以向法院申请强制执行。因此，B 项正确。

CD 项：根据《民诉法解释》第 431 条第 1 款规定："债务人在收到支付令后，未在法定期间提出书面异议，而向其他人民法院起诉的，不影响支付令的效力。"单某向 M 法院申请支付令，卢某向 N 法院提起诉讼，不影响支付令的效力，故 M 法院不应当裁定终结督促程序。因此，CD 项错误。

综上所述，本题答案为 AB 项。

9　1303084

【较简单】答案：B,D。

解析：A 项：根据《民诉法解释》第 143 条的规定："适用特别程序、督促程序、公示催告程序的案件，婚姻等身份关系确认案件以及其他根据案件性质不能进行调解的案件，不得调解。"本案属于督促程序，故不适用调解。因此，A 项错误。

BCD 项：根据《民事诉讼法》第 228 条的规定："人民法院收到债务人提出的书面异议后，经审查，异议成立的，应当裁定终结督促程序，支付令自行失效。支付令失效的，转入诉讼程序，但申请支付令的一方当事人不同意提起诉讼的除外。"被申请人彗星公司提出了实体上的有效异议，法院应当终结督促程序，并将案件自动转为诉讼程序处理，但申请人胡某不同意的除外。因此，BD 项正确，C 项错误。

综上所述，本题答案为 BD 项。

【注意】终结督促程序后是自动转为诉讼程序，而终结公示催告程序后需由当事人另行提起诉讼。在前者中，已有的债权债务关系发生争议，故法院可以直接转为诉讼程序解决实体争议；但是在后者中，只是申请人提供的票据和申报人提供的票据形式上一致，一方面，是否存在实体争议尚不确定，另一方面，也是出于对票据特殊性的考量。

10　1103085

【较简单】答案：A,C。

解析：ABCD 项：根据《民诉法解释》第 430 条第 1 项规定："有下列情形之一的，人民法院应当裁定终结督促程序，已发出支付令的，支付令自行失效：（一）人民法院受理支付令申请后，债权人就同一债权债务关系又提起诉讼的……"同时根

据《民诉法解释》第 431 条规定："债务人在收到支付令后，未在法定期间提出书面异议，而向其他人民法院起诉的，不影响支付令的效力。债务人超过法定期间提出异议的，视为未提出异议。"若债务人在法定期间内向发出支付令的法院就该债权债务关系起诉的，支付令失效。乙公司收到支付令后在法定期间内向 A 县法院就该债权债务关系提起诉讼，因此支付令失效，甲公司不可以申请强制执行，发出支付令的法院应当受理乙公司就该债权债务关系提起的诉讼。因此，AC 项正确，BD 项错误。

综上所述，本题答案为 AC 项。

11　1003089

【中等】答案：A,B。

解析：A 项：根据《民诉法解释》第 429 条规定："向债务人本人送达支付令，债务人拒绝接收的，人民法院可以留置送达。"因此，A 项正确。

B 项：根据《民事诉讼法》第 228 条规定："人民法院收到债务人提出的书面异议后，经审查，异议成立的，应当裁定终结督促程序，支付令自行失效。支付令失效的，转入诉讼程序，但申请支付令的一方当事人不同意提起诉讼的除外。"这里的审查是形式审查，形式上的审查包括审查是否符合异议的形式要件。审查异议理由客观上是否属实属于实质审查。因此，B 项正确。

C 项：根据《民诉法解释》第 431 条规定："债务人在收到支付令后，未在法定期间提出书面异议，而向其他人民法院起诉的，不影响支付令的效力。债务人超过法定期间提出异议的，视为未提出异议。"可见，债务人在收到支付令后，如果向其他法院起诉，则不影响支付令的效力；如果向发出支付令的法院起诉，会导致支付令失效，因为起诉本身就是一种提出异议的方式，也就是说，当事人向发出支付令的法院提出诉讼，可以构成支付令异议的一种形式。因此，C 项错误。

D 项：根据《民事诉讼法》第 227 条第 2 款、第 3 款规定："债务人应当自收到支付令之日起十五日内清偿债务，或者向人民法院提出书面异议。债务人在前款规定的期间不提出异议又不履行支付令的，债权人可以向人民法院申请执行。"可以看

出，支付令送达之后并不是立即就发生强制执行的效力，而是要经过15日的异议期，在15日之内，债务人不履行又不提出异议的，支付令才具有被申请强制执行的效力。因此，D项错误。

综上所述，本题答案为AB项。

二、模拟题

【多选】

⑫ 62304034

【较难】答案：A,D

解析：ABCD项：根据《民诉法解释》第434条规定："对设有担保的债务的主债务人发出的支付令，对担保人没有约束力。债权人就担保关系单独提起诉讼的，支付令自人民法院受理案件之日起失效。"本案中，安胜公司申请的支付令仅对债务人浩加公司有拘束力，对担保人迪伦公司没有拘束力。债权人安胜公司单独就担保关系对迪伦公司提起诉讼，支付令失效。因此，AD项正确，BC项错误。

综上所述，本题答案为AD项。

⑬ 62304033

【中等】答案：B,D

解析：A项：根据《民诉法解释》第429条的规定："向债务人本人送达支付令，债务人拒绝接收的，人民法院可以留置送达。"因此，A项错误。

B项：根据《民诉法解释》第431条的规定："债务人在收到支付令后，未在法定期间提出书面异议，而向其他人民法院起诉的，不影响支付令的效力。债务人超过法定期间提出异议的，视为未提出异议。"可知，债务人在收到支付令后，如果向其他法院起诉，则不影响支付令的效力。因此，B项正确。

C项：法院对支付令的书面异议只进行形式审查，不进行实质审查。经法院的形式审查，异议成立的，应当裁定终结督促程序，支付令自行失效。因此，C项错误。

D项：根据《民诉法解释》第436条第1款的规定："债务人对债务本身没有异议，只是提出缺乏清偿能力、延缓债务清偿期限、变更债务清偿方式等异议的，不影响支付令的效力。"据此，若债务人针对变更债务清偿方式提出异议，不影响支

付令的效力。因此，D项正确。

综上所述，本题答案为BD项。

第二十二章
公示催告程序

参考答案

[1] C   [2] C   [3] BD   [4] ABCD [5] AC
[6] AD   [7] ABCD

一、历年真题及仿真题

公示催告程序

【单选】

① 1703048

【较简单】答案：C。

解析：ABCD项：在公告期间届满后、除权判决作出之前，利害关系人仍可向法院申报权利，法院收到申报后，应当裁定【终结】公示催告程序。一方面，除权判决是在没有人申报权利的情况下作出的；二则，如果有人申报权利，则说明对于票据的权属还有争议，而非讼程序不解决实体争议，故只能裁定终结公示催告程序，告知当事人通过另行起诉的方式解决票据权利义务纠纷。所以在除权判决作出前，家佳公司可以申报权利，法院应当裁定终结公示催告程序。因此，ABD项错误，C项正确。

综上所述，本题答案为C项。

【注意】法院作出除权判决须以没有利害关系人申报权利为前提，且此处的申报需为有效申报（形式审查利害关系人出示的票据和申请公示催告的票据一致）。

② 1203046

【较简单】答案：C。

解析：AD项：根据《民诉法解释》第448条的规定："在申报期届满后、判决作出之前，利害关系人申报权利的，应当适用民事诉讼法第二百二十八条（现修改为第二百三十二条）第二

款、第三款规定处理。"根据《民事诉讼法》第232条第2款、第3款的规定："人民法院收到利害关系人的申报后，应当裁定终结公示催告程序，并通知申请人和支付人。申请人或者申报人可以向人民法院起诉。"据此，利害关系人申报权利的期间截止于法院除权判决作出前。虽然公示催告期间届满，但在法院作出判决之前，利害关系人都能申报权利，乙在判决作出之前申报权利具有法律效力，故法院不应当驳回乙的权利申报，也无需审查乙迟延申报权利是否具有正当事由以作出处理。因此，AD项错误。

B项：公示催告程序属于非讼程序，由于非讼程序不解决实体争议，故不存在开庭和辩论环节。因此，B项错误。

C项：根据《民诉法解释》第449条的规定："利害关系人申报权利，人民法院应当通知其向法院出示票据，并通知公示催告申请人在指定的期间查看该票据。公示催告申请人申请公示催告的票据与利害关系人出示的票据不一致的，应当裁定驳回利害关系人的申报。"据此，人民法院仅对利害关系人提出的票据从外观等方面进行形式审查。在利害关系人乙申报权利之后，法院并不从实质上审查权利申报的真实性，仅形式审查，并且需要通知申请人甲在指定的期间查看该票据。因此，C项正确。

综上所述，本题答案为C项。

【多选】

③ 2202022

【中等】答案：B,D。

解析：本题考查除权判决的性质与申请人的权利。

AC项：确认之诉的判决为确认判决，形成之诉的判决为形成判决。公示催告程序属于非讼程序，不可能对其进行诉的分类，所以没有确认之诉、形成之诉一说，故除权判决不是确认判决或形成判决。因此，AC项错误。

B项：公示催告程序是非讼程序，除权判决并不解决实质性纠纷，属于非讼判决。因此，B项正确。

D项：除权判决作出后应当公告，自公告之日起，申请人可要求支付人支付。因此，D项正确。

综上所述，本题答案为BD项。

④ 2002118

【较难】答案：A,B,C,D。

解析：本题综合考查公示催告程序的知识点。

A项：公示催告程序中的公告是必经程序。因此，A项正确。

B项：公示催告程序分为公示催告阶段（独任制）与除权判决阶段（合议制）。故签发公告由审判员一人签发。因此，B项正确。

C项：公告期必须≥60且不得早于支付日后15日。本案中遗失的票据到期付款日为2016年8月1日，故确定不少于80日且在2016年8月16日后届满符合规定。因此，C项正确。

D项：公告期内票据转让行为无效。因此，D项正确。

综上所述，本题答案为ABCD项。

⑤ 1603083

【较简单】答案：A,C。

解析：本题考查利害关系人申报权利后法院如何处理。

ABCD项：利害关系人权利申报的处理流程梳理：（1）通知申报人向法院出示票据，并通知公示催告申请人在指定的期间查看该票据；（2）法院【形式审查】：申请公示催告的票据与利害关系人出示的票据是否一致：①不一致，应当裁定【驳回】利害关系人的申报，②一致，裁定终结公示催告程序，并通知申请人和支付人。盘堂公司在公告期间申报权利，法院应当通知大界公司到法院查看盘堂公司提交的汇票，并对票据作形式审查，如果不一致裁定驳回，一致则裁定终结公示催告程序。因此，AC项正确，BD项错误。

综上所述，本题答案为AC项。

【注意】公示催告程序为非讼程序，不解决票据权利义务纠纷，故不存在举证质证、辩论的环节，当事人也无需提供证据。

⑥ 1503085

【较简单】答案：A,D。

解析：A项：根据《民事诉讼法》第231条第1款的规定："支付人收到人民法院停止支付的通知，应当停止支付，至公示催告程序终结。"故A银行在收到止付通知后，应当停止支付，直至公示催告程序终结。因此，A项正确。

B项：公示催告期间，转让票据权利的行为无效。故甲公司将汇票权利转让给乙企业作为付款的行为无效。因此，B项错误。

C项：除权判决只能依当事人的申请作出而不能由法院依职权作出。故若甲公司未提出申请，法院不能主动作出宣告汇票无效的判决。因此，C项错误。

D项：公示催告阶段适用独任制；除权判决阶段适用合议制。故法院若判决宣告汇票无效，应当组成合议庭。因此，D项正确。

综上所述，本题答案为AD项。

二、模拟题

【多选】

7 51904422

答案：A,B,C,D

解析：A项：根据《民事诉讼法》第229条第1款的规定："按照规定可以背书转让的票据持有人，因票据被盗、遗失或者灭失，可以向票据支付地的基层人民法院申请公示催告。依照法律规定可以申请公示催告的其他事项，适用本章规定。"本案中，丙应当向票据支付地的基层人民法院申请公示催告。因此，A项错误，当选。

B项：根据《民事诉讼法》第233条的规定："没有人申报的，人民法院应当根据申请人的申请，作出判决，宣告票据无效。判决应当公告，并通知支付人。自判决公告之日起，申请人有权向支付人请求支付。"据此，法院除权判决依申请作出。因此，B项错误，当选。

C项：根据《民事诉讼法》第232条的规定："利害关系人应当在公示催告期间向人民法院申报。人民法院收到利害关系人的申报后，应当裁定终结公示催告程序，并通知申请人和支付人。申请人或者申报人可以向人民法院起诉。"可见，法院对权利人的申报仅作形式审查，并且也不可组织当事人进行法庭调查和法庭辩论。因此，C项错误，当选。

D项：根据《民诉法解释》第452条的规定："适

用公示催告程序审理案件，可由审判员一人独任审理；判决宣告票据无效的，应当组成合议庭审理。"公示催告程序分为两个阶段，公示催告阶段和除权判决阶段，前者适用独任制，后者适用合议制。因此，D项错误，当选。

综上所述，本题为选非题，答案为ABCD项。

第二十三章
民诉执行程序

参考答案

[1]AB	[2]BCD	[3]B	[4]B	[5]A
[6]A	[7]C	[8]CD	[9]AD	[10]C
[11]D	[12]C	[13]AC	[14]D	[15]B
[16]B	[17]B	[18]AB	[19]AD	[20]BCD
[21]AC	[22]ABCD	[23]D	[24]B	[25]B
[26]B	[27]D	[28]BC	[29]ACD	[30]BCD
[31]BC	[32]C	[33]AC	[34]AC	[35]A
[36]ACD	[37]BD	[38]ABCD	[39]ACD	[40]BC
[41]D				

一、历年真题及仿真题

（一）执行根据、启动与管辖

【多选】

1 1003090

【较难】答案：A,B。

解析：A项：根据《民诉法执行程序解释》第3条第1款的规定："人民法院受理执行申请后，当事人对管辖权有异议的，应当自收到执行通知书之日起十日内提出。"由此可见，当事人可以对法院的执行管辖权提出异议。因此，A项正确。

B项：根据《民事诉讼法》第236条的规定："当事人、利害关系人认为执行行为违反法律规定的，可以向负责执行的人民法院提出书面异议。……"由此，当事人可以对执行法院的执行行为的合法性提出异议。因此，B项正确。

C项：根据《民事诉讼法》第238条的规定："执

行过程中，案外人对执行标的提出书面异议的，人民法院应当自收到书面异议之日起十五日内审查，理由成立的，裁定中止对该标的的执行；理由不成立的，裁定驳回。……"对于执行标的的异议提出主体应该是案外人，而不是当事人。因此，C 项错误。

D 项：对于执行法院作出的执行中止的裁定，法律没有规定当事人享有异议权。因此，D 项错误。

综上所述，本题答案为 AB 项。

（二）执行担保

【不定项】

2　1303099

【中等】答案：B,C,D。

解析：ACD 项：根据《民事诉讼法》第 242 条的规定："在执行中，被执行人向人民法院提供担保，并经申请执行人同意的，人民法院可以决定暂缓执行及暂缓执行的期限。被执行人逾期仍不履行的，人民法院有权执行被执行人的担保财产或者担保人的财产。"本题中，"裁定终结执行"表述错误。恢复执行后，法院既可执行被申请人的其他财产，也可以执行担保财产。因此，A 项错误，CD 项正确。

B 项：根据《执行担保若干规定》第 11 条第 1 款的规定："暂缓执行期限届满后被执行人仍不履行义务，或者暂缓执行期间担保人有转移、隐藏、变卖、毁损担保财产等行为的，人民法院可以依申请执行人的申请恢复执行，并直接裁定执行担保财产或者保证人的财产，不得将担保人变更、追加为被执行人。"本题中，被执行人郭某暂缓执行期间届满后仍无力偿债，人民法院可依申请执行人兴源公司的申请恢复执行。因此，B 项正确。

综上所述，本题答案为 BCD 项。

（三）执行和解

【单选】

3　2202152

【较难】答案：B。

解析：ABCD 项：甲、乙在判决生效后、执行前私下达成和解协议，法院对二人达成和解并

不知情，故而在收到乙的执行申请时应当受理执行申请。执行开始后，甲凭借和解协议向法院提出执行异议，法院审查发现和解协议本身有效且履行完毕，应当裁定终结执行。因此，B 项正确，A、C、D 项错误。

综上所述，本题正确答案为 B 项。

4　2202118

【较简单】答案：B。

解析：本题考查执行和解的法律后果。

AD 项：执行标的为特定物的，应当执行原物。原物确已毁损或者灭失的，经双方当事人同意，可以折价赔偿。双方当事人对折价赔偿问题不能协商一致的，人民法院应当裁定终结执行程序，申请执行人可以另行起诉。本案中，执行标的物是古董花瓶，故法院只能执行古董花瓶，不能执行乙 5 万元的其他财产；该古董花瓶为特定物，被打碎后甲乙双方可协议折价赔偿，若不能达成一致则裁定终结执行而非恢复执行。因此，AD 项错误。

B 项：若一方不履行执行和解协议，申请执行人可以申请执行原生效裁判或就和解协议起诉。故甲可以起诉要求乙履行和解协议。因此，B 项正确。

C 项：和解协议不具有强制执行力，故甲不可以申请法院执行和解协议。因此，C 项错误。

综上所述，本题答案为 B 项。

5　2102110

【较简单】答案：A。

解析：本题考查执行和解。

AB 项：一般情况下，双方达成执行和解后，若一方不履行执行和解协议，另一方可以申请恢复执行原生效裁判或就和解协议起诉。本案情况特殊，执行标的物为特定物且已经毁损，不可能恢复执行原生效裁判，故而只能就和解协议另行起诉。因此，A 项正确，B 项错误。

C 项：执行标的为特定物的，应当执行原物，不能执行其他财产。本案生效判决确定的是甲交付字画给乙，执行标的为字画这一特定物，法院不能直接将字画折价为 50 万元执行。因此，C 项错误。

D 项：虽然和解协议约定甲向乙赔偿 60 万元，但

和解协议不具有强制执行力。法院不能依据和解协议执行甲60万的财产。因此，D项错误。

综上所述，本题答案为A项。

6 `2002019`

【中等】答案：A。

解析：本题考查执行和解协议部分履行后发生争议的处理。

AB项：履行和解协议发生争议，当事人可就和解协议向【执行法院】起诉。故和解协议部分履行后发生争议，甲应就和解协议向执行法院C区法院起诉。因此，A项正确，B项错误。

CD项：义务人拒不履行和解协议的（只要未完全履行即可），权利人可以选择申请恢复对原判决的执行，或者就和解协议起诉。和解协议部分履行后甲和乙产生纠纷，此时和解协议未完全履行，权利人甲可以申请恢复对原判决的执行，但恢复的是对【原生效法律文书】的执行，而和解协议不能作为执行根据。因此，CD项错误。

综上所述，本题答案为A项。

补充：在执行和解中有三种诉讼（均由执行法院管辖）：一是和解协议履行完毕后，法院裁定执行终结，但迟延履行、瑕疵履行等造成损失的，可以另行起诉赔偿；二是义务人拒不履行和解协议的，权利人可以选择就和解协议起诉；三是当事人可以起诉要求确认和解协议无效或者撤销和解协议。

7 `1003045`

【较简单】答案：C。

解析：A项：对于执行和解，当事人进行和解的事项可以超出判决的范围。因此，A项错误。

BC项：根据《民事诉讼法》第241条第1款的规定："在执行中，双方当事人自行和解达成协议的，执行员应当将协议内容记入笔录，由双方当事人签名或者盖章。"本案中，甲、乙在执行中自行达成口头协议，执行员应当将协议内容记入笔录，由双方当事人签名或者盖章；虽然二人在执行中达成了和解协议，但并不能将其视为撤回执行申请。因此，C项正确，B项错误。

D项：调解是指在法院审判人员的主持下对案件双方当事人进行规劝，促使其就民事权益争议平

等、自愿进行协商，以达成协议、解决纠纷的活动；而诉讼和解是在诉讼中，在没有第三方参加的情况下，完全由双方当事人自行进行协商和谅解达成协议的活动，即调解是解决争议的一种方式，而执行程序实现生效法律文书所确定的义务，并不解决争议，所以不能适用调解；同时，若由法院出面制作调解书，就相当于法院变更了作为执行依据的已经生效的法律文书，而生效的法律文书是不得轻易变更的。本案中，甲乙双方在执行中自行达成口头协议，达成和解，无需法院制作调解书。因此，D项错误。

综上所述，本题答案为C项。

【多选】

8 `1503049`

【中等】答案：C，D。

解析：本题考查执行和解。

A项：当事人在执行过程中达成和解协议后，申请执行人既可以请求中止执行，也可以撤回执行申请，两种路径二选一。甲、乙达成执行和解协议之后，甲撤回执行申请，法院应当裁定执行终结而非中止执行（尊重当事人的意愿）。因此，A项错误。

B项：和解协议不具备强制执行力，甲不可以向法院申请执行和解协议。因此，B项错误。

CD项：当事人达成执行和解协议后，若一方不履行，另一方有两条路径可以选择：一是申请恢复执行原生效法律文书；二是就履行执行和解协议向法院起诉（注意这是超高频考点，一定要记清楚这两条路，且只能二选一）。本案中乙拒不履行和解协议，甲既可以就乙违反和解协议向法院提起诉讼，也可以申请执行原生效仲裁裁决。因此，CD项正确。

综上所述，本题答案为CD项。

【注意】关于和解协议的诉讼问题，请大家记住只有执行过程中达成的执行和解协议具有可诉性，一方不履行时，另一方可以就履行和解协议起诉。诉讼过程（一审、二审）中双方达成和解协议后撤诉，若一方不履行，另一方不得就履行和解协议起诉，因为诉讼过程中达成的和解协议是不具有可诉性的。

9 `1403085`

【较简单】答案：A,D。

解析：本题考查执行和解。

A项：在执行阶段，法院不能进行调解，只能由当事人自行和解。故法院不应在执行中通过调解劝说甲接受玉石抵债。因此，A项正确。

B项：即时履行的和解协议也要记入笔录。因此，B项错误。

C项：执行和解协议履行完毕的，法院裁定执行终结而不是中止。因此，C项错误。

D项：根据《执行和解若干规定》第15条的规定："执行和解协议履行完毕，申请执行人因被执行人迟延履行、瑕疵履行遭受损害的，可以向执行法院另行提起诉讼。"乙用赝品玉石抵债，可定性为瑕疵履行，甲可以另诉要求赔偿。因此，D项正确。

综上所述，本题答案为AD项。

【注意】和解协议虽然为执行当事人自行达成，但其对执行程序会产生影响，故执行法院需要将其记入笔录以便作为案件材料存档。

【不定项】

10 `2202020`

【中等】答案：C。

解析：本题综合考查执行和解与执行特定物灭失（被处置）的处理。

A项：根据《执行和解若干规定》第9条的规定："被执行人一方不履行执行和解协议的，申请执行人可以申请恢复执行原生效法律文书，也可以就履行执行和解协议向执行法院提起诉讼。"可知张某不履行和解协议（交付花瓶）时，刘某要么选择恢复执行要么就和解协议起诉，不能直接执行花瓶。因此，A项错误。

BCD项：《民诉法解释》第492条的规定："执行标的物为特定物的，应当执行原物。原物确已毁损或者灭失的，经双方当事人同意，可以折价赔偿。双方当事人对折价赔偿不能协商一致的，人民法院应当终结执行程序。申请执行人可以另行起诉。"雕像作为特定执行物已被张某卖给不知情的刘某，刘某善意取得，不能再追回，此时张某

可以和王某协商折价赔偿，协商不成，法院终结执行程序。因此，BD项错误，C项正确。

综上所述，本题答案为C项。

说明：执行和解只是执行当事人自愿的协议，不具有强制力，当其中一方不愿履行时，就需要适用其他途径来实现权利。因此，执行和解协议履行完毕是执行终结的情形，但并非唯一。

（四）执行承担

【单选】

11 `1703049`

【较简单】答案：D。

解析：A项：根据《民事诉讼法》第268条规定："有下列情形之一的，人民法院裁定终结执行：（一）申请人撤销申请的；（二）据以执行的法律文书被撤销的；（三）作为被执行人的公民死亡，无遗产可供执行，又无义务承担人的；（四）追索赡养费、扶养费、抚养费案件的权利人死亡的；（五）作为被执行人的公民因生活困难无力偿还借款，无收入来源，又丧失劳动能力的；（六）人民法院认为应当终结执行的其他情形。"本案不符合终结执行的条件。因此，A项错误。

B项：根据《民诉法解释》第517条规定："经过财产调查未发现可供执行的财产，在申请执行人签字确认或者执行法院组成合议庭审查核实并经院长批准后，可以裁定终结本次执行程序。依照前款规定终结执行后，申请执行人发现被执行人有可供执行财产的，可以再次申请执行。再次申请不受申请执行时效期间的限制。"本案不符合终结本次执行的条件。因此，B项错误。

C项：根据《民事诉讼法》第267条规定："有下列情形之一的，人民法院应当裁定中止执行：（一）申请人表示可以延期执行的；（二）案外人对执行标的提出确有理由的异议的；（三）作为一方当事人的公民死亡，需要等待继承人继承权利或者承担义务的；（四）作为一方当事人的法人或者其他组织终止，尚未确定权利义务承受人的；（五）人民法院认为应当中止执行的其他情形。"本案不符合中止执行的条件。因此，C项错误。

D项：根据《合伙企业法》第39条规定："合伙企

业不能清偿到期债务的，合伙人承担无限连带责任。"又根据《民诉法解释》第471条规定："其他组织在执行中不能履行法律文书确定的义务的，人民法院可以裁定执行对该其他组织依法承担义务的法人或者公民个人的财产。"本题中，"好安逸"饭店仅支付8万元赔偿款后，无法清偿其债务，则应当由该合伙企业的合伙人甲、乙、丙三人对合伙企业债务承担连带清偿责任。故法院可以直接裁定追加甲、乙、丙为被执行人，执行其财产。因此，D项正确。

综上所述，本题答案为D项。

12 `1603049`

【简单】答案：C。

解析：ABCD项：根据《民诉法解释》第473条的规定："作为被执行人的公民死亡，其遗产继承人没有放弃继承的，人民法院可以裁定变更被执行人，由该继承人在遗产的范围内偿还债务。继承人放弃继承的，人民法院可以直接执行被执行人的遗产。"本题中，甲的继承人乙没有表示放弃继承，则法院应裁定变更乙为被执行人，在遗产范围内偿还债务。因此，C项正确，ABD项错误。

综上所述，本题答案为C项。

【多选】

13 `2002037`

【中等】答案：A,C。

解析：本题考查执行承担。

AB项：一人有限责任公司的股东不能证明公司财产独立于自己的财产时，二者承担连带责任。本案中，齐某不能清偿债务，且与星月公司出现财产混同，法院可以追加星月公司为被执行人。因此，A项正确，B项错误。

CD项：只有在满足【股东不能证明自身财产独立于公司财产】的实体条件时，公司和股东才需要承担连带责任。本案中，齐某自身财产是否独立于公司财产的问题需要经过实体审理才能确定，不能在执行程序中解决，故而只能另行起诉而非向上级法院复议。因此，C项正确，D项错误。

综上所述，本题答案为AC项。

（五）参与分配执行回转执行转破产

【单选】

14 `1603048`

【中等】答案：D。

解析：本题考查参与分配中对分配方案异议的处理。

ABCD项：根据《民诉法解释》第510条第1款、第2款的规定："债权人或者被执行人对分配方案提出书面异议的，执行法院应当通知未提出异议的债权人、被执行人。未提出异议的债权人、被执行人自收到通知之日起十五日内未提出反对意见的，执行法院依异议人的意见对分配方案审查修正后进行分配；提出反对意见的，应当通知异议人。异议人可以自收到通知之日起十五日内，以提出反对意见的债权人、被执行人为被告，向执行法院提起诉讼；异议人逾期未提起诉讼的，执行法院按照原分配方案进行分配。"本题中，未提异议的丙、丁提出反对意见，故提出异议意见的甲、乙应当向执行法院提起诉讼。因此，ABC项错误，D项正确。

综上所述，本题答案为D项。

【注意】本题存在两个分配方案，方案1是法院作出的，因债权人（甲、乙）提出异议，又在此基础上作出了方案2，未提异议的债权人（丙、丁）是反对方案2。

15 `1103046`

【较简单】答案：B。

解析：ABCD项：根据《民诉法解释》第506条的规定："被执行人为公民或者其他组织，在执行程序开始后，被执行人的其他已经取得执行依据的债权人发现被执行人的财产不能清偿所有债权的，可以向人民法院申请参与分配。对人民法院查封、扣押、冻结的财产有优先权、担保物权的债权人，可以直接申请参与分配，主张优先受偿权。"据此，参与分配的适用条件为：（1）有多个申请人对该被申请人享有到期债权，且被执行人的财产不足以清偿所有债权；（2）被申请人（即债务人）是公民或者其他组织，不是法人；（3）是金钱债权或者已经转换为金钱请求权的债权；（4）申请人已经取得执行依据＋提交申请书（执行程序开始后、被执行人的财产执行终结前）。本案中，B项的被执行人不能是法人但可以是自然人，如果是法人的话可以适用破产程序。因此，B项错误，当选；ACD项正确，不当选。

综上所述，本题为选非题，答案为B项。

（六）执行措施

【单选】

16 2002020

【较简单】答案：B。

解析：本题考查执行特定物。

ABCD项：就特定物的执行，我们可以作以下几个层面的理解：（1）执行应当严格以生效法律文书为依据，故生效法律文书确定执行的标的物，应当执行原物。（2）如果原物毁损或者灭失，则涉及折价赔偿问题，此时到底折价几何，属于实体权利义务纠纷，执行程序不解决实体争议，故执行法院不能直接折价。折价赔偿纠纷解决途径有二：一是协议，二是诉讼。首先，在执行程序中当事人可以就折价赔偿问题达成协议；其次，如果无法达成协议的，由于原物已经毁损、灭失，无法继续执行，故应当裁定执行终结，不过申请人可以就折价赔偿问题另行提起诉讼。具体分析本案，法院判决赵某将这幅字画交给孙某，孙某申请强制执行，执行标的为特定物，应当执行原物；但赵某将字画撕毁，就折价赔偿问题赵某和孙某未能达成协议，法院应当裁定执行终结。因此，B项正确，ACD项错误。

综上所述，本题答案为B项。

【注意】判断是否为执行特定物，需要看执行依据上载明的执行标的是否为某一具体的物。

17 1802044

【中等】答案：B。

解析：本题考查执行特定物灭失后不能就折价赔偿协商一致时的处理。

ABCD项：根据《民诉法解释》第492条的规定："执行标的物为特定物的，应当执行原物。原物确已毁损或者灭失的，经双方当事人同意，可以折价赔偿。双方当事人对折价赔偿不能协商一致的，

人民法院应当终结执行程序。申请执行人可以另行起诉。"本案中，作为园区建设的附着物属于特定物，已被拆除，法院无法执行，且双方当事人就折价赔偿一事未能达成协议，故法院应当终结执行，申请执行人可以另行起诉。因此，B项正确，ACD项错误。

综上所述，本题答案为B项。

说明：特定物应执行原物，当特定物灭失时，如果不能就折价赔偿协商一致，那么执行程序就没有必要再继续下去，因此法院应当终结执行，而不能中止执行。

【多选】

18 2102131

【较简单】答案：A，B。

解析：本题考查对行为的执行措施。

ABCD项：执行的对象只能是被执行人的财产或行为，不能对被执行人的人身采取执行措施。对于拒不协助另一方行使探望权的有关个人或者组织，可以由法院依法采取拘留、罚款等强制措施，但是不能对子女的人身、探望行为进行强制执行。据此，张三若阻挠李四行使探望权，只能对张三采取拘留、罚款等强制措施，不能对探望行为和子女人身强制执行。因此，AB项正确，CD项错误。

综上所述，本题答案为AB项。

19 1902082

【较简单】答案：A，D。

解析：本题考查保留所有权买卖合同中标的物的执行。

ABCD项：被执行人吴某将汽车卖给林某并交付，两人约定在林某付清剩余款项前，由吴某保留对汽车的所有权，属于被执行人出卖执行标的物给第三人但保留所有权的情形。需要把握两个点：（1）法院可以对该执行标的物进行查封、扣押、冻结；（2）第三人要求继续履行合同的，向法院交付全部余款后，裁定解除查封、扣押、冻结。故法院可以扣押该汽车；林某支付余款后法院应当解除对该汽车的扣押（需要注意的是该汽车已经被扣押，林某应当向法院交付余款，而不能向

被执行人吴某交付余款）。因此，BC 项错误，AD 项正确。

综上所述，本题答案为 AD 项。

【注意】在"保留所有权买卖合同中标的物的执行"中，一要看是否符合"支付部分价款 + 实际占有财产 + 保留所有权"；二要看清被执行人是出卖人还是买受人，不同的情形对应的案外人救济途径有所不同。

20 `1703084`

【中等】答案：B,C,D。

解析：本题考查共有物的执行。

ABCD 项：对被执行人与其他人共有的财产，法院可以查封、扣押、冻结，并及时通知共有人。有两种财产分割方式可以选择：（1）协议分割，经债权人认可的，人民法院可以认定有效；（2）诉讼分割，共有人或者申请执行人（代位）提起析产诉讼，诉讼期间中止对该财产的执行。本案中，被执行的汽车为郝辉三兄弟共同所有，法院可以查扣该汽车；共有人可以协议分割该汽车，经债权人认可有效；申请执行人龙前铭可代位提起析产诉讼。此外，法院裁定中止执行是发生在析产诉讼的过程中。因此，A 项错误，BCD 项正确。

综上所述，本题答案为 BCD 项。

21 `1603084`

【中等】答案：A,C。

解析：本题考查拒不履行生效判决时采取的强制执行措施。

AB 项：被执行人不履行法律文书指定的只能由其本人完成的行为，法院可以根据情节轻重予以罚款、拘留，构成犯罪的依法追究刑事责任，但是不能责令其赔礼道歉。故田某拒不履行迁出房屋的，法院可以对其罚款，但不能责令其赔礼道歉。（赔礼道歉一般适用于人身权受侵害的情形，一般为当事人的请求主张，不属于民事强制措施的类型）因此，A 项正确，B 项错误。

CD 项：1. 被执行人未履行非金钱给付义务：（1）已经造成损失，双倍补偿损失；（2）没有造成损失的，法院根据案件情况决定迟延履行金。2. 被执行人未履行金钱给付义务：加倍支付迟延履行

的债务利息。田某拒不履行法院令其迁出钟某房屋的判决，属于拒不履行非金钱给付义务（行为义务），给钟某造成损失，应双倍补偿，而不是加倍支付迟延履行利息（对应金钱给付义务）。因此，C 项正确，D 项错误。

综上所述，本题答案为 AC 项。

【注意】责令支付迟延履行利息和迟延履行金是分别针对金钱给付义务和非金钱给付义务，二者不能通用，也不要记混。

【不定项】

22 `1303098`

【中等】答案：A,B,C,D。

解析：A 项：被执行人拒不履行生效法律文书确定的给付义务的，法院可以【依职权】采取限制消费措施，限制其高消费及非生活或者经营必需的有关消费。其中限制乘坐的交通工具包括飞机、高铁、列车软卧等。故法院可以依职权决定限制郭某乘坐飞机。因此，A 项正确。

B 项：被执行人未按执行通知履行法律文书确定的义务，应当报告当前以及收到执行通知之日前 1 年的财产情况。故法院可以要求郭某报告当前的财产情况。因此，B 项正确。

C 项：被执行人拒不履行给付金钱义务，应当加倍支付迟延履行期间的债务利息；拒不履行给付非金钱义务，应当支付迟延履行金。郭某拒不履行金钱债务，法院可以强制其加倍支付迟延履行期间的债务利息。因此，C 项正确。

D 项：根据《民诉法解释》第 499 条第 1 款的规定："人民法院执行被执行人对他人的到期债权，可以作出冻结债权的裁定，并通知该他人向申请执行人履行。"故法院可以根据郭某的申请，对到期债权的债务人金康公司发出履行通知。因此，D 项正确。

综上所述，本题答案为 ABCD 项。

补充：限制高消费可以由债权人向法院申请，也可以由法院依职权启动。纳入失信被执行人名单的，一定要限制高消费。

（七）执行异议

【单选】

㉓ 2202004

【简单】答案：D。

解析：本题考查案外人对执行标的的异议。案外人对执行标的有异议，执行法院审查：①异议成立则裁定中止执行；②异议不成立则裁定驳回异议。救济：判断该异议与原判是否有关：①若有关，申请再审；②若无关，案外人提案外人异议之诉。

ABCD 项：本案中，生效判决为张某向王某给付 50 万元，而法院对张某名下腾达有限公司 15% 股权的执行并非生效判决确定的内容，与原判决无关，故案外人赵某应向执行法院提起案外人执行标的的异议之诉。因此，D 项正确，ABC 项错误。

综上所述，本题答案为 D 项。

㉔ 1902015

【较简单】答案：B。

解析：AB 项：根据《民事诉讼法》第 238 条的规定："执行过程中，案外人对执行标的提出书面异议的，人民法院应当自收到书面异议之日起十五日内审查，理由成立的，裁定中止对该标的的执行；理由不成立的，裁定驳回。案外人、当事人对裁定不服，认为原判决、裁定错误的，依照审判监督程序办理；与原判决、裁定无关的，可以自裁定送达之日起十五日内向人民法院提起诉讼。"顾某的父亲对执行标的主张权利，提出案外人对执行标的的异议，法院认为异议成立的，应当裁定中止执行。因此，A 项错误，B 项正确。

C 项：本案生效判决判顾某偿还借款 320 万，法院执行的是顾某的房屋，故法院生效判决并未涉及作为执行标的的房屋的归属，属于与原生效裁判无关的情形，故法院作出中止执行裁定后曹某不能申请再审，应当通过执行异议之诉的方式解决房屋所有权的归属争议。因此，C 项错误。

D 项：关于执行异议之诉，如果法院认为异议成立，裁定中止执行，应当由申请人作为原告起诉案外人，被执行人作为共同被告或无独三（视其态度而定），其诉讼的目的是希望法院继续执行，故俗称为"许可执行之诉"；如果法院认为

异议不成立，裁定驳回的，应当是案外人作为原告起诉申请人，被执行人作为共同被告或者无独三（视其态度而定），其诉讼的目的是希望阻止对该标的的执行，故俗称为"案外人异议之诉"。本题中，法院认为异议成立，裁定中止执行之后，应当是申请人曹某提起执行异议之诉（许可执行之诉），案外人顾某的父亲不能直接提起执行异议之诉。当然，既然尚无人民法院生效裁判对该房屋所有权归属进行确定，故顾某的父亲可以另行向有管辖权的法院提起民事诉讼解决房屋所有权纠纷，但该诉讼并不属于执行异议之诉。因此，D 项错误。

综上所述，本题答案为 B 项。

㉕ 1703041

【较简单】答案：B。

解析：本题考查异议之诉中的证明责任分配问题。

AB 项：根据《民诉法解释》第 309 条的规定："案外人或者申请执行人提起执行异议之诉的，案外人应当就其对执行标的享有足以排除强制执行的民事权益承担举证证明责任。"故案外人谢某提起执行异议之诉，应由其对享有该财产所有权（足以排除强制执行的民事权益）承担举证证明责任。因此，A 项错误，B 项正确。

CD 项：执行异议之诉有两种情形：（1）如果法院认为异议成立，裁定中止执行，【申请执行人】可作为原告起诉案外人，被执行人作为共同被告或者无独三（视其态度而定），其诉讼的目的是希望法院继续执行，故称为"许可执行之诉"；（2）如果法院认为异议不成立，裁定驳回，【案外人】可作为原告起诉申请执行人，被执行人作为共同被告或无独三（视其态度而定），其诉讼的目的是希望阻止对该标的的执行，故称为"案外人异议之诉"。本案中，法院认同了案外人谢某的异议，申请执行人易某不服可提起异议之诉，被执行人王某无权提起。因此，CD 项错误。

综上所述，本题答案为 B 项。

㉖ 1403049

【较简单】答案：B。

解析：本题需要注意区分执行异议制度分为对执行行为的异议和案外人对执行标的的异议。执行

行为异议是指当事人或者其他利害关系人认为执行行为违反法律规定，向执行法院提出书面异议。案外人对执行标的的异议指案外人对执行标的主张权利，而向执行法院提出权利主张。

AB项：根据《民事诉讼法》第236条的规定："当事人、利害关系人认为执行行为违反法律规定的，可以向负责执行的人民法院提出书面异议。当事人、利害关系人提出书面异议的，人民法院应当自收到书面异议之日起十五日内审查，理由成立的，裁定撤销或者改正；理由不成立的，裁定驳回。当事人、利害关系人对裁定不服的，可以自裁定送达之日起十日内向上一级人民法院申请复议。"乙对执行法院驳回异议的行为不服，应当向执行法院的上一级法院申请复议。因此，A项错误，B项正确。

CD项：根据《民事诉讼法》第238条的规定："执行过程中，案外人对执行标的提出书面异议的，人民法院应当自收到书面异议之日起十五日内审查，理由成立的，裁定中止对该标的的执行；理由不成立的，裁定驳回。案外人、当事人对裁定不服，认为原判决、裁定错误的，依照审判监督程序办理；与原判决、裁定无关的，可以自裁定送达之日起十五日内向人民法院提起诉讼。"CD项针对的是案外人对执行标的的异议的救济方式，而非对执行行为的异议的救济方式，与本题无关。因此，CD项错误。

综上所述，本题答案为B项。

㉗ 1003049

【较简单】答案：D。

解析：ABCD项：根据《民诉法解释》第305条的规定："案外人提起执行异议之诉的，以申请执行人为被告。被执行人反对案外人异议的，被执行人为共同被告；被执行人不反对案外人异议的，可以列被执行人为第三人。"本案案外人丙银行在执行中提出异议，被驳回后提起执行异议之诉，被执行人乙公司反对案外人丙银行提出的异议，故丙银行应以自己为原告，申请执行人甲公司、被申请执行人乙公司为共同被告起诉。因此，D项正确，ABC项错误。

综上所述，本题答案为D项。

㉚ 1703077

【中等】答案：B,C,D。

【多选】

㉘ 2002120

【中等】答案：B,C。

解析：本题考查案外人对执行标的的异议。

AB项：乙的父亲不能直接提执行异议之诉，应当先提对执行标的的异议，法院裁定驳回后，认为异议与原裁判无关的，才可以提出执行异议之诉。因此，A项错误，B项正确。

C项：法院判决支持乙的父亲的请求，说明执行标的物房屋确实属于乙的父亲，不属于被执行人乙的财产，那么自然应当解除查封。因此，C项正确。

D项：执行行为异议是指当事人或利害关系人认为执行法院的执行行为违反法律规定提出的异议，主要适用于执行行为程序性违法的情况。本案中乙的父亲对执行标的主张权利，提出的应当是执行标的的物的异议，而非执行行为异议。因此，D项错误。

综上所述，本题答案为BC项。

㉙ 2002119

【较简单】答案：A,C,D。

解析：本题考查案外人对执行标的的异议。

ABC项：案外人对执行标的的有异议，执行法院审查：①异议成立则裁定中止执行；②异议不成立则裁定驳回异议救济：判断该异议与原判是否有关：①若有关，申请再审；②若无关，案外人提案外人异议之诉。据此，法院裁定内容可以是中止执行也可以是驳回异议，且该裁定不是终局裁定，对该裁定不服可以再审或提起执行异议之诉。因此，AC项正确，B项错误。

D项：法院对执行标的的裁定中止执行后，申请执行人在15日内未提起执行异议之诉的，法院应当自起诉期限届满之日起7日内解除对该执行标的采取的执行措施。因此，D项正确。

综上所述，本题答案为ACD项。

【注意】执行异议之诉包括案外人提出的案外人异议之诉（目的：阻碍执行）和申请执行人提出的许可执行之诉（目的：继续执行）。

觉晓法考 KEEP AWAKE

民诉执行程序

解析：本题考查原审裁判错误时案外人的救济。

A项：案外人认为原判决错误而申请再审应当以提出案外人对执行标的的异议为前提，即案外人先提执行标的异议，在异议被驳回后才能申请再审。故成某应该先提出案外人对执行标的的异议，法院裁定驳回后方能申请再审而不能直接申请。因此，A项错误。

BC项：在现行民事诉讼的制度框架内，第三人的权利救济方式共有四种，分别是：（1）以有独三或者无独三的方式参加诉讼；（2）向作出生效裁判的法院提起第三人撤销之诉（提三撤无再审）；（3）案外人可以向执行法院提出案外人对执行标的的异议，法院裁定中止执行或驳回异议；（4）对驳回裁定不服的，可以申请再审，此时不能提第三人撤销之诉。本案中，生效裁判由甲县法院作出，成某以其对玉瓶享有的所有权主张权利，属于有独立请求权的第三人，可向甲县法院提起第三人撤销之诉。同时，本案已经进入执行程序，案外人成某对执行标的的主张权利，可以向执行法院提出案外人对执行标的的异议。因此，BC项正确。

D项：本案属于原生效判决错误，法院可以依职权启动再审。成某依法向作出生效判决的甲县法院申诉，可以作为法院依职权启动再审的材料来源。因此，D项正确。

综上所述，本题答案为BCD项。

【注意】案外人向法院申诉并不能直接导致再审的启动，只是可以作为法院依职权启动再审的材料来源（法院自身可能不会去主动核对原审裁判是否有误，但案外人申诉后，法院进行审查就可能发现原审裁判的错误）。

【不定项】

31 1503100

【中等】答案：B,C。

解析：本题考查执行异议之诉。

A项：案外人、当事人对驳回执行异议裁定不服，应当自裁定送达之日起15日内向【执行法院】提起执行异议之诉。故林海应向执行法院乙法院提起执行异议之诉，而非甲法院。因此，A项错误。

B项：根据《民诉法解释》第308条的规定："人

民法院审理执行异议之诉案件，适用普通程序。"故乙法院应适用普通程序审理。因此，B项正确。

C项：根据《民诉法解释》第309条规定："案外人或者申请执行人提起执行异议之诉的，案外人应当就其对执行标的享有足以排除强制执行的民事权益承担举证证明责任。"本题中，宁虹作为案外人，应对自己享有涉案房屋所有权承担证明责任。因此，C项正确。

D项：执行异议之诉分为申请执行人提起的许可执行之诉和案外人提起的案外人异议之诉。故张山作为本案的被执行人，无权提起执行异议之诉。因此，D项错误。

综上所述，本题答案为BC项。

32 1503099

【较简单】答案：D。

解析：ABCD项：根据《民诉法解释》第306条规定："申请执行人提起执行异议之诉的，以案外人为被告。被执行人反对申请执行人主张的，以案外人和被执行人为共同被告；被执行人不反对申请执行人主张的，可以列被执行人为第三人。"据此，林海提起执行异议之诉，应当以自己为原告，案外人宁虹为被告，被申请执行的张山的诉讼地位视其态度而定。因此，D项正确，ABC项错误。

综上所述，本题答案为D项。

33 1503098

【中等】答案：A,C。

解析：ABCD项：根据《民事诉讼法》第238条的规定："执行过程中，案外人对执行标的提出书面异议的，人民法院应当自收到书面异议之日起【十五日】内审查，理由成立的，裁定【中止】对该标的的执行；理由不成立的，裁定驳回。案外人、当事人对裁定不服，认为原判决、裁定错误的，依照审判监督程序办理；与原判决、裁定无关的，可以自裁定送达之日起十五日内向人民法院提起诉讼。"（该法条是重要考点，系统罗列了执行标的异议，需要考生全面掌握）据此，针对案外人宁虹提出的执行标的的异议，乙法院应当自收到异议之日起15日内审查。若异议理由不成立，裁定驳回，宁虹可以提起执行异议之诉（执行标的的房屋与原判决无关）；若异议理由成立，裁定中止对该标的的执行。因此，AC项正确，BD项错误。

综上所述，本题答案为AC项。

说明：案外人提出执行标的异议后，法院只是进行形式审查，至于案外人对执行标的物是否享有足以排除强制执行的民事权益还未可知，故哪怕执行法院认为异议成立，也只是裁定中止执行而不撤销执行，这是防止被执行人趁机转移财产，逃避执行。

34 `1303100`

【中等】答案：A,C。

解析：本题考查对执行标的异议的处理。

ACD项：案外人对执行标的的异议应当以【书面】方式提出。异议被驳回的，有两种救济路径：（1）原判决、裁定错误的，可申请再审；（2）与原判决、裁定无关的，可提案外人执行异议之诉。本题中，判决返还货款，执行的是字画，执行标的的物与原判决无关。故案外人朱某可书面提出执行异议，对驳回异议的裁定不服的，应提起执行的异议之诉。因此，AC项正确，D项错误。

B项：根据《民诉法执行程序解释》第16条第1款的规定："案外人异议审查期间，人民法院不得对执行标的进行处分。申请执行人请求人民法院继续执行并提供相应担保的，人民法院可以准许。"本题中，申请执行人兴源公司未请求继续执行也未提供担保，故法院不能对字画采取处分措施。因此，B项错误。

综上所述，本题答案为AC项。

说明：在案外人异议审查期间，原则上不能对执行标的进行处分，这是因为执行标的的权属尚存在争议，如果法院断然进行处分，则可能给真正的所有权人造成难以挽回的影响。但是，如果申请执行人提供了担保，那么就算最后查明不能执行，对于真正的所有权人也可以用申请执行人提供的担保来予以弥补。

(八) 综合知识点

【单选】

35 `2102111`

【中等】答案：A。

解析：本题考查保留所有权买卖合同中标的物的执行。

ABCD项：被执行人甲将字画卖给乙并交付，甲乙约定在乙付清剩余款项前，由甲保留对字画的所有权，属于被执行人出卖执行标的物给第三人但保留所有权的情形。需要把握两个点：（1）法院可以对该执行标的的物进行查封、扣押、冻结；（2）第三人要求继续履行合同的，向法院交付全部余款后，裁定解除查封、扣押、冻结。故乙可以要求继续履行合同，待乙付清余款后，法院裁定解除扣押。由于乙并未取得字画的所有权，其提出执行行为异议或案外人对执行标的的异议没有法律依据，不一定得到法院的支持。因此，A项正确；BCD项错误。

综上所述，本题答案为A项。

补充：对比记忆"被执行人购买第三人财产"的情形中，第三人的权利救济途径有二：①继续履行合同，保留所有权已登记的，剩余价款在变价款中优先受偿（未登记不优先）；②取回财产，向执行法院提执行标的的异议。

【注意】在一般情况下，案外人可以通过执行行为异议、执行标的的异议，或提供担保解除扣押等方式进行救济，但是在"保留所有权买卖合同中标的物的执行"中，法律对救济方式有特别规定，应以特别规定为准。

【多选】

36 `2202161`

【中等】答案：A,C,D。

解析：AB项：《民事诉讼法》第35条规定："合同或者其他财产权益纠纷的当事人可以书面协议选择被告住所地、合同履行地、合同签订地、原告住所地、标的物所在地等与争议有实际联系的地点的人民法院管辖，但不得违反本法对级别管辖和专属管辖的规定。"本案中，甲公司和乙公司关于审判管辖权的约定有效（关于执行管辖权的约定无效，因为执行法院是法定的，不允许约定），故而本案应当由G区法院管辖。可能有同学提出采取保全措施的法院（J区法院）和管辖案件的法院（G区法院）不一致的问题，对于该问题，G区法院受理案件后，J区法院将保全手续移送给G

区法院即可视为 G 区法院作出的保全裁定。因此，A 项正确，B 项错误。

C 项:《民事诉讼法》第 235 条规定:"发生法律效力的民事判决、裁定，以及刑事判决、裁定中的财产部分，由第一审人民法院或者与第一审人民法院同级的被执行的财产所在地人民法院执行。" G 区法院是本案第一审法院，具有执行管辖权。因此，C 项正确。

D 项:《最高院关于人民法院办理财产保全案件若干问题的规定》第 17 条第 1 款规定:"利害关系人申请诉前财产保全，在人民法院采取保全措施后三十日内依法提起诉讼或者申请仲裁的，诉前财产保全措施自动转为诉讼或仲裁中的保全措施;进入执行程序后，保全措施自动转为执行中的查封、扣押、冻结措施。"本案进入执行程序后，对于甲公司商铺的保全自动转为执行措施，因而该商铺属于执行标的，执行标的所在地 J 区法院具有执行管辖权。因此，D 项正确。

综上所述，本题正确答案为 ACD 项。

37 `1902081`

【较简单】答案：B,D。

解析：本题考查代位申请执行和案外人对执行标的的异议。

AB 项:申请执行债务人对第三人享有的到期债权，第三人在履行通知指定的期间内提出【异议】的，法院不得对第三人强制执行，对提出的异议不进行审查。第三人丙公司提出了异议，故不能对丙公司强制执行。因此，A 项错误，B 项正确。

CD 项:案外人提执行标的的异议被驳回的，有两种救济路径:(1)原判决、裁定错误的，可申请再审;(2)与原判决、裁定无关的，可提案外人执行异议之诉。本案中，生效判决是乙公司向甲公司支付 30 万，并未涉及乙公司对丙公司的债权，故属于与原生效裁判无关的情形，应当提起执行异议之诉。因此，D 项正确，C 项错误。

综上所述，本题答案为 BD 项。

说明：在代位执行中，如果次债务人提出异议，则表明可能存在实体争议，执行不解决实体争议，因此执行法院不对异议进行处理，也不能继续执行。

38 `2002122`

【中等】答案：A,B,C,D。

解析：本题综合考察第三人撤销之诉、再审和执行异议。法院判决自行车归张三所有，王五对案涉自行车主张所有权，属于第三人型案外人。

A 项：根据《民诉法解释》第 297 条的规定，"受理第三人撤销之诉案件后，原告提供相应担保，请求中止执行的，人民法院可以准许。"因此，A 项正确。

B 项：第三人撤销之诉和案外人对执行标的的异议都是现行法律赋予案外人王五可以行使的合法权益。因此，B 项正确。

CD 项：第三人撤销之诉和再审只能选择其一。若王五已经提起第三人撤销之诉，就不能再申请再审。若王五先提执行标的异议，被驳回后就应该申请再审，而不能再选择三撤。因此，CD 项正确。

综上所述，本题答案为 ABCD 项。

说明：第三人型案外人的救济路径有两种：一是提三撤;二是先提执行标的，被驳回后再提案外人异议之诉。两种路径只能二选一，且一旦选定其中一种后，就只能一直走下去，不能中途放弃再选另外一种。

39 `2002035`

【较简单】答案：A,C,D。

解析：A 项：本题以诉前保全的管辖为主线，考查了合同纠纷的管辖和执行管辖。关于诉前保全的管辖问题，诉前保全应当由被保全财产所在地、被申请人住所地以及对案件有管辖权的法院管辖。首先申请人住所地是 M 县，被申请人住所地是 N 县;接下来需要分析对案件有管辖权的法院，本案是合同纠纷，没有专属管辖，没有协议管辖，故应当由被告住所地或者合同履行地法院管辖，被告住所地为 N 县，本案没有约定履行地，森森公司欲起诉天通公司支付货款，为给付货币的案件，应当由接受货币方即森森公司住所地为合同履行地，故对案件有管辖权的法院是森森公司住所地 M 县法院和天通公司住所地 N 县法院。综上，M 县和 N 县法院对诉前保全的申请具有管辖权。故 M 县法院有权受理诉前保全申请并采取保全措施。因此，A 项正确。

BC 项：根据《民事诉讼法》第 235 条的规定："发生法律效力的民事判决、裁定，以及刑事判决、裁定中的财产部分，由第一审人民法院或者与第一审人民法院同级的被执行的财产所在地人民法院执行。"关于执行管辖，执行案件由一审法院或者与之同级的被执行财产所在地法院管辖，故本题 B 项表述中的级别管辖错误。C 项中 N 县法院作为一审法院，有执行管辖权。因此，B 项错误，C 项正确。

D 项：根据《民诉法解释》第 160 条的规定："当事人向采取诉前保全措施以外的其他有管辖权的人民法院起诉的，采取诉前保全措施的人民法院应当将保全手续移送受理案件的人民法院。诉前保全的裁定视为受移送人民法院作出的裁定。"诉前保全后，森森公司向被告天通公司住所地 N 县法院起诉，N 县法院受理案件后，采取诉前保全措施的 M 县法院应当将保全手续移送受理案件的 N 县法院，同时 M 县法院作出的保全裁定视为受理案件的 N 县法院作出的裁定。因此，D 项正确。
综上所述，本题答案为 ACD 项。

二、模拟题

【不定项】

40 62304040

【较难】答案：B,C

解析：ABCD 项：《民事诉讼法》第 238 条规定："执行过程中，案外人对执行标的提出书面异议的，人民法院应当自收到书面异议之日起十五日内审查，理由成立的，裁定中止对该标的的执行；理由不成立的，裁定驳回。案外人、当事人对裁定不服，认为原判决、裁定错误的，依照审判监督程序办理；与原判决、裁定无关的，可以自裁定送达之日起十五日内向人民法院提起诉讼。"本案中，案外人林某对执行标的（花园路 33 号房屋）主张权利，应先向法院提执行标的的异议；若异议裁定被驳回，可以提执行异议之诉（法院判决的是钱，执行的是房屋，异议与原判无关）。只有原生效裁判错误才能提三撤之诉或申请再审，本案原裁判没有错误，不能提三撤、再审。因此，

BC 项正确，AD 项错误。
综上所述，本题答案为 BC 项。

41 62304041

【较难】答案：D

解析：ABCD 项：本案考查执行行为异议相关考点。根据《民事诉讼法》第 236 条的规定："当事人、利害关系人认为执行行为违反法律规定的，可以向负责执行的人民法院提出书面异议。当事人、利害关系人提出书面异议的，人民法院应当自收到书面异议之日起十五日内审查，理由成立的，裁定撤销或者改正；理由不成立的，裁定驳回。当事人、利害关系人对裁定不服的，可以自裁定送达之日起十日内向上一级人民法院申请复议。"王某认为法院组织司法拍卖未通知自己，违反法定程序，是对执行行为提出异议，若对执行行为异议裁定不服，可以向上一级法院（A 市中院）申请复议。因此，D 项正确，ABC 项错误。
综上所述，本题答案为 D 项。

第二十四章 仲裁概述

参考答案

[1] BD

模拟题

仲裁概述

【多选】

1 62304007

【中等】答案：B,D。

解析：A 项：依中国法设立的外资企业与国内主体发生的纠纷属于国内民商事纠纷，适用国内仲裁而非涉外仲裁。因此，A 项错误。

B 项：自贸试验区企业可约定在特定地点按照特定规则由特定人员对争议进行仲裁。本案中的 A 公司为我国自贸试验区设立的德资企业，可约定进行临时仲裁。因此，B 项正确。

C 项：友好仲裁是指依照公平标准仲裁，需要双方当事人授权并且遵守仲裁地法的公共政策和强制性规定。注意我国不认可友好仲裁，A 公司和小王约定按照中国法律对该纠纷进行仲裁属于依法仲裁，不属于友好仲裁。因此，C 项错误。

D 项：小王和 A 公司约定由中国贸仲进行仲裁，属于约定了常设仲裁机构，为机构仲裁。因此，D 项正确。

综上所述，本题答案为 BD 项。

第二十五章
仲裁协议

参考答案

[1]B	[2]A	[3]C	[4]C	[5]D
[6]BD	[7]CD	[8]ABC	[9]BC	[10]AD
[11]BD	[12]ABC	[13]A	[14]D	[15]ABC
[16]AC	[17]ABD	[18]B		

一、历年真题及仿真题

（一）仲裁协议

【单选】

1 2102112

【较简单】答案：B。

解析：本题考查有效仲裁协议的相对性。债权人与债务人之间存在仲裁协议，不影响债权人对次债务人提起代位权诉讼；同样，债务人与次债务人之间的仲裁协议，不影响债权人对次债务人提起代位权诉讼。

ABCD 项：本案中，债权人甲公司提起的是代位权诉讼，甲公司与次债务人丙公司之间并不存在仲裁协议；而丙公司主张的是丙公司与债务人乙公司间的仲裁协议，对甲公司没有约束力。故法院应当驳回丙公司异议，继续审理。因此，B 项正确；ACD 项错误。

综上所述，本题答案为 B 项。

2 1802049

【较简单】答案：A。

解析：A 项：根据《民事诉讼法》第 53 条的规定："双方当事人可以自行和解。"另根据《仲裁法》第 49 条的规定："当事人申请仲裁后，可以自行和解……"和解是指民事纠纷的双方当事人，就争执的问题进行协商并达成协议，从而消灭争执的行为。丙公司、乙公司可自行协商达成和解协议解决纠纷。因此，A 项正确。

BCD 项：根据《仲裁法》第 10 条第 1 款的规定："仲裁委员会可以在直辖市和省、自治区人民政府所在地的市设立，也可以根据需要在其他设区的市设立，不按行政区划层层设立。"当事人约定的 S 市 C 区仲裁委员会根本不存在，且双方也未就此达成补充协议，故该仲裁协议无效，而"无协议不仲裁"，该纠纷不能通过仲裁解决。此外，该仲裁协议无效并不是因为主体变更或因案件属于专属管辖而导致。因此，BCD 项错误。

综上所述，本题答案为 A 项。

3 1503050

【较简单】答案：C。

解析：本题考查仲裁条款的效力与确认主体。

A 项：根据《仲裁法》第 2 条的规定："平等主体的公民、法人和其他组织之间发生的合同纠纷和其他财产权益纠纷，可以仲裁。"确认投资合同是否有效属于平等主体间发生的合同纠纷，故仲裁庭有权作出决定。因此，A 项错误。

B 项：根据《仲裁法》第 19 条第 1 款的规定："仲裁协议独立存在，合同的变更、解除、终止或者无效，不影响仲裁协议的效力。"投资合同无效不影响仲裁条款的效力。因此，B 项错误。

CD 项：根据《仲裁法》第 20 条第 1 款的规定："当事人对仲裁协议的效力有异议的，可以请求仲裁委员会作出决定或者请求人民法院作出裁定。一方请求仲裁委员会作出决定，另一方请求人民法院作出裁定的，由人民法院裁定。"针对仲裁条款是否有效，华泰公司向法院申请，大成公司向 A 仲裁委员会申请，应由法院作出裁定。因此，C 项正确，D 项错误。

综上所述，本题答案为 C 项。

补充：注意对比记忆仲裁协议效力确认法院优先与有效的仲裁协议排除法院主管两者的不同。

④ `1203048`

【简单】答案：C。

解析：A项：根据《仲裁法》第18条的规定："仲裁协议对仲裁事项或者仲裁委员会没有约定或者约定不明确的，当事人可以补充协议；达不成补充协议的，仲裁协议无效。"另根据《仲裁法解释》第5条的规定："仲裁协议约定两个以上仲裁机构的，当事人可以协议选择其中的一个仲裁机构申请仲裁；当事人不能就仲裁机构选择达成一致的，仲裁协议无效。"武当公司与洪湖公司签订的仲裁协议中约定了两个以上仲裁机构导致约定不明确，当事人还有达成补充协议的机会，达不成补充协议时仲裁协议才无效，"当然无效"过于绝对。因此，A项错误。

B项：根据《民法典》第504条的规定："法人的法定代表人或者非法人组织的负责人超越权限订立的合同，除相对人知道或者应当知道其超越权限外，该代表行为有效，订立的合同对法人或者非法人组织发生效力。"超越权限签订合同并不必然导致合同无效。另根据《仲裁法》第19条第1款的规定："仲裁协议独立存在，合同的变更、解除、终止或者无效，不影响仲裁协议的效力。"仲裁协议具有独立性，主合同无效并不会影响仲裁协议的效力。因此，B项错误。

CD项：根据《仲裁法解释》第5条的规定："仲裁协议约定两个以上仲裁机构的，当事人可以协议选择其中的一个仲裁机构申请仲裁；当事人不能就仲裁机构选择达成一致的，仲裁协议无效。"另根据《民诉法解释》第215条的规定："依照民事诉讼法第一百二十七条第二项的规定，当事人在书面合同中订有仲裁条款，或者在发生纠纷后达成书面仲裁协议，一方向人民法院起诉的，人民法院应当告知原告向仲裁机构申请仲裁，其坚持起诉的，裁定不予受理，但仲裁条款或者仲裁协议不成立、无效、失效、内容不明确无法执行的除外。"武当公司与洪湖公司之间的仲裁协议，因不能就仲裁机构选择达成一致而无效，洪湖公司如向法院起诉，法院应当受理。因此，C项正

确，D项错误。

综上所述，本题答案为C项。

⑤ `1003043`

【中等】答案：D。

解析：本题考查仲裁协议无效的处理。

ABCD项：根据《仲裁法》第3条第1项的规定："下列纠纷不能仲裁：（一）婚姻、收养、监护、扶养、继承纠纷；……"（与身份相关不能仲裁，重点法条，需要重点掌握）故甲、乙就继承纠纷所约定的仲裁协议无效，法院应继续审理。因此，ABC项错误，D项正确。

综上所述，本题答案为D项。

【多选】

⑥ `2102129`

【较简单】答案：B，D。

解析：本题考查有担保情况下的仲裁协议。

AB项：主合同或担保合同约定了仲裁条款的，法院对约定仲裁条款的合同当事人之间的纠纷无管辖权。本案中，赵某与钱某在借款合同（主合同）中约定了仲裁条款，但在担保合同中未约定，且钱某只单独起诉了保证人孙某，二者之间不适用仲裁条款，故根据保证合同确定管辖法院，被告住所地（孙某住所地）法院有管辖权，故孙某异议不成立，法院可以继续审理。因此，A项错误，B项正确。

CD项：本案中的借款合同是主合同，仅主合同中约定了仲裁条款，债权人未起诉债务人而单独起诉了保证人，故主合同约定的仲裁条款对保证合同的当事人没有约束力。因此，C项错误，D项正确。

综上所述，本题答案为BD项。

⑦ `2002038`

【中等】答案：C，D。

解析：AB项：关于仲裁协议效力的确认，确认仲裁协议效力由仲裁协议约定的仲裁机构所在地、仲裁协议签订地、申请人住所地、被申请人住所地的中级人民法院或者专门人民法院管辖，而基层法院无权确认仲裁协议效力。因此，AB项错误。

CD 项：双方当事人约定发生纠纷"可以向 C 市的仲裁委申请仲裁也可以由被告住所地法院管辖"属于或裁或审的仲裁协议，原则上该仲裁协议无效，本案应当由法院主管；同时本案是合同纠纷，存在有效的管辖协议（被告住所地法院管辖），故本案发生纠纷后当事人应当向被告住所地法院起诉。本案发生纠纷，乙公司可以向 J 区法院起诉，J 区法院对本案有管辖权，应当受理。因此，C 项正确，D 项正确。

综上所述，本题答案为 CD 项。

8 1902083

【中等】答案：A,B,C。

解析：A 项：根据《最高人民法院关于审理仲裁司法审查案件若干问题的规定》第 2 条第 1 款的规定："申请确认仲裁协议效力的案件，由仲裁协议约定的仲裁机构所在地、仲裁协议签订地、申请人住所地、被申请人住所地的中级人民法院或者专门人民法院管辖。"A 市中院是约定的仲裁机构所在地中院，有权确认该仲裁协议效力。因此，A 项正确。

BC 项：根据《仲裁法解释》第 5 条的规定："仲裁协议约定两个以上仲裁机构的，当事人可以协议选择其中的一个仲裁机构申请仲裁；当事人不能就仲裁机构选择达成一致的，仲裁协议无效。"本案中约定的地方存在两个仲裁机构（仲裁机构不明确），仲裁协议原则上无效，但当事人如果协议选择了其中一个仲裁机构，则仲裁协议有效。因此，BC 项正确。

D 项：根据《仲裁法》第 20 条的规定："当事人对仲裁协议的效力有异议的，可以请求仲裁委员会作出决定或者请求人民法院作出裁定。一方请求仲裁委员会作出决定，另一方请求人民法院作出裁定的，由人民法院裁定。当事人对仲裁协议的效力有异议，应当在仲裁庭首次开庭前提出。"（注意该法条是常考点，需要重点掌握）甲公司向 A 仲裁委申请仲裁，乙公司在仲裁庭首次开庭前请求法院确认仲裁协议无效，故仲裁委不能继续仲裁，应当由法院裁定确认协议效力。因此，D 项错误。

综上所述，本题答案为 ABC 项。

说明：注意我们常说的"有效的仲裁协议排除法院主管"是针对有效的仲裁协议，当仲裁协议本身有效与否都不确定时，仲裁就没有优先性，因此在一方当事人申请仲裁后，另一方当事人还可以向法院申请确认仲裁协议无效。

9 1703085

【中等】答案：B,C。

解析：A 项：根据《仲裁法解释》第 7 条的规定："当事人约定争议可以向仲裁机构申请仲裁也可以向人民法院起诉的，仲裁协议无效。但一方向仲裁机构申请仲裁，另一方未在仲裁法第二十条第二款规定期间内提出异议的除外。"双方约定合同履行发生争议，可由北京仲裁委员会仲裁或者向 H 区法院提起诉讼，仲裁协议原则上无效。因此，A 项错误。

B 项：根据《仲裁法》第 20 条第 1 款的规定："当事人对仲裁协议的效力有异议的，可以请求仲裁委员会作出决定或者请求人民法院作出裁定。……"有权确认仲裁协议效力的机构是仲裁委或者法院，也即确认仲裁协议效力的决定应当由仲裁委员会作出，故仲裁庭要想对案件管辖作出决定（即对仲裁协议效力作出认定）应当得到仲裁委的授权。因此，B 项正确。

C 项：根据《仲裁法》第 20 条第 2 款的规定："当事人对仲裁协议的效力有异议，应当在仲裁庭首次开庭前提出。"乙公司在首次开庭的答辩阶段对仲裁协议效力提出异议，不属于"在仲裁庭首次开庭前提出"，故仲裁庭应当驳回乙公司的异议，继续对案件进行审理。因此，C 项正确。

D 项：根据《最高人民法院关于审理仲裁司法审查案件若干问题的规定》第 2 条第 1 款的规定："申请确认仲裁协议效力的案件，由仲裁协议约定的仲裁机构所在地、仲裁协议签订地、申请人住所地、被申请人住所地的中级人民法院或者专门人民法院管辖。"北京市为申请人住所地、被申请人住所地以及仲裁协议约定的仲裁机构所在地，天津市是仲裁协议签订地。故应当向天津市或者北京市的中院申请确认仲裁协议效力。因此，D 项错误。

综上所述，本题答案为 BC 项。

⑩ `1703050`

【简单】答案：A,D。

解析：ABCD项：根据《最高人民法院关于审理仲裁司法审查案件若干问题的规定》第2条第1款的规定："申请确认仲裁协议效力的案件，由仲裁协议约定的仲裁机构所在地、仲裁协议签订地、申请人住所地、被申请人住所地的中级人民法院或者专门人民法院管辖。"申请人百向公司住所地M市中院、被申请人两江公司住所地A市中院、仲裁协议签订地H市中院以及仲裁协议约定的仲裁委所在地W市中院均有管辖权。BC选项错在"只能向"的表述之上，应当是"可以"。因此，AD项正确，BC项错误。

综上所述，本题答案为AD项。

【不定项】

⑪ `1603098`

【中等】答案：B,D。

解析：ABCD项：根据《仲裁法解释》第13条第2款的规定："仲裁机构对仲裁协议的效力作出决定后，当事人向人民法院申请确认仲裁协议效力或者申请撤销仲裁机构的决定的，人民法院不予受理。"丙市中级法院在收到确认仲裁协议无效的申请前，仲裁委员会已经作出了仲裁协议有效的决定，所以法院应不予受理，仲裁庭应继续开庭审理。因此，BD项正确，AC项错误。

综上所述，本题答案为BD项。

⑫ `1603095`

【中等】答案：A,B,C。

解析：AB项：根据《仲裁法》第20条第1款的规定："当事人对仲裁协议的效力有异议的，可以请求仲裁委员会作出决定或者请求人民法院作出裁定……"甲公司与乙公司发生争议，甲公司欲申请仲裁解决，B市的丙仲裁委员会和丁仲裁委员会都可以进行确认。因此，AB项正确。

CD项：根据《最高人民法院关于审理仲裁司法审查案件若干问题的规定》第2条第1款的规定："申请确认仲裁协议效力的案件，由仲裁协议约定的仲裁机构所在地、仲裁协议签订地、申请人住所地、被申请人住所地的中级人民法院或者专门

人民法院管辖。"申请人即乙公司住所地为E市，被申请人即甲公司住所地为K市，仲裁机构所在地、仲裁协议签订地都为B市，所以，可以确认仲裁协议效力的法院包括E市中院、K市中院、B市中院。因此，C项正确，D项错误。【注意】关于确认仲裁协议效力案件的管辖法院，记住一句口诀：看见仲裁找中院，除了国内财产和证据的保全。

综上所述，本题答案为ABC项。

⑬ `1303095`

【较简单】答案：A。

解析：A项：根据《仲裁法》第19条第1款的规定："仲裁协议独立存在，合同的变更、解除、终止或者无效，不影响仲裁协议的效力。"故虽然买卖合同已经解除，但仲裁条款独立存在，不因此无效。因此，A项正确。

B项：本案中返还货款的前提是合同被解除，所以本案还是基于买卖合同而产生的争议，符合仲裁条款约定的仲裁范围。兴源公司可以依据约定的仲裁协议申请仲裁。因此，B项错误。

C项：根据《中国国际经济贸易仲裁委员会仲裁规则》第56条第1项的规定："（一）除非当事人另有约定，凡争议金额不超过人民币500万元，或争议金额超过人民币500万元但经一方当事人书面申请并征得另一方当事人书面同意的，或双方当事人约定适用简易程序的，适用简易程序。"本案的争议金额仅为100万，当事人没有特别约定的情况下应适用简易程序。因此，C项错误。

D项：根据《仲裁法》第16条的规定："仲裁协议包括合同中订立的仲裁条款和以其他书面方式在纠纷发生前或者纠纷发生后达成的请求仲裁的协议。仲裁协议应当具有下列内容：（一）请求仲裁的意思表示；（二）仲裁事项；（三）选定的仲裁委员会。"仲裁当事人只要选定了唯一确定的仲裁机构就能够满足我国《仲裁法》对仲裁协议的要求，而对仲裁机构是否涉外没有限制。因此，D项错误。

综上所述，本题答案为A项。

（二）综合知识点

【单选】

14 `1703035`

【较简单】答案：D。

解析：本题考查不动产纠纷专属管辖。

AB项：本题中，双方当事人在仲裁协议中仅约定纠纷适用的仲裁规则，没有约定具体的仲裁委员会，则视为未约定仲裁委员会，二者又未达成补充协议，故仲裁协议无效，双方当事人应当通过诉讼方式解决纠纷，即案件应当由法院主管。因此，AB项错误。

CD项：本案为合同纠纷，按照我们强调的合同纠纷管辖确定思路，第一步判断是否存在专属管辖。本案为建设工程施工合同纠纷，属于应当按照不动产纠纷确定管辖的四类合同纠纷之一（农村土地承包经营合同纠纷、房屋租赁合同纠纷、建设工程施工合同纠纷、政策性房屋买卖合同纠纷），而不动产纠纷适用专属管辖，由不动产所在地法院专属管辖。故本案应由不动产所在地法院专属管辖，即工程地 M 省丙县法院管辖。因此，C 项错误，D 项正确。

综上所述，本题答案为 D 项。

【多选】

15 `1003084`

【较难】答案：A,B,C。

解析：A 项：根据《仲裁法解释》第 7 条的规定："当事人约定争议可以向仲裁机构申请仲裁也可以向人民法院起诉的，仲裁协议无效。但一方向仲裁机构申请仲裁，另一方未在仲裁法第二十条第二款规定期间内提出异议的除外。"当事人约定争议可以向仲裁机构申请仲裁也可以向人民法院起诉的，仲裁协议无效。因此，A 项正确。

B 项：根据《民事诉讼法》第 35 条的规定："合同或者其他财产权益纠纷的当事人可以书面协议选择被告住所地、合同履行地、合同签订地、原告住所地、标的物所在地等与争议有实际联系的地点的人民法院管辖，但不得违反本法对级别管辖和专属管辖的规定。"甲公司和乙公司约定了仲裁又约定了诉讼，仲裁协议无效，但他们同时约定

了"合同履行地"B 法院管辖，符合民事诉讼法关于管辖协议的规定，因而双方达成的管辖协议有效。因此，B 项正确。

C 项：根据《仲裁法》第 20 条第 2 款的规定："当事人对仲裁协议的效力有异议，应当在仲裁庭首次开庭前提出。"如果甲公司向 A 仲裁委员会申请仲裁，乙公司在仲裁庭首次开庭前未提出异议，则仲裁委即取得该案的管辖权，A 仲裁委员会可对该案进行仲裁。因此，C 项正确。

D 项：根据《仲裁法》第 26 条的规定："当事人达成仲裁协议，一方向人民法院起诉未声明有仲裁协议，人民法院受理后，另一方在首次开庭前提交仲裁协议的，人民法院应当驳回起诉，但仲裁协议无效的除外；另一方在首次开庭前未对人民法院受理该案提出异议的，视为放弃仲裁协议，人民法院应当继续审理。"仲裁协议无效，即便乙公司在法院首次开庭审理时提交了仲裁协议，法院也应当继续审理，而非"驳回甲公司的起诉"。因此，D 项错误。

综上所述，本题答案为 ABC 项。

16 `2002040`

【较难】答案：A,C。

解析：本题属于劳动合同纠纷，根据《仲裁法》第 77 条的规定："劳动争议和农业集体经济组织内部的农业承包合同纠纷的仲裁，另行规定。"根据一般法与特别法冲突的处理原则，本案应当适用特别法，即《劳动争议调解仲裁法》的相关规定。

ABC 项：根据《劳动争议调解仲裁法》第 5 条的规定："发生劳动争议，当事人不愿协商、协商不成或者达成和解协议后不履行的，可以向调解组织申请调解；不愿调解、调解不成或者达成调解协议后不履行的，可以向劳动争议仲裁委员会申请仲裁；对仲裁裁决不服的，除本法另有规定的外，可以向人民法院提起诉讼。"故李某可以向调解委员会申请调解，或者向劳动争议仲裁委员会申请，而不能向 K 市仲裁委员会申请（题干中没有说明"劳动争议仲裁委员会的"，则为普通仲裁委员会）。此外，劳动争议案件仲裁前置，李某经劳动仲裁后可向 K 市中级法院法院起诉（K 市中级法院管辖标的额为 1000 万元以上的涉外民事案件）。

因此，AC 项正确，B 项错误。

D 项：根据《民事诉讼法》第 225 条第 1 款的规定："债权人请求债务人给付金钱、有价证券，符合下列条件的，可以向有管辖权的基层人民法院申请支付令：（一）债权人与债务人没有其他债务纠纷的；（二）支付令能够送达债务人的。"本案属于给付金钱债务案件，故李某可以申请支付令，但管辖法院应该是 F 区基层法院。因此，D 项错误。

综上所述，本题答案为 AC 项。

【不定项】

17 `1703095`

【中等】答案：A,B,D。

解析：本题考察的是民事纠纷的解决机制。民事纠纷的解决机制包括和解、诉讼外调解、仲裁、民事诉讼。

ABD 项：林剑与钟阳可以自行和解、向人民调解委员会申请调解（诉讼外调解），也可以通过民事诉讼的方式解决纠纷。因此，ABD 项正确。

C 项：双方约定的是向 B 市东城区仲裁委员会仲裁，但是 B 市东城区只是一个区，不是设区的市，其辖区内是没有仲裁委设立的（仲裁委员会只在直辖市和省、自治区人民政府所在地的市设立，也可以根据需要在其他设区的市设立，但不按行政区划层层设立，也就是"区县没有仲裁委"）。故当事人约定的 B 市东城区仲裁委员会根本不存在，所以合同约定的仲裁协议无效，故不能依据借款合同的约定通过仲裁的方式解决。因此，C 项错误。

综上所述，本题答案为 ABD 项。

【注意】我们常说的是"有效的仲裁协议排斥适用诉讼"，但本题中是无效的仲裁协议，故而不排斥诉讼方式的适用。如果本题中双方约定通过仲裁的方式解决纠纷的仲裁协议有效，那么该仲裁条款就排斥了诉讼方式的适用。

二、模拟题

【单选】

18 `51904515`

【较简单】答案：B

解析：A 项：根据《仲裁法》第 5 条的规定："当事人达成仲裁协议，一方向人民法院起诉的，人民法院不予受理，但仲裁协议无效的除外。"据此，有效的仲裁协议排除法院管辖，当事人起诉的，法院不予受理。因此，A 项错误。

B 项：根据《仲裁法》第 19 条第 1 款的规定："仲裁协议独立存在，合同的变更、解除、终止或者无效，不影响仲裁协议的效力。"以及《仲裁法解释》第 10 条第 1 款的规定："合同成立后未生效或者被撤销的，仲裁协议效力的认定适用仲裁法第十九条第一款的规定。"又根据《民诉法解释》第 215 条的规定："依照民事诉讼法第一百二十七条第二项的规定，当事人在书面合同中订有仲裁条款，或者在发生纠纷后达成书面仲裁协议，一方向人民法院起诉的，人民法院应当告知原告向仲裁机构申请仲裁，其坚持起诉的，裁定不予受理，但仲裁条款或者仲裁协议不成立、无效、失效、内容不明确无法执行的除外。"故运输合同的解除、撤销或者无效，不影响仲裁条款的效力。因此，B 项正确。

C 项：根据《仲裁法》第 18 条的规定："仲裁协议对仲裁事项或者仲裁委员会没有约定或者约定不明确的，当事人可以补充协议；达不成补充协议的，仲裁协议无效。"可见，仲裁协议并非当然无效。因此，C 项错误。

D 项：根据《仲裁法》第 20 条第 1 款的规定："当事人对仲裁协议的效力有异议的，可以请求仲裁委员会作出决定或者请求人民法院作出裁定。一方请求仲裁委员会作出决定，另一方请求人民法院作出裁定的，由人民法院裁定。"可见，不是由先受理的一方而应由法院认定仲裁协议的效力。因此，D 项错误。

综上所述，本题答案为 B 项。

第二十六章
仲裁程序

【参考答案】

[1] D	[2] D	[3] A	[4] D	[5] AB
[6] AD	[7] AD	[8] ABCD	[9] AD	[10] B
[11] AD	[12] AC			

一、历年真题及仿真题

仲裁程序

【单选】

1 `1603050`

【较简单】答案：D。

解析：本题考查仲裁员的回避。

A项：根据《仲裁法》第36条的规定："仲裁员是否回避，由仲裁委员会主任决定；仲裁委员会主任担任仲裁员时，由仲裁委员会集体决定。"由于题干没有告知首席仲裁员是仲裁员还是仲裁委员会主任，故其回避由谁决定无法确定。因此，A项错误。

BCD项：根据《仲裁法》第37条的规定："仲裁员因回避或者其他原因不能履行职责的，应当依照本法规定重新选定或者指定仲裁员。因回避而重新选定或者指定仲裁员后，当事人可以请求已进行的仲裁程序重新进行，是否准许，由仲裁庭决定；仲裁庭也可以自行决定已进行的仲裁程序是否重新进行。"本题中，苏某回避后，应当重新选定或者指定仲裁员，而不是重新组成合议庭。仲裁员回避后，仲裁程序是否重新进行可由当事人请求，也可以由仲裁庭自行决定。因此，BC项错误，D项正确。

综上所述，本题答案为D项。

【注意】对比记忆诉讼回避后，不影响已进行程序的效力。

2 `1203049`

【较简单】答案：D。

解析：ABCD项：根据《仲裁法》第37条的规定："仲裁员因回避或者其他原因不能履行职责的，应

当依照本法规定重新选定或者指定仲裁员。因回避而重新选定或者指定仲裁员后，当事人可以请求已进行的仲裁程序重新进行，是否准许，由仲裁庭决定；仲裁庭也可以自行决定已进行的仲裁程序是否重新进行。"本案中，因仲裁员依法应予回避，故仲裁委员会依法重新确定了仲裁员，对于已进行的仲裁程序是否重新进行，仲裁庭可依当事人的申请或自行决定。因此，D项正确，ABC项错误。

综上所述，本题答案为D项。

3 `1103050`

【简单】答案：A。

解析：ABCD项：根据《仲裁法》第56条的规定："对裁决书中的文字、计算错误或者仲裁庭已经裁决但在裁决书中遗漏的事项，仲裁庭应当补正；当事人自收到裁决书之日起三十日内，可以请求仲裁庭补正。"故A项中裁决书认定的事实错误不可进行补正，而BCD项中，裁决书中的文字错误、计算错误、仲裁庭已经裁决但在裁决书中遗漏的事项，仲裁庭都可以进行补正。因此，A项当选，BCD项不当选。

综上所述，本题答案为A项。

4 `1103036`

【较简单】答案：D。

解析：A项：根据《民诉法解释》第461条的规定："当事人申请人民法院执行的生效法律文书应当具备下列条件：（一）权利义务主体明确；（二）给付内容明确。法律文书确定继续履行合同的，应当明确继续履行的具体内容。"由此可知，权利义务主体明确、给付内容明确的生效判决书和生效裁决书都具有执行力。因此，A项错误。

B项：根据《民事诉讼法》第103条第1款的规定："人民法院对于可能因当事人一方的行为或者其他原因，使判决难以执行或者造成当事人其他损害的案件，根据对方当事人的申请，可以裁定对其财产进行保全、责令其做出一定行为或者禁止其做出一定行为；当事人没有提出申请的，人民法院在必要时也可以裁定采取保全措施。"《仲裁法》第28条规定："一方当事人因另一方当事人的行为或者其他原因，可能使裁决不能执行或

者难以执行的，可以申请财产保全。当事人申请财产保全的，仲裁委员会应当将当事人的申请依照民事诉讼法的有关规定提交人民法院。申请有错误的，申请人应当赔偿被申请人因财产保全所遭受的损失。"由此可知，在诉讼和仲裁中当事人都可以申请财产保全。因此，B项错误。

C项：根据《仲裁法》第39条的规定："仲裁应当开庭进行。当事人协议不开庭的，仲裁庭可以根据仲裁申请书、答辩书以及其他材料作出裁决。"由此可知，原则上，仲裁也应当开庭进行。因此，C项错误。

D项：根据《仲裁法》第14条的规定："仲裁委员会独立于行政机关，与行政机关没有隶属关系。仲裁委员会之间也没有隶属关系。"根据《宪法》第128条的规定："中华人民共和国人民法院是国家的审判机关。"由此可知，仲裁机构是民间组织，法院是国家机关。因此，D项正确。

综上所述，本题答案为D项。

【多选】

5 `1203085`

【中等】答案：A,B。

解析：A项：根据《民事诉讼法》第67条的规定："当事人对自己提出的主张，有责任提供证据。当事人及其诉讼代理人因客观原因不能自行收集的证据，或者人民法院认为审理案件需要的证据，人民法院应当调查收集。人民法院应当按照法定程序，全面地、客观地审查核实证据。"根据《仲裁法》第43条规定："当事人应当对自己的主张提供证据。仲裁庭认为有必要收集的证据，可以自行收集。"法院可以依职权收集证据，仲裁庭也可以自行收集证据。因此，A项正确。

B项：根据《民事诉讼法》第79条第2款的规定："当事人未申请鉴定，人民法院对专门性问题认为需要鉴定的，应当委托具备资格的鉴定人进行鉴定。"《仲裁法》第44条第1款的规定："仲裁庭对专门性问题认为需要鉴定的，可以交由当事人约定的鉴定部门鉴定，也可以由仲裁庭指定的鉴定部门鉴定。"对专门性问题需要鉴定的，法院可以指定鉴定部门鉴定，仲裁庭也可以指定鉴定部门鉴定。因此，B项正确。

C项：根据《仲裁法》第51条第2款的规定："调解达成协议的，仲裁庭应当制作调解书或者根据协议的结果制作裁决书。调解书与裁决书具有同等法律效力。"《民诉法解释》第148条规定："当事人自行和解或者调解达成协议后，请求人民法院按照和解协议或者调解协议的内容制作判决书的，人民法院不予准许。无民事行为能力人的离婚案件，由其法定代理人进行诉讼。法定代理人与对方达成协议要求发给判决书的，可根据协议内容制作判决书。"诉讼中，原则上不能根据和解协议或调解协议的内容制作判决书。因此，C项错误。

D项：根据《民诉法解释》第270条规定："适用简易程序审理的案件，有下列情形之一的，人民法院在制作判决书、裁定书、调解书时，对认定事实或者裁判理由部分可以适当简化：（一）当事人达成调解协议并需要制作民事调解书的；（二）一方当事人明确表示承认对方全部或者部分诉讼请求的；（三）涉及商业秘密、个人隐私的案件，当事人一方要求简化裁判文书中的相关内容，人民法院认为理由正当的；（四）当事人双方同意简化的。"《仲裁法》第54条规定："裁决书应当写明仲裁请求、争议事实、裁决理由、裁决结果、仲裁费用的负担和裁决日期。当事人协议不愿写明争议事实和裁决理由的，可以不写。裁决书由仲裁员签名，加盖仲裁委员会印章。对裁决持不同意见的仲裁员，可以签名，也可以不签名。"在仲裁裁决中，当事人协议不愿写明争议事实和裁决理由的，仲裁庭可以不写，但在诉讼中，只规定在简易程序中可以对认定事实或者判决理由部分适当简化，而没有规定可以不写。因此，D项错误。

综上所述，本题答案为AB项。

6 `1003081`

【较难】答案：A,D。

解析：AD项：根据《仲裁法》第51条的规定："仲裁庭在作出裁决前，可以先行调解。当事人自愿调解的，仲裁庭应当调解。调解不成的，应当及时作出裁决。调解达成协议的，仲裁庭应当制作调解书或者根据协议的结果制作裁决书。调解书与裁决书具有同等法律效力。"仲裁庭在作出裁决前可先行调解，仲裁调解达成协议的，仲裁庭应当根据协议制作调解书或根据协议结果制作裁决书。因此，AD 项正确。

B 项：仲裁调解和诉讼调解一样，都必须以自愿为原则，需要双方当事人同意，所以不能依职权强行调解。因此，B 项错误。

C 项：根据《仲裁法》第 51 条第 2 款的规定："调解达成协议的，仲裁庭应当制作调解书或者根据协议的结果制作裁决书。调解书与裁决书具有同等法律效力。"《仲裁法》第 52 条第 2 款的规定："调解书经过双方当事人签收后，即发生法律效力。"因此，仲裁调解书送达双方当事人并经双方当事人签收后生效，不需要仲裁员签字。因此，C 项错误。

综上所述，本题答案为 AD 项。

【不定项】

7 1603099

【中等】答案：A,D。

解析：ABD 项：根据《仲裁法》第 51 条第 2 款的规定："调解达成协议的，仲裁庭应当制作调解书或者根据协议的结果制作裁决书。调解书与裁决书具有同等法律效力。"本题中，因双方当事人在仲裁过程中达成了调解协议，此时仲裁庭应当制作调解书或者根据协议的结果制作裁决书，而不是应当制作裁决书。因此，AD 项正确，B 项错误。

C 项：根据《仲裁法》第 52 条的规定："调解书应当写明仲裁请求和当事人协议的结果。调解书由仲裁员签名，加盖仲裁委员会印章，送达双方当事人。调解书经双方当事人签收后，即发生法律效力。在调解书签收前当事人反悔的，仲裁庭应当及时作出裁决。"本题中，双方在调解书上签收后即发生法律效力，而不是将调解协议记入笔录，双方签字后发生效力。因此，C 项错误。

综上所述，本题答案为 AD 项。

8 1403098

【较简单】答案：A,B,C,D。

解析：AC 项：根据《仲裁法》第 31 条第 1 款的

规定："当事人约定由三名仲裁员组成仲裁庭的，应当各自选定或者各自委托仲裁委员会主任指定一名仲裁员，第三名仲裁员由当事人共同选定或者共同委托仲裁委员会主任指定。第三名仲裁员是首席仲裁员。"本题中，京发公司有权选定李某为本案仲裁员；由于双方当事人没有共同选定第三名仲裁员，所以仲裁委主任有权指定刘某为首席仲裁员。因此，AC 项正确。

B 项：根据《仲裁法》第 32 条的规定："当事人没有在仲裁规则规定的期限内约定仲裁庭的组成方式或者选定仲裁员的，由仲裁委员会主任指定。"本题中，蓟门公司没有选定仲裁员，仲裁委主任有权指定张某为本案仲裁员。因此，B 项正确。

D 项：根据上述选项的分析，仲裁员的选定合法，仲裁庭的组成合法。因此，D 项正确。

综上所述，本题答案为 ABCD 项。

9 1403099

【中等】答案：A,D。

解析：本题考查仲裁裁决的作出与生效。

AB 项：根据《仲裁法》第 53 条的规定："裁决应当按照多数仲裁员的意见作出，少数仲裁员的不同意见可以记入笔录。仲裁庭不能形成多数意见时，裁决应当按照首席仲裁员的意见作出。"据此可知，只有在仲裁庭形成不了多数意见之时才应当根据首席仲裁员的意见确定裁决书。本题中，仲裁庭已经形成了多数意见，因此仲裁裁决书应根据仲裁庭中的多数意见，支持京发公司的请求。因此，A 项正确，B 项错误。

C 项：仲裁裁决书由仲裁员签名，加盖仲裁委员会印章。对裁决持不同意见的仲裁员，可以签名，也可以不签名。本题中，首席仲裁员对裁决有不同意见，可以不签名。因此，C 项错误。

D 项：根据《仲裁法》第 57 条的规定："裁决书自作出之日起发生法律效力。"（对比记忆法院调解的生效：当事人签收）本题中，无论蓟门公司是否签收，裁决书自作出之日起生效。因此，D 项正确。

综上所述，本题答案为 AD 项。

【注意】仲裁裁决的作出是少数服从多数，只有形不成多数意见时才以首席仲裁员的意见为准。

⑩ 1303096

【较难】答案：B。

解析：本题考查仲裁委员会和仲裁庭的权限。

A项：仲裁员是当事人选定或委托仲裁委员会主任指定产生（原理：仲裁更注重高效解决纠纷）。故仲裁委员会和仲裁庭不可以自行决定。因此，A项错误。

B项：适用简易程序的案件，仲裁委员会和仲裁庭有权自行决定由一名仲裁员组成独任仲裁庭进行仲裁。因此，B项正确。

C项：根据《中国国际经济贸易仲裁委员会仲裁规则》第60条的规定："审理方式：仲裁庭可以按照其认为适当的方式审理案件，可以在征求当事人意见后决定只依据当事人提交的书面材料和证据进行书面审理，也可以决定开庭审理。"本题中，仲裁庭不可以自行决定只依据当事人提交的书面材料和证据进行书面审理，而是要先征求当事人意见。因此，C项错误。（由于新法修改，C项由正确变为错误）

D项：《中国国际经济贸易仲裁委员会仲裁规则》第49条第3项的规定："裁决的作出：（三）仲裁庭在裁决书中应写明仲裁请求、争议事实、裁决理由、裁决结果、仲裁费用的承担、裁决的日期和地点。当事人协议不写明争议事实和裁决理由的，以及按照双方当事人和解协议的内容作出裁决书的，可以不写明争议事实和裁决理由。仲裁庭有权在裁决书中确定当事人履行裁决的具体期限及逾期履行所应承担的责任。"本题中，对于裁决书的简化，属于当事人的权利，仲裁委员会和仲裁庭不能自行决定。因此，D项错误。

综上所述，本题答案为B项。

总结：书面审理和裁决书的简化需要经当事人同意。

二、模拟题

【多选】

⑪ 62304009

【较简单】答案：A,D

解析：AB项：根据《仲裁法》第20条的规定："当事人对仲裁协议的效力有异议，应当在仲裁庭首次开庭前提出。"故申请确认仲裁协议效力的提出时间应为仲裁庭首次开庭前。因此，A项正确，B项错误。

CD项：根据《仲裁法》第42条的规定："申请人经书面通知，无正当理由不到庭或者未经仲裁庭许可中途退庭的，可以视为撤回仲裁申请。被申请人经书面通知，无正当理由不到庭或者未经仲裁庭许可中途退庭的，可以缺席裁决。"本案中，甲公司作为仲裁申请人，经书面通知无正当理由不到庭，视为撤回仲裁申请，C项错误；乙公司作为仲裁被申请人，经书面通知无正当理由不到庭，仲裁庭可以缺席裁决，D项正确。因此，C项错误，D项正确。

综上所述，本题答案为AD项。

【不定项】

⑫ 62304039

【较难】答案：A,C

解析：AB项：根据《仲裁法》第49条的规定："当事人申请仲裁后，可以自行和解。达成和解协议的，可以请求仲裁庭根据和解协议作出裁决书，也可以撤回仲裁申请。"如当事双方达成和解协议，可以请求仲裁庭制作裁决书而非调解书。因此，A项正确，B项错误。

C项：根据《仲裁法》第42条的规定："申请人经书面通知，无正当理由不到庭或者未经仲裁庭许可中途退庭的，可以视为撤回仲裁申请。被申请人经书面通知，无正当理由不到庭或者未经仲裁庭许可中途退庭的，可以缺席裁决。"瑞丰公司作为仲裁被申请人，经书面通知无正当理由不到庭，仲裁庭可以缺席裁决。因此，C项正确。

D项：仲裁中没有先予执行制度，鑫旺公司不能在仲裁中申请先予执行。因此，D项错误。

综上所述，本题答案为AC项。

第二十七章
司法与仲裁

参考答案

[1]A　　[2]ABCD　[3]BD　　[4]BC　　[5]A
[6]BD　　[7]A　　　[8]D　　　[9]D　　　[10]D
[11]AD　　[12]B　　　[13]A

一、历年真题及仿真题

（一）仲裁裁决的撤销

【单选】

1 2002030

【较简单】答案：A。

解析：本题考查仲裁裁决撤销的救济。仲裁裁决被法院撤销后，当事人可以根据双方重新达成的仲裁协议申请仲裁，也可以向法院起诉。

A项：本案中，若王某选择起诉，对于不动产租赁合同纠纷适用专属管辖，即由不动产所在地C区法院管辖。因此，A项正确。

B项：本案中，若王某选择与张某申请仲裁则需要双方重新达成仲裁协议而非直接重新申请仲裁。因此，B项错误。

CD项：撤销仲裁裁决的裁定不适用再审制度。故王某不能向甲市中院申诉以再审，也不能向省检察院抗诉。因此，CD项错误。

综上所述，本题答案为A项。

【多选】

2 2202018

【较简单】答案：A，B，C，D。

解析：本题综合考查仲裁裁决的撤销。

A项：仲裁裁决自作出之日起发生法律效力，而非送达生效。因此，A项正确。

BC项：仲裁裁决的撤销由当事人在收到裁决书之日起6个月内向仲裁委员会所在地的中级人民法院申请。本案中，甲公司可在收到裁决书之日起6个月内向仲裁委员会所在地中院申请撤销仲裁裁决的做法正确。因此，BC项正确。

D项：仲裁裁决被法院撤销后，当事人可以根据双方重新达成的仲裁协议申请仲裁，也可以向法院起诉。故仲裁裁决被人民法院依法撤销后，甲公司可以向法院起诉。因此，D项正确。

综上所述，本题答案为ABCD项。

3 2102130

【较简单】答案：B,D。

解析：本题考查仲裁裁决撤销的救济。

AD项：仲裁裁决被法院撤销后，当事人可以根据双方重新达成的仲裁协议申请仲裁，也可以向法院起诉。本案中，仲裁裁决被中院撤销后，B公司可以重新达成仲裁协议申请仲裁，也可以向法院起诉，但不能向检察院抗诉。因此，A项错误，D项正确。

BC项：非涉外涉港澳台仲裁司法审查案件，中院拟认定仲裁协议无效，应当向本辖区的高院报核。故本案中院撤销仲裁协议则应当向本辖区的高院报核，根据高院的审核意见作出裁定。因此，B项正确，C项错误。

综上所述，本题答案为BD项。

4 1802080

【较难】答案：B,C。

解析：本题考查申请撤销仲裁裁决的管辖与有撤销情形的报核。

A项：当事人申请撤销仲裁裁决应当向仲裁委员会所在地的中级法院申请。本案中，雅诗公司应当向广州仲裁委员会所在地中院，即广州市中院申请。因此，A项错误。

BCD项：根据《最高人民法院关于仲裁司法审查案件报核问题的有关规定》第2条第2款的规定："各中级人民法院或者专门人民法院办理非涉外涉港澳台仲裁司法审查案件，经审查拟认定仲裁协议无效，不予执行或者撤销我国内地仲裁机构的仲裁裁决，应当向本辖区所属高级人民法院报核；待高级人民法院审核后，方可依高级人民法院的审核意见作出裁定。"第3条的规定："本规定第二条第二款规定的非涉外涉港澳台仲裁司法审查案件，高级人民法院经审查，拟同意中级人民法院或者专门人民法院以违背社会公共利益为由不予执行或者撤销我国内地仲裁机构的仲裁裁决的，应当向最高人民法院报核，待最高人民法院审核后，方可依最高人民法院的审核意见作出裁定。"（原理：对仲裁形式解决纠纷的尊重和保护，不轻易通过司法程序否定仲裁裁决结果）本案不属于违背社会公共利益的情形（最高院报核），故中院认定应当撤销仲裁裁决的，向高院报核，以高院审核意见作出裁定即可。因此，BC 项正确，D 项错误。

综上所述，本题答案为 BC 项。

说明：因法条修改，本题答案作相应修改。

总结：违背社会公共利益报核找最高院，其余找高院。

【不定项】

⑤ 1403100

【较难】答案：A。

解析：A 项：根据《仲裁法》第 58 条第 1 款的规定："当事人提出证据证明裁决有下列情形之一的，可以向仲裁委员会所在地的中级人民法院申请撤销裁决：……"本题中，蓟门公司应向 S 仲裁委所在地中级法院提出申请。因此，A 项正确。

B 项：根据《仲裁法解释》第 24 条的规定："当事人申请撤销仲裁裁决的案件，人民法院应当组成合议庭审理，并询问当事人。"根据《仲裁法》第 60 条的规定："人民法院应当在受理撤销裁决申请之日起两个月内作出撤销裁决或者驳回申请的裁定。"根据《民事诉讼法》第 152 条的规定："人民法院适用普通程序审理的案件，应当在立案之日起六个月内审结。有特殊情况需要延长的，经本院院长批准，可以延长六个月；还需要延长的，报请上级人民法院批准。"普通程序的审理期限一般为 6 个月，虽然撤销仲裁裁决应当组成合议庭进行审理，但是审理期限却受到 2 个月的限制，撤销仲裁裁决的审理程序和普通程序的审理不一样。故本题中，法院不能适用普通程序审理该撤销申请。因此，B 项错误。

CD 项：根据《仲裁法解释》第 17 条的规定："当事人以不属于仲裁法第五十八条或者民事诉讼法第二百五十八条（现修改为第二百九十一条）规定的事由申请撤销仲裁裁决的，人民法院不予支持。"根据《仲裁法》第 58 条的规定："当事人

提出证据证明裁决有下列情形之一的，可以向仲裁委员会所在地的中级人民法院申请撤销裁决：（一）没有仲裁协议的；（二）裁决的事项不属于仲裁协议的范围或者仲裁委员会无权仲裁的；（三）仲裁庭的组成或者仲裁的程序违反法定程序的；（四）裁决所根据的证据是伪造的；（五）对方当事人隐瞒了足以影响公正裁决的证据的；（六）仲裁员在仲裁该案时有索贿受贿，徇私舞弊，枉法裁决行为的。人民法院经组成合议庭审查核实裁决有前款规定情形之一的，应当裁定撤销。人民法院认定该裁决违背社会公共利益的，应当裁定撤销。"可知，适用法律错误以及缺席裁决违反法定程序不属于法定的撤销理由。故本题中，法院不能以适用法律错误为由撤销 S 仲裁委的裁决，法院也不能以缺席裁决违反法定程序为由撤销 S 仲裁委的裁决。因此，CD 项错误。

综上所述，本题答案为 A 项。

(二) 仲裁裁决的执行与不予执行

【多选】

⑥ 1802085

【中等】答案：B,D。

解析：本题考查执行仲裁裁决的管辖法院、审查组织，即案外人的救济。

A 项：仲裁裁决或者仲裁调解书的执行原则上由被执行人住所地或者被执行财产所在地的中级法院管辖。符合以下两种情形：（1）执行标的额符合基层法院一审民商事案件级别管辖受理范围；（2）被执行人住所地或者被执行财产所在地在被指定的基层法院辖区内，经上级法院批准，中级法院可以指定基层法院管辖。故仲裁裁决并不一定全部由中院执行，一定条件下也可以交给基层法院执行。因此，A 项错误。

B 项：法院对不予执行仲裁裁决的案件应当组成合议庭进行审查。故甲方提出不予执行仲裁裁决申请，法院应组成合议庭审查。因此，B 项正确。

CD 项：案外人可以作为利害关系人提出执行行为异议维护自身权益，也可以向法院申请不予执行仲裁裁决。本案中，乙方作为案外人，与争议案件存在利害关系，其合法权益可能遭受损害，可

以申请不予执行仲裁裁决，也可以提出执行行为异议。因此，C项错误，D项正确。

综上所述，本题答案为BD项。

【不定项】

7 `1603100`

【较简单】答案：A。

解析：ABCD项：根据《民事诉讼法》第248条第2款的规定："被申请人提出证据证明仲裁裁决有下列情形之一的，经人民法院组成合议庭审查核实，裁定不予执行：（一）当事人在合同中没有订有仲裁条款或者事后没有达成书面仲裁协议的；（二）裁决的事项不属于仲裁协议的范围或者仲裁机构无权仲裁的；（三）仲裁庭的组成或者仲裁的程序违反法定程序的；（四）裁决所根据的证据是伪造的；（五）对方当事人向仲裁机构隐瞒了足以影响公正裁决的证据的；（六）仲裁员在仲裁该案时有贪污受贿，徇私舞弊，枉法裁决行为的。"本题中，大亿公司以调解协议超出仲裁请求范围请求法院不予执行仲裁裁决，该情形不属于上述六种情形之一，法院不应支持，应当继续执行。因此，A项正确，BCD项错误。

综上所述，本题答案为A项。

8 `1303097`

【中等】答案：D。

解析：ABCD项：根据《仲裁法解释》第27条的规定："当事人在仲裁程序中未对仲裁协议的效力提出异议，在仲裁裁决作出后以仲裁协议无效为由主张撤销仲裁裁决或者提出不予执行抗辩的，人民法院不予支持。当事人在仲裁程序中对仲裁协议的效力提出异议，在仲裁裁决作出后又以此为由主张撤销仲裁裁决或者提出不予执行抗辩，经审查符合仲裁法第五十八条或者民事诉讼法第二百一十三条（现修改为第二百四十八条）、第二百五十八条（现修改为第二百九十一条）规定的，人民法院应予支持。"郭某没有在仲裁庭首次开庭前提出异议，而是在执行程序中提出，法院应不予支持该异议。因此，ABC项错误，D项正确。

综上所述，本题答案为D项。

（三）综合知识点

【单选】

9 `1203050`

【较简单】答案：D。

解析：本题考查仲裁裁决的撤销与执行都申请时法院的处理。

ABD项：根据《仲裁法》第64条的规定："一方当事人申请执行裁决，另一方当事人申请撤销裁决的，人民法院应当裁定中止执行。人民法院裁定撤销裁决的，应当裁定终结执行。撤销裁决的申请被裁定驳回的，人民法院应当裁定恢复执行。"（重要考点，需要重点把握）本题中，法院正在审查乙公司的仲裁裁决撤销申请，尚未正式裁定撤销，此时甲公司向法院申请执行仲裁裁决，法院还是应当受理执行申请，并且在受理执行申请之后根据规定裁定中止执行。因此，AB项错误，D项正确。

C项：法院并没有告知当事人可以申请不予执行裁决的职责。因此，C项错误。

综上所述，本题答案为D项。

说明：当撤销裁决和执行裁决都申请时，仲裁裁决是否撤销尚不确定，继续执行有之后财产不能追回的风险（仲裁裁决被撤销后就不能执行），故应当中止执行，先审查撤销申请。

10 `1103049`

【中等】答案：D。

解析：本题考查不予执行仲裁裁决的适用情形。

ABC项：根据《民事诉讼法》第248条第2款的规定："被申请人提出证据证明仲裁裁决有下列情形之一的，经人民法院组成合议庭审查核实，裁定不予执行：（一）当事人在合同中没有订有仲裁条款或者事后没有达成书面仲裁协议的；（二）裁决的事项不属于仲裁协议的范围或者仲裁机构无权仲裁的；（三）仲裁庭的组成或者仲裁的程序违反法定程序的；（四）裁决所根据的证据是伪造的；（五）对方当事人向仲裁机构隐瞒了足以影响公正裁决的证据的；（六）仲裁员在仲裁该案时有贪污受贿，徇私舞弊，枉法裁决行为的。"由此可知，没有订立仲裁条款或达成仲裁协议、仲裁庭组成违反法定程序、裁决事项超出仲裁机构权限范围的，均属于仲裁裁决应不予执行的情形。因此，ABC项错误。

D项：根据《仲裁法》第39条的规定："仲裁应当开庭进行。当事人协议不开庭的，仲裁庭可以根据仲裁申请书、答辩书以及其他材料作出裁决。"据此，仲裁庭可以不根据经当事人质证的证据认定事实（此处与诉讼不同，要注意区分），且仲裁裁决没有根据经当事人质证的证据认定事实不属于法院应当裁定不予执行的情形。因此，D项正确。

综上所述，本题答案为D项。

总结：不予执行和撤销裁决的适用情形相同，包括程序类、证据类、仲裁员违法和违背社会公共利益几个方面。

【多选】

⑪ 1003086

【中等】答案：A,D。

解析：A项：根据《仲裁法解释》第19条的规定："当事人以仲裁裁决事项超出仲裁协议范围为由申请撤销仲裁裁决，经审查属实的，人民法院应当撤销仲裁裁决中的超裁部分。但超裁部分与其他裁决事项不可分的，人民法院应当撤销仲裁裁决。"本题中，仲裁裁决超出了当事人请求范围，乙公司可申请撤销超出甲公司请求部分的裁决。因此，A项正确。

BD项：根据《民诉法解释》第475条的规定："仲裁机构裁决的事项，部分有民事诉讼法第二百四十四条（现修改为第二百四十八条）第二款、第三款规定情形的，人民法院应当裁定对该部分不予执行。应当不予执行部分与其他部分不可分的，人民法院应当裁定不予执行仲裁裁决。"另根据《民事诉讼法》第248条第2款的规定："被申请人提出证据证明仲裁裁决有下列情形之一的，经人民法院组成合议庭审查核实，裁定不予执行：……（二）裁决的事项不属于仲裁协议的范围或者仲裁机构无权仲裁的；……"因此，乙公司可申请不予执行超出甲公司请求部分的仲裁裁决。另外，只有在法院裁定不予执行仲裁裁决以后，当事人才可以选择向法院提起诉讼，而不

是仅仅基于因仲裁裁决超出了当事人请求范围，就可以直接向法院起诉，仲裁具有一裁终局的特性。因此，B项错误，D项正确。

C项：根据《仲裁法》第9条第1款的规定："仲裁实行一裁终局的制度。裁决作出后，当事人就同一纠纷再申请仲裁或者向人民法院起诉的，仲裁委员会或者人民法院不予受理。"故当事人不服仲裁裁决的不能申请重新仲裁。仲裁实行一裁终局的制度，裁决作出后，当事人不能申请再审，申请再审的对象为已经发生法律效力的判决裁定，并不包括仲裁裁决。本题中，乙公司可向法院申请再审说法错误。因此，C项错误。

综上所述，本题答案为AD项。

二、模拟题

【单选】

⑫ 62204110

【中等】答案：B

解析：A项：根据《仲裁法》第58条第1款规定："当事人提出证据证明裁决有下列情形之一的，可以向仲裁委员会所在地的中级人民法院申请撤销裁决：……（四）裁决所根据的证据是伪造的；……"可知，罗二应当向仲裁委所在地的中级法院提出申请。因此，A项错误。

B项：根据《仲裁法》第61条的规定："人民法院受理撤销裁决的申请后，认为可以由仲裁庭重新仲裁的，通知仲裁庭在一定期限内重新仲裁，并裁定中止撤销程序。仲裁庭拒绝重新仲裁的，人民法院应当裁定恢复撤销程序。"可知，若法院认为可以由仲裁庭重新仲裁的，可通知其重新作出仲裁。因此，B项正确。

C项：根据《仲裁法》第59条的规定："当事人申请撤销裁决的，应当自收到裁决书之日起六个月内提出。"可知，应当是收到裁决书之日起6个月，而非裁决作出之日起3个月。因此，C项错误。

D项：根据《仲裁法》第58条第2款的规定："人民法院经组成合议庭审查核实裁决有前款规定情形之一的，应当裁定撤销。"可知，法院应当组成合议庭进行审查，而不能由审判员一人独任审查。

143

因此，D 项错误。

综上所述，本题答案为 B 项。

13 `62304026`

【中等】答案：A

解析：A 项：根据《仲裁法解释》第 7 条的规定：
"当事人约定争议可以向仲裁机构申请仲裁也可以
向人民法院起诉的，仲裁协议无效。但一方向仲
裁机构申请仲裁，另一方未在仲裁法第二十条第
二款规定期间内提出异议的除外。"当事人对仲裁
协议效力有异议，应当在仲裁庭首次开庭前提出。
本案中，王某向甲市仲裁委申请仲裁，李某未在
开庭前提异议，且参与了仲裁庭审，甲市仲裁委
据此获得对案件的管辖权，有权对本案进行仲裁。
因此，A 项正确。

B 项：当事人约定即可以起诉又可以申请仲裁的，
虽然仲裁协议原则上无效，但不影响可能成立有
效的诉讼协议管辖。本案关于协议管辖的规定是

有效的：合同或其他财产权益纠纷（家具买卖合
同）＋书面＋有实际联系地点的法院（李某所在
地 B 区法院）＋不违反专属和级别管辖。本案合
同中达成的仲裁协议无效，但管辖协议有效。因
此，B 项错误。

C 项：根据《仲裁法解释》第 27 条第 1 款的规
定："当事人在仲裁程序中未对仲裁协议的效力提
出异议，在仲裁裁决作出后以仲裁协议无效为由
主张撤销仲裁裁决或者提出不予执行抗辩的，人
民法院不予支持。"李某在仲裁程序中未对仲裁协
议效力提出异议，在裁决作出后以仲裁协议无效
为由主张撤销仲裁裁决，法院不予支持。因此，C
项错误。

D 项：本案中的家具买卖合同纠纷已经由仲裁委
实体审理并裁决，当事人就同一纠纷起诉的，法
院受理前应裁定不予受理，受理后应裁定驳回起
诉。因此，D 项错误。

综上所述，本题答案为 A 项。